중소기업경제학 개론

지은이 이경의 李敬儀

1938년 전라북도 군산(구 옥구)에서 태어났다. 서울대학교 상과대학 경제학과를 졸업하고 서울대학교 대학원 경제학과에서 석사학위와 박사학위를 취득했다. 중소기업은행 조사과장, 미국 럿거스Rutgers대학교 객원교수, 숙명여자대학교 경제학부 교수, 경상대학장 등을 지냈으며 현재 숙명여자대학교 명예교수이다.

주요 저서로는 《중소기업경제론》(박영사, 1972, 공저), 《한국경제와 중소기업》(까치, 1982), 《경제발전과 중소기업》(창작과 비평사, 1986), 《한국 중소기업의 구조》(풀빛, 1991), 《중소기업의 이론과 정책》(지식산업사, 1996), 《현대중소기업경제론》(지식산업사, 2002), 《중소기업정책론》(지식산업사, 2006), 《한국중소기업사》(지식산업사, 2010), 《한국 중소기업의 경제 이론》(지식산업사, 2014), 《한국 중소기업론》(지식산업사, 2014) 등이 있다.

중소기업경제학 개론

초판 제1쇄 인쇄　2015. 11. 20.
초판 제1쇄 발행　2015. 11. 27.

지은이　　이 경 의
펴낸이　　김 경 희
편　집　　정 다 운, 고 정 용
펴낸곳　　(주)지식산업사
　　　　　본사 ● 10881, 경기도 파주시 광인사길 53(문발동)
　　　　　　　　전화 (031) 955-4226~7　팩스 (031)955-4228
　　　　　서울사무소 ● 03044, 서울시 종로구 자하문로6길 18-7(통의동)
　　　　　　　　전화 (02)734-1978　팩스 (02)720-7900
　　　　　영문문패　www.jisik.co.kr
　　　　　전자우편　jsp@jisik.co.kr
　　　　　등록번호　1-363
　　　　　등록날짜　1969. 5. 8.

책값은 뒤표지에 있습니다.

이 책을 읽고 저자에게 문의하고자 하는 이는
지식산업사 전자우편으로 연락 바랍니다.

중소기업경제학
개 론

이 경 의

지식산업사

머 리 말

지난 반세기 동안 필자는 중소기업에 관심을 갖고 연구에 매달려 왔다. 그 과제는 중소기업 문제를 경제학적으로 설명하는 이론의 바탕을 마련하는 것이었다. 각 분야를 분석·고찰하는 데 이어 중소기업의 이론·역사·정책을 연구하는 작업을 하였다. 이 책은 그러한 연구 결과를 '개론서槪論書'로 정리한 것이다. 앞서의 연구 결과를 엮어서 새로운 체계로 묶는 작업이 이론 체계의 기초를 닦는데 한 걸음 더 나아갈 수 있지 않을까 하는 생각에서였다.

흔히 중소기업 문제는 자본주의 발전 과정에서 형성되는 구조적 모순이며, 산업구조상의 문제로 본다. 이런 점은 중소기업 연구에서 이론적 접근뿐만 아니라 역사적 연구를 필요하게 만든다. 또한 중소기업 문제는 그것의 완화·해소와 역할의 제고라는 정책 과제를 제시하기 때문에 정책의 연구도 수반하게 만든다.

중소기업 문제를 해명하는 것은 중소기업의 위치와 역할을 밝히는 것이다. '위치'는 중소기업의 잔존·존립의 문제이고, '역할'은 자본축적과 자원의 효율적 배분 기능이기 때문에 경제순환과 경제 발전에서 중소기업의 구실을 밝히는 것이다.

중소기업의 위치, 곧 그 잔존·존립의 문제를 해명하는 것은 중소기업 이론 형성의 기원이었다. 일찍이 마셜에서 시작된 근대경제학적 중소기업 이론에서 이 문제는 기업 내적 요인의 분석 결과 적정규모론으로 이어졌다. 또한 기업 외적 요인의 분석, 곧 시장구조의 분석은 불완전경쟁 이론으로 귀결되었다. 그 외에 소기업 비합리성 이론은 중소기업의 잔존·존립에 부정적이면서도, 현실에서 잔존·존립 요인을 인정하였다. 오늘날에는 광범한 존립 요인과 새로운 분야가 생겨나고 적극적 역할을 하면서 중소기업이 산업의 중요한 계층으로 발전하고 있다고 근대경제학적 중소기업 이론은 보고 있다.

중소기업 문제는 구조적 성격을 갖기 때문에 그 해명에는 정치경제학적 접근이 필요하다. 마르크스의 자본주의적 축적의 일반법칙에서 비롯된 자본의 집적과 집중의 법칙은 고전적 중소기업 구축·도태론의 기초였다. 그러나 자본주의가 발전하고 고도화하면서 자본의 분열·분산 경향에 대한 주장이 이어졌다. 자본의 집적·집중 법칙은 일반적으로 진행하는 것이 아니고 그 분열·분산 경향으로 제약된다는 것이다. 더욱이 독점자본 단계에서는 독점자본이 자본축적 기반으로 중소기업을 이용한다고 보아 잔존·이용의 흐름이 강하게 제기되었다. 나아가 중소기업 존립의 새로운 분야가 만들어지면서 적극적 분열·분산의 경향을 지적하고 있다.

중소기업 문제의 구조적 성격은 그 해명에 정치경제학적 접근을 요구한다. 곧 중소기업 이론은 근대경제학적 접근에 정치경제학적 연구가 보완되어야 그 체계가 제대로 정리될 수 있다고 본다.

중소기업의 역사적 연구는 그 실체 및 문제의 형성 과정을 밝혀서 중소기업의 위치를 규명하는 것이다. 한국 중소기업의 뿌리는 고대사회 이후 중세사회에 이르는 사이 민중의 생활을 뒷받침한 전통적 수공업에 있다. 그렇지만 중소기업의 개념과 실체는 자본주의가 전개되면서 만들어진 것이어서, 한국 중소기업 문제는 일제 식민지 자본주의에서 그 기원을 찾을 수 있다. 1920년대 식민지 자본주의 경공업 단계에서 물산장려운동 때 소공업육성론이 제기된 바 있었다. 1930년대 독점자본 단계에서는 일본 독점자본의 하청기업으로서 그 예속성과 잠재적 민족성을 주장하였다. '소공업 육성론'이나 하청기업의 예속성 및 잠재적 민족성은 다같이 식민지 자본주의 아래에서 중소기업이 지니는 반제反帝의 성격을 밝히고 있어서 식민지 지배 아래 중소기업 문제의 특성을 말하고 있다. 더 나아가서는 식민지 아래 조선인 자본으로 구성된 중소기업의 위치는 식민지 민중의 생존의 기반이었으며 민족자본으로서 민족경제의 기초였다.

해방 뒤 중소기업은 생산 공백을 메웠고, 1950년대에는 공업화의 기반이었다. 1960년대 이후 경제개발 과정에서는 경제 발전의 원동력이었으며, 중화학공업의 기초 그리고 오늘날 지식산업 사회의 첨병인 것도 중소기업이다.

중소기업의 역할은 경제개발 과정에서 뚜렷하다. 일제 식민지 지배를 벗어난 한국경제에서 경제개발의 우선적 과제는 식민지적 경제구조를 극복하고 자립 경제의 터전을 마련하는 것이었다. 이 과제를 이루는 데 중소기업은 대기업보다 상대적으로 경제 자립의 기초로 기능하였다. 근대화 과정에서는 대기업과 중소기업의 이중구조 해소의 대상, 중화학공업 단계에서 하청계열 기업의 기능, 중화학 공업화가 성숙된 뒤 지식·정보집약 사회에서 벤처기업 등 창조와 혁신의 기수로 중소기업은 경제사회의 기둥이 되고 있다. 그리고 경제 순환 과정에서 개별 기업 기준에서는 신구 기업이 교체하면서 도산과 신설을 거듭하지만, 산업 계층으로서 중소기업은 꾸준히 확충·발전한다는 것이 사회적 대류현상본의 지적이다.

중소기업 정책은 중소기업 문제를 완화·해소하고 그 역할을 높이는 방안이다. 정책의 대상인 중소기업 문제가 역사적·구조적 성격을 갖기 때문에 중소기업 정책은 경제 발전 단계와 나라마다의 특수성에 따라 다를 수 있다. 또한 그것은 부문 정책이기 때문에 일반 경제정책을 보완하는 기능을 한다. 곧 중소기업 정책은 국민경제가 안고 있는 문제를 일부 떠맡아서 경제 발전을 높이는 작용을 한다.

중소기업은 산업의 한 부분을 구성한다. 따라서 산업구조 정착과 산업조직 정착의 두 유형 가운데 그에 맞는 정책 내용을 시행한다. 중소기업 정책은 흔히 보호정책, 적응정책, 불리시정정책으로 유형화하는데, 정책의 유형화는 정책 효과를 높이려는 데 그 목적이 있다. 이들 정책은 서로 관련을 맺으면서 시행되고 자본주의 전개와 경제 발전 단계에 따라 그에 맞추어 선택된다. 대체로 경제 발전 초기의 구조론적 인식에서 점차 조직론적 인식으로 전환하는 것이 중소기업 정책의 큰 흐름이다.

중소기업 정책을 뒷받침하고 시행하는 것이 중소기업 관계법과 정책기구이다. 우리나라의 헌법은 중소기업의 보호·육성 의지와 자조 조직의 육성 등을 포괄적으로 규정하고 있다. 1966년에 제정된 〈중소기업기본법〉을 주축으로 하여 중소기업 정책을 효율적으로 시행하려는 다양한 관계법이 정책의 목적에 맞추어 제정되었다. 경제개발 과정에서 제정된 많은 중소기업 관계법은 1990년대에 와서 중소기업의 구조변동에 따른 정책 목표의 전환으로 정비되고 새로운 법이 제정되기도 하였다. 중소기업 정책기구는 1960년에 상공부 안에 최초로 중소기업과가 설립된 이후 1968년에는 중소기업국으로 확대·개편되었고, 1996년에는 중소기업청이 설립되어 중소기업 정책을 총괄하고 있다.

위에 기술한 중소기업의 이론, 역사, 정책과 경제 발전에서 이뤄낸 역할이 이 책이 담고 있는 주요 내용이다. 그 외에 앞부분에서 중소기업 연구에 필요한 세 가지 시각, 곧 경쟁과 협력, 생산력과 생산관계, 일반성과 특수성 등을 제시하였다. 그리고 중소기업의 개념과 범위, 특성과 역할 등 기본 사항을 설명하였으며 특히 한국 중소기업의 범위와 그 변천 과정에 대하여도 기술하였다. 또한 끝 부분에서는 오늘날 중소기업을 어떻게 이해할 것인가를 정리하였다.

중소기업에 대한 각 분야의 연구 결과를 '개론'으로 이처럼 엮은 것이 '중소기업 경제학'의 기본 체계에 좀 더 다가갈 수 있기를 기대한다.

필자가 1960년대 중반 이후부터, 인기 없고 불모지나 다름없었던 중소기업 연구를 지속하면서 여기까지 올 수 있었던 것은 변형윤 선생님의 지도와 격려, 그리고 지식산업사 김경희 사장의 뒷받침 덕분이었다. 1990년대 중반 이후 필자의 주요 연구 업적과 저서가 빛을 본 것은 김 사장의 희생적 배려로 가능했다. 김 사장께 고맙게 생각한다. 또한 저서 출판에 연이어 타자를 맡아 준 김애리 석사의 성실한 도움을 잊을 수 없다. 끝으로 지식산업사 편집진에게도 고마움을 전한다.

2015년 10월
공덕동 연구실에서
이 경 의

차   례

제4장 정치경제학의 중소기업 이론

표 · 그림 차례

서장

중소기업 연구와 경제학 이론

1. 중소기업 연구와 경제학

사회학이나 정치학에서도 중소기업에 대한 연구가 이루어진다. 중산층 또는 중간계급으로서 중소기업, 그리고 정치적 안정, 발전과 중소기업의 관련성을 분석하려는 것이 그것이다. 그러나 더 적극적이고 체계적으로 중소기업을 연구하는 학문분야는 경영학과 경제학이다. 중소기업이라는 개별경제단위(경영 단위)는 독립과학으로서 경영학의 이론적 실천적 연구대상이 될 뿐만 아니라, 전체 경제인 국민경제의 세포로서 경제성장의 원동력이기 때문에 경제학에서도 적극적으로 연구하고 있다.

인간의 경제활동에 대한 연구에서는 사회전체의 경제, 즉 국민경제에 관한 연구와 그러한 전체경제의 실체적 경제단위인 개별경제에 관한 연구가 동시에 이루어져야 한다. 그리고 두 분야의 상호 관련에 대한 상세한 이해도 필요하다. 국민경제를 연구하는 학문으로서 경제학이 발달하면서도 개별경제의 경영을 연구하는 경영학이 성립한 이유가 여기에 있다. 중소기업 연구에서도 이 두 분야는 서로 독립적 영역을 가지면서 연관을 맺고 발전할 수밖에 없다.

개별경제인 중소기업 경영은 전체 경제와는 달리, 독자적으로 경영자의 의사와 정책에 따라 영위하는 단위경제이다. 그러나 개별경제는 국민경제를 실제로 움직이고 있는 기초 경제단위이기 때문에 국민경제의 발전과 안정은 이러한 개별경영의 성장 여하에 크게 영향을 받는다. 개별경제인 중소기업의 경영을 연구

대상으로 하는 경영학적 접근은 비교적 활발하고 체계적으로 이루어지고 있는 것이 현실이다. 이에 견주어 중소기업에 대한 경제학적 연구는 상대적으로 소극적인 수준에 머물러 있다.

대부분의 경제학 이론의 흐름이 그러하듯이 경제학적 중소기업 연구도 크게 두 가지 방향에서 이루어지고 있다. 하나는 근대경제학적 연구이고, 다른 하나는 정치경제학적 연구이다. 이 두 가지 흐름은 경제학의 범주이면서도 그 연구방법과 내용이 아주 다르다는 점을 우리는 잘 알고 있다.

초기의 근대경제학은 물질적 부와 복지 문제의 연구라는 물질주의적 정의 materialistic definition로 규정되었다. 스미스A. Smith는 국부의 원인과 성격을 연구하는 것이 경제학의 주요 과제라고 보았고, 마셜A. Marshall은 복지의 물질적 요건을 획득하고 사용하는 데 가장 밀접하게 관련되는 개인적 사회적 활동을 연구하는 학문이 경제학이라고 보았다. 그 뒤 경제학은 목적과 선택적 용도를 가지고 있는 희소 수단과의 관계에서 이루어지는 인간 행위를 연구하는 학문으로 정의되었다. 이를 희소성 정의scarcity definition라고도 한다. 근대경제학의 근간이 되는 정의인데,[1] 좀 더 풀어서 설명하면 다음과 같다.

현실적으로 가장 기본적 경제문제는 모든 사회 구성원들이 가지고 있는 무한한 물질적 욕구를 유한한 자원으로 어떻게 만족시킬 것인지에 대한 문제이다. 이는 사회 구성원들의 물질적 욕구에 견주어 이들의 욕구를 충족시킬 수 있는 자원이 희소하다는 사실에 연유하고 있다. 따라서 경제학은 자원의 희소성 때문에 일어나는 모든 경제문제들에서 어떻게 선택하며, 또 어떻게 결정해야만 주어진 자원으로 사회 구성원(경제주체)들의 무한한 물질적 욕구를 최대한으로 충족시킬 수 있는지를 다루는 학문이라고 할 수 있다. 따라서 경제학의 근본 과제는 사회 구성원들의 복지증진을 위하여 희소한 자원을 효율적으로 공정하게 배분할 수 있는 기본 방향과 정책대안을 제시하는 것이라고 할 수 있다.[2]

한편 정치경제학은 생산과 분배를 지배하는 사회적 법칙을 연구하는 학문으

---

1) 全哲煥, 《經濟學原論》, 지식산업사, 1993, p.41.
2) 林陽澤, 《經濟學原論》, 博英社, 1991, pp.11~12.

로 규정하는데, 오늘날에는 마르크스경제학이 주된 흐름이 되고 있다. 정치경제학에서 경제 그 자체는 인간 개개인의 의사와는 관계없이 변화하기 때문에 거기에는 각자의 의사와 상관없는 어떤 법칙이 존재하고 그 법칙이 경제라는 현상을 움직여 가는데, 이것을 밝히는 법칙이 바로 경제학이라고 정의하고 있다.

그런데 정치경제학은 생산의 기술적 측면(이것은 자연과학과 기술과학의 주제이다)보다는 사회적 측면을 연구한다. 다시 말해 물질적 생산만을 연구하는 것이 아니라 생산에 관계한 사람들 사이의 사회적 관계와 분배 교환 소비관계를 포함하는 생산의 사회적 체계를 연구하는 학문이 정치경제학이다. 정치경제학은 이를 통하여 근대사회의 경제운동법칙을 밝히고 자본주의 발전의 근본법칙을 분석하려는 것인데, 이것을 주로 자본주의적 축적의 일반법칙 및 잉여가치의 법칙으로 설명하고 있다.

중소기업에 대한 경제학적 이론도 위에 설명한 두 가지 경제학 전개의 틀 속에서 형성 발전해 왔다. 근대경제학적 중소기업 이론은 마셜의 《경제학원리》[3]에서 출발점을 찾는데, 그는 초기에는 소기업small business의 잔존이 경제적 합리성의 기준에 비추어 문제가 있음을 지적하였다. 그러나 그 뒤 수많은 소기업의 현실적 잔존, 즉 '이론과 현실의 괴리'를 인식하고 소기업의 잔존 이유를 설명한다. 반면에 정치경제학적 중소기업 이론은 마르크스의 《자본론》[4]에서 시작된다. 그는 자본주의적 축적의 일반적 법칙the general law of capitalist accumulation에 따라 대자본大資本이 소자본小資本을 구축하면서 자본을 축적하는 모습을 밝히고 있다.

이를 기점으로 경제학적인 중소기업 이론의 연구가 이루어졌다. 근대경제학은 경제적 합리성과 자원배분의 효율성, 그리고 복지향상과 근대화 실현 등의 근본원리에 비추어, 국민경제학 관점에서 중소기업의 과제를 지속적으로 연구하였다. 한편 정치경제학은 초기 산업자본주의 단계에서는 대자본과 소자본의 관계를, 나아가 독점자본주의 단계에서는 독점자본의 자본축적 기반으로 중소기업

---

3) A. Marshall, *Principles of Economics*, Macmillan & Co, 1st ed. 1890, 8th ed. 1920, Rep. 1959.

4) K. Marx, Das Kapital, 1867; *Capital, A Critique of Political Economy, The Process of Capitalist Production*, trans. from the third edition by Samuel Moore and Edward Aveling, ed., by F. Engels, New York, International Publishers, 1967, 8th ed. 1977.

이 어떻게 작용하는지 등을 중점적으로 연구하였다.

2. 정치경제학적 분석과 근대경제학적 접근

중소기업 문제는 자본주의 발전 과정에서 형성되는 구조적 모순이며 산업구조의 모순으로 규정된다. 더 적극적으로는, 국민경제에서 중소기업의 위치와 역할을 밝히는 가운데 중소기업 문제가 올바로 인식될 수 있다고 보고 있다. 포괄적으로는 경쟁·도태의 측면에서 잔존·이용의 측면으로 전개되었고, 점차 그 적극적 역할이 강조되고 있는 것이 오늘날 중소기업 문제의 특성이다.

이러한 중소기업 문제를 올바르게 해석하기 위해서는 근대경제학적 접근만으로는 충분치 않으며, 구조론적 접근과 나아가 정치경제학적 분석이 필요하다. 이념적 지향은 논외로 하더라도, 중소기업 문제가 안고 있는 실체적 요인까지 이해하는 데는 정치경제학적 분석이 필요하다. 그 바탕 위에서 중소기업 문제의 이해와 그것의 완화, 해소 그리고 중소기업의 역할에 대한 근대경제학적 접근이 이루어질 때, 경제학적 중소기업 문제의 해석은 더욱 생동감 있고 정확하게 전개될 수 있을 것이다.

일찍이 마르크스K. Marx는 봉건적 생산양식에서 자본주의적 생산양식으로 이행하는 두 가지 길two fold을 제시하였다.5) 하나는 생산자가 상인 및 자본가가 되는 길이다. 봉건제도 안에서 나타난 생산자가 농촌 및 도시공업의 전근대적 요인에 대립하면서 이를 압도하고 자본주의 길을 개척하는 방향이다. 이것을 마르크스는 '진정한 혁명적 길the really revolutionising path'이라고 하였다. 이에 대하여 다른 하나는 봉건제도 아래에서 지배적이었던 상인이 직접 생산을 지배하면서 생산자가 되는 방향이다. 이 길은 낡은 생산양식을 적극적으로 변혁하지 않고 오히려 이를 온존·유지하면서 그 바탕 위에서 자본제화를 추구하는 것이다. 이것

---

5) K. Marx, *Capital*, Vol. Ⅲ, New York, International Publishers, 1977, p.334.

이 바로 자본주의 전개의 개량적 길이다.

전자, 즉 진정한 혁명의 길로 자본주의가 전개된 경제에서는 자본주의적 경제 법칙이 비교적 순수하게 작용되고 낡은 봉건적 제도가 잔존해도 그것은 미미한 정도에 그쳤다. 그러나 후자, 즉 개량적 길로 전개된 자본주의 경제에서는 여러 전기적 관계가 다분히 남아 있었다. 상인 등의 전기적 자본이 낡은 생산양식을 기초로 수공업, 가내공업 등에 대량 잔존하였고, 농민층의 분해도 철저하게 이루 어지지 못하였다. 이런 봉건적 요소가 많이 남아 있는 상태에서 여러 선진자본 주의 나라의 경쟁압력을 받으면서 자본주의의 길을 전개하였다. 제국帝國경제의 외압을 받으면서 국민경제 안에 일정한 정도의 산업구조의 왜곡성을 포함하는, 이른바 후진자본주의가 전개되었다.6)

소생산자형의 선진자본주의는 전기적 요소를 철저히 극복하고 밑에서부터 근 대화를 추진하면서 자립적 국민경제를 형성하였다. 이에 견주어 지주·상인형의 후진자본주의는 전기적 요소를 온존한 채 위에서부터 근대화를 추구하였지만 국민경제의 독자적 구조를 형성하지 못하였고, 그 결과 일정한 정도의 구조적 불균형과 문제점을 지니게 되었다.

후진자본주의 전개 과정에서 형성, 정착된 이러한 구조적 문제의 해석과 이해 는 근대경제학적 접근만으로는 충분하지 않다. 구조론적 인식과 정치경제학적 분석을 통하여 그 실체를 파악하고, 그에 대하여 근대경제학적으로 접근하고 또 대안을 제시해야 한다.

근대경제학은 1870년대 한계혁명을 기점으로 전개되었다. '보이지 않는 손'의 합리성과 효율성, 그 자동조절성 그리고 한계생산력설을 기본 원리로 하는 근대 경제학은 기능주의적 접근으로 균형을 추구하는 것이 주된 목표이다. 그러나 자 본주의가 독점자본주의 단계로 이행하면서 근대경제학의 기본 원리 가운데 '보 이지 않는 손'의 자동 조절성이 제대로 작용하지 않게 되었다. 이를 간파하고 새 로운 패러다임의 경제학, 즉 국민소득이론에 바탕을 둔 거시경제학을 전개한 것

---

6) 大塚久雄, 《後進資本主義の展開過程》, アジア経済研究所, 1973, p.9.

이 케인스J. M. Keynes다.[7] 케인스 경제학은 바로 '보이지 않는 손'의 고장난 자동
조절성에 대한 처방이었다.

그런데, 기능주의적 신고전학파의 기본 원리가 현실적 적합성을 지니지 못하
게 된 것은 다름 아닌 구조적 요인 때문이었다. 자본주의가 독점자본주의로 전
환, 정착하면서 경쟁의 원리가 제한되고 가격기구의 작용을 마비시키는, 독점력
의 행사라는 구조적 문제가 생겨났다. 이것을 인식하고 처방하는 데는 자본주의
변화와 실체적 요인에 대한 구조주의적 접근이 필요하였고, 그것을 바탕으로 근
대경제학적으로 접근한 것이 케인스 경제학이라고 볼 수 있다.

기능주의functionalism와 능률efficiency은 그것의 기반이 되는 구조structure와 실체
subsistence에 대한 철저한 분석을 통해서만 충분히 이해할 수 있다.

중소기업 문제는 구조적 특성을 지니고 있다. 이것의 해석에는 구조론적 접근
이 필요하며, 중소기업 문제에 대한 정치경제학적 분석은 구조론적 인식을 더
철저하게 할 수 있는 기초를 제공해 준다. 중소기업 문제에 대한 근대경제학적
접근은 이를 바탕으로 하여 성공적으로 이루어질 수 있다.

더욱이, 개량적인 길로 자본주의가 전개된 후진자본주의, 그리고 식민지 지배
를 경험했던 개발도상경제에서 구조적 문제는 더욱 심각하고 중소기업 문제의
성격도 또한 그러하다. 예컨대, 일본 등 뒤늦게 자본주의를 받아들이고 경제개발
을 시작한 나라에서 중소기업 문제를 이중구조 문제로 규정한 것은 바로 중소기
업 문제에 대한 구조론적 인식을 반영하는 것이다. 일본 자본주의 전개의 특수
성 문제로 규정하는 등 이에 대한 정치경제학적 분석은 이중구조의 실체적 요인
과 특성을 파악하는 데 크게 기여하였다. 그리고 그것은 이중구조 문제에 대한
근대경제학적 이해와 처방을 제시하는 기반이 된 것으로 볼 수 있다.

오늘날 중소기업을 활력 있는 다수 또는 지식정보집약 사회에서 창조의 모체
와 경쟁적 시장의 적극적 담당 주체로 보는 것은 산업조직론적 중소기업 문제의
인식이며, 근대경제학적 접근의 방향인데, 이것이 주된 흐름이 되고 있다. 그러나

---

7) J. M. Keynes, *The General theory of Employment Interest and Money*, Macmillan, 1936.

이론의 흐름에서 보면, 거기에는 초기의 구조론적 인식이나 정치경제학적 분석이라는 학설사적 배경이 있음을 보아 넘겨 버릴 수 없다. 또한 중소기업 문제의 기본적 특성과 구조적 모순이라는 실체적 측면은 오늘날에도 무시할 수 없다.

3. 중소기업 연구의 기본 시각

결국 중소기업 연구는 경제의 성장과 발전의 기본이 되는 자본축적과 자원의 효율적 배분에 중소기업이 어떠한 역할을 하고 또 그 문제점이 무엇인지를 해명하는 것을 주요 과제로 하여 이루어졌다. 그런데 중소기업에 대한 경제학적 연구가 전개되는 과정에서, 중소기업 문제를 관찰 분석하는 데는 기본적으로 몇 가지 시각이 복합적으로 상호작용하고 있음을 알 수 있다.

첫째, 경쟁의 시각과 협력의 시각이다. 경제는 경쟁으로 발전하고 효율성을 높일 수 있지만, 협력을 통해서도 경쟁력을 제고할 수 있다. 자본주의 경제에서 경쟁은 자원의 효율적 배분을 실현하는 기초 조건이며, 협력은 경제활동의 능률을 높이는 유력한 길이다.

일찍이 A. 스미스는《도덕정조론》8)에서 동감sympathy에 기초를 둔 개인의 자유방임적 이익 추구가 사회경제의 발전을 가져온다는 자본주의 경제의 행동규범을 제시하였다. 곧 자유경쟁이 '보이지 않는 손'의 예정 조화적 작용으로 경제의 효율성과 합리성을 실현한다는 점을 지적한 것인데, 이는 스미스 이래 자본주의 경제의 기본 원리이다.

한편 A. 스미스는《국부론》9)의 앞부분에서 노동의 생산물인 부富의 창출을 극대화하기 위한 방안으로 분업과 협력을 들고 있다. 즉 경쟁의 효율성과 함께, 협력의 생산력 증대 기능을 지적한 것이다.

---

8) A. Smith, *The Theory of Moral Sentiments*, 1759, ed., by D.D. Rapall & A.L. Macfie, Clarendon Press, 1979, Chap. 1.

9) A. Smith, *A Inquiry into the Nature and Causes of the Wealth of Nations*, 1776, ed., by Edwin Cannon, New York, the Modern Library, 1965, Chap. Ⅰ.

　그런데 자본주의가 독점자본 단계를 넘어선 현대자본주의에서 경쟁적 시장기능은 크게 제약받고 있으며 경쟁의 효율성도 제한받고 있다. 중소기업의 경쟁적 성격은 경직된 시장기능을 활성화하고 경제사회를 쇄신하는 기능을 한다. 또한 중소기업이 다른 경제단위, 특히 대기업과 맺는 상호보완적 협력관계는 자본축적의 기반을 제공하면서, 경제의 생산력을 확충하고 생산성을 높이는 유력한 방안이 된다.

　그러나 지나친 경쟁은 과당경쟁을 유발하고, 기업 사이의 협조가 지나치면 독점과 지배·종속의 문제를 일으킨다. 이 두 가지 측면은 오히려 자원의 효율적 배분과 생산력 향상을 억제하는 부정적 작용을 하기 때문에 적정한 경쟁과 협동이 필요하다. 즉 '경쟁과 협력'의 두 가지 시각은 중소기업 문제 연구의 기본 방향이다.

　둘째, 생산력적 시각과 생산관계적 시각이다. 이는 본래 마르크스경제학적 개념이지만 사회과학 전체, 특히 중소기업의 경제학적 연구에서는 기본적 관점이 되고 있다. 전자는 노동과 생산수단이 결합하면서 나타나는 양자의 협동관계와 상호보완관계를 강조한 것으로서 물적 특성을 반영한다. 이에 반해 후자는 자본과 노동 또는 자본과 자본의 관계를 지배·종속관계와 착취·대립 관계로 보고, 생산과정에서 잉여가치를 중심으로 관련된 자본가와 노동자 등의 대립 갈등을 반영하며, 인적 관계의 특성을 나타낸다.[10]

　결국, 생산력적 관점은 사용가치 중심의 시각이고, 생산관계적 관점은 잉여가치 중심의 시각이다. 중소기업 연구에서 이 두 가지 시각은 상호의존관계 또는 대립 관계라는 일방적 특성의 강조가 아니라 두 시각의 통일, 즉 상호의존성 속의 대립관계 또는 대립관계 속의 상호의존성의 실현이라는 방향으로 발전하고 있다. 이 두 관점이 중소기업 연구에서 중요한 의미를 지니는 것은 중소기업이 두 가지 측면, 즉 경영 단위로서 뿐만 아니라 자본단위로서의 성격도 가지고 있

---

10) 마르크스는 상품의 생산과정(가치 창출 과정)에서 전개되는 생산관계적 모순(인간적 관계의 모순)이 은폐되고, 생산력적 측면(물질적 관계)만이 신뢰 숭배되는 현상을 상품의 물신적物神的 성격commodity fetishism이라고 지적한 바 있다.

기 때문이다. 이때 경영 단위의 특성을 강조하면 생산력적 시각이, 자본단위의 성격을 강조하면 생산관계적 시각이 전면에 떠올랐다.

셋째, 일반성의 시각과 특수성의 시각이다. 이는 본래 사회적 모순관계를 해명하는 사회과학 연구 전반의 문제로 제기된 것이다. 이것이 중소기업 연구와 관련을 갖게 된 것을 일본에서 자본주의 논쟁이 전개되고 이중구조가 중소기업 문제의 핵심으로 등장하면서부터이다. 자본주의 발전법칙의 관철형태를 파악하면서 자본주의 발전의 일반법칙이 어느 국민경제에 어떻게 전개되는지를 보는 것과, 그 국민경제의 특수성을 분석하여 일반법칙의 관철형태를 이끌어내는 방법의 차이에서 양자의 이질성을 논의하였던 것이다.

일반성과 특수성이라는 명제의 본래 의미를 떠나, 각 국민경제에서 산업구조의 모순 또는 자본의 운동법칙이 가져오는 경제구조의 모순인 중소기업 문제는 자본주의 발전 과정에서 나타나는 일반적 성격을 지니면서도 각 국민경제의 특수성을 반영하고 있다. 경제의 발전단계에 따라 각 국민경제는 독특한 내용의 중소기업 문제를 형성하지만, 또 일정한 발전단계에 이르면 공통된 성격을 지니는 경향을 보인다. 이에 따라 중소기업 이론과 정책은 공통성을 지니면서도 서로 다른 측면을 갖고 전개되어 왔다.

이와 같은 시각을 바탕으로 경제학의 본래 영역에서 중소기업 연구는 이루어졌다. 근대경제학에서는 마셜 이후, 정치경제학에서는 마르크스 이후 다양한 중소기업 연구와 이론이 나왔다. 그러나 전체적으로 경제학적 중소기업 이론은 체계적으로 정립되지 못하였고 경영학적 연구와 비교해 봐도 활발하지 못하다. 이를 극복하기 위해서는 지금까지 근대경제학과 정치경제학 영역에서 전개된 중소기업 이론을 포괄해서 중소기업에 관한 기본적 이해의 바탕과 이론적 체계를 정리하는 것이 우선 필요하다. 즉 중소기업 연구의 기본이 되는 개념과 이해의 틀fundamental frame of conception and understanding을 마련하고 이론체계를 분석적으로 정리하는 것은 새로운 연구의 방향을 찾는 길이 될 것이다. 그러한 중소기업 경제학은 그에 대한 이론과 역사 및 정책의 깊이 있는 탐구 결과로 정리될 것이다.

제1장
중소기업의 위치와 역할

제1절 중소기업의 범위: 상대성과 가변성

1. 중소기업의 개념

'중소기업이란 무엇인가'라는 문제는 중소기업 연구에서 알파α와 오메가ω란 말이 있다. 이것은 중소기업의 개념을 규정하는 것이 중소기업 연구의 가장 기초적 문제이면서도 처음부터 끝까지 어려운 과제라는 것을 의미한다.

중소기업이란 한마디로, 극히 다양한 요소와 서로 다른 질적 특성을 갖는 각종 '중소규모' 사업을 총칭하는 개념이다. 그것은 '동질적 일체'가 아니고 '이질·다원적 기업군'이다. 그러한 중소기업에서 공통되는 하나의 요소는 '대기업이 아니라는 점'이다.[1]

중소기업 개념의 이런 특징은 그것의 형성 과정에서 알 수 있다.

경제사적으로 대기업이 최초로 등장한 산업자본주의 초기에 압도적으로 다수의 기업은 소규모였으며 '중소기업'이라는 인식은 존재하지 않았다. 수공업이라는 전통적 경영에 대하여 '소공업' 또는 '소경영'이라는 표현이 일반적이었다.

대기업이 본격적으로 등장하는 시기에 총체적으로 규모가 큰 기업이 늘어나면서 '중기업'이 나타났다. 그러나 '중소기업'이라는 표현이 일반화된 것은 아니었다. '중공업中工業'이라는 인식이 형성되었지만 '중공업'의 독자성이 강조된 것은 아니고, '소공업'에 대한 '대·중공업'이라는 측면이 강했다.

대기업의 규모가 확대되고 경제력이 집중되면서 대기업과 중소기업 사이에 단층이 생겨났고 대기업에 대한 '중소기업'이라는 인식이 형성되었다. 이것은 경

---

1) 巽 信晴·佐藤芳雄 編, 《新中小企業論を学ぶ》(新版), 有斐閣, 2000. 3, p.4.

제사적으로는 독점자본주의가 전개되는 시기였다. 그 뒤 양자 사이에 '중견기업'이라는 계층도 형성되기 시작하였다.[2]

그렇다면 왜 중소기업이라는 인식이 형성되고 그것을 구분할 필요가 생겨났는가? 현실 산업사회는 여러 규모의 기업으로 이루어져 있다. 대기업을 비롯하여 중견기업, 중기업, 소기업 그리고 영세경영도 존재한다. 이처럼 다양한 규모의 기업 가운데 중소기업이라는 영역을 독자적으로 구분할 필요성을 살펴보면 다음과 같다.

중소기업의 개념과 그에 대한 인식은 대기업의 전개에 따라 형성되었다. 따라서 중소기업 개념은 상대적이며, 대기업과 경쟁적 관계에 있다는 점에서는 대기업의 대립 개념이기도 하다. 그리고 중소기업은 대기업에 대한 이질성과 독자성을 갖고 있다는 점이 인식되었다. 곧, 중소기업은 대기업과 다른 경제·경영적 특성을 지니고 있고, '중소규모'라는 점에서 대기업과 다른 문제를 안고 있다. 반대로 대기업과 다른 중소기업의 장점도 있다. 산업사회 전체에 기여하는 역할도 이 둘은 다르고 정치적 성격도 차이가 있다. 이런 점을 좀 더 설명하기로 한다.

첫째, 오늘날 산업사회의 중심은 대기업이며 중소기업은 그 지배 아래에 있다는 것이 일반적 인식이다. 대기업과 중소기업 사이에는 큰 격차가 있고 중소기업은 많은 어려움에 처해 있다. 사회적 불공정, 경쟁의 불공정, 대기업의 지배와 수탈이 중소기업 문제의 본질이 되는 등 '대기업에 대한 중소기업 문제'가 제기되고 있다.

둘째, 오늘날 경제사회에는 다수의 중소기업이 존재하여 경제와 산업을 뒷받침하고 있다(양적 중요성). 그것의 존재 양식과 역할은 사회적 경제적 안정에 중요한 문제이며(질적 중요성) 나아가 사회계층으로서의 중소기업 문제(사회적 중요성)도 제기되고 있다.

셋째, 중소기업은 독립적으로 창업하고 스스로 기업을 시작하는 것이 보통이다. 국민에게 경제적 희망과 꿈을 실현시켜 주는 수단이며 중소기업의 왕성한

---

2) 일본에서 中堅企業의 존재가 본격적으로 별도의 계층으로 인식되어 이론화된 것은 1960년대 초 中村秀一郎에 의해서였다.

신규창업과 그 활동은 산업사회를 활성화한다. 곧 자유기업체제의 기반을 지탱하는 데 중요한 역할을 한다. 대기업체제가 안고 있는 큰 문제를 숭소기업의 자유롭고 활발한 창업과 활동으로 개선할 수 있다. 중소기업이 성장기업의 양성기반[苗床] 구실을 하기도 한다.

중소기업이 안고 있는 대기업과의 이질적인 문제점을 해소하고, 중소기업만의 장점과 역할을 제고하기 위하여 중소기업의 범위와 규모를 구분해 볼 필요가 있다.

2. 규모 구분의 상대성과 그 기준

중소기업은 그 용어상의 개념 규정만으로 충분히 이해할 수 있는 것은 아니다. 여러 가지 질적·양적 기준에 따라 그 범위를 구분할 필요가 있다. 또한 그것을 넘어서 중소기업의 질적 특성과 역할을 이해할 수 있어야 한다. 나아가 자본주의 발전 과정에서 형성된 구조적 문제로서 '중소기업 문제'를 해명해야 한다. 여기서는 먼저 중소기업의 양적 범위의 규정에 대하여 설명하기로 한다.

중소기업의 범위 규정은 다음과 같은 점에서 상대적이다.

첫째, 중소기업의 개념은 그것이 대기업의 발달과 전개에 따라 형성되었다는 점에서 상대적이다. 대기업과의 상대적 관계에 따라서 '중소규모'가 문제되고 대기업이 발전하면서 중소기업을 의식하기 시작하였다.

둘째, 중소기업의 범위는 산업과 업종에 따라 다르다는 점에서 상대적이다. 자본과 노동의 집약도가 다름에 따라 중소기업의 범위는 변화한다. 자본집약적 업종에서는 중소기업의 양적 범위(종업원 기준)는 낮게 규정되는 반면, 노동집약적 업종에서는 높게 책정된다.

셋째, 시대에 따라 중소기업의 범위는 변하였다. 시대의 변천에 따라 경제가 발전하면서 대기업의 규모가 늘어나는 경향이 있고 이에 맞추어 중소기업의 상한은 상승하는 경향을 보였다.

한편 중소기업을 구분하는 기준으로는 양적지표와 질적지표를 들 수 있다.

첫째, 양적 지표는 종업원 수, 자본금, 매출액, 자산액, 시장점유율 등을 활용한다. 이들 지표는 병행 또는 선택적으로 채택되는데 그것은 객관적이라는 장점이 있다.

둘째, 질적 지표는 경영의 특징을 나타내는 지표이다. 독립성, 소유와 경영의 분리 여부, 경영자의 노동과정의 참가, 가족경영, 경영자가 종업원 전체를 장악하는지 여부 등을 제시한다.

그러나 양적 지표가 중소규모라도 대기업의 계열회사 등은 중소기업에서 제외하기도 한다. 그리고 양적 지표와 질적 지표를 병행하여 중소기업을 구분하는 경우도 있다. 사회학적 관점에서는 중소기업을 중산층 또는 중산계층Mittelstand이라고 하여 다른 계층과 구분하기도 하는데, 독일의 경우가 그러하다.

규모를 측정하는 지표가 정해지면 다음에는 중소기업 범위의 상한上限과 하한下限을 정하는 문제가 제기된다.[3] 먼저 상한은 중소기업과 대기업을 구분하는 경계인데, 이것을 명확하게 정하는 것은 쉽지 않다. 경계란 흔히 선線으로 생각할 수 있는데 경우에 따라서는 선이라기보다는 경계부분zone으로 생각할 수도 있다. 더구나 기업규모가 다양해지면서 대기업과 중소기업의 중간에 중견기업이 형성되었다. 따라서 대기업과 중견기업, 또는 중견기업과 중소기업 사이의 경계를 확정하는 문제가 상한 설정의 문제가 된다.

중견기업을 중소기업과 다른, 별도 범주의 기업규모로 보는 견해에서는 후자가 상한 설정의 문제가 된다. 그러나 '중소기업' 인식 형성의 역사성歷史性(대기업과의 상대적, 대립적 개념)에 비추어보면 중견기업도 넓은 의미에서 중소기업의 범위에 포함된다고 보아야 한다. 따라서 전자가 주된 상한 설정의 문제이다. 중소기

---

3) 중소기업의 상한과 하한을 선정하는 문제는 일찍이 마셜A. Marshall에서 그 기원을 찾아볼 수 있다. 그는 소기업small business에 자본제 기업을 포함하였기 때문에 그 하한은 수공업과 가내공업임을 알 수 있다. 그 상한은 대표적 기업의 개념 규정에서 알 수 있다. 즉, 마셜의 소기업은 수공업과 가내공업을 하한으로 하고 대표적 기업을 상한으로 한다. 마셜은 대표적 기업이 업종별로 다를 수 있다고 하였고, 총생산량의 증가와 경제 진보에 따라 그 규모가 커질 수 있다고 지적하였다. 즉, 소기업 상한은 절대적이 아니며 업종별 또는 시간의 경과와 경제상황에 따라 변화될 수 있는 상대적 개념으로 보았음을 알 수 있다.

업의 상한 설정은 현실적으로는 정책 대상으로, 중소기업 문제를 해결하려는 중소기업 정책의 목적에 따라 달라진다.

중소기업의 하한은 중소기업을 가내노동과 구분하는 경계인데, 여기서는 독립성과 기업성을 문제 삼는다. 독립성을 지닌 경영체라 하더라도 그것이 '기업성'을 가지고 있느냐가 문제가 된다. 왜냐하면 독립성이 확인되더라도 기업 이전의 성격을 가지면 기업이라고 볼 수 없기 때문이다.

여기서 영세경영의 평가 문제가 제기된다. 가족 중심의 영세경영이라도 기업으로서 경제 계산을 하고 독립성을 지닐 때에는 중소기업으로 볼 수 있다. 생업적 자영업 등의 영세경영을 중소기업에 포함하는 것은, 이것을 구분하는 정책적 목적에 따라 정하는 것이 현실적인 양적 기준이다.4)

3. 소기업에서 중소규모기업으로

우리나라와 일본 등에서는 중소기업이라는 용어를 일반적으로 사용하고 있다. 그러나 미국과 영국 등에서는 소기업small business이라는 용어가 더 널리 쓰인다. 더러 중소규모기업(중소기업: small and medium-sized business)라는 용어를 사용하지만 그것은 예외일 뿐이다. 그 표기 방법도 여러 가지이다.5) 경제의 성장 발전과 함께 그 내용과 범위도 변화하였고, 또 중소규모기업으로까지 문제의식의 범위가 확대되었다.

산업자본주의 형성기에 나타났던 소기업 도태·소멸론에서의 소기업은 수공업과 가내공업이었고 부분적으로 소규모 매뉴팩처(공장제수공업)를 포함하였지만,

---

4) 淸成忠南, 田中利見, 港 徹雄 共著, 《中小企業論》, 有斐閣, 1998. 1, pp.1~3.
5) 예컨대 Small business(A. Marshall과 J. Steindl) 그 밖에 Small Firm(Bolton Report), Small Concern(M. Dobb), Small Enterprise(E. Staley and R. Morse) 또는 Small Unit, Small Establishment 등을 들 수 있다. 그리고 Small Industry(Staley & Morse) 또는 Small-Scale Industry(Summers, 1932)라고 표기하기도 하는데 이것은 小工業이라는, 산업적 개념을 나타낸 것으로 볼 수 있다. 우리나라에서도 중소기업을 Small and Medium Industry로 표현한 바 있다.

원칙적으로 자본제적 소공업은 여기에 들어가지 않았다.

　19세기말 이후, 소기업 잔존론에서 말하는 소기업에는 자본제資本制적 소기업도 상당히 포함되면서, 소기업의 상한이 점차 확대되었다. 마셜이 논의의 대상으로 삼았던 소기업에는 자본제적 소기업이 포함되어 있었다. 즉, 19세기 말 이후에는 수공업과 가내공업이라는 의미의 소기업이 아니고 자본제적 소기업을 포함하는 것으로 소기업의 범위가 확대되었다. 이것이 점차 '대규모에 대한 소규모'라는 의미의 소기업 문제의 대상이 되었다.

　1910년 무렵 미국에서는 연간 생산액 5천 달러를 소기업의 상한으로 제시하였고,[6] 1920년경 영국에서는 종업원 수 100명을 소기업의 상한으로 보는 등[7] 대규모 대비 소규모라는 의미의 소기업의 상한이 점차 확대되었다. 캐플런A. D. H. Kaplan과 필립스J. D. Phillips는 1930년 이후 미국에서 소기업의 상한이 종업원 수 250명까지 확대되는 과정을 설명하였다.[8]

　그리고 소기업 문제에 관한 논의에서 '중소규모기업'이라는 용어를 사용함으로써 소기업 문제의 대상 범위가 중기업中企業까지 확대되는 경향을 보였다. 이런 소기업 범위의 상승 확대 경향은 소기업 개념이 대기업에 대한 상대적 개념이라는 데서 비롯한다. 경제성장과 함께 대기업 규모가 커지면서 소기업과 상대적 대응 개념인 대기업의 상한이 확대되었고 여기에 맞추어 소기업의 상한도 점차 확대되었다.

　그런데 경제력이 집중되면서 대기업의 상한 확대가 빨라졌지만, 소기업의 상한 확대는 이를 따르지 못하였고 여기에 중기업이라는 개념이 형성되었다. 즉 경제적 집중과 대기업의 거대화가 촉진된 결과 소기업에 대한 문제의식이 중기업에까지 확대되어, 소小와 중中을 결합한 중소규모기업(중소기업)이라는 개념을 사용한 것으로 볼 수 있다. 이는 독점자본의 형성이라는 자본운동의 질적 전환이 계기가 되었다.

---

6) I. H. Haney, *Business Organization and Combination*, New York, 1913, pp.17~19.
7) A. L. Bowley, "The Survival of Small Business", *Economica*, No.2, 1942, pp.113~115.
8) A. D. H Kaplan, *Small Business: Its Place and Problems*, 1948, Chap. 2; J. D. Phillips, *Little Business in the American Economy*, 1958, Chap. 2.

'중소규모기업'이라는 용어는 1909년에 홉슨J. A. Hobson이 사용하였다. 그는 소기업의 잔존만이 아닌 중소규모기업(small and middling business 또는 business of moderate or small size)의 잔존을 지적하였다.[9] 그러나 홉슨은 어디까지나 소기업 잔존 문제를 대상으로 하여 논의하였고 중기업은 포함하지 않았으며 중소규모기업은 오히려 예외적인 것으로 다루었다.

1941년에 〈TNEC 보고서〉는 '대·중·소기업의 능률비교Relative Efficiency of Large, Medium-sized and Small Business'라는 제목으로 분석하는 가운데 이미 소기업의 상한을 종업원 수 250명까지 확대하였다. 그러나 소와 중을 결합한 중소규모기업에 대한 의식과 분석은 명확히 하지 않았다.[10] 이점은 플로렌스P. S. Florence도 마찬가지였다.[11] 슈타인들J. Steindl은 오히려 중기업을 대기업과 결합, 소기업과 대치시키고 있다.[12] 그 뒤 1950년대 후반 리돌H. F. Lydall이 중기업과 소기업을 결합한 '중소규모기업small and medium sized manufacturing firms'으로서의 문제를 확립하였다.

이러한 경향은 경제력이 집중되면서 미국이나 영국에서도 점차 나타나고 있다. 즉 경제성장과 경제력 집중에 따라 중소기업의 상한은 점차 확대되고 중소기업 문제의 대상범위도 확대되었다.

미국의 경우, 〈TNEC 보고서〉는 중규모의 상한을 종업원 수 500명까지로 정하였다. 그 뒤 1953년에 재정, 1958년에 개정된 미국의 〈중소기업법Small Business Act〉의 기준에 따라 책정된 소기업의 상한은, 업종별로 500명에서 1,500명까지 확대되었다.[13] 우리나라와 일본의 경우도 마찬가지다.

---

9) J. A. Hobson, Industrial System, 1909, New and Revised ed. 1910, Rep. of Economic Classics, New York, 1969, p.183. 여기서 그는 거대기업monster business이 지배적 위치를 차지하는 산업에서도 中小規模企業이 잔존함을 지적하였다.

10) Temporary National Economic Committee, Monograph 13.

11) P. S. Florence, The Logic of British and American Industry, London, 1958, Chap. 1과 Chap.4 참조.

12) J. Steindl, Small and Big Business, 米田淸貴·加藤誠一 譯, 《小企業と大企業−企業規模の經濟的問題》, 嚴松堂, 1969, pp.69~74.

13) H. F. Lydall, "The Impact of the Credit Squeeze on Small and Medium-sized Manufacturing Firms", The Economic Journal, Sep. 1957; 瀧澤菊太郎, 〈中小企業問題の國際的歷史的分析〉, 山中篤太郎, 《經濟成長と中小企業》, 春秋社, 1963, pp.65~69 참조.

4. 소영세기업 · 중견기업 · 주변기업

1) 중소기업의 계층과 소영세기업

중소기업은 대기업에 대한 상대적 개념인데, 실제로는 양적 규모로 측정하는 것이 일반적이다. 이는 규모의 경제학으로서 중소기업론이 추구하는 모형적 개념이기도 하다. 그러나 중소기업 범위에는 이외에 소영세기업(또는 영세기업), 소상공인, 중견기업, 주변기업, 벤처 비즈니스, 나아가 중산층, 민족자본 등 양적 개념만으로 해명할 수 없는 여러 가지 새로운 개념이 제기되고 있다. 이러한 여러 개념을 해명하는 것도 중소기업 연구의 중요한 과제이다.

중소기업은 여러 영역, 여러 규모, 여러 계층으로 이루어져 있다. 더욱이 중소기업은 독점적 대기업을 중심으로 하는 재생산구조 속에서 다음과 같은 이질·다원적 계층의 성격을 포함하고 있다.[14]

첫째, 자본가적 성격의 중소기업이다.

① 종업원 규모 100~300명 등 비교적 많은 노동자를 고용하는 중기업(중자본가)
② 30~50명 등 비교적 적은 수의 노동자를 고용하는 소기업(소자본가)
③ 소자본가로서 10~20명 등의 노동자를 고용하지만, 스스로도 생산과 판매활동을 하는 기업, 이들은 노동자로부터 얻은 잉여가치로 이윤을 증대하고 그 이윤으로 자본을 축적한다.

둘째, 단순 소상품 생산가적 성격의 영세기업이다.

④ 2~3명 등의 적은 노동자를 고용하지만, 스스로도 생산 판매 등의 '노동'을 하는

---

14) 上林貞治郎 編, 《中小零細企業論》, 森山書店, 1977, pp.34~36.

소생산자, 소상인(소영업자)으로서 기본적으로 자본주의적이 아닌 단순상품 생산자

⑤ 스스로의 노동 및 가족노동만으로 생산 판매의 '노동'만을 하는 소생산자, 소상인(전형적인 소영업자)으로서 단순상품 생산자. 이들은 자본가가 아니고 개인 경영의 근로자, 또는 적은 수의 임금노동자를 고용하는 근로자의 성격을 갖는다.

셋째, 반노동자半勞動者 또는 사실상의 임금노동자로서 영세경영이다.

⑥ 자가노동에만 의존하는 가내공업자, 하청공업자로서 선대제 상인 또는 모공장의 지배 아래 있는 생산자이다. 이들은 금융, 원재료 나아가 생산도구와 시설 등 생산수단의 지원을 받는데, 그 결과 종속성이 형성된다.

⑦ 가내노동자이지만 임가공을 주로 하기 때문에 제품시장에서 분리되어 자택에서 작업하는, 실제적으로 임금노동자이며 하청下請하는 자도 포함하는데, 그 독립성이 상실된다.

이들은 반자영半自營, 반노동자 또는 사실상의 노동자로서 독립자영의 소영업자(소자본가)와 순수한 임금노동자의 중간적 존재인데, 대부분 노동자에 가까운 특성을 지닌다.

이렇게 중소기업은 여러 계층으로 이루어져 있다. 여기서 중기업과 소기업은 자본가 또는 자본가적 기업이라는 공통된 성격을 갖고 있다. 그럼에도 소기업을 중기업에서 분리, 이를 영세기업과 묶어 '소영세기업'이라고 한다. 소영세기업은 양적 규모의 계층으로 보면 소기업 이하의 기업계층, 즉 소기업과 영세기업을 합한 계층이다.

먼저, 그 공통점은 다음과 같다. 즉 영세기업에서 소기업으로의 상승, 소기업에서 영세기업으로 하강은 흔히 있는 현상이다. 중기업에 견주어 소영세기업은 확대재생산이 한정되어 있고 독립성이 약하며, 기업의 개인적 성격이 강하고, 경

제계산이 성립해도 본래의 의미대로 이루어지지 않는다는 것이다.[15]

또한, 다음과 같은 공통된 특성을 가지고 있다.

첫째, 대기업을 정점으로 하는 계층적 축적구조 속에서 경제적 부담을 전가받는 가장 낮은 계층이다. 중기업 등 상위계층은 경제적 모순을 소기업과 영세기업 등 하위계층에 다시 떠넘길 수 있지만, 소영세기업은 전가된 부담을 스스로 흡수할 수밖에 없는 위치에 있다.

둘째, 계층적 축적구조 속에서는 하층 기업에 경제적 모순이 더욱 증폭, 전가되기 때문에 소영세기업은 더욱 높은 강도의 부담을 떠안는다. 이들 가운데는 노동 집약적이며 가내노동을 중심으로 하는 생업적 소영세경영의 비율도 높으며, 주로 낮은 임금기반이 그 존립의 기초가 된다.

셋째, 그 결과 경영의 불안정이 심하다는 특징이 있다. 계층분화와 신구기업의 교체 등 사회적 대류현상이 심한 계층이다. 도산율과 신설률이 상대적으로 높고 진입장벽도 비교적 낮다.

넷째, 산업구조가 지식집약화하면서 혁신적인 새로운 기업 유형의 진입이 높은 계층이다. 그 결과 독과점 구조가 가져오는 경제의 경직성을 쇄신하고, 시장의 활성화를 촉구하면서 산업구조의 전환에 기여한 계층 또한 소영세기업이다.

이 같은 공통점이 있는 소영세기업 가운데 소기업과 영세기업을 구분하기는 현실적으로 쉽지 않다. 그러나 그 질적 특성의 차이는 다음과 같이 설명할 수 있다. 영세기업은 가족노동을 중심으로 하여 생산 판매 서비스에 종사하는 '기업 이전의 경영'으로, 자본과 노동의 분화과정에서 중간적 존재이다. 즉 생업(가내노동)과 기업의 중간적 존재가 영세기업이며, 오히려 '영세경영'이라는 표현이 더욱 적절하다. 이에 견주어 소기업은 '자본에 의한 경제계산의 구조를 갖는 소규모기업'으로 규정할 수 있다.[16]

한편 우리나라의 〈소기업 및 소상공인 지원을 위한 특별조치법〉과 그 시행령에서는 영세기업에 가름하는 개념으로 소상공인을 규정하고 있다. 그 범위는 ①

---

15) 淸成忠南, 《現代日本の小零細企業》(發展と倒産のメカニズム), 文雅堂銀行研究社, 1967, p.14.
16) 國民金融公庫 調査部, 《日本の小零細企業》, 東洋經濟新報社, 1966, p.1.

광업·제조업, 건설업 및 운수업의 경우 상시 근로자 수 10명 미만 ② 기타 업종의 경우 5명 미만으로 되어 있다.

　이러한 소영세기업은 경제구조가 고도화하면서 그 내부에 격심한 기업의 교체가 이루어지고 동태적으로 그 수가 급속히 늘어나고 있다. 새로 진입하는 다양한 소영세기업 가운데 지식집약, 연구개발형의 혁신적인 새로운 기업 유형으로서 중요한 유형으로, 다음과 같은 일곱 가지를 제시할 수 있다.[17]

① 자동기계 도입, 고품질 제품 양산형

② 독창적 제품 개발생산형

③ 고가공도 제품의 다품종 소량생산형

④ 시스템 조립자system organizer형

⑤ 정보 제공형

⑥ 전문 설계형

⑦ 고성능 기계 간수보전maintenance 전문형

2) 중견기업

(1) 개념의 형성배경과 그 특징

　중소기업의 기초개념을 이해하려면 소영세기업 이외에도 중견기업이라는 개념을 알 필요가 있다. 이는 처음에 독점자본론에 기초한 중소기업 문제인식의 경직성에 대한 반성에서 출발하여 형성되었다. 중소기업을 독점기업에 대한 비독점기업으로 규정하고 있는데 이는 너무 도식적이며, 비독점기업에는 중소기업과, 중소기업 이외의 비독점기업(비독점 대기업이라고도 한다)이 존속할 수 있다는 점을 비독점 부문의 범위에 대한 자본운동 법칙으로 검증하고 있다. 곧 중소기업

---

17) 清成忠南,《日本中小企業の構造變動》, 新評論, 1972, p.271.

이 독점자본에 수탈당하는 기업층이지만 비독점기업이 반드시 중소기업은 아니라는 것이다.

현대자본주의에서 특정 부문에는 독점의 경쟁자이면서, 독점의 수탈을 다른 자본층에 떠넘기는 자본가층이 있다. 이러한 기업계층은 산업구조의 전환기에 새로운 성장 부문에서 새로운 기술과 시장조건을 갖고 성장한다. 생산력의 발전에 대응하는 최소필요 자본량을 배경으로, 다시 분화되어 독점자본에 흡수되기도 하지만 중소기업 상층으로 전환하기도 한다. 따라서 비독점기업 안에서 중소기업 상층은 그 범위가 확대되는 경향이 있다.[18] 이는 실제로 법률상, 행정상, 금융지원상 비독점기업 내 중소기업 범위가 확대되고 새로운 중견기업의 범위가 규정되는 경향을 말한다.

이러한 인식은 독점과 비독점의 관념적 도식적 구분을 비판하고, 독점자본주의의 동태적 구조파악을 위하여 비독점 부문의 내부 구성을 동태적으로 분석함으로써, 비독점 대기업(중견기업)을 적극적으로 규정하고 중소기업의 상한 확대에 대한 문제를 제기했다는 점에 의의가 있다. 그런데 구체적으로 전개된 중견기업 이론은 그 내용이 전혀 다른 경영론적 기조가 되었다.

즉, 생산력의 급격한 발전은 대규모생산의 발전을 촉진하고 생산의 전문화를 촉진하면서 특정 분야를 전문화하고, 시장점유율을 확대하여 스스로 진입 장벽을 형성하였다. 이는 주체적 행동으로 유지할 수 있는 기업을 출현시켰다[19]는 것이다. 이러한 기업을 중견기업이라고 하고, 그 특징을 다음과 같이 규정하였다.

① 중견기업은 거대기업 또는 이에 준하는 대기업의 계열회사가 아니고, 자본적으로는 물론 기업의 근본방침에 결정권을 갖고 있다는 의미에서 독립회사獨立會社이며, 단순히 중소규모를 넘는 기업이 아니다.

---

18) 中村秀一郞, 《日本の中小企業問題》, 合同出版社, 1961, pp.72~73. 그런데 《1957年度 日本經濟白書》는 '중규모 경영의 근대화'를 주장한 바 있다.
19) 中村秀一郞, 《中堅企業論》, 東洋經濟新報社, 1968, p.111.

② 중견기업은 증권시장을 통하여 사회적 자본조달이 가능한 규모에 이른 기업이며, 따라서 시장 상장의 여부는 이를 중소기업과 구분하는 기준이 된다.

③ 중견기업은 사회적 자본을 주식 형태로 동원하는 데는 아직 제약(고율 배당의 필요성)이 있고, 개인 동족회사의 성격을 갖는다는 점에서 대기업과 구분된다. 따라서 규모 확대와 함께 동족회사의 결함을 없애기 위해 사외社外 중역제의 도입, 경영과 소유의 분리 진행, 전문 시스템, 연구기관의 설치, 근대적 경영관리 조직의 정비를 추구한다는 점에서 질적으로 중소기업과 다르다.

④ 중소기업과 다른 시장조건을 확보하고 있다. 그 제품은 독자기술과 설계고안에 따른 것이 많다. 필요한 경우에는 양산에 성공하여 각 부문에서 높은 생산 집중도와 시장점유율을 차지하여 독점적 성격을 갖는 것도 많다. 특정 구입자에 의존하지 않으면서 대기업의 구입 독점력에 대항력을 갖고, 총자본 이익률도 높은 기업이 많다.[20]

기업규모가 확대되고 다양화되면서 대기업과 중소기업의 중간에 중견규모기업이라는 영역이 형성되었는데, 이 중견기업은 그 특징에서 알 수 있듯이 독점적 대기업이나 중소기업과 다른 별도의 기업 범위이다. 그러나 중소기업 또는 중소기업 문제 형성의 역사성에 비추어 보면 중견기업도 '대기업에 대한 중소기업' 범위에 포함된다고 보는 것이 일반적이다.

(2) 지식집약화와 중견기업

이러한 기업 유형은 고도산업사회에 적극적 존재 의의를 갖고 사회적 경제적 진보와 모순되지 않는 새로운 혁신형의 기업 유형이다. 지식집약형 산업구조로 전환을 촉진하는 담당자로서 새로운 산업조직에서 적극적 존재 이유를 가지고 그 역할을 하기 때문이다. 중견기업을 중소기업 범위에 포함시키는 견해를 갖고

---

20) 위의 책, pp.12~13.

있는 이들은, 이와 같은 기업 유형의 발전을 조장하는 범위로 확대해야 한다는 혁신적 중견기업 정책론을 주장하였다. 특히, 일본에서는 1970년대에 와서 중견기업의 기업 유형이 성장 요인의 다원화와 더불어 다양화되었다는 실증적 연구 결과가 제시되었다.[21] 그 유형은 다음과 같다.

① 연구개발 집약적 기업이다. 이것은 독창적 연구개발 협력을 기초로 하여 발전하는 기업으로서 개발성과를 제품화hardware하여 판매하지만, 연구성과 자체software를 판매하는 경우도 있다.

② 디자인 개발적 기업이다. 디자인 개발력을 기초로 하여 발전하는 기업이며 제품의 실질적 차별화를 기초로 한다.

③ 다산업 전개형 기업이다. 특정 분야의 기업으로 60년대에는 성장하였지만, 70년대에는 주요부문에서 적극적으로 벗어나는 경향을 보이면서 성장하는 기업이다.

④ 다종·다량 생산형 기업이다. 단순히 대량생산과는 다른 다종·다량 생산을 개발하여 성장하는 기업이며 제조 기술 면에서도 독특한 노하우를 갖는다.

⑤ 국제적 전개형 기업이다. 제품개발 생산, 판매 등 모든 면에서 국제 분업에 의존하여 성장하는 기업인데, 독자적 상품성격과 품질 성능이 이를 뒷받침한다.

⑥ 산업시스템화 시대의 선구자인 시스템 조립형의 기업이다. 여러 방면의 기술을 시스템화하여 신제품을 창조하는 기업 유형으로서 소프트웨어적 특징을 갖는 기업이다.

중견기업의 이런 성격은 지식집약형 산업구조로 이행하면서 형성된 것으로 새로운 산업구조와 새로운 산업조직 속에서 중견기업의 독자적 위치가 확대된다는 것이다.

우리나라에서는 중소기업이 중견기업으로, 중견기업이 글로벌 전문기업으로

---

21) 中村秀一郎, 《新中堅企業論》, 東洋經濟新報社, 1990, pp.452~453.

원활하게 성장할 수 있는 선순환 기업생태계를 구축하고 일자리 창출 등 정책상의 목적으로 2014년에 〈중견기업 성장 촉진 및 경쟁력 강화에 관한 특별조치법〉을 제정하였다. 이 법과 시행령에서 정한 중견기업의 양적 범위는 다음과 같다. 중소기업의 범위를 초과하는 기업(대기업이 아닌 기업)으로서 ① 상시종업원 수 1,000명 이상 ② 자산총액 5,000억 이상 ③ 자기자본 1,000억 이상 ④ 직전 3개년도 평균 매출액 1,500억 이상 등 네 가지 기준 가운데 한 가지를 만족하는 기업, 곧 중소기업 범위의 최고 기준을 하한으로 하고 위에 제시한 기준을 넘어서는 기업은 유예기간 없이 중견기업으로 지정된다. 그 밖에 〈독립성의 기준〉도 정해져 있다. 이처럼 중견기업의 양적 범위를 정하여 중소기업과 중견기업을 구분한다. 즉 중견기업의 범위를 규모, 상한, 독립성 기준으로 구분하고 있다.

3) 중핵기업과 주변기업

한 나라의 산업조직이 중핵기업center firm과 주변기업periphery firm이라는 기업조직으로 이루어져 있다고 보고, 이를 이중경제the dual economy로 규정한 견해에서 우리는 중소기업을 산업조직론적으로 이해할 수 있다.

미국 산업구조에 대한 동태적 분석을 시도하면서 중핵기업을 경제 발전의 새로운 주체로 보고, 이에 대비하여 주변기업을 설명하였는데, 선진 미국 경제의 산업조직 가운데서 중소기업의 특성을 알 수 있다.

먼저 중핵기업에 대해서는 다음과 같이 설명하는데 주로 대기업의 특성을 포함하고 있다.

① 중핵기업은 종업원 수, 총자산, 연간 매상고 등에서 큰 규모경제를 가진다.
② 중핵기업은 수직적 통합(소유 내지 비공식의 통제를 통하여), 다른 지역 진출(국내 및 국제), 제품 다각화, 경영 면에서 분권화된다.
③ 중핵기업은 경영·기술 면에서 우수한 인재와 풍부한 재무자원을 가지고 있다.

④ 중핵기업의 자금 유통은 특히 호황기에 매우 원활하고, 그래서 신용 면에서 우량 회사로 평가받고 있다.

⑤ 중핵기업의 경영은 단기적 계획과 장기적 계획이 결합되어 있다. 단기 고려 사항은 경영계층의 낮은 수준에서 취급하지만, 장기 계획은 최고경영자의 업무이다. 이러한 중핵기업이 모여서 중핵경제中核經濟를 이룬다.

이에 견주어, 주변기업은 다음과 같이 설명하고 있다.

① 주변기업은 비교적 소규모이다.

② 주변기업은 수식석 통합을 이루지 못하고, 하나의 중핵기업 또는 일군의 중핵기업의 위성衛星에 지나지 않는다.

③ 주변기업은 국제적으로는 물론 국내적으로도 많은 지역에 진출하지 않는다.

④ 전형적인 주변기업은 관련 제품이 적은 분야만을 생산한다.

⑤ 주변기업의 경영은 집권화集權化되어 있고, 많은 경우 한 사람이 중심이 되어 운영하고 있다.

⑥ 기간산업의 위치에 있는 경우라도, 주변기업은 별로 중요성을 갖지 못한다.

⑦ 주변기업의 경영자는 최고 집행부를 제외하면 중핵기업의 같은 지위에 있는 사람에 견주어 그 능력이 떨어진다.

⑧ 재무 면의 제약이 주변기업의 큰 문제인데, 주변기업의 자금 유통은 중핵기업에 견주어 상당히 소규모이다. 또한 신용도가 낮고 차입금의 이자도 높다.

⑨ 주변기업의 경영은 단기적 문제에 중점을 두고 장기적 계획은 소홀히 하는 경향이 있다.

⑩ 주변기업은 비교적 집중도가 낮고 그 영역이 좁은 시장에서 존립 활동하고 있다. 그래서 주변기업의 생산능력이 일정 수준을 넘으면 평균비용은 장기적으로 보아 필연적으로 올라간다.[22]

4) 주변기업의 존립유형과 중소기업

특히 중소기업의 성격을 갖는 주변기업을 중핵기업과 관련시켜 위성기업 (satellite, 대기업 관련 기업), 전업專業기업(the loyal opposition, 경쟁적 대립 기업: 대기업과 병존 하는 기업), 및 자유로운 전문기업(free agents, 대기업과 비경쟁적 독립기업)으로 분류하고 있는데 이 세 가지 유형에서 우리는 중소기업의 존립유형을 이해할 수 있다.

그런데 이들 가운데 특히 위성기업의 성격을 설명하면 다음과 같다.

① 위성기업은 원재료 관계 위성기업과 배급 관계 위성기업으로 나뉜다.

② 원재료 관계 위성기업은 중핵기업의 생산요소 시장에 존립하면서, 중핵기업에 물적 생산요소를 공급한다.

③ 배급 관계 위성기업은 제품시장에 존립하면서, 중핵기업의 산출물을 최종 구입 자에게 유통시킨다.

④ 원재료 관계 위성기업은 통상 중핵기업에 근접하여 존립하는 것이 입지에 우위 를 차지하게 된다.

⑤ 그러나 원재료 관계 위성기업의 주요 생산품은 중핵기업에게는 소규모의 투입물 이며, 이 위성기업의 경제 규모는 중핵기업에 견주어 소규모이다.

⑥ 정부와의 계약에서는 전형적으로 중핵기업이 주 계약자가 되고, 이것이 위성기 업에 다시 하청되는 형태를 갖는다.

위성기업은 운영상 중핵기업의 활동에 통합되어 있지만 회사의 직접적 계층 으로부터는 분리되어 있는데, 중핵기업이 이러한 조직을 갖는 것은 위성기업을 직접 소유하는 것보다 다음과 같은 장점이 있기 때문이다.

---

22) Robert T. Averitt, *The Dual Economy, The Dynamics of American Industry Structure*, New York, Norton & Co., 1968, pp.1~2; 外山廣司 譯, ≪中核企業―經濟發展の新しい主體≫, ダイヤモンド社, 1969, pp.4~5.

① 사업 위험의 일부 이전

② 운영의 유연성

③ 불경기에 과잉 생산능력을 싼값으로 유지

④ 자본 절약으로 자금을 유용하게 사용하고, 이익이 있는 다른 용도에 투자 가능

⑤ 반反 트러스트법에서 벗어나는 편의

⑥ 주변기업의 소유자 및 종업원의 부가급부fringe benefit 문제에서 벗어남

⑦ '대기업이 소기업을 도와준다.'는 것을 보임으로써 좋은 공중관계 유지

그리고 배금관계 위성기업은 그 지역사회와 관계없는 다른 대규모 회사와 달리 유리한 지역사회 관계를 유지한다.

많은 제조업의 위성기업은 부동적 위성이어서 단일의 중핵기업에 의존하지 않고 하나가 아닌 몇 개의 기간산업의 매출에 의존하고 있다. 전속적 위성기업은 계약·전통·인적인 유대와 기타 방법으로 주로 단일의 중핵기업에 의존하지만, 경우에 따라 여러 중핵기업과 관련되기도 한다. 위성기업의 제품의 수요는 중핵기업의 제품 수요에서 나오지만, 위성기업은 중핵기업의 시장에서는 분리되어 있다. 위성기업은 특정 중핵기업에서 자금 원조를 받는데, 그 자금 원조로 말미암아 중핵기업이 위성기업을 지배하고 영향력을 행사하기도 한다. 그리하여 중핵기업은 위성기업의 중요한 의사 결정력을 장악하고, 지배의 정도에 따라 위성기업은 중핵기업에 종속한다.

이상의 설명은 중소기업 문제에서 모기업(위탁 기업체)과 하청(계열)기업(수탁 기업체)의 관계(수·위탁 거래)를 설명한 것이다.

제2절 한국 중소기업의 범위와 그 변화

1. 한국 중소기업 범위의 변화와 그 특징

중소기업 개념 규정은 현실에서는 정책 대상으로서 중소기업 범위를 정하는 것으로 구체화된다. 중소기업 정책은 중소기업 문제를 완화, 해소하고 그 역할을 높이는 것을 목적으로 하기 때문에 중소기업 정책 대상인 중소기업은 그 목적과 과제에 따라 그 범위가 정해진다.

중소기업 문제는 경제의 발전 단계와 국민경제의 특수성에 따라 다를 수 있다. 따라서 그 해소·완화 방안인 중소기업 정책의 대상과 과제도 반드시 그 내용이 동일한 것은 아니며 따라서 중소기업의 범위도 경제 발전 단계와 나라마다의 정책목표에 따라 다르게 규정된다.

현실적으로 중소기업의 범위는 법률로 정하는 것이 보통이며 규모 구분의 지표 선택도 다양한데, 명확한 규정이 필요하기 때문에 질적 기준보다 양적 기준이 선택되는 것이 일반적이다. 그러나 미국처럼 '독립성과 시장에서 지배적이 아닐 것' 등 질적인 기준을 정하고 정책 목표에 따라 구체적인 시행 과정에서 양적 지표를 사용하여 중소기업 범위를 탄력적으로 규정하는 경우도 있다. 우리나라도 1995년의 〈중소기업기본법〉 개정 이후 질적 기준을 도입한 바 있다.

우리나라에서는 〈중소기업기본법〉과 그 시행령에서 이를 정하고 있다. 이 법은 1966년 12월 6일에 법률 제 1840호로 제정·공포되었으며 그 뒤 ① 1976년 12월 31일, ② 1978년 12월 5일, ③ 1982년 12월 31일, ④ 1995년 1월 5일(전문개정), ⑤ 2002년 5월 20일(시행령), ⑥ 2008년 12월 26일, ⑦ 2011년 7월 25일 등 여러 차례에 걸쳐 개정되었는데, 주된 개정 내용은 중소기업의 범위에 관한 것이었다. 이것은 경제 발전과 기업 규모의 확대 등 변화하는 경제 여건을 반영한 것이었다. 또한 정책 대상으로서 중소기업의 범위를 경제 상황에 따라 신축적으로 대응시켜 정책 효과를 높이려는 목적도 있었다. 그 동안의 중소기업 범위의 개정 과정과 그 특징을 보면 다음과 같다.

첫째, 〈중소기업기본법〉은 산업별 범위를 광업, 제조업뿐만 아니라 운수업, 상업, 건설업 등 전 산업을 망라하고 있다. 초기의 〈중소기업은행법〉(1961년 제정)이 금융 지원 대상으로서 중소기업의 산업별 범위를 광공업과 운수업으로 제한한 것과 견주어 산업의 범위를 크게 확대하였다(표-1).[23]

둘째, 1978년 개정에서는 중소기업의 범위를 기본법을 기준으로 하되 각 시책의 특성에 따라 따로 법률로 정할 수 있도록 하여 융통성을 주었다. 그리고 1982년 12월 31일의 개정 이전에는 종업원 수와 자산액 가운데 택일擇一하여 중소기업의 범위를 규정하도록 함으로써 일본과 비슷하였다(양적 기준과 시책별 범위 허용). 그러나 이러한 획일적 중소기업 범위의 규정은 중소기업 부문 안에서 여러 업종의 서로 다른 특성을 반영하지 못하는 문제점을 지니고 있었다.

셋째, 그동안 중소기업의 범위는 확대되는 방향으로 개정되었다. 이것은 경쟁력의 강화를 위하여 양산量産체제를 지향하면서 발전한 상층 중소기업(중견기업) 지원체제를 강화하기 위한 것이었다. 그러나 이것은 경쟁력이 취약하여 그 개발육성이 필요한 소영세기업에 대한 지원을 상대적으로 약화시켰다. 그 결과 정책의 혜택을 크게 받는 상층 중소기업과 그렇지 못한 소영세기업

---

23) 〈중소기업기본법〉이 제정되기 이전인 1961년 7월 1일 법률 제641호로 제정된 〈중소기업은행법〉은 금융 지원 대상으로서 중소기업자를 제2조에서 다음과 같이 규정하였다. ① 중소기업자라 함은 광업, 공업과 기타 제조업 및 운수업에 종사하는 자로서 상시 사용하는 종업원 수 또는 총자산액이 대통령령이 정하는 범위 안에 속하는 자를 말한다. ② 〈중소기업협동조합법〉에 따라 설립된 중소기업협동조합, 중소기업협동조합연합회, 중소기업협동조합중앙회와 중소기업자들이 조직한 단체는 이를 중소기업자로 본다. 그리고 이 법의 시행령은 중소기업자의 범위를, ㉠ 상시 사용하는 종업원의 수가 300인 이하이거나 총자산액이 3천만 원 이하 규모로서 광업 또는 운수업을 경영하는 자연인 또는 법인, ㉡ 상시 사용하는 종업원 수가 200인 이하이거나 총자산액이 4천만 원 이하 규모로서 공업, 기타 제조업을 경영하는 자연인 또는 법인, ㉢ 전항 각호의 자연인 또는 법인이 상시 사용하는 종업원의 수는 5인 이상이어야 한다고 규정하였다.

사이에 발전의 단층을 만들고, 나아가 중소기업 안에서 이중구조의 문제를
일으켰다.

[표-1] 중소기업자의 범위(1982. 12. 31 이전)

	기　준		비　고
	종 업 원	자산 총액(자본금)	① <중소기업기본법> 제 2조 ② 개정(1976.12.31.)이전의 범위
광　　　업	300명 이하거나	5억 원 이하	200명 이하거나 5천만 원 이하
제　조　업	〃	〃	〃
운　수　업	〃	〃	〃
건　설　업	50명 이하거나	〃	－
상업서비스업	20명 이하거나	5천만 원 이하	20명 이하거나 1천만 원 이하
소　매　업	〃	5천만 원 이하	－
도　매　업	〃	2억 원 이하	－

　넷째, 이러한 점을 반영하여 1982년 12월 31일의 개정에서는 중소기업 가운
데 사업체 수에서 다수를 차지하면서도 정책의 지원 대상에서 소외되고 있던 소
기업小企業에 대한 육성시책을 강구하도록 중소기업자의 범위를 소기업과 중기
업中企業으로 구분하여 규정하였다(표-2). 그리고 중소기업의 범위 규정의 기준으
로 적용하던 종업원 수와 자산 총액 가운데 실제로 자산금액기준이 거의 적용되
지 않는 점을 반영하여 종업원 수 기준으로 바꾸었다.

　다섯째, 1982년 개정에서는 업종의 특성과 자산 규모 등을 고려하여 대통
령령으로 중소기업자의 구분 기준을 달리 정할 수 있도록 규정(노동집약적 업종
과 자본집약적 업종의 차별적 구분 기준 적용)함으로써 획일적 규정에서 오는 경직성
을 벗어나 정책의 탄력적 운영이 가능해졌다. 이것은 일본적 규정에 미국적
규정(업종의 특성)을 반영한 것이지만 결국 중소기업의 범위를 확대하는 결과를
가져왔다.

[표-2] 중소기업자의 범위(1982. 12. 31 개정)

업 종	소기업자	중기업자
공업, 기타 제조업, 광업 또는 운송업을 주된 사업으로 경영하는 것	상시 사용하는 종업원 수가 20명 이하인 자	상시 사용하는 종업원 수가 21명 이상 300명 이하인 자
건설업을 주된 사업으로 경영하는 것	상시 사용하는 종업원 수가 20명 이하인 자	상시 사용하는 종업원 수가 21명 이상 300명 이하인 자
상업, 기타 서비스업을 주된 사업으로 경영하는 것	상시 사용하는 종업원 수가 5명 이하인 자	상시 사용하는 종업원 수가 6명 이상 20명 이하인 자

여섯째, 1995년 1월 5일 개정 기본법에서는 중소기업자의 범위를 큰 틀만을 정하고 상세한 것은 대통령령(시행령)이 정하는 기준에 따르도록 하여 중소기업의 범위 규정에 더욱 신축성을 주었다. 중소기업자의 범위는 업종의 특성과 상시근로자 수, 자산 규모, 매출액 등을 참작하여 시행령에서 정할 수 있게 하였다. 여기에 '그 소유 및 경영의 실질적 독립성'이라는 질적 기준(미국적 특성)을 더하여 이것이 시행령에 반영되도록 기본법이 규정하였다(제2조).

① 시행령은 상시근로자 수 기준으로 중소기업자의 범위를 정하되(표 3), 예외적으로 노동집약적 업종을 150여 개로 늘려 업종에 따라 종업원 수 1,000명까지 그 범위의 상한을 확대하였다.

② 종업원 수 기준에 따라 중소기업자 범위에 들어가더라도 자산 규모가 일정한 수준 이상이 되어 외형상 중소기업으로 보기 어려운 자본집약적 업종 30여 개를 정하는 등 범위 규정의 특례 범위를 확대하였다.

③ 기본법이 정한 '그 소유 및 경영의 실질적인 독립성의 기준'을 〈독점규제 및 공정거래에 관한 법률〉의 규정으로 대규모 기업집단에 속하는 회사로 통지받은 회

사가 아닐 것으로 정하였다.(1997년 12월 27일 개정 시행령 2조) 그 후 대규모 기업

집단은 '상호출자 제한 기업집단'으로 변경되었다.

④ 소기업의 범위를 상향 조정하였다.[예컨대 제조업의 경우 종업원 수 20명에서 50명으

로 조정. 기본법 제2조, (표-3)]

[표-3] 중소기업자의 범위(1995. 7. 1 개정)

	소기업자	중기업자
공업 기타 제조업 광업 또는 운송업	상시 사용하는 종업원 수가 50명 이하인 자	상시 사용하는 종업원 수가 51명 이상 300명 이하인 자
건설업	상시 사용하는 종업원 수가 30명 이하인 자	상시 사용하는 종업원 수가 31명 이상 300명 이하인 자
상업, 기타 서비스업	상시 사용하는 종업원 수가 10명 이하인 자	상시 사용하는 종업원 수가 10명 이상 20명 이하인 자

일곱째, 〈중소기업기본법〉에는 영세기업에 관한 규정이 없었다. 현실적인 경
제통계(광공업 통계조사 등)에서 종업원 수 5명 이상을 중소기업으로 정하고 있는
점을 고려하면 결국 종업원 수 4명 이하를 영세기업으로 볼 수 있다. 한편 기본
법을 제정할 당시에는 상시종업원 수 5명 이하를 영세기업으로 규정했었다.(제9
조) 한편 2000년에 제정된 법에 따라 소상공인 범위가 정해졌음은 앞에서 본 바
와 같다.

2. 현행 중소기업의 범위와 그 특징

1) 2000년대 이후 중소기업의 범위

결국 중소기업 범위의 기준으로 일본은 ① 양적 기준과 ② 시책별 특성을, 미국은 ① 질적 기준, ② 양적 기준, ③ 산업별 특성을, 한국은 ① 양적 기준, ② 시책별 특성, ③ 업종의 특성, ④ 질적 기준을 적용하였음을 알 수 있다.

한편 2002년 5월 20일 시행령 개정에서는 중소기업의 범위를 다음과 같이 정하고 있다(표-4).

[표-4] 중소기업 범위의 규모 기준

해 당 업 종	기 준	
	상시 근로자 수	자본금 또는 매출액
제조업	300인 미만	자본금 80억 원 이하
광업, 건설업, 운수업	300인 미만	자본금 30억 원 이하
대형종합소매점 정보처리 및 기타 컴퓨터 운영 관련업	300인 미만	매출액 300억 원 이하
종자 및 묘목 생산업, 어업 전기 가스 및 수도사업 연료 및 관련제품 도매업 호텔업, 휴양 콘도 운영업 여행 알선, 창고 및 운송 관련 서비스업 통신업, 엔지니어링 서비스업 병원, 영화산업, 방송업	200인 미만	매출액 200억 원 이하
도매 및 상품중개업 통신판매업, 방문판매업 산업용 기계장비 임대업, 산업지원, 전문과학 및 기술 서비스업, 공연산업 유원지 및 테마파크 운영업 뉴스제공업, 하수처리업 폐기물 처리 및 청소 관련 서비스업	100인 미만	매출액 100억 원 이하
기타 모든 업종	50인 미만	매출액 50억 원 이하

첫째, 구체적 상한으로 상시 근로자 수(상시종업원 수)와 자본금 또는 매출액의 두 가지 기준을 제시하고 그 가운데 '한 가지 기준'만 충족하면 중소기업에 해당되지만 동시에 〈중소기업기본법〉이 정하는 '독립성의 기준'(표-5)에도 적합해야 한다.

[표-5] 중소기업 소유 및 경영의 실질적인 독립성 기준

독립성 기준	적용 시한	독립성 기준	적용 시기
독점규제 및 공정거래에 관한 법률 제9조 제1항의 규정에 의한 상호출자 제한 기업집단에 속하지 아니하는 회사일 것	2005년 3월 31일까지	증권거래법 제2조의 규정에 의한 주권상장법인 또는 협회등록법인으로서 자산 총액이 5천억 원 이상인 법인이 발행주식(의결권 없는 주식을 제외) 총 수의 100분의 30 이상을 소유하고 있는 기업이 아닐 것	2005년 4월 1일부터

둘째, 다음에 해당하는 기업은 중소기업에서 제외한다.

① 비영리 기업, ② 상시 근로자 수 1,000여 명 이상인 기업, ③ 증권거래법 2조의 규정에 의한 주권상장법인 또는 협회등록법인으로서 자산 총액이 5천억 이상인 법인, ④ 소유 및 경영의 실질적인 독립성의 기준에 적합하지 않는 기업 등으로 이것은 중소기업 범위의 포괄적 상한을 규정한 것이다.

셋째, 소기업은 상시근로자 50인 미만의 광업·제조업·운수업 영위기업과 이상에 열거한 업종 이외의 상시근로자 10인 미만의 기업을 말하며, 중기업은 중소기업 가운데 소기업을 제외한 기업을 말한다고 하였다.

개정된 〈중소기업기본법〉시행령의 중소기업 범위는 다음과 같은 특성을 갖

는 것이었다.

첫째, 이전에 시책별 특성과 업종의 특성까지를 반영하면서 다양하게 규정되었던 중소기업의 범위를 양적 기준과 질적 기준으로 통합함으로써 그 형식이 명료하게 정리되었다.

둘째, 상시 근로자 수 1,000명, 자산 총액 5천억 원을 포괄적 상한으로 정한 것은 중소기업 범위의 확대 가능성을 시사한 것이다. 기타 모든 업종의 상시 종업원 수 50인 미만(이전에는 상업 서비스업 20인 이하)의 기준도 중소기업 범위의 포괄적 확대를 의미한다.

셋째, 구체적인 상한 규정에서 상시 근로자 수와 자본금 또는 매출액을 제시하였고, 또한 택일적 기준을 선택하였는데, 그것은 상시 근로자 수 기준이 업종의 특성(노동집약적 또는 자본집약적)을 반영하는데 지닐 수 있는 경직성을 완화하면서 범위 규정에 신축성을 부여한 것이다.

넷째, 포괄적 상한으로 제시한 것 가운데 상시 근로자 수 1,000명은 이전의 기본법 시행령에서 노동집약적 업종의 상시종업원 수 상한이었으며 자산 총액 5천억 원은 〈독과점 규제 및 공정거래에 관한 법률〉에서 규제 대상이 되는 대기업 또는 상호출자 제한 기업에 대체되는 기준이다. 이것은 중소기업이 비독과점 기업이어야 한다는 것을 상징적으로 규정한 것이다.

다섯째, '독립성 기준'을 다시 강조한 것은 이전에 양적 기준에 편향된 범위 설정에서 벗어나 질적 기준을 강화한 것으로서 범위 확대 가능성이 가져올 수 있는 산업조직론적 문제점을 해소하려는 것으로 보인다. 곧 경쟁적 시장의 담당자 또는 경쟁적 기업으로서 중소기업의 역할을 반영한 것이다.

다시 2009년 3월 25일 개정된 〈중소기업기본법〉시행령은 중소기업의 범위를 표-6과 같이 제시하였다. 규모 기준의 상한에 ① 자기자본이 1천억 원 이상인 기업 ② 직전 3년간 평균매출액이 1,500억 원 이상을 추가하였다. 그리고 독립성 기준으로는 ① 상호출자제한 기업집단에 속하는 회사 ② 자산총액 5,000억 원 이상인 법인의 주식총액 30% 이상을 직접적 또는 간접적으로 소유하면서

최다출자인 기업 등은 제외하는 것으로 정리하였다. 그 외의 규모기준에 변화
가 있는 것은 아니지만 해당 업종의 내용은 좀 더 간략하게 정리한 것이 특징인
데, 업종 분류의 기준을 통계법 제22조에 따른 '한국표준산업분류'를 기준으로
하였다.

[표-6] 중소기업의 업종별 상시 근로자 수, 자본금 또는 매출액의 규모 기준
(제3조 제1호 관련)

해 당 업 종	규 모 기 준
제조업	상시 근로자 수 300명 미만 또는 자본금 80억 원 이하
광업, 건설업, 운수업	상시 근로자 수 300명 미만 또는 자본금 30억 원 이하
출판, 영상, 방송통신 및 정보서비스 사업시설관리 및 사업 지원 서비스업 보건 및 사회복지사업	상시 근로자 수 300명 미만 또는 매출액 300억 원 이하
농업, 임업 및 어업 전기, 가스, 증기 및 수도사업 도매 및 소매업 숙박 및 음식점업 금융 및 보험업 전문, 과학 및 기술 서비스업 예술, 스포츠 및 여가 관련 산업	상시 근로자 수 200명 미만 또는 매출액 200억 원 이하
하수처리, 폐기물 처리 및 환경 복원업 교육 서비스업 수리 및 기타 서비스업	상시 근로자 수 100명 미만 또는 매출액 100억 원 이하
부동산업 및 임대업	상시 근로자 수 50명 미만 또는 매출액 50억 원 이하

주: ① 해당 업종의 분류 및 분류 부호는 〈통계법〉제22조에 따라 통계청장이 고시한 한국표준산업 분류에 따
른다.
② 〈중소기업기본법시행령〉제3조(별표-1).

2) 현행 중소기업의 범위 : 평균매출액 기준

한편 2014년 4월 14일에 개정된 중소기업기본법 시행령(기본법 제2조 및 시행령 제3조)은 중소기업 범위를 다음과 같이 정하였다.

첫째로 중소기업 기준은 영리기업 또는 비영리 사회적 기업을 대상으로 적용하며 규모기준과 독립성 기준을 모두 충족해야 중소기업에 해당하는 것으로 하였다. 규모기준(외형적 판단 기준)은 업종별 기준과 상한기준을 모두 충족해야 하는데 업종별 규모기준은 주된 업종의 평균매출액 기준을 충족해야 한다.(표-7)

둘째로 상한기준은 업종에 관계없이 자산총액 5,000억 원 미만일 것으로 규정하였다. 이전에 상한기준이었던 ① 상시근로자수 1,000명 ② 자기자본 1,000억 원 ③ 3년 평균매출액 1,500억 원 기준을 폐지하고 자산총액 5,000억 원은 존속시켰다.

셋째, 이전에는 업종별 규모기준에서 상시근로자 수와 자본금 또는 매출액 가운데 하나만 충족하도록 한 것을 '매출액' 단일 기준으로 정하였다. 업종구분에서도 이전에는 제조업 단일기준 이었으나 개정된 기준에서는 24개 제조업종으로 세분화하였다.

넷째 독립성 기준은 다음의 세 가지 가운데 어느 하나에도 해당되지 아니할 것으로 하였다.

① 상호출자제한 기업집단 및 채무보증제한 기업집단에 속하는 회사

② 자산총액 5,000억 원 이상인 법인(외국법인 포함)이 주식 등의 30% 이상을 직접적 또는 간접적으로 소유하면서 최다출자자인 기업

③ 관계기업(기업 간의 주식 등 출자로 지배·종속관계에 있는 기업의 집단)에 속하는 기업의 경우에는 출자비율에 해당하는 평균매출액 등을 합산하여 업종별 규모기준을 미충족하는 기업(단, 비영리 사회적 기업 및 협동조합에는 관계기업제도 적용하지 않음)

[표-7] 중소기업의 업종별 평균매출액의 규모기준

해당기업의 주된 업종		규모기준
제조업 (6개 업종)	의복, 의복액세서리 및 모피제품 제조업	평균매출액 등 1,500억 원 이하
	가죽, 가방 및 신발 제조업	
	펄프, 종이 및 종이제품 제조업	
	1차 금속 제조업	
	전기 장비 제조업	
	가구 제조업	
농업, 임업 및 어업, 광업		평균매출액 등 1,000억 원 이하
제조업 (12개 업종)	의복, 의복액세서리 및 모피제품 제조업	
	담배 제조업	
	섬유제품 제조업(의복 제조업 제외)	
	목재 및 나무제품 제조업(가구 제조업 제외)	
	코크스, 연탄 및 석유정제품 제조업	
	화학물질 및 화학제품 제조업(의약품제조업 제외)	
	고무제품 및 플라스틱제품 제조업	
	금속가공제품 제조업(기계 및 가구 제조업 제외)	
	전자부품, 컴퓨터, 영상, 음향 및 통신장비 제조업	
	그 밖의 기계 및 장비 제조업	
	자동차 및 트레일러 제조업	
	그 밖의 운송장비 제조업	
전기, 가스, 증기 및 수도사업, 건설업, 도매 및 소매업		평균매출액 등 800억 원 이하
제조업 (6개 업종)	음료 제조업	
	인쇄 및 기록매체 복제업	
	의료용 물질 및 의약품 제조업	
	비금속 광물제품 제조업	
	의료, 정밀, 광학기기 및 시계 제조업	
	그 밖의 제품 제조업	

하수·폐기물 처리, 원료재생 및 환경복원업, 운수업	평균매출액 등 600억 원 이하
출판, 영상, 방송통신 및 정보서비스업	
전문, 과학 및 기술 서비스업, 시설관리 및 사업지원 서비스업	
보건업 및 사회복지 서비스업	
예술, 스포츠 및 여가 관련 서비스업	
수리 및 기타 개인 서비스업	
숙박 및 음식점업	평균매출액 등 400억 원 이하
금융 및 보험업	
부동산업 및 임대업	
교육 서비스업	

주: 해당 기업의 주된 업종의 분류는 〈통계법〉제22조에 따라 통계청장이 고시한 한국표준산업분류에 따른 것임
자료: 중소기업법 시행령 〈별표-1〉(중소기업청)

　　중소기업 범위를 매출액 기준으로 개편한 것은, 중소기업 지위를 유지하여 중소기업에 대한 정책지원을 계속 받기 위해 근로자 고용을 더 이상 늘리지 않거나 오히려 줄이는, 이른바 피터팬 증후군 현상의 가능성을 없애는 목적도 있었다. 이것은 근로자 고용이 중소기업 범위 기준에 얽매임으로서 장기적으로는 고용촉진에 장애가 되는 요인을 제거할 수 있게 된 것이다.

　　이러한 목적은 소기업의 범위 기준 설정에도 동일하게 적용되었다. 소기업의 범위도 상시근로자 지표 대신 〈3년 평균매출액〉 기준으로 개편한 것이다.

　　매출액 기준의 중소기업 범위 설정과 일관성을 유지하는 측면도 있고, 성장한 소기업임에도 소기업에 잔류하는 피터팬 증후군을 완화하면서 소기업지원이 실질적으로 규모가 작은 기업에 집중되어 소기업 지원정책의 실효성을 높이는 목적도 있어서 소기업의 범위를 상시 근로자 지표 대신 3년 평균매출액 기준을 적용하도록 다음과 같이 개편하였다(표-8).

[표-8] 소기업의 업종별 매출액의 규모기준

업종 (제조업 중분류, 기타업종 대분류)	현행기준 (상시 근로자)		개편 (매출액)
제조업(의료용 물질·의약품 등 12개)	50명	⇒	120억 원
전기·가스·수도사업	10명		120억 원
제조업(펄프·종이·종이제품 등 12개), 광업, 건설업, 운수업	50명		80억 원
농업·임업·어업, 금융·보험업	10명		80억 원
출판·영상·정보서비스	50명		50억 원
도·소매업	10명		50억 원
전문·과학·기술서비스, 사업서비스	50명		30억 원
하수·폐기물처리업, 예술·스포츠·여가서비스, 부동산임대업	10명		30억 원
보건·사회복지서비스	50명		10억 원
개인서비스업, 교육서비스업, 숙박·음식점업	10명		10억 원

자료: 중소기업청

3. 주요국의 중소기업 범위[24)]

[표-9] 미국의 중소기업 범위

업종	구분	비고
제 조 업	(1) 중소기업의 일반적 포괄적 정의는 〈중소기업법〉(Small Business Act of 1953) 제 3조에 정의되어 있음. ① 독립하여 소유·경영되며 ② 그 영업분야에서 지배적인 것이 아닐 것 (2) 상세한 정의는 종업원 수와 매출액 기준에 따라 중소기업청 장관이 정함. 이 규정에 기초하여 미국의 중소기업은 표준산업분류(SIC)의 4단위 분류마다 종업원 수	영세기업(Very Small)은 종업원 수 20명 미만 소기업(Small)은 종업원 수 20~99명 이하 중기업

24) 중소기업은행 조사협력부, 《주요국의 중소기업 관련 통계》, 2001.3 참고.

	또는 매출액을 기준으로 상세히 정의되어 있음. (3) 제조업의 경우는 업종마다 500명 미만(342개 업종), 750명 미만(56개 업종), 1,000명 미만(58개 업종), 1,500명 미만(3개 업종)등의 범위가 정해져 있음.(98년 1월 현재 기준) (4) 종업원 수의 상한은 각 산업의 특성과 관련 요인을 고려하여 정함	(Medium-Sized) 은 종업원 수 100~499명 이하
광 업	연간매출액 350달러 또는 종업원 수 500명 이하	
건 설 업	연간매출액 700만~1,700만 달러	
도 매	종업원 수 100명 이하	
소 매 업	연간매출액 350만~1,350만 달러	
서 비 스 업	연간매출액 350만~1,450만 달러	

자료: Code of Federal Regulation's Small Business.

[표-10] 일본의 중소기업 범위

제조업, 기타	종업원 수 300명 이하 또는 자본금 3억 엔 이하	소규모기업은 종업원 수 20명 이하
도매업	종업원 수 100명 이하 또는 자본금 1억 엔 이하	
소매업	종업원 수 50명 이하 또는 자본금 5천만 엔 이하	소규모기업은 종업원 수 5명 이하
서비스업	종업원 수 100명 이하 또는 자본금 5천만 엔 이하	

*이 범위에 따르되 정책의 목표를 달성하기 위하여 각 시책에 따라 정하기도 함

자료: 일본 〈중소기업기본법〉 제2조.

[표-11] 대만의 중소기업 범위

제조업, 건설업	납입자본금 6,000만 NT$ 이하 또는 고용인 200명 이하	1995년 9월 개정
광업, 토사채취업	납입자본금 6,000만 NT$ 이하 또는 고용인 200명 이하	
상업, 운수업, 기타서비스업	납입자본금 8,000만 NT$ 이하 또는 고용인 50명 이하	

자료: 대만경제연구

[표-12] 영국의 중소기업 범위

제조업	종업원 수 200명 이하	①1972년 Bolton Report의 기준에 따름
광업	종업원 수 25명 이하	②통상산업부기준
건설업	종업원 수 25명 이하	·영세기업: 종업원 수 0~9명
도매	연간매출액 147만 파운드 이하	·소기업: 종업원 수 0~49명(영세기업 포함)
소매업, 서비스업	연간매출액 36.8만 파운드 이하	·중기업: 종업원 수 50~249명
자동차매매업	연간매출액 73.5만 파운드 이하	·대기업: 종업원 수 250명 이상

자료: 〈Bolton Report〉 등

[표-13] 유럽연합(EU)의 중소기업 범위

전산업	종업원 수 250인 미만	중소기업 정책은 유럽위원회 제23총국에서 담당. 영세기업은 종업원 수 0~9명, 소기업은 1,049명 이하, 중기업은 50~249명 이하임
	연매출액 4,000만 ECU 이하	
	총자산 2,700만 ECU 이하	
	대기업의 참여자본 25% 미만 기업	

자료: OECD, 《Globalization and Small and Medium Enterprises》, Vol. I, 〈Synthesis Report〉, 1997.

제3절 중소기업의 특성과 역할

1. 중소기업의 특성

1) 일반적 특성

일반적으로 지적할 수 있는 중소기업의 특성은 다음과 같다.

첫째, 중소기업은 이질·다원적 기업군이다. 매우 다양한 요소와 질적 특성을 지닌 각종의 중소규모 사업자를 가리키는 것이 중소기업이다. 이것은 동질적 일체가 아니며 이질·다원적 성격을 지닌다. 기업의 양적 규모면에서도 영세경영, 소기업, 중기업, 나아가 중견기업에 이르기까지 다양한 규모의 기업을 포함하고 있다. 이들은 근대화된 것과 전근대적 특성을 지닌 기업으로 이루어져 있고 주변기업이나 벤처 비즈니스라는 영역도 포함한다.

이질성의 근거는 ① 업종과 그 형태, ② 기업규모, ③ 기업의 역사(연혁), ④ 입지하는 장소와 시장의 범위, ⑤ 경영자의 자질과 기업가 정신 등 다양하다. 이 때문에 어느 기업, 어느 측면에 주목하느냐에 따라 다양한 중소기업 이론이 나올 수 있다.

둘째, 존립 분야가 넓다. 중소기업은 대기업과 관련되는 분야뿐만 아니라, 생산재와 소비재의 생산·판매·수송·서비스업 등 국민경제의 넓은 분야에서 높은 비중을 차지하며 존립한다. 그리하여 대기업을 보완하거나 또는 대기업이 담당하지 않은 분야에서 중요한 역할을 한다. 이들은 반드시 저임금에 의존하는 것만은 아니며 적정규모로 활동하는 영역도 많이 있다.

셋째, 자유경쟁이 그 존립의 일반적 법칙이다. 대기업이 활동하는 산업 분야에서는 강력한 독과점적 시장지배와 가격의 경직성을 볼 수 있지만, 중소기업의 비율이 높은 분야에서는 일반적으로 자유경쟁을 통한 가격이 형성되어 건전한 시장 메커니즘이 작동한다. 슈타인들J. Steindl이 지적하는 것과 같은 불완전경쟁 시장 또는 불황 카르텔과 합리화 카르텔이 중소기업 분야에 없는 것은 아니다.

그러나 중소기업 존립 분야는 대체로 진입장벽이 낮아 중소기업 사이에 과도한 경쟁excessive competition이 일어나기도 한다. 한편 중소기업은 원재료 및 제품시장을 지배하고 있는 대기업과 외주·하청관계 및 금융거래관계를 맺으면서 존립하기도 한다. 이때 대기업의 독과점의 영향이 중소기업 분야에 과당경쟁을 일으키면서 자유경쟁 현상이 더욱 촉진된다.

넷째, 중소기업은 대기업에 종속되는 경향이 있고, 따라서 대기업과 부등가교환이 일어나기 쉽다. 중소기업은 독립하여 존립하기도 하지만 많은 기업이 상사나 모기업과 하청계열관계를 통하여 지배를 받는다. 이러한 대자본에 따른 종속관계는 대기업과 중소기업 사이의 대등한 거래를 어렵게 하고 부등가 교환을 강요한다. 독점자본주의 단계에서는 이것이 독점기업과 중소기업 사이의 문제가 된다.

다섯째, 시장에서 한계수익기업으로 존립하기 때문에 경기변동의 영향을 크게 받고 다산다사多産多死의 경향을 갖는다. 중소기업은 그 기업규모가 작아서 자유경쟁 시장에서는 한계수익기업이 되고, 대기업이 지배적인 산업 분야에서뿐만 아니라 중소기업의 비중이 높은 분야에서도 피라미드 구조의 저변에 있다. 그리하여 경기의 확장국면에서는 신규 진입자의 증가 때문에 위협을 받고, 경기의 수축국면에서는 정리 도태되지 않을 수 없어 경기변동의 완충대buffer 역할을 담당하게 된다. 그 결과 소규모 중소기업일수록 그 신설률과 도산율이 높은 다산다사의 경향을 띤다.

여섯째, 중소기업은 대기업에 고용되지 않는 노동력을 저임금으로 활용한다. 그리하여 중소기업은 독점기업이나 대기업이 수많은 중소기업의 저임금 노동을 우회적으로 수탈하여 자본축적을 꾀하는 도구로 전락한다. 중소기업은 중년 및 노년 노동자, 부녀자, 계절노동자, 농촌부업자 등 대기업이 고용하기에는 질적으로 적합하지 않는 노동과 수많은 미숙련 유휴노동까지도 흡수 고용한다. 특히 중소기업은 투하자본당 고용량과 부가가치가 크기 때문에 노동력이 풍부하고 자본축적의 수준이 낮은 개발도상국에서 그 역할이 높이 평가받는다.

일곱째, 중소기업은 지역경제와 깊은 관련을 맺고 있으며, 자본주의 사회에서 중산층으로서 사회의 안정 세력이 되고 있다. 일반적으로 자본주의 사회는 자본가와 노동자의 계급적 대립이 첨예화되어 사회적 안정이 결여되기 쉽고 산업 및 지역 사이에 융화가 파괴되기 쉽다. 중소기업은 지역적 산지産地를 이루어 지역의 노동력을 고용하고 금융 원재료 제품시장의 여러 측면에서 지역성이 강하다. 또 경영자와 노동자가 가까이 접촉하기 때문에 인간적 친밀성이 높고, 폭넓은 중산층의 경제적 기초를 형성하여 사회의 안정 세력으로서 기여한다.25)

2) 대기업과 비교되는 특성

중소기업은 대기업과 함께 산업조직을 구성하는 중요한 요소이며, 그 특성이 다른 두 부문이 상호작용하여 경제성과에 큰 영향을 준다.

중소기업 개념은 대기업과의 상대적 관계에서 정해지는 상대적 개념이다. 그러나 중소기업은 대기업의 완전한 축소형태가 아니며, 대기업과 다른 독자적인 경영상의 특성과 역할, 그리고 고유한 문제를 갖고 있다. 따라서 중소기업 연구의 독자성이 확립되는데, 이것은 임상의학에서 소아과小兒科가 독립된 연구 분야가 되는 것과 마찬가지로 비유된다.

그런데, 흔히 중소기업은 대기업에 견주어 수익률이나 임금수준 등 경영지표로 볼 때 큰 격차가 있으며 이질 다원적 존재라는 평균개념으로 그 특성이 논의된다. 그러나 대기업과 격차가 존재하는 것의 실상實像을 파악하려면 중소기업의 여러 특성을 검토할 필요가 있다.

첫째, 중소기업은 대기업에 견주어 비조직적 의사결정의 역할이 상대적으로

---

25) 上田宗次郎 著,《現代資本主義と中小企業經營》, 新評論, 1974, pp.21~23.

크다. 중소기업은 소유경영자의 의사결정이 비조직적 메커니즘 속에서 이루어지는 특성을 지닌다. 대기업과 같이 관료화된 여러 단계의 계층조직이 아니라, 기업가의 강력한 지도력이 크게 작용할 가능성이 높은 것이 중소기업의 특징이다. 대체로 '소유와 경영의 분리'가 대기업보다 진전되어 있지 않다. 소유경영자는 더 큰 위험부담risk taking과 재량권을 확보하고 있다. 그 결과 중소기업의 경영활동은 대기업보다 비교적 신속하고 유연하며 경영자와 종업원 사이에 인간적 접촉의 기회가 많다. 중소기업 경영자는 높은 기업가 능력을 발휘하여, 환경변화에 더욱 신속히 적응하고 나아가 새로운 산업구조 변혁의 담당자가 되기도 한다.

신속하고 유연한 기업활동이라는 중소기업의 경영특성은 대기업 중심의 경제제도가 지배적인 선진경제에서 그 기동성과 활력 저하에서 오는 경직성을 쇄신하는 기능regenerative function을 한다. 대기업이 경제의 동맥動脈이라면 중소기업은 모세혈관毛細血管으로 비유할 수 있다. 중소기업의 활발한 창업과 활력은 동맥경화증에 걸린 국민경제를 활성화하는 데 꼭 필요한 요소가 될 수 있다.

둘째, 중소기업은 시장점유율이 낮고 끊임없이 시장경쟁을 해야 한다. 중소기업은 치열한 가격, 비가격경쟁을 거쳐 선별 도태되고, 그 경제사회의 수요에 정확히 대응하면서 기업의 존립기반을 확보한다. 즉 시장의 경쟁 메커니즘을 적절하게 실현하는 것이 중소기업이다.

대기업 등 독과점 거대기업은 높은 시장점유율을 갖고 경쟁을 제한하면서 시장구조에 영향력을 발휘한다. 이에 견주어 중소기업은 낮은 시장점유율, 높은 시장 경쟁 속에서 활동하기 때문에 경쟁의 담당자로서 중요한 역할을 한다. 미국에서 중소기업을 '해당 업종에서 지배적인 시장점유를 지니지 않은 것'이라고 규정한 것은 이를 잘 말해 준다. 그 결과 경쟁 제한적인 대기업 부문에 대하여 대항력countervailing power을 발휘하는 경쟁기능이 중소기업의 특징이 된다.

셋째, 중소기업이 갖고 있는 경영자원은 대기업에 견주어 제한적이다. 중소기업 부문의 경영자원의 상대적 희소는 대기업과의 관계를 규정하는 중요한 요인이 된다. 대기업과 중소기업 사이의 경영자원 부존격차, 그리고 그것이 기업경영에 주는 영향은 경제상황에 따라 나라마다 다르다. 대체로 급속한 경제 발전 과정을 거친 나라에서는 기업규모 사이에 경영자원 부존격차가 크고 그 영향도 크다. 이를 정리하면 다음과 같다.

　① 대기업 부문과 직접 경합하지 않는 제품의 시장분야에서 중소기업은 상대적으로 희소한 자원을 이 분야의 제품생산에 한정하여 투입하고 이를 가지고 존립한다. 이 시장에 특화한 중소기업은 독자적 기술로 제품을 고도로 차별화하면서 자립적 경영을 할 수가 있다. 이 분야에서 중소기업과 대기업은 서로 영향을 주지 않는 공생관계共生關係를 유지한다.

　② 중소기업이 제한된 경영자원으로 존립할 수 있는 다른 방법은 외부의 자원을 활용하는 것이다. 가장 일반적 형태는 상대적으로 풍부한 경영자원을 보유하고 있는 대기업과 하청생산관계를 형성하여 대기업의 생산기술과 제품판매 능력을 이용, 공생관계를 이루는 것이다. 급속한 경제 발전을 하는 경제일수록 이 방법이 일반화되어 대기업과 중소기업 사이에 강한 결합관계를 이루지만, 동시에 중소기업이 대기업에 종속되는 문제도 발생한다.

대기업과 비교하여 중소기업이 지니는 세 가지 특징, 곧 의사결정과 기업활동에서의 차이, 시장경쟁에서 영향력의 차이, 경영자원의 부존 상황의 차이는 여러 나라의 산업조직의 특징을 규정하고 국민경제의 경제성과를 결정하는 중요한 요인이 된다.[26]

2. 중소기업의 역할

1) 선진경제와 개발도상경제에서의 역할

일찍이 마셜은 소기업이 경제활동과 산업 진보의 원천으로서 중요한 역할을

---

26) 清成忠南·田中利見·港 徹雄 著, 앞의 책, pp.35~38.

한다는 점을 지적하였다. 또한 영국 산업의 대부분이 성장하는 소기업에 의존하고 있으며, 그들이 산업에 제공하는 힘과 탄력성energy and elasticity은 전 국가에 걸쳐 일어나고 있다고 말하였다.27)

이러한 중소기업은 오늘날 '활력 있는 다수'로, 산업에 활력을 넣는 것으로 평가받고 있다. 미국에서는 일찍이 70년대에 소기업을 '활력 있는 다수The Vital Majority'로 규정하였고,28) 영국에서는 중소기업의 묘상苗床기능seedbed function과 신진대사기능(쇄신기능)을 강조하였다.29) 일본에서도 80년대에 와서 특징은 영국과 좀 차이가 있지만, 중소기업을 활력 있는 다수로 규정하였고,30) 90년대에는 경쟁적 시장의 담당자로서 창조와 활력의 모체로 규정하였다.31) 우리나라에서는 90년대에 역시 '활력 있는 다수'로 중소벤처기업을 육성하는 것을 중소기업 정책의 기본 방향으로 삼았다.32)

산업발전의 원동력이며 산업에 에너지와 활력을 넣어주는 중소기업의 역할을 일반적으로 나타낼 때, 선진경제의 경우, 영국의 〈볼튼보고서Bolton Report〉는 다음과 같이 설명한다.33)

① 중소기업은 기업심과 독립심이 풍부한 사람에게 창업의 기회를 제공한다. 그들은 대기업에 고용되기를 좋아하지 않거나 적합하지 않지만, 경제에 활력을 주어서 크게 공헌한다.(2장)

② 생산 및 판로의 적정규모가 작은 산업에서 중소기업은 가장 효율적인 기업 형태이므로 많은 상공업이 중소기업으로 구성된다.(3장)

③ 중소기업은 소비자에게 제공하는 재화와 용역을 매우 다양하게 해준다. 왜냐하

---

27) A. Marshall, *Industry and Trade*, 1923, pp.249, 581.
28) U. S. Small Business Administration, *The Vital Majority*, ed., by Deane Carson, 1973.
29) J. E. Bolton, *Small Firms*, Her Majesty's Office, 1972.
30) 日本中小企業廳,《中小企業の再發見》, 通商産業調査會, 1980.
31) 日本中小企業廳,《90年代の中小企業ビジョン-創造の母體として中小企業》, 通商産業調査會, 1990.
32) 대한민국정부,《국민과 함께 내일을 연다》, 한가람 출판사, 1998.
33) J. E. Bolton, 앞의 책, pp.83~84.

면 대기업이 개업하기에는 별로 가치가 없거나 경제성이 없는 소규모 분야에서
도 중소기업은 번창할 수 있기 때문이다.(3장)

④ 대기업보다 낮은 원가로 생산하여 대기업에 부분품이나 반제품의 전문적 공급자
의 역할을 하는 중소기업이 많다.(3장)

⑤ 집중화된 경제에서도 중소기업은 현실적·잠재적 경쟁을 촉진하며, 독점적 이익
과 독점에서 발생하는 비효율을 저지하는 역할을 한다. 그리하여 경제 전체의 효
율적 운영에 기여한다.(3장)

⑥ 중소기업은 연구 개발 투자가 적지만, 생산기술뿐만 아니라 서비스에도 중요한
혁신의 원천이 된다.(5장)

⑦ 중소기업은 전체로서 새로운 산업, 바꾸어 말하면 혁신을 위한 전통적인 성장기
반이 된다.(4장)

⑧ 중소기업은 기업가적 재능을 가진 자에게 기회를 제공하고, 지배적인 대기업에
도전하고 자극을 줌으로써 대기업을 육성하는 묘상(seedbed; 양성기반)을 마련해
준다.(3장)

한편 개발도상국에서 중소기업의 역할을 강조한 내용은 다음과 같다.[34]

① 중소기업은 우리가 바라는 재화의 생산을 위하여 자원을 효율적으로 사용하도록
하여 경제적 효율성을 가질 수 있다.

② 중소기업과 대기업의 관련성은 산업제도의 효율을 높인다.

③ 중소기업은 기업가적 재능과 경영 능력의 묘상nursery 기능을 함으로써 기업가와
경영자를 개발해준다.

④ 중소기업은 인적 자본뿐 아니라 물적 자본을 형성하는 등 자본형성에 기여한다.

⑤ 중소기업은 자본절약적capital saving이고 노동 집약적labor intensive인 생산방법을

---

34) E. Staley and R. Morse, *Modern Small Industry for Developing Countries*, New York, McGraw-Hill, 1965,
pp.230~248.

지니고 있어서 자본의 절약과 그 효율성을 높인다.

⑥ 중소기업은 고용기회를 제공하는 잠재력을 가지고 있다.

⑦ 중소기업은 산업의 지리적 분산을 성취하도록 하여 산업발전의 지역적 확산을 기하도록 한다.

⑧ 중소기업은 더욱 밀접한 개인적 관계를 가짐으로써 산업에서 노동과 사회관계를 개선한다.

⑨ 중소기업은 민족기업national enterprise의 성격을 갖는다.

선진경제, 개발도상경제 가릴 바 없이 중소기업이 국민경제에 중요한 역할을 한다고 인식하는 점은 동일하다. 그리고 중소기업의 역할과 기능은 선진경제와 후진경제 사이에 약간의 차이가 있지만 공통된 점이 많다.

2) 중소기업 역할의 정리

중소기업의 역할은 그 중요성에 비추어 다양한 내용을 제시할 수 있으나 그 것을 집약하여 정리하면 다음과 같다.

(1) 대기업과의 관련: 하청·계열기업으로서의 기능

경제는 경쟁으로만 발전하거나 효율성을 유지하는 것은 아니며, 협력이 경쟁력을 높이는 유력한 수단이 되기도 한다. 대기업과 중소기업의 상호보완적 관계는 이를 반영한다. 중소기업과 대기업은 생산 및 판매 면에서 관련을 맺는다. 중소기업은 모기업인 대기업의 하청기업 또는 계열판매자가 되는 경우가 많다. 하청 및 유통계열은 단순한 분업관계만이 아니고, 장기계속거래와 밀접한 제휴로 안정적 판로를 확보하지만, 동시에 그로 말미암아 종속되기도 한다.

제조업의 경우 모기업은 ① 자본절약, ② 하청기업의 저임금 이용, ③ 경기변동

의 쿠션cushion으로 활용하는 등의 이유로 하청기업을 이용한다. 그러나 하청기업
의 기술 수준이 높아지면서 하청기업의 전문기술을 이용하려는 측면이 강해졌다.

하청 제도가 하청기업의 종속과 그에 따른 경영불안정 저임금 등 낮은 노동
조건의 창출 등을 가져온다는 비판적 견해가 있다. 그러나 하청 제도는, 특히 기
계공업 등에서는 국제경쟁력을 높이는 요인이라는 긍정적 논의와 함께 준수직
적 통합準垂直的 統合등으로 규정되고 있다.

하청 제도는 ① 모기업과 하청기업의 장기계속거래에 따른 경영안정과 신뢰
관계의 형성, ② 설비투자의 중복방지, ③ 설계 개발단계부터 서로 밀접한 제휴
와 정보의 공유로 경제적 효율을 높일 수 있다는 등의 장점을 갖기도 한다. 결국
준수직적 통합으로서 하청 제도는 산업체제의 효율성을 높일 수 있다.

(2) 산업발전에 공헌

중소기업은 새로운 산업의 묘상이며 기술혁신의 담당자, 그리고 수출산업에
서의 기여 등으로 산업발전에 기여한다.

첫째, 지식집약·연구개발형 중소기업인 벤처 비즈니스의 역할을 들 수 있다.
1970년대 이후 선진경제는 침체된 경제에 활력을 넣기 위하여 기술혁신과 새로
운 산업을 진흥하려고 노력하였다. 여기에 적합한 기업 유형이 바로 지식집약
연구개발형의 중소기업인 벤처 비즈니스였다.

둘째, 국민경제의 발전과 산업구조의 전환이라는 과제를 제시하고 있다. 이것
은 신산업新産業의 담당자 그리고 그 묘상으로서 중소기업의 역할을 통해 해결할
수 있다. 새로운 산업은 산업 및 시장 규모가 작고 대기업에게는 매력이 없지만
소기업에게는 매력 있는 분야이다. 여기에는 강력한 기업가정신이 요구된다. 이
러한 지식집약형, 연구개발형 신산업의 묘상기능을 하는 것이 중소기업이다.

구체적으로 묘상기능은 다음과 같다.

① 지식·정보집약형 중소기업의 기술진보와 혁신의 양성기반

② 기업가적 재능과 경영 능력 등 인적 능력을 배양하는 기반

③ 새로운 산업(혁신적 중소기업)의 담당자인 기업가와 경영자를 양성해 주는 기반

④ 새로운 산업과 대기업의 양성기반

⑤ 창조성과 왕성한 활력을 길러 산업구조를 변혁시키고 경제사회를 진보·발전시키는 원천이며 기반이 되는 기능 등이다.

셋째, 국민경제가 국제화되면서 중소기업은 국제화의 담당자로서 인식받기 시작하였다. 수출의 직접 담당자로 수출진흥에 기여할 수 있기 때문이다. 특히 경제개발이 수출주도형으로 이루어지는 개발도상경제에서 중소기업의 수출 증대가 경제 발전에서 하는 역할은 매우 크다. 또한 중소기업은 직접투자의 형태로 해외에 직접 진출하기도 한다. 그리고 대기업과 하청계열관계를 맺어 산업효율과 국제경쟁력을 높임으로서 외화획득에도 기여한다.

(3) 국민생활과 지역경제에 공헌

중소기업은 다품종 소량생산의 소비재와 서비스의 공급 및 고용의 흡수·창출 기능, 그리고 지역경제와 지역사회의 중추적 기능을 한다.

첫째, 소비 면에서의 역할이다. 중소기업은 소득수준이 올라가면서 수요의 다양화, 고급화, 다품종 소량화, 그리고 그 수명이 짧아진 제품의 수요에 대응하여 재화와 서비스를 생산 판매한다. 대규모 경제와 대량생산을 기본으로 하는 대기업은 이러한 변화에 기민하게 대응하기 어렵고 여기에는 중소기업이 적합하다.

둘째, 중소기업은 고용흡수와 그 창출에 중요한 역할을 한다. 노동 집약적 생산방식이 특성인 중소기업은 인구과잉과 구조적 실업의 경제 여건을 지닌 개발도상경제에서뿐만 아니라, 실업률이 상대적으로 높은 선진경제에서도 실업해소라는 정책 과제에 적극적으로 기여한다. 특히 공업화를 추진하는 개발도상경제

에서 근대적 대기업은 자본 집약적 기업이어서 고용효과가 높지 않다. 이에 견주
어 중소기업은 노동 집약적이기 때문에 미숙련 노동 등의 흡수에 크게 공헌한다.

셋째, 중소기업은 주민의 생활 기반인 지역경제와 지역사회에서 큰 역할을 한
다. 중소기업은 단일사업체單一事業體 중심이어서 지역성이 강하여 지역의 노동력
과 자본을 이용하고 지역에 소득을 발생시킨다. 그리고 지역 주민이 이용하는
재화와 서비스를 공급하여 지역의 후생 증진에 공헌한다.

(4) 시장 활성화 및 경제사회의 쇄신 역할

중소기업에게는 시장경제를 활성화하고, 나아가 경제 발전을 이끄는 기능을
기대할 수 있다. 대기업체제는 독점과 과점적 시장구조를 전개하면서 경쟁 배제
적 경향을 갖기 때문에 경제사회를 경직시키고 정체시킨다. 독점의 폐해를 시정
하고 경제를 건전하게 발전시키려면 자유경쟁의 담당자인 중소기업의 역할이
중요할 수밖에 없다. '경쟁의 담당자로서 중소기업'의 역할을 높이면 시장이 활
성화된다.[35]

경쟁을 촉진하는 담당자이며, 기업가 정신의 보유자인 중소기업은 시장과 산
업조직을 활성화하는 기능을 한다. 이를 통하여 중소기업은 자원의 효율적 배분
에 기여한다. 즉 중소기업은 경쟁을 촉진시켜 경제의 발전과 효율성을 높이는
역할을 한다. 구체적으로 중소기업의 신진대사 또는 경제사회의 쇄신 기능을 설
명하면 다음과 같다.

① 높은 도산율과 신설률 속에서 신구기업이 교체되는 사회적 대류현상이 진행되면
   서 새로운 기업이 진입한다.
② 중소기업은 경쟁적 성격으로 경쟁적 시장경제의 적극적 담당자가 되며, 독과점
   적 시장구조의 경직성을 개선하고 시장기능을 활성화하면서, 지배적 대기업에

---

35) 藤田敬三·竹内正己 編,《中小企業論》(第4版), 有斐閣, 1999.4, pp.38~45 참조.

자극을 주고 도전하는 가운데 경제의 노화 현상을 막는다.

③ 지식·정보집약적인 새로운 혁신형 중소기업(벤처 비즈니스)은 기술개발과 혁신의
원천으로 새로운 요소를 산업사회에 투입한다. 즉 창조와 활력의 모체母體이며
혁신의 기수로서 새로운 에너지를 공급한다.

④ 중소기업은 새로운 산업과 성장하는 기업 및 대기업의 양성기반이며, '활력 있는
다수'로서 경제사회를 쇄신하는 기능을 담당한다.

(5) 자본축적과 경제 자립의 기초

첫째, 중소기업은 자본축적의 기반으로서도 적극적인 역할을 한다. 이와 같은
적극적 기여는 위로부터 자본제화와 산업구조의 고도화를 추진하는 국민경제에
서 공통된 특징이다. 중화학공업화가 전개되고 독점자본의 자본축적 기반이 다
양해지면서 중소기업은 그 자본축적의 바탕이 된다. 계층적 축적의 지배구조 속
에서 노동집약적이며 저임금 기반을 그 존립 조건으로 하는 중소기업은 독점자
본과 국민경제의 자본축적의 바탕이며 경제 발전의 원동력이 된다. 더욱이 급속
한 공업화를 정책적으로 추진하는 개발도상경제에서 중소기업은 부족한 자본으
로 경제개발을 추진하게 하는 역할을 한다.

둘째, 개발도상국에서 중소기업의 민족기업national enterprise으로서 역할을 강조
하는 것36)은 그것이 경제 자립의 기초가 되기 때문이다. 더욱이 식민지 지배를
경험한 후진경제에서는 생산력의 근대화와 함께 경제구조의 자립화를 이루는 것
이 그 주요한 정책 과제이다. 중소기업은 시장 관련이나 원자재 측면에서 국내
생산력을 기반으로 분업하는 특징을 갖고 있다. 이런 특징은 중소기업을 민족기
업 또는 민족자본가적 성향의 기업으로 규정하게 한다. 그런 의미에서 중소기업
은 경제구조의 자립을 실현하고 개방화 시대에 국민경제의 바탕이 될 수 있다.

---

36) E. Staley and R. Morse, *Modern Small Industry for Developing Countries*, New York: McGraw-Hill, 1966,
p.248

제2장
근대경제학의 중소기업 이론(Ⅰ)

제1절 자본주의의 전개와 중소기업 이론의 유형

　　중소기업 이론은 다양한 유형을 지니는데 그 이유는 다음과 같다.

　　첫째, 자본주의 경제에 대한 다양한 시각이 중소기업 이론을 형성하는 데 반영되기 때문이다. 중소기업 이론은 대기업에 대한 중소기업, 또는 독점적 대기업에 대한 비독점적 중소기업으로서 여러 문제를 더 적극적으로 다룬다. 그에 따라 중소기업 문제를 이해하기 위해서는, 여러 경제적 현상으로부터 떼어서 논의하는 '분리이해'는 충분하지 못하고 '종합적 이해'가 필요하다.[1] 중소기업 문제를 충분히 이해하기 위해서는 자본주의에 대한 종합적 경제관을 가질 필요가 있다. 근대경제학과 마르크스경제학의 차이는 물론이고, 근대경제학도 그 이론에 따라 서로 다른 중소기업 이론을 제시하고, 또 마르크스경제학에서도 이것은 마찬가지이다.

　　둘째, 중소기업 이론이 연구대상으로 삼는 중소기업 자체가 역사적으로 변하며, 선·후진경제 또는 국민경제의 구조적 특성 차이에 따라 다른 모습을 보이기 때문이다. 중소기업은 자본주의 발전 과정에서 변화하고, 낡은 중소기업이 완전히 사라지지 않는 가운데 새로운 중소기업이 탄생하면서 이들의 특성이 누적된다. 이에 따라 중소기업에 대한 새로운 이론을 개발하지만 낡은 이론도 부분적으로 이어받지 않을 수 없게 된다. 결국 경제 발전과 함께 중소기업 이론도 다양화한다.

　　셋째, 현실의 중소기업은 이질다원적이다. 중소기업은 규모·업종·지역에 따라 여러 가지 특성을 지니는데, 이처럼 다양한 중소기업을 포괄적으로 다룰 수

---

1) 山中篤太郎, 《中小企業の本質と展開》, 有斐閣, 1958.

있는 보편적 법칙을 제시하기는 매우 어렵다. 따라서 일부를 대상으로 연구 분석하고 그 결과를 일반화하려는 경향이 강하다. 이때 어느 부문을 대상으로 하느냐에 따라 중소기업 이론의 방향과 내용이 다르게 나타날 수 있다.

이 같은 이유로 중소기업 이론은 여러 가지 유형이 있지만 자본주의 전개 또는 경제 발전과 관련하여 중소기업 존속의 논리를 밝히려는 연구가 주된 흐름이라고 볼 수 있다.[2] 이는 중소기업의 소멸과 존속이 중소기업 문제를 해명하는 핵심과제이기 때문이다.

경제학의 흐름이 그러하듯이 중소기업에 대한 학문적 시각과 이론체계도 크게 두 갈래로 나누어진다. 근대경제학적 시각의 중소기업 이론과 마르크스경제학적 시각의 중소기업 이론이 그것이다.

마셜A. Marshall의 소기업small business 잔존 원인에 대한 규명과 그의 경제학 이론에서 비롯된 근대경제학적 중소기업 이론은 자본주의 경제의 발전과 변화에 수반하여 다양하게 전개되었다. 근대경제학 입장에서 소기업의 잔존을 설명하는 견해는 다음과 같이 분류한 바 있다.

① 마셜의 생물학적 설명

② 스라파P. Sraffa, 해로드R. F. Harrod, 로빈슨J. Robinson, 챔벌린E. H. Chamberlin등의 불완전경쟁적 설명

③ 로빈슨E. A. G. Robinson과 존스J. H. Jones의 적정규모적 설명

④ 플로렌스P. S. Florence, 슈타인들J. Steindl 등의 소기업비합리성이론 등[3]이 그것이다.

이 밖에도 많은 이론이 있지만 공통점은 대규모 경제의 법칙에도 왜 중소기업이 잔존하는지에 논의가 집중되고 있다는 점이다. 대규모 경제의 한계와 그것

---

2) 淸成忠南, 《日本中小企業の構造變動》, 新評論, 1972, pp.13~15 참조.

3) E. A. G. Robinson, "The Problem of Management and the Size of Firms", *The Economic Journal*, June, 1934, pp.244~248. 로빈슨의 분류에는 슈타인들이 포함되어 있지 않았다. ②, ③, ④의 이론은 마셜 이론 속에 포함되었던 문제들이 뒤에 발전, 비판되어 성립된 이론들이다.

이 실현되는 조건의 불비, 나아가 중소기업 잔존의 독자적 유리성을 강조하면서 경영규모론 또는 시장구조론적으로 중소기업을 다루고 있는 것이 주된 흐름이었다. 대체로 소기업 문제를 경제이론상의 문제로 다루고 있지만, 뒤에 정책을 필요로 하는 국민경제적 모순의 문제로 파악하고 전개한 일부 이론체계도 이 범주에 들어간다.

마르크스경제학에서는 초기에 소자본이 대자본에게 구축 소멸한다는 자본주의적 축적의 일반적 법칙에 따라 중소기업 문제를 이해한다. 그러나 독점자본 단계에서는 중소기업을 독점에 의하여 지배받고 수탈당하는 대상으로 규정하면서, 중소기업의 존속이유를 독점자본의 논리에서 구하고 있다. 독점의 지배가 이루어지는 독점자본 단계에서 중소기업이 직·간접으로 독점의 이익에 기여하는 경우에 그 존속이 허용되는 것으로 본다. 즉 독점자본 단계의 문제로 중소기업에 대한 학문적 시각을 집중하고 있다. 이러한 시각은 일찍이 베른슈타인E. Bernstein과 카우츠키K. Kautsky 사이의 논쟁4)에 이어 돕M. Dobb에 이르고 있다.

다양한 중소기업 이론 가운데 주요한 것을 자본주의 전개와 그 특성에 따라 정리하면 다음과 같다.5)

1. 중소기업 소멸론

대표적인 것으로는 초기의 마르크스경제학과 신역사학파의 견해를 들 수 있

---

4) 베른슈타인은, 자본집중으로 소자본가가 구축 소멸한다는 마르크스의 지적이 경제사의 흐름 속에서 증명되지 않았다는 점을 통계적 분석으로 주장하면서, 소경영(Kleinbetrieb)의 존속조건을 제시한 바 있다. 이에 대하여 카우츠키는 반론을 제시하였다. 즉, 자본의 집중에 따라 일어난 '새로운 소경영'은 자본집중에 따라 멸망한 '낡은 소경영'과 구분해야 한다는 것이다. 후자는 경영자 자신이 생산수단을 소유한 독립적 생산자이며, 자본가와 동일한 계급의 일원으로서 대자본가와 경쟁관계, 즉 대항관계를 맺고 있다. 이에 견주어 전자는, 중요한 생산수단을 자본가로부터 선대先貸 받고 있으며, 이러한 소경영은 자본에 봉사할 의무를 지니고 있다. 이들 새로운 소경영은 자본가의 착취 대상이며, 대기업 노동력의 예비군으로서 과잉 노동자를 저장하면서 노동력을 공급하는 새로운 기능을 한다. 이러한 소경영은 대자본에 구축되는 낡은 소경영과 구분해야 한다고 보았다. 즉, 새로운 소경영은 '노동자적 소경영'임에 견주어, 낡은 소경영은 '자본으로서의 소경영'이라고 보았다.
5) 淸成忠男, 앞의 책, pp.15~25 참조.

으며, 마셜의《경제학원리》초판의 견해도 이 범주에 든다고 볼 수 있다. 이 이론은 주로 산업자본주의 단계에서 형성된 것들이다. 독점의 문제를 염두에 두고 형성된 이론이 아니며, 대기업에 대한 소기업(중소기업이 아님) 문제를 설명하는 이론이기 때문에 '소기업 소멸론'이라고도 할 수 있다.

첫째, 마르크스경제학에서는 자본주의적 축적의 일반적 법칙에 따라 자본이 축적되고 생산규모가 늘어나, 자본이 집적·집중되면서 대자본이 소자본을 압도한다고 주장한다. 대규모 생산과 함께 자본이 분열·분산하는 경향도 있지만, 이것은 대자본이 소자본을 구축하는 데 따른 자본의 집적과 집중의 부수적 현상으로 파악하고 있다.

둘째, 신역사학파 경제학은 경세 발전 단계설의 입장에서 수공업의 단계가 대공업의 단계로 이행한다는 점을 주장하여 수공업 또는 '소공업 몰락론'을 전개한다. 여기서는 수공업의 운명을 다섯 가지로 들고 있는데[6] ① 같은 종류의 공장제 생산이 수공업을 구축, ② 공장제 공업 또는 선대제 가내공업으로 수공업 생산분야를 잠식 축소, ③ 수공업을 대기업으로 흡수, ④ 수요의 전환으로 수공업 쇠퇴, ⑤ 가내노동 및 노동착취제도sweating system[7] 아래 노동으로 몰락 등이다.

셋째, 마셜은 대규모 경제가 유리하기 때문에 소기업은 필연적으로 소멸한다고 그의《경제학원리》의 초판(1890)에서 주장하였다. 그러나 그 뒤 소기업이 지속적으로 잔존하는 현실에 착안하여, '이론과 현실의 괴리'를 설명하면서, 소기업 잔존론을 전개하였고, 이것이 중소기업 이론의 단서를 제공하였다.

'소공업 소멸론'은 산업혁명 뒤 신흥 대공업이 수공업 또는 소공업을 구축한다는 현실을 배경으로 나온 것이다. 그런데 오늘날에도 규모의 이익이 작용하여 대자본(대기업)이 중소자본(중소기업)을 구축하는 경향을 반영하는 이론이 있다. 현대 경제를 대기업체제big business system로 규정하면서[8] 대기업체제가 오늘날 현

---

6) K. Bücher, *Die Entstehung der Volkswirtschaft*, Tübingen, 1893, 1st ed., Industrial Evolution, Trans. by S. Morley & Wicket, New York, Henry Holt, 1901, Chap. Ⅴ, p.185.

7) 저임금 장시간 노동 및 비위생적 환경에서의 노동 등 육체적·정신적으로 과도한 고통을 수반하는 열악한 노동조건에서의 노동착취제도를 통칭하는 개념이다. 역사적으로는 자본주의 초기에 자본축적 과정에서 산업자본이 노동자의 고혈(膏血)을 짜냈던 노동조건을 가리킨 것이며, 흔히 소규모의 전통적 수공업과 가내공업이 존재하는 가운데 일어나는 현상이었다. 오늘날에도 하청 영세기업이나 가내공업에 남아 있다.

대 국가의 주요한 특징이라고 보는 견해는 여기에 속한다고 볼 수 있다.

2. 중소기업 잔존론

현실적으로 중소기업이 소멸하지 않고 오히려 늘어나자, '중소기업 소멸론'을 수정할 필요가 있어서 등장한 것이 '중소기업 잔존론'이다. 중소기업은 원래 소멸하는 것이 원칙인데 왜 잔존하는지를 설명하는 것이 이 이론의 핵심이다. 자본주의 전개 과정에서 보면 독점자본 단계가 되면서 더 적극적으로 형성된 이론이며, 여기에는 다음과 같은 견해가 포함된다.

첫째, 마셜의 견해를 들 수 있다. 대규모 경제의 법칙에 따라 소기업의 소멸은 당연한 것임에도 현실적으로는 수많은 소기업이 잔존하고 있다는 점을 인식하여 전개한 이론인데 그의《경제학원리》제2판 이후에 포함되어 있다. 그는 소기업의 잔존 이유로서 ① 생물학적 소기업의 성장, ② 대규모 경제 이익의 한계, ③ 대규모 경제의 실현 조건의 불비, ④ 소기업의 독자적 유리성을 들고 있다. 마셜의 소기업 잔존론은 이론상의 발전 과정을 거쳐 E. A. G. 로빈슨이 적정규모론으로 전개하였다.

둘째, 플로렌스의 견해이다. 그는 소기업이 잔존하는 것은 이론적으로 보아 비합리적인 것이며 산업체제의 비효율성을 가져오는 것이라고 보았다. 그럼에도 그는 소기업이 잔존하는 조건으로서, ① 원재료 및 시장 분산으로 수송비가 높다는 점, ② 소기업이 수요에 대하여 적응력이 크다는 점, ③ 외부경제의 이용으로 소기업의 설립이 쉽게 된 점, ④ 대기업이 소기업을 압도하는 데 상당한 시간이 필요하다는 점, ⑤ 대기업이 소기업의 존립을 부분적으로 허용한다는 점, ⑥ 기업심과 기대를 바탕으로 한 소기업의 신규 진입 등을 들고 있다.[9]

---

8) J. K. Galbraith, *The New Industrial State*, Boston, 1967〔都留重人 監譯, 石川通達·鈴木哲太郎·宮崎勇 譯, 《新しい産業國家》(第2版), 河出書房新社, 1972, pp.35~36〕.

9) P. S. Florence, *The Logic of British and American Indusrty*, London 1953, Chap. 2.

셋째, 슈타인들의 견해를 들 수 있다. 마셜과 플로렌스는 독과점의 문제를 의식하지 않고 견해를 전개한 반면, 슈타인들과 아래에 설명하는 견해는 독과점과 관련하여 중소기업의 잔존을 설명하고 있다. 슈타인들은 플로렌스의 소기업존속 비합리성의 입장을 이어받으면서, 마셜의 '소기업 성장 연속론'을 비판하고 '소기업 성장 단층론'을 주장한 바 있다. 그럼에도 어느 산업의 과점적 상태가 그 산업에서 일정한 수의 소기업 존속을 보존하는 경향이 있다는 점을 슈타인들은 지적하였다. 즉 가격선도자price leader인 대기업이 시장구성이 극히 낮은 소기업을 배제하는 것이 결코 큰 이익이 되지 않는다는 것이다. 그러면서 그는 소기업의 잔존 조건으로서 ① 대기업의 성장 속도가 느리다는 점, ② 생산물시장과 노동시장의 불완전성, ③ 소기업가의 도발적 태도 등을 들고 있다.[10]

넷째, 실로스-라비니의 견해이다. 시장에서 대기업의 비중이 큰 경우, 중소기업을 배제하기 위해 투쟁비용이 필요하고, 또한 대기업은 중소기업의 가변비용 이하로 제품가격을 결정해야 하는 공격적 가격 정책aggressive price policy이 필요하다. 이는 결코 대기업에 이익을 주지 않기 때문에 소규모의 시장구성을 차지하는 중소기업이 잔존할 수 있다는 것이다.[11]

이처럼 과점적 핵을 형성하는 소수의 지배적 기업은 가격 선도자로서 자기 기업의 평균비용보다 높게, 비효율적인 주변기업과 거의 같은 수준의 평균비용을 정하는 경우가 적지 않다. 이때 지배적 기업은 비효율적인 주변기업을 보존하여 초과이윤을 얻을 수 있다. 또한 소규모기업에 이윤을 허용하지 않는 범위에서 가격을 조정함으로써 비효율적인 소기업의 규모 확대를 막을 수 있다. 이것이 과점적 대기업과 비효율적 소기업이 병존하는 근거가 된다는 것이다.[12]

다섯째, 마르크스경제학에서 보이는 견해이다. 독점자본 단계에서 중소기업은 독점자본이 수탈하기 때문에 자본축적과 그 성장 발전을 하지 못하는 가운

---

10) J. Steindl, *Small and Big Business*, Oxford, Basil Blackwell, 1947, p.60(米田淸貴·加藤城一 譯, 《小企業と大企業−企業規模の經濟的問題》, 巖松堂, 1969, pp.123~130)

11) P. Sylos−Labini, *Oligopoly and Technical Progress*, Cambridge, Massachusetts, Havard Univ. Press, 1962, pp.44~45.(安部一城, 山本英太郎, 小林好廣 譯, 《寡占と技術進步》(增訂版), 東洋經濟新報社, 1971, pp.55~56.)

12) 越後和典, 〈規模の經濟性について〉, 越後和典 編, 《規模の經濟性》, 新評論, 1969, p.14.

데, 독점자본의 수탈대상으로서 온존한다는 것이다. 즉 중소기업은 독점으로 '구
축·도태'되지만, 동시에 자본축적의 기반으로서 '잔존·이용'되는 두 가지 경향으
로 존속한다는 것이다. 그 결과 중소기업이 분해되지 않고, 자본의 유기적 구성
의 고도화로 형성된 상대적 과잉인구를 중소기업이 흡수하면서 저임금 기반이
지속된다. 이를 바탕으로 창출된 잉여가치를 독점자본이 간접적으로 수취하는
가운데 중소기업이 존속한다고 본다.

3. 중소기업 적극적 역할론

대기업이 거대화하고 산업구조 고도화와 독과점 구조가 뿌리내린 현대자본주
의에서도 중소기업은 일정한 존립 조건을 갖고 적극적으로 존속한다는 견해가
나오고 있는데, 여기에는 다음과 같은 것들이 있다.

첫째, 적정규모론이다. 대규모 경제성은 한계가 있고 중소기업도 경영상 유리
성을 발휘할 분야가 있다는 견해이다. 마셜의 '중소기업 잔존론'에서부터 논의가
발전하여 E. A. G. 로빈슨이 체계화한 이론이다. 산업능률을 이루기 위한 최선의
생산단위 규모로서 적정규모 개념을 정하였다. 그는 산업조직의 효율성을 추구
하되, 기업 내적인 측면인 개별 기업의 능률성에 중점을 두었다. 즉 기업 내적
요인의 분석에서 중소기업의 존립 조건을 추구하고 있는 것이다. 이론의 형성,
논의 과정에서는 규모의 경제성에 대해 사업장의 경영규모와 기업의 경영규모
를 구분할 필요가 있고, 자본의 규모를 고려해야 한다는 견해도 있었다. 또한 적
정규모 또는 능률적 규모를 갖고 있는 경우에도 최저생산비 규모와 최대능률 기
업규모를 구분하기도 하였다.[13]

둘째, 불완전 경쟁이론이다. 대규모 경제의 법칙이 대체로 관철되지만 비가격
적 요인이나 제품의 차별화 및 지역적인 이유 등으로 시장의 불완전성이 지속적

---

13) 末松玄六, 《獨立企業論》, ダイヤモンド社, 1966, p.57. 이것은 흡슨J. A. Hobson의 논의에 근거를 두고
있다.

으로 형성되고 이것이 중소기업의 존립 조건을 제공한다는 것이다. 마셜 이론이 포함하고 있는 '수확체증과 경쟁적 균형의 양립 문제'에 대한 논쟁 과정을 거쳐 형성된 J.로빈슨의 '불완전경쟁론' 그리고 체임벌린의 '독점적 경쟁이론'이 그것이다. 이 이론들은 기업 외적 요인(시장구조) 분석에서 중소기업의 존립 조건을 제시하고 있다. 슈타인들이 시장의 불완전성을 중소기업의 존립 조건으로 제시한 것도 이 이론에 근거를 둔 것이다.

셋째, 사회적 분업론과 적극적 역할론이다. 단순히 미시적 적정규모나 시장구조의 불완전성에 그치지 않고, 산업구조의 고도화와 지식정보집약화에 따라 한편에서는 대기업이 점차 거대화되지만, 다른 한편에서는 적정규모가 소규모인 분야가 다양하게 나오면서 중소기업에 적합한 경제부문이 늘어나고, 여러 규모의 중소기업이 이들 부문에 적극적으로 정착 존립하게 된다는 견해이다.

① 현대 국민경제 가운데 특히 공업생산 분야에서 집중화와 통합화integration 경향이 나타나고 있지만, 이는 분산화differentiation 경향으로 에워싸인다고 보는 현대 경제의 구조적 다양성die structure Vielgestalt moderner Volkswirtschaften이라는 독일경제의 특성에 대한 지적이 있다.[14] 그리고 대기업이 점차 성장하지만 중소기업은 더욱 증가한다는 미국경제의 경향분석 결과도 제시되고 있다.[15] 이는 다같이 사회적 분업 속에서 중소기업의 적극 존립을 뒷받침하는 견해이다.

② 지식의 경제자원화와 인적 경제자원의 중요성이 커지면서 새로운 중소기업 분야가 창출된다. 물적 생산제일주의의 중화학공업 시대에서 탈공업화와 지식정보집약화 시대로 산업구조가 변화되고, 수요의 창조시대로 이행하면서 점차 새로운 중소기업 분야가 등장한다. 이들 분야에서 중소기업은 대기업과 상호 보완적 관계와 독자적 유리성을 가지면서 현대경제 속에서 적극 존립한다. 결국 산업화가 전개될수록 사회적 분업이 심화되고 중소기업의 수도 더욱 늘어

---

14) W. Wernet, *Handwerks und Industriegeschichte*, Stuttgart, 1963, p.82
15) E. D. Hollander and Others, *The Future of Small Business*, New York, Fredrick A. Praeger, 1967, p. xⅷ

난다는 것이다.

특히 지식 정보집약화 시대에는 중소기업에 적합한 분야가 적극적으로 형성되면서 혁신적 중소기업이 창출된다. 벤처 비즈니스 또는 벤처기업의 등장이 이를 말하고 있다.

③ 산업구조 고도화는 자본주의의 독과점화를 수반하고, 그 결과 시장경제 기능은 경직된다. 이와 같은 자본주의의 체제적 역기능을 개선하는 것이 중소기업이다. 중소기업을 '활력 있는 다수'로 보는 것이나 경쟁적 시장구조의 적극적 담당자와 '창조의 모체'로 규정하는 것도 이 때문이다.

④ 그러나 중소기업의 위치를 소극적으로 평가하는 견해도 있다. 현대자본주의를 이중경제로 규정하고 중핵기업과 주변기업이라는 두 개의 기업군으로 이루어진 것으로 본다. 이때 주변기업은 소규모이며 그 발전의 가능성이 제한된 반면, 중핵기업은 대규모이면서 무한한 가능성을 지닌 경제 발전의 새로운 주체라는 것이다. 주변기업은 긴 역사를 가지고 있지만 이제 그 중요성은 점차 엷어지고 있다고 규정한다.16) 중핵기업과 사회적 분업체제 속에서 주변기업은 소극적 지위를 가질 뿐이라고 보는 것이며, 바로 대기업체제의 우위성을 강조하는 견해라고 볼 수 있다.

---

16) R. T. Averitt, *The Dual Economy*, New York, 1968, p.87 (外山廣司 譯, 《中核企業-經濟發展の新しい主體》, タイヤモンド社, 1969, p.121).

제2절 마셜의 중소기업 이론

1. 소기업 소멸론에서 잔존론으로

마셜의 중소기업 이론은 소기업small business에 관한 이론이었고, 그것은 초기의 소멸론적 경향에서 점차 소기업의 잔존에 관한 설명으로 변화되었다.

그는 《경제학원리》 초판(1890)에서, 대규모 경제의 유리성이라는 경제이론상의 설명에 따라 수공업과 가내공업 등의 소기업은 공장제 대공업과의 경쟁으로 도태, 소멸하는 것이 지배적이라고 보았다.17) 이것은 18세기 후반에서 19세기 후반에 걸쳐 경제가 성장 발전하면서 수공업과 가내공업 등 소기업의 일부는 대기업으로 성장하고, 상당한 소기업이 끈질기게 잔존하고 있었지만, 대부분은 기계제 공장공업에 의하여 구축 소멸하는 현실을 배경으로 형성된 견해였다.

이 시기 소기업 소멸론에서 말하는 소기업 문제는, 경제의 성장 발전과 함께 소기업이 대기업으로 성장하지 못하고 저지, 정체되는 것을 중요시하거나 국민경제적 모순의 문제로 파악한 것은 아니었다. 소기업이 대기업에 의하여 도태 구축되는 자체, 또는 그 과정에서 발생하는 소기업 문제를 오직 과도적·마찰적 모순으로 보았다.

대규모 경제의 유리성에 따라 소기업의 도태 구축을 합리적이라고 보고 소기업 소멸론에 믿음을 표시했던 마셜은, 그의 《경제학원리》(제2판, 1891)에서는 소

---

17) 이것은 홉슨이 그의 《産業制度論》(The Industrial System, 1909)에서 치밀하지 못한 통속적 견해(a loose popular notion)라고 지적한 것, 즉 보편적은 아니지만, 성공적인 기업은 점점 대규모화하며 소기업은 소멸하는 것이 자본주의적 산업의 최근의 조건(p.183)이라는 내용이다. 마르크스가 《자본론Das Kapital》에서 밝힌 〈자본주의적 축적의 일반적 법칙〉의 내용과 같은 경향이다.

기업잔존이라는 새로운 소기업 문제를 제기하면서 이른바 '소기업 잔존론'을 전
개하였다.

"우리는 단기간에 대공장이 많은 산업부문에서 경쟁자를 완전히 구축해버릴
것으로 기대할지 모르나, 여전히 현실에서는 그렇지 않은데 이는 무엇 때문인
가"라는 것이 마셜의 문제 제기의 요점이었다. 19세기 말에서 20세기 초, 영국에
서는 수공업 가내공업과 자본제 소공업을 포함하는 소기업을 대기업이 도태 구
축하여 국민경제에서 차지하는 비중이 크게 낮아졌다. 그러나 이들이 소멸되어
없어지는 것은 아니었으며, 새롭게 발생하는 소기업을 포함하여 낮은 비중이지
만, 국민경제의 성장 발전 과정에서 여전히 남아 있는 현실적 특성이 강하게 나
타났다.

이와 같은 소기업의 잔존 문제를 해명하기 위해 마셜은 그의《경제학원리》
(제2판) 이후 개정 증보과정과《산업과 무역》(1919)에서 이 문제를 해명하려고 노
력하였다. 그것을 집약하면 다음과 같다.

　　① 생물학적 소기업의 성장
　　② 대규모 경제의 이익의 한계
　　③ 그 실현 조건의 불비
　　④ 소기업의 독자적 유리성

특히 유명한 숲[森林]의 비유에서 보여주는 소기업 성장론에서는 노동자→소
기업→대기업이라는 상승운동이 일반적으로 규정되지만, 대기업은 조만간 노쇠
하고 소기업 성장으로 대체된다고 보면서 소기업이 언제나 존속하는 것으로 설
명하였다.[18]

마셜이 제기한 소기업 잔존이라는 소기업 문제는 '이론과 현실의 괴리'를 설
명하기 위한 경제이론상의 문제였으며, 국민경제적 모순의 문제로 파악된 것은

---

18) 마셜은《經濟學原理》의 판을 거듭하면서 上昇運動의 범위를 좁혔다. 마셜의 이러한 설명은 뒤에 E. A.
　　G. 로빈슨이 생물학적 설명(the biological solution)이라고 규정하였으며, 슈타인들이 크게 비판하였다.

아니었다. 따라서 '소기업 잔존론'에서는 경제적 합리성을 지니지 못하는 소기업은 도태 구축되는 것을 당연한 것으로 보았고, 반면에 잔존하는 소기업에 대하여 경제이론적으로 설명하였다. 합리성이 없는 소기업은 도태 구축되고 합리성이 있는 소기업이 존속하는 것은 경제이론상 당연한 것으로 보았기 때문에, 정책이 요구되는 국민경제적 모순의 문제로 규정될 수가 없었다.

즉, 비합리적인 소기업은 도태하고 합리성을 지닌 소기업은 존속한다는 '소기업 잔존론'은 소기업 잔존이라는 소기업 문제를 경제이론으로 설명하는 것이었다. 이러한 마셜의 소기업 문제 해명은 그의 산업 문제에 대한 인식을 그 바탕으로 하고 있으며, 그의 이론 속에 담겨진 다각적 분석은 그 뒤 근대경제학적 중소기업 이론 전개의 기점이 되었다.

2. 산업의 성장 · 유기적 성장 · 소기업 성장

경제 진보에서 내부경제보다 외부경제의 역할을 강조하는 마셜의 생각은 당연히 산업의 중요성으로 이어졌다. 총생산 규모의 증가는 여러 경제성에 의존하는 것이지, 개별 회사의 경영규모에 직접 의존하는 것이 아니다. 이들 가운데 가장 중요한 것은 상호의존관계에 있는 관련된 산업 분야의 성장이며, 이것이 지속적 성장의 원천이라고 보았다.[19]

이런 생각은, 한 수목은 성쇠를 거듭해도 삼림은 계속 번성한다는 생물학적 유추에서 비롯한 것이었다. 경제 진보를 의미하는 장기적이고 동태적인 수확체증의 분석은 흥망을 지속하는 개별 기업을 대상으로 하는 것은 적당하지 않고, 산업이 장기적으로 존속 발전한다는 사실에 주목하여 그에 대해 분석하는 과정이 필요하다. 따라서 장기적 경제 진보는 기업규모의 확대로부터 생기는 내부경제보다 산업규모의 확대와 외부경제에서 주로 일어나고, 그것이 더욱 중요하다

---

19) A. Marshall, *Principles of Economics*, 8th ed, 1920, Rep.1959, Macmillan, p.264.

는 것이 마셜의 생각이었다.

마셜의 유명한 비유Marshall's famous simile인 '삼림의 비유'에서 한 산업 속의 기업들은 숲 속의 나무와 비슷하다.[20] 숲forest은 산업을, 나무trees는 기업을 뜻하는데, 개개의 수목(기업)은 삼림(산업)의 성쇠와 별도로, 그리고 숲(산업)도 개개의 나무(기업)와는 별개의 성쇠 과정을 가질 수도 있는 것으로 마셜은 보았다.[21]

이런 틀에서 마셜은 장기적인 경제 진보의 길을 개별 기업보다는 산업분석 속에서 찾았다. 영고성쇠vicissitudes를 거듭하는 개별 기업보다는 이것을 포함하여 무수한 요인이 성쇠로 규제받고 제한받으면서 유기적으로 성장하는 산업을 경제 진보에서 더 중요한 대상으로 삼았다.

한편 진화론에 바탕을 둔 생물학적 접근법은 마셜의 유기적 성장의 개념에 반영된다. 경제현상을 생물적 유기체biological organism에, 그리고 경제 진보를 생물의 진화 과정에 비유하면서 경제의 성장 과정을 유기적 성장으로 보는 것이다. 동태적 산업 현상을 분석할 때에는 생물학적 접근법이 적당하다고 보고 유기적 성장의 개념을 제시하였다. 여기서 말하는 생물학적 또는 생물적 의미는 진화의 사상과 유기체 사상을 그 바탕으로 하는데, 그것은 다음과 같이 설명할 수 있다.

첫째, 사회는 생물체와 같은 유기적 체계이지 역학적(기계적) 체계가 아니다. 그리고 생존경쟁 및 적자생존에 대한 생물학적 견해가 자본주의 경제에서 산업 및 기업의 변동에 응용된다. 생존경쟁, 자연도태, 수명 등 생물체의 성쇠 과정은 마셜의 산업이론에서 유추하여 전개되고 있다.

둘째, 적자생존·자연도태는 기업행동의 분석에 큰 시사를 주고 있으며, 경제 성장이 내적인 여러 가지 힘, 특히 구성단위인 기업행동의 변화를 내포하는 과정이라고 보는 데 생물학적 접근법의 특징이 있다.

셋째, 산업 현상을 생물적 유기체로 유추하는 데서 우리는 산업 현상 사이의 유기적 성격을 강조하고 있음을 알 수 있다. 유기적 성격은 경제와 산업 현상을

---

20) E. A. G. Robinson, *The Structure of Competitive Industry*, James Nisbet, London, 1st ed. 1931, Rep. 1964, p.50.
21) A. Marshall, *Principles*, p.263.

구성하는 부분이 깊은 상호의존관계를 형성하고 있음을 뜻한다. 이때 구성부문 또는 단위는 그것이 소속하는 모체에서 떨어져도 그 성질이 본질적으로 변하지 않는다고 보는 기계적 생각과는 다르다. 유기적 성격을 갖는 경제는 그것을 구성하는 여러 부문의 단순한 집계가 아니며, 구성부문이 모체에서 떨어져 나올 때 그 본질적 성격이 손상된다는 것을 뜻한다.

이러한 생물적 유기체의 개념은 생물학적 진화론에서 나오는 사회진보의 사상과 결합하여 유기적 성장organic growth의 개념에 이르게 된다.

첫째, 유기적으로 성장하는 경제는 단순히 양적 증가만이 아니고, 질적 변화 또는 성격의 변화를 내포하는 경제이며, 이것을 분석하는 방법은 역학적 접근보다는 생물학적 접근법에 의존해야 한다는 것이 마설의 지적이다.

둘째, 산업적 진보 또는 진화는 단순한 증가와 감소가 아닌 유기적 성장인데, 이것은 무수한 요인의 쇠미衰微로 제한받으며, 때로는 역전된다.

셋째, 각 요소는 서로 영향을 미치고 그것을 둘러싼 사실들의 영향을 받는다.

넷째, 이러한 모든 상호 간의 영향은 각 요소가 그들의 성장 과정에서 다다른 단계에 따라 다르다.[22]

이러한 유기적 성장을 좀 더 설명하자면 다음과 같다.

① 산업 안에서 무수한 산업 현상 즉,

　　㉠ 소기업의 신설(창업)과 도산(폐업)

　　㉡ 대기업의 소기업 구축

　　㉢ 소기업의 대기업으로의 성장

　　㉣ 대기업과 소기업, 그리고 소기업 사이의 상호관계

　　㉤ 대기업의 생물학적 수명의 한계에 따른 쇠망 등이

② 서로 의존, 대립, 경쟁하고 규제, 제한하는 가운데

---

22) A. Marshall, "Mechanical and Biological Analogies in Economics", 1898, ed. by A. C. Pigou, *Memorials of Alfred Marshall*, London, Macmillan, 1925, p.317.

③ 기업의 영고성쇠榮枯盛衰 속에서도

④ 전체적, 평균적으로는 양적으로만이 아니고 질적으로도 진보, 발전하는

⑤ 산업의 변화모습을

⑥ 생물 유기체의 성장에 비유하여 표현한 것인데,

⑦ 조직의 분화(내부경제)와 통합화(외부경제)로 뒷받침되는 것으로 보았다.

마셜은 유기적 성장의 개념을 단기적이 아닌 장기적인 관점에서 제시한 것이다. 경제 또는 산업을 구성하는 무수한 요인의 진보와 쇠퇴를 반영하는 유기적 성장은 일시적 정태적이 아닌, 장기적 동태적 성격을 갖고 있음을 알 수 있다.

산업 현상의 균형은 장기적으로 산업을 구성하는 진보의 힘과 쇠퇴의 힘 사이의 균형balance or equilibrium between the forces of progress and decay[23]인데, 이것은 바로 생물학적 설명biological solution의 귀결이기도 하다. 마셜은 산업에서 대기업의 소기업 도태 구축, 소기업의 신설과 대기업으로의 성장, 대기업과 소기업의 상호관계, 대기업의 생물학적 수명의 한계에 따른 쇠망 등 여러 요인이 유기적으로 작용하면서 산업은 성장하고 동태적 균형을 이룬다고 보았다.

산업이 이처럼 유기적 성장을 하는 과정에서 소기업은 지속적으로 구축, 잔존, 성장하면서 적극적인 역할을 하는 것으로 마셜은 보았다. 소기업은 독창성과 융통성을 기르는 등 경제활동과 산업 진보의 주요한 원천으로 역할을 한다는 점을 지적하였다. 즉, 영국 산업의 대부분이 성장하는 소기업small growing business에 의존하고 있으며, 그들이 산업에 제공하는 힘과 탄력성energy and elasticity은 국가의 모든 분야에서 발생하고 있다는 것이다.[24]

소기업이 유기적 성장을 하는 경제에 활력을 주고, 산업발전의 원동력이라고 보는 마셜의 견해는 '소기업 성장론' 즉, 노동자가 소기업으로, 다시 소기업이 대기업으로 성장을 계속한다는 그의 주장에도 그대로 반영되었다.[25]

---

23) A. Marshall, *Principles*, p.381.
24) A. Marshall, *Industry*, pp.249, 581.
25) 마셜의 〈소기업 성장론〉 또는 〈소기업 성장 연속론〉은 이른바, 소기업 성장에 대한 생물학적 설명이다.

거의 모든 산업에서 한순간에 상승 국면에 있는 여러 기업은 소기업에서 대기업으로 올라가지만, 하강 국면에 있는 다른 기업은 쇠잔하면서, 즉 한 방향에서의 쇠잔이 다른 방향에서의 성장과 균형을 이루면서 평균적으로는 번영과 진보의 시기가 계속된다고 본 것이 마셜의 유기적 성장의 귀결이다.

3. 소기업 성장과 소기업 잔존이론

1) 소기업 성장 연속론26)

산업에서 대기업에 의한 소기업의 도태 구축, 소기업의 신설과 대기업으로의 성장, 대기업과 소기업 사이의 상호관계, 대기업의 생물적 수명의 한계에 따른 쇠망 등 여러 요인이 유기적으로 작용하면서 장기적으로 산업은 성장하고, 동태적 균형을 이룬다고 마셜은 생각하였다.

마셜은, 산업이 이러한 유기적 성장을 하고 동태적 균형을 이루는 데 소기업이 경제 활동의 원천으로서 중요한 역할을 한다는 점을 지적하였다. 즉 영국 산업조직의 대부분이 성장하는 소기업에 의존하고 있으며 그들이 산업에 제공하는 힘과 탄력성은 전 국가에 걸쳐 발생하고 있다고 보았다. 소기업이 이처럼 경제 발전에 활력을 주고 산업 발전의 원동력이라고 보는 마셜의 견해는 생물학적 진화 진보의 사상 및 '연속성의 원리'와 결합하여 그의 '소기업 성장론' 또는 '소기업 성장 연속론'에 반영된다.

첫째, 마셜은 이것을 그의 생물학적 유추로 설명하고 있다. 삼림 가운데 젊은 수목이, 오래된 경쟁자가 억압하는 그늘을 뚫고 고투하면서 성장하는 교훈에 비유하여 '소기업 성장론'을 시사하고 있다. 많은 수목이 도중에 쇠잔하고 소수만이 존

---

26) 마셜은 그의 《경제학원리》 초판 서문에서 〈연속성의 원리〉(The Principle of Continuity)를 강조하였다. 이것은 소기업 성장 연속론에 반영된 것으로 보인다. 뒤에 고전적 산업혁명관(산업혁명의 혁명성)을 비판하고 역사의 연속성을 강조한 클레팜J. H. Clapham에도 영향을 주었다.

속 성장한다. 이들은 성장하면서 넓은 영역의 빛과 공기를 얻게 된다. 그래서 마침
내 이번에는 그들이 인근의 수목 위로 솟아나게 되지만, 자연이 주는 수명의 제한
을 받는다며, 기업의 성장 쇠퇴를 수목의 성장에 비유하였다. 마셜은 이 성장의
법칙이 보편적이지는 않지만 많은 산업 분야에서 유지되고 있다고 보았다.[27]

둘째, 이러한 소기업 성장을 이루는 상향운동의 출발점을 노동자로 보고 다음
과 같이 말하였다.

　① 노동자가 그의 경영 능력을 충분히 발휘할 수 있는 지위로 성장하는 데 따르는
　　 어려움은 소요자금의 획득인 것처럼 보인다. 그러나 자금은 큰 어려움이 아니며,
　　 실질적인 어려움은 많은 주위사람들에게 그가 경영에 자질이 있는 사람이라는
　　 사실을 확신시키는 것이다.
　② 노동자가 기업가로 성장하는 데 더 큰 장애는 경영이 점차 더 복잡해지고 있다
　　 는 것인데, 이것도 교육을 급속하게 개선하면 해소할 수 있다.

이처럼 마셜은 노동자가 기업가로 성장하는 데 중요한 것은 자금이 아니라
기업가로서의 능력이라고 보았다. 그래서 보통의 노동자는 능력이 있으면 감독
관·지배인으로 상승, 고용주가 될 수 있다고 보았으며, 그 결과 아래로부터 수많
은 상향운동이 있게 된다고 보았다.

셋째, 이러한 상향운동에 따라 독립기업을 이루게 된 사람은 그 능력에 따라
기업을 키울 수 있다고 보았다. 영고성쇠에도 불구하고 유능한 기업가는 장기적
으로 능력에 따라 그의 자본을 성장하게 하고 경영 능력이 클수록 기업의 성장
을 더욱 신속하게 한다는 것이다.[28]

즉, 유능한 기업가는 그의 자본을 신속히 늘리고, 더 많은 자본을 들여오도록
신용을 높인다. 그리고 더 많은 종업원을 채용하여 그들 서로에게 신뢰성을 높
일 뿐만 아니라 적재적소에 배치하여 작업능률을 높인다. 이러한 숙련의 경제

---

27) A. Marshall, *Principles*, p.263.
28) 위의 책, p.260.

외에 기업의 성장과 함께 이루어지는 기계의 경제와 대량거래의 경제로 기업은 계속해서 성장한다는 것이다. 이러한 성장 과정은 기업가의 정력과 기업심, 창의력과 조직력을 끌어올리고 새롭게 하며 경영에 불가피한 모험이 이례적으로 손실을 가져오지 않는 한 계속된다고 보았다.[29]

경영 능력을 가진 노동자는 자금을 조달 결합하여 소기업가가 되고, 소기업가는 다시 대기업가로, 동시에 소기업은 대기업으로 계속 상향적 성장을 할 수 있다는 것이 마셜의 견해였다. 이때 기본이 되는 것은 기업가가 기업을 지휘하는 경영 능력인데, 이것은 과밀한 산업에서 양호한 기회를 제공하는 산업으로 수평 이동하고, 산업 안에서 유능한 사람은 상위 직책으로 성장하는 등 쉽게 수직 이동도 하기 때문에 근대 영국에서 경영 능력은 수요에 순응하는 것이 일반적 법칙이라고 보았다.[30] 이처럼 마셜은 경영 능력, 즉 기업가의 공급이 탄력적임을 시사하고 있다.

그런데 내부경제와 외부경제를 통하여 기업은 영원히 성장할 것처럼 보이지만, 사실은 그렇지 못하다는 것 또한 마셜의 생각이었다. 그는 그것을 수목에 비유하여 다음과 같이 설명하고 있다.

하나의 수목은 활기 있게 장기간 성장하여 다른 수목보다 더 큰 규모로 성장할 수 있지만, 머지않아 나이가 그들에게 모든 것을 말해 줄 것이다. 더 큰 수목은 경쟁자보다 빛과 공기에 쉽게 접근하겠지만 점차 활력을 잃는다. 그래서 그 지위를 젊음과 활력을 지닌 다른 수목에게 넘겨주게 된다고 하였다. 이와 같이 자연은 창설자의 수명과 그들의 재능이 활력을 유지하는 분야를 제한함으로써 기업에 압력을 준다. 그리고 마셜은, 이런 법칙이 거대 주식회사(더러는 침체하지만 쉽게 소멸하지 않는)가 발전한 뒤에도 일반적이지는 않지만, 많은 산업에서 아직도 유지되고 있다고 말한다.[31]

마셜의 '소기업 성장 연속론' 즉, 소기업의 상향적 성장에 대한 마셜의 생각은

---

29) 앞의 책, p.262~263.
30) 위의 책, p.261.
31) 위의 책, p.263. 마셜은 생물학적 소기업의 성장을 나무와 숲의 비유로 설명하면서도 대기업의 생물적 수명의 한계(개인적 능력의 쇠퇴)를 시사하였다.

경제사회의 변화 속에서 조금씩 그 내용이 달라졌다.

① 마셜은 노동자를 출발점으로 보고 이들이 고용주로 성장하는 데 따르는 조건으로 기업 자금의 증가에 따르는 원활한 개업 자금의 공급과 개인적 능력이라는 두 가지를 들었다. 그럼에도 창설된 소기업은 삼림의 비유에서 보듯이 점차 대기업으로 성장한다고 보았다.

② 마셜은《경제학원리》초판(1890) 이후 상승운동의 제약조건으로서 기업의 번잡성complexity을 들었다.

③《경제학원리》제5판 이후에는 '거대 주식회사의 최근의 발달 전'이라는 조건을 덧붙였다. 그렇지만 오늘날에는 이 원칙이 결코 보편적이지는 않지만, 많은 산업에서 여전히 지속되고 있다고 말하였다.

④《산업과 무역》(1919)에서는 이 운동이 이루어지는 분야를 한정하였다. 즉 소기업에 적합한 사업분야로서 기계가 완비되고 조직도 완전하여 더 이상 개선의 여지가 없을 때, 새롭게 얻은 힘을 좀 더 넓은 분야로 돌린다. 그래서 소기업자는 대생산자의 대열에 참여할 수 있게 된다.[32]

⑤ 독점시장에서 소기업의 상승운동은 그것이 적합한 산업 분야에서 표준화 생산이 특히 이것을 지지하는 경우에만 가능하다고 하여 그 범위를 극히 한정하였다. 즉 적합한 산업 분야에서 소기업이 활동할 수 있는 여지가 남아 있는 경우에는 그러한 경향(상승운동을 저해하는 경향)은 상대적으로 적을 수 있다. 이러한 목적(소기업이 남도록 하는)을 위하여 중요한 수단은 조립업무에서 조립상 협동인데, 마셜은 특히 표준화가 소기업가를 시장에서 활동할 수 있도록 해준다고 지적하였다.[33] 즉 소기업의 상승운동은 소기업의 성장이 적합한 분야에서만 대기업까지 계속될 수 있다고 하여 그 범위를 제한하였다.

---

32) A. Marshall, *Industry and Trade*, Macmillan, 1919(1st ed.), 1923(4th ed.) pp.247.
33) 위의 책, p.594.

이처럼 마셜은 19세기 말 이후 거대 주식회사 등 독점적 대기업이 발달하면
서 소기업 상승운동의 내용을 점차 수정하고 그 범위를 제한하였다. 그러나 소
기업의 상승운동에 대하여 그는 이 원칙이 보편적이지는 않지만 많은 산업에서
아직도 지속되고 있다고 보았다.[34]

2) 소기업 성장과 소기업 잔존이론

조직의 발달과 작용으로 내부경제와 외부경제가 실현되면서 수확체증과 대규
모 생산의 이익advantage of production on a large scale이 실현되는데,[35] 이것이 산업 경
제의 지배적인 경향이라고 마셜은 생각하였다. 이러한 일반적 경향에 따른다면
대기업은 그들과 경쟁적인 소기업을 많은 산업 분야에서 완전히 구축해야 하지
만 사실은 그렇게 되지 않는다는 것이[36] 또한《경제학원리》(제2판) 이후 마셜의
생각이었다. 대규모 경제가 소기업을 몰아낼 것이라는 생각이 마셜의《경제학원
리》초판에 담겨있었다. 그러나 현실적으로 소기업이 끈질기게 잔존한다는 사실
때문에 소기업 잔존의 문제를 해명해야 할 과제를 안게 되었다. 다시 말해 적어
도 공업에서는 기업의 규모가 클수록 경영이 양호하여 대공장이 많은 산업부문

---

34) 마셜의〈소기업 성장론〉에 대한 평가를 보면 다음과 같다.
① 기업의 상향적 성장과 대기업가의 공급을 탄력적이라고 본 마셜의 견해에 대한 슈타인들의 전면적 비판이
   있었다. J. Steindl, *Small and Big Business*, 米田淸貴·加藤誠一 譯,《小企業と大企業-企業規模の經濟的 諸
   問題》, 巖松堂, 1969, pp.11~13.
② 일본 산업을 대상으로 한 실증적 연구는, 성장률이 급속한 산업에서는 중소기업이 대기업까지 성장한 예
   가 많지만, 성장률이 낮은 분야에서는 중소기업이 대기업까지 성장한 예가 적다는 것이다. 瀧澤菊太郎,
   《高度成長と企業成長》, 東洋經濟新報社, 1973.
③ 우리나라에서의 연구는 마셜의 '소기업 성장 연속론'을 뒷받침하고 있다. 즉, 경제구조가 안정적인 미국 등
   선진경제와는 달리, 경제성장이 급속히 진행되는 저개발국에서는 기업규모의 활발하고 전반적 上向移動이
   뚜렷하며, 특히 중화학공업 분야에서 이런 특징이 검증된다는 것이다.(중소기업은행 조사부,《企業規模移
   動調査》, 1982)
④ '사회적 대류현상론'에서는 마셜의 견해가 오늘날 상당히 타당성을 갖는다고 보았다.(淸成忠南,《日本中小
   企業の構造變動》, 新評論, 1972, p.3)
35) 그 내용으로 숙련의 경제(economy of skill), 기계의 경제(economy of machinery), 원재료의 경제(economy
   of materials), 대량거래(구매 및 판매)의 경제(economy of buying and selling) 등을 들고 있다.(Marshall,
   Principles, pp.232, 235)
36) 위의 책, p.243.

에서 소규모기업이라는 경쟁자를 몰아내는 것이 수월할 것처럼 보인다. 그럼에
도 아직도 실제로는 그렇지 않은 이유가 무엇인지가 마셜의 의문이었다.

즉, 대규모 경제법칙이라는 이론과 소기업의 끈질긴 잔존이라는 경제 현실의
괴리를 설명해야 하는 '경제 이론상의 문제'가 마셜의 소기업 문제에 일어난 것
이다. 그 결과 소기업의 잔존 이유를 설명하는 것이 마셜의 소기업이론의 주요
내용이 되었고, 이것은 오늘날 산업구조 가운데 중요한 위치를 차지하고 있는
중소기업에 대한 이론의 기점이 되었다.

많은 공업과 산업 분야에서 대규모 경제 때문에 소기업이 도태하고 있지만[37]
다른 한편에서는, 현실적으로 소기업이 잔존하고 있는데, ① 대규모 경제의 한
계, ② 그 실현을 위한 조건의 불비, ③ 그리고 소기업의 독자적 유리성으로 그
내용을 집약할 수 있다. 마셜이 지적한 구체적 내용을 보면 다음과 같다.

① 기계의 경제성의 한계[38][39]

② 생산규모의 확대와 판매(시장) 증가의 한계[40][41]

③ 관리 면에서 소기업의 능률성[42][43][44]

④ 선대제도 및 저임금의 바탕[45][46][47][48]

---

37) 앞의 책, pp.234, 239.
38) 위의 책, pp.234~235.
39) 위의 책, p.247.
40) A. Marshall, *Principles*, pp.238~239.
41) 위의 책, p.227.
42) A. Marshall, *Industry*, pp.249. 《經濟學原理》에서 〈적정규모〉(또는 중규모) 논의(pp.234~235)와 더불어 〈적정규모론〉(optimum size)을 상기하게 한다. 물론 로빈슨(E. A. G. Robinson)의 그것에 비하면 극히 초보적이며, 조잡한 수준이다.
43) 위의 책, p.237.
44) A. Marshall, *Industry*, p.366. 여기서 전통적인 방법은 테일러(F. W. Taylor)의 과학적 관리법(scientific management)이 창안되기 이전의 경영기법을 말한다. 20세기 초 테일러 이후 대기업이 보이는 관리면의 단점이 크게 줄어들고 있다는 점을 마셜은 지적하고 있다.
45) A. Marshall, *Principles*, 1st ed., 1890, p.343.
46) A. Marshall, *Principles*, 8st ed., pp.246~247. 작업장(workshop)은 수공업적 소경영 형태에서 단순협업을 하는 작업장을 말하며, 상업자본(상인)의 선대지배의 대상이었음.
47) 위의 책, pp.247~248.
48) A. Marshall, *Industry*, p.247. 초기에 마셜이 大商社에 의하여 선대제도先貸制度로 소기업이 존속한다고 지적했을 때는, 가내공업이나 수공업 등 노동착취제도가 19세기 후반에서 20세기 초에 소기업 문제로 제기

⑤ 기계 및 분업의 발전과 생산의 전문화 및 표준화[49)50)51)52)]

⑥ 협동화에 따른 대량거래의 실현[53)]

⑦ 사회의 일반적 진보와 정보 획득 및 실험의 용이[54)]

⑧ 대기업과 소기업의 적정 산업 분야의 규정[55)56)57)]

이상과 같이 대규모 경제의 법칙과 소기업의 잔존이라는 '이론과 현실의 괴리'를 경제 이론상의 문제로 보고, 마셜은 그의 《경제학원리》와 《산업과 무역》에서 소기업의 존속에 대한 다각적인 견해를 제기하였다.

다음 내용은 이를 집약하여 설명한 것이다.

첫째, 소생산자는 끊임없이 위협받고 있으며, 사실 많은 산업 분야에서 특히 대기업에 구축되는 과정에 있지만, 그럼에도 소기업은 존속한다.

둘째, 기계를 대부분의 생산공정에서 사용하지만, 다른 부문에서는 예전부터 내려오는 수공업적 방법이 지속되면서 소기업은 존속한다.

셋째, 기계로 생산하는 부문의 비용이 줄고 상품가격이 내려 시장점유가 늘고, 노동의 총수요는 줄어드는 경향이 있다. 그러나 세심한 주의력이 필요한 상품의 수요는 전체 생산량의 증가와 함께 늘어날 것이다.

넷째, 창의성과 세부사항에 대한 세심한 주의력을 필요로 하는 분야에서는 소

되었을 때였다. 그러나 그 이후에도 선대제도에 대한 논의는 지속되었고, 특히 열악한 노동조건과 저임금을 소기업 잔존의 조건으로 제기한 것은 오늘날의 대기업과 중소기업의 임금 격차 등 중소기업 문제에 대한 논의의 기점이 되고 있다.

49) A. Marshall, *Principles*, pp.213~218.
50) A. Marshall, *Industry*, p.246.
51) A. Marshall, *Principles*, p.213.
52) A. Marshall, *Industry*, p.230.
53) 위의 책, p.602.
54) A. Marshall, *Principles*, p.237.
55) A. Marshall, *Industry*, pp.218~233.
56) 위의 책, p.246. 마셜이 전단계 공업과 후단계 공업이라는 기준으로 소기업의 존립 분야를 구분한 것은 오늘날 중소기업의 산업 분야를 정하는 데 주목을 끈다. 이에 대하여 기술적 최소단위(minimum technical unit)가 소기업 분야 책정기준으로 제시되기도 한다.(A. Beachham, *Economics of Industrial Organization*, London, 1948, p.46) 즉, 기술적 최소단위가 큰 업종에서는 대기업이, 그것이 작은 업종에서는 소기업의 존립 여지가 크다는 것이다. 이 기준에 따르면 마셜의 소기업 분야책정과 다른 결과를 가져올 수도 있다.
57) A. Marshall, *Principles*, p.241. 소기업의 존립 대상업종으로 상업을 포함시킨 것은 우리의 주목을 끈다.

생산자들이 우수성을 발휘하기 때문에 그들이 적응할 수 있는 분야는 한쪽에서 줄어든 만큼 다른 방향으로 확대된다.

다섯째, 더구나 기계가 진보하면서 이전에는 각 가정에서 하던 의복 제조, 식료품 제조 및 세탁 같은 작업이 계속해서 소기업 분야에 더해지고 있다.

여섯째, 그 결과 산업발달은 기업심과 창의력이 상향작용(their climb upwards)을 시작하는 새로운 단계를 맞이하고 있다는 것이다.[58]

소기업의 존립에 대한 이러한 내용을 포괄해서 살펴보면, 내부경제와 외부경제의 한계를 지적하는 것으로 정리할 수 있다. 그런데 마셜은, 내부경제는 기본적으로 대기업에 유리하게 작용하고 소기업에 불리하지만, 외부경제는 소기업에 유리한 측면이 많다는 점을 설명하고 있다. 특히 외부경제를 설명하면서 이 경제는 비슷한 성질을 지닌 수많은 소기업이 특정 지역에 집중 입지하는 것으로 얻어지는 경제[59]라고 한 지적이 이를 말해 준다.

소기업의 잔존 이유와 그것이 산업 진보에 주는 영향을 설명하는 이러한 내용은 소극적인 존립이론이어서 오늘날 중소기업의 적극적 존립이론과는 대비된다. 전자는 소기업 잔존의 문제를 '경제이론상의 문제'로 보고 이를 해명하였다. 이에 견주어 후자는 중소기업을 산업구조와 산업조직상의 중요한 문제로 인식하고 그 존립 의의와 역할을 적극적으로 설명하고 있다. 즉 후자는 소기업 또는 중소기업 문제를 '국민경제상의 문제'로 분석하고 있으며, 그에 대응하는 정책인식에 이르고 있다.

4. 마셜과 중소기업 이론

우리가 살펴본 마셜의 산업 인식과 중소기업 문제에 대한 여러 해명은 근대경제학적 중소기업 이론의 기원이 되었다.

---

58) A. Marshall, *Industry*, pp.247~248.
59) A. Marshall, *Principles*, p.221.

우리는 흔히 근대경제학적 중소기업 이론의 기원을 마셜에서 찾고 있다. 대규모 경제의 법칙은 마셜이 최초로 논의한 것도 아니고[60] 소기업도 마셜만이 논의한 것은 아니다.[61] 그럼에도 그를 중소기업 이론의 창시자로 삼는 것은, '기업규모의 중요성'을 분석하는 경우에 마셜의 견해를 제시하는 데서 출발하는 것이 편리하다는 이유 때문이라는 주장[62]이 있다. 그러나 이것은 아주 소극적인 지적에 불과하며, 더 적극적으로는 다음과 같은 이유로 중소기업 이론이 마셜에 기원을 두고 있다고 설명할 수 있다.

첫째, 생물학적 설명과 대규모 경제 이익의 한계 및 그 실현조건의 불비, 그리고 소기업의 독자적 유리성을 지적하여 소기업 존립의 문제를 제기하였다. 이것은 뒤에 지속적인 논의를 거쳐 '적정규모론'으로 발전하였다.

둘째, 마셜의 이론체계 속에 들어 있던 이른바 마셜의 문제, 즉 '수확체증과 경쟁적 균형의 양립 문제'는 학설사적 논쟁을 거쳐 불완전경쟁 또는 독점적 경쟁 이론으로 귀결된다. 중소기업 잔존에 대한 불완전경쟁적인 설명은 이 이론이 기초를 이루기 때문에 결국은 마셜에 근원을 두고 있다고 볼 수 있다.

셋째, 마셜은 자연의존적인 수확체감의 법칙에 바탕을 둔 고전학파의 장기적 정체성과 빈곤 문제 해결에 대응하기 위하여 대규모 경제의 법칙과 수확체증의 법칙의 이론적 체계를 전개하였다. 대규모생산과 수확체증의 능률성에 대한 지속적 연구는 중소기업 비합리성 이론을 이루면서, 또한 '소기업 성장 단층론'과 '소기업 존립 조건론'을 제시하도록 하였다.

넷째, 마셜은 소기업이 경제활동의 원천으로서 중요한 역할을 한다는 점을 지적하였다. 영국 산업의 대부분이 성장하는 소기업에 의존하고 있으며, 그들이 산업에 제공하는 힘과 탄력성은 온 나라에 걸쳐 있다고 지적하였다. 경제 발전에 소기업이 활력을 주고, 산업발전의 원동력이 된다는 마셜의 견해는 오늘날 중소

---

60) 예를 들면 스미스A. Smith의 《國富論》(The Wealth of Nations)에서의 〈分業의 이익〉이나 마르크스의 《資本論》(Das Kapital)에서의 논의 등을 들 수 있다.
61) 마셜과 같은 시대의 경제학자로서 홉슨J. A. Hobson이 small business와 대규모 경제의 법칙을 논의한 것을 들 수 있다.
62) J. Steindl, 앞의 책, 米田清貴·加藤誠一 譯, 앞의 책, p.1.

기업의 역할 특히, '활력 있는 다수론'의 근원이 되고 있다.

다섯째, 마셜은 지식은 생산의 가장 강력한 엔진이며, 그것은 자연을 극복하여 우리의 욕망을 채워 준다고 하였다. 인간이 자연에 지배력을 발휘하는 데 가장 강력한 힘과 기동력이 지식이라고 보았다. 인간의 지적인 향상과 그에 따른 산업 조직의 발전이 가져오는 자본과 노동의 능률향상에 대한 마셜의 견해는 오늘날 지식기반 또는 지식집약적 산업구조와 중소기업 이론의 근원이 되고 있다.

이론체계상의 이유 말고도 마셜의 의견은 소기업의 범위 규정에서 오늘날 중소기업론의 근원이 된다. 그의 소기업 이론은 수공업과 가내수공업만이 아니고 자본제적 공업까지 포함한다. 제조업뿐만 아니라 상업 분야의 소매상, 자영업자까지 포함하여 다룬[63] 선구적 경제학자였다. 즉, 자본제 기업만이 아니라 상업적인 것과 가족경영적인 것까지 포괄한 점은 오늘날의 중소기업 범위 규정과 질적으로 비슷하다.

마셜은 이처럼 근대 중소기업 이론의 선구자였다. 그는 고전학파의 이론을 발전시켜 그 시대의 과제에 맞는 새로운 경제이론을 세우려는 경제이론의 개척자이며 동시에 창설자이기도 하였다. 하지만, 그에게 소기업 문제가 주된 관심의 대상은 아니었으며, 소기업이론이 그의 이론체제에서 중심부문을 차지한 것도 아니었다.

경제사회의 어느 분야에 대한 실제적 연구는 다양한 경향의 상호작용에 주의를 기울일 필요가 있었고, 그 가운데 하나가 소기업 분야라고 마셜은 생각하였다. 즉, 마셜의 소기업 문제에 대한 해명은 "하나 가운데 많은 것이며, 많은 것 가운데 하나(the many in the one, the one in the many)"라는 그의 좌우명[64]을 반영한 것이었음을 유의할 필요가 있다.

그러면서도 마셜은 경제 발전의 원천으로서 소기업의 중요성을 지적하였고, 소기업 활동이 경제 번영의 근본임을 알고 소기업 문제를 '경제이론상의 문제'로 해명하였다. 그 결과, 그의 이론은 오늘날 중소기업 이론의 기원이 되고 있다.

---

63) A. Marshall, *Principles*, p.243.
64) A. Marshall, *Industry*, p.Ⅴ.

제3절 홉슨의 중소기업 이론

1. 소기업 소멸론의 비판과 중소규모기업 개념의 제시

산업의 유기적 성장 속에서 수확체증의 법칙에 따라 대규모 생산이 경제적이지만, 소기업이 잔존하는 것을 해명하는 것이 마셜 중소기업 이론의 출발점이었다. 마셜은 대규모생산이 가져오는 경제이익의 한계, 그것의 실현을 위한 조건의 불비, 그리고 소기업의 독자적 유리성 등을 들어 그것을 설명하였다.

그러나 그것은 단편적인 설명과 소극적 수준의 해명에 그쳤다. 홉슨은 '진정한 잔존'과 '능률적 규모' 개념을 들여와[65] 대규모 경제의 한계점을 밝힘으로써, 적정규모론을 전개할 수 있는 단서를 마련하는 등 소기업 문제에 대하여 능동적이고 다각적인 견해를 보여주었다.[66] 《근대자본주의의 발달》(1894)[67]에서는 기업의 대규모화를 논의한데 이어 《산업제도론》[68]에서는 소기업 문제를 상세히

---

65) '능률적 단위'에 앞서 '능률적 생산단위'의 개념이 제시된 바 있다.(D. Knoop, American Business Enterprise, 1907)

66) 홉슨J. A. Hobson은 당시 영국의 경제학계에서는 白眼視되었던 경제학자지만, 같은 시대의 마셜에게 영향을 준 것으로 보인다. 마셜은 《經濟學原理》의 〈산업조직〉 가운데 '산업의 지역집중'에 대한 脚註 가운데서 홉슨의 《근대자본주의 발달》을 참조하고 있다 (pp.226~227). 그리고 홉슨이 《産業制度論》(1909)에서 제시한 적정규모에 가까운 개념인 〈저렴한 생산단위〉나 〈최대능률의 경영단위〉(maximum unit of business efficiency) 등의 논의(p.195)에도 마셜은 관심을 지녔던 것으로 추측된다.

67) J. A. Hobson, The Evolution of Modern Capitalism, A Study of Machine Production, London, 1894.

68) J. A. Hobson, The Industrial System, An Inquiry Into Earned and Unearned Income, London, Longsman, Green & Co, 1909, New and Revised ed. 1910, Rep. of Economic Classics, New York, Augustus M. Kelly, 1969.

살폈다. 마셜과 같은 시대의 경제학자였던 홉슨은 이로써 마셜의 중소기업 이론
을 더욱 진전시켰다.

먼저 홉슨은 기업의 대규모화 경향이 소기업을 소멸시킨다는 치밀하지 못한
통속적 견해a loose popular notion에 대해 문제를 제기함으로써 소기업 문제에 대한
견해를 밝혔다.

첫째, 최근 주요 산업 분야에서 기업의 규모가 끊임없이 늘어나고 있어서, 그
것이 보편적은 아니지만 성공적 기업이 명확한 한계 없이 대규모화하는 것과 달
리, 소기업은 소멸하는 것이 보통이라는 치밀하지 못한 통속적 견해가 있다. 그
러나 산업제도에 관한 간단한 예비조사의 결과에 따르더라도 오늘날의 경향은
많은 산업 분야에서 중소규모기업small and middling business이 그 지위를 유지하고
있다. 그리고 거대기업이 지배적 지위를 차지하고 있는 산업 분야에서도 중소규
모기업business of moderate or small size이 흔히 잔존하고 있다.

둘째, 사실에 대한 일반적 조사의 결과는, 경제가 자본을 집중하고 트러스트
나 독점화하는 것이 일반적인 움직임이며, 반대로 소기업은 점차적으로 배제된
다고 하는 포괄적 법칙성을 지지하지 않는다. 기업의 규모가 어디까지 성장 경
향을 보일 것인지는 각 산업을 개별적으로 살핌으로써 해답을 얻을 수 있다.[69]

홉슨은 통속적 견해이던 '소기업 소멸론'을 치밀하지 못하다고 보고 이를 부
정한다. 그러면서 중소규모기업이 많은 업종에서 그 지위를 유지하고 있다고 보
았다.

1909년에 홉슨은 '중소규모기업' 또는 '중규모기업a medium sized business'[70]이라
는 용어를 처음으로 사용하면서 그 존속을 지적하였다. 그러나 그의 논의의 주
된 대상은 소기업이었으며, 소기업 문제의 해명 대상에 중기업이 포함된 것이
아니었기 때문에 여기서의 '중소규모론'은 예외적 사용에 불과하였다.

홉슨은, 19세기 말 이후 소기업을 대규모기업(대기업)에 견주어 그 규모가 작
다는 상대적 개념으로 사용하였듯이, 여기서의 중규모기업도 거대기업에 대한

---

69) 앞의 책, p.183.
70) 위의 책, p.193.

상대적 개념으로 사용한다. 경제가 성장 발전하면서 대기업이 거대화하고 경제력이 집중화하여 대기업의 상한이 거대규모로 커지면서, 중기업의 개념이 나올 수 있다는 이론 전개의 배경을 일찍이 시사하였다.

이 점은 그가 트러스트나 독점에 대한 견해를 지적한 것에서도 알 수 있다. 오늘날 중기업과 소기업을 포함한 중소기업이라는 용어는, 바로 경제력의 집중화와 대기업의 거대화 및 독점화로, 소기업만의 문제가 중기업까지 그 사용을 일반화한 것으로 보고 있는데, 홉슨은 이 점을 이미 알았던 것으로 보인다.

2. 진정한 잔존과 종속적 잔존의 구분

1) 산업별 고찰과 소기업의 잔존 형태

중소규모기업이라는 개념을 사용, 그 잔존을 지적하면서도, 홉슨은 각 산업에 대한 고찰[71]에서는 소기업에 대한 논의에 집중하고 있다. 그 결과 대기업과 소기업에서 나타나는 몇 가지 경향에 대하여 다음과 같은 결론을 제시하였다.

먼저 금융, 운수, 광업, 공업의 주요 부문, 그리고 대도시에서 필수품과 서비스를 공급하는 업종에서는 대기업의 경제성과 대규모 경제가 일반화하고 있다. 그 이유는 철도, 기계의 경제, 그리고 분업의 경제가 기업 규모를 성장시키는 주된 원인이기 때문이다. 대규모 기업은 이런 경제성의 도움을 받는 생산과정을 택하고 있다.

① 원재료가 균질해 위험과 낭비 없이 기계적 처리를 충분히 할 수 있다.

② 이 처리는 몇 개의 분리된 공정으로 나누고, 생산물에 대해서도 광범하고 규칙적이며 접근하기 쉬운 시장이 존재하여 자본주의적 대기업의 형태를 보급한다.

---

71) 위의 책, pp.183~189.

반면에 농업, 공업 가운데 불규칙적 업종과 보조적 업종, 그밖의 대부분, 특히 예술 및 전문적 기능이 요구되는 직업과, 기타 개인적 서비스업에서는 소기업 형태가 잔존하는 경향이 있다. 즉, 주요 산업은 경제력 집중의 압력 속에서 대규모 기업이 점유하지만, 다른 업종에서는 소기업이 잔존하는 경향이 있는데, 그 이유는

① 소규모이면서, 변동하는 불안정한 시장은 대규모 기업조직의 등장을 허용하지 않는다.

② 다수의 사치품과 유행성 상품을 생산하는 업종에서는 소기업이 잔존하고 있다.

③ 섬유와 금속공업의 주요 업종에서도 소공장과 소작업장이 특수한 주문을 대상으로 잔존한다.

④ 근소한 필요품minor needs을 공급하거나, 공장에서 행하기에는 편리하지 않는 특수한 공정 또는 수리업을 하는 보조 산업에서도 소기업이 남아 있다.

⑤ 대공장이나 대상사에 밀접하게 부속되어 있는 소작업장이나 가내공업도 잔존한다. 이들은 때로는 자신의 기계나 동력을 가지고 작업을 하지만, 대기업으로부터 원재료를 받아서 자신의 명의로 작업을 하는 등 다양한 형태의 준독립적 상태 conditions of semi-independence에 있다.

근대산업에는 여러 정도의 종속성any number of degrees of dependence이 존재하는데, 잔존하는 소기업의 독립성의 정도 또한 여러 가지이다. 그 이유는, 이것이 원재료와 생산공정에 관련되는 개인적 숙련, 주의력, 판단, 품성 등 개인적 특성에서 오는 요인personal factors에 의존하기 때문이다.

그런데 잔존하는 많은 소기업은 그들이 필요로 하는 원재료, 또는 제품의 수송과 판매를 위하여, 또는 금융적 지원 때문에 대기업에 종속하여 그들의 진정한 자주독립성real autonomy을 침식당하는 경향이 있다.[72] 즉 소기업은 그 독립성

이 언제나 침식당할 가능성이 있는 등 '종속적 잔존'의 문제를 갖고 있다.

2) 진정한 잔존 · 종속적 잔존 – 그 의미

잔존하는 소기업을 다음과 같은 두 계층으로 분류하였다.

첫째, 진정한 잔존genuine survivals을 하는 소기업이다. 이에 들어가는 것으로는

① 소비자 또는 대기업의 소규모이고 불규칙적인 주문을 받는 소기업이다. 이들은 빵, 과자 등의 식품을 지방시장에 공급하는 소기업과 공예적 특성의 업종에 종사한다.

② 부유한 사람의 기호나 취향을 대상으로 하면서, 제품생산에 숙련이 필요한 고급상품을 제조하는 소기업이 포함된다.

③ 대규모의 규칙화된 시장에 공급할 수 있도록 제품과 편의의 계층분류기준class standards of comfort을 아직 들여오지 않은, 새로운 상품의 공급에 종사하는 소기업도 포함한다.

둘째, 종속적 잔존의 특성을 지닌 소기업이다.

① 소규모의 노동착취적인 수공업 및 가내공업sweating business

② 중간상인에 종속되어 있는 작업장servile workshop

③ 저임금, 장시간 노동, 낮은 기업임대료 등 착취제도로 잔존하는 영세, 소규모의 종속적 작업장small tied workshop이 그것이다.[73]

---

72) 위의 책, pp.186, 189~190.
73) 위의 책, pp.185~197. 원래 작업장(workshop)은 수공업적 소경영 형태에서 단순협업을 하는 작업장(직장)을 말한다. 이것은 선대제도에서 상업자본(상인)의 선대지배의 대상이었으며, 매뉴팩처 전개의 기초단위가 된다. 부업적 가내공업이 확대되어 단일직장으로 등장한 것이다.

이상에서 살펴본 홉슨의 설명은 다음과 같은 의미를 지닌다.

첫째, 산업별 특성에 따라 기업규모의 경제성이 다를 수 있다는 점을 지적하였다. 그에 따라 대규모의 경제성이 실현될 수 있는 업종(경제성의 기업규모가 큰 업종)과 그렇지 않는 업종(경제성의 기업규모가 작은 업종)을 분류하였고, 후자의 업종에서는 소규모기업(소기업)이 능률성을 가질 수 있다는 점을 설명하였다.

둘째, 홉슨은 산업별 기업규모를 분석하고, 그 결과 산업별로 소기업이 능률적으로 잔존할 수 있는 이유를 설명하였다. 이것은 마셜이 소기업의 잔존 이유를 대규모 경제성의 한계, 그 실현조건의 불비, 소기업의 독자적 유리성과 시장의 불완전성 등 다양한 요인을 단편적이고 무질서하게 결합하여 분석한 것보다 더욱 정리되고 진일보한 것으로 평가된다.

셋째, 더욱 중요한 것은 소기업의 종속적 성격을 지적하면서, 소기업의 잔존을 진정한 잔존과 종속적 잔존으로 구분하였다는 점이다.

① 진정한 잔존은 소기업이 대규모 경제의 한계, 그 실현 조건의 불비, 그리고 소기업의 독자적 유리성을 기초로 하여 경제적 합리성을 지니면서 잔존하는 것을 말한다. 여기에는 완전경쟁 아래 능률적 규모로 잔존하는 소기업과 불완전경쟁 조건과 소기업가의 보수적 성격에 따른 소기업의 잔존도 들어간다.

② 홉슨은 산업별 분석에서 작은 기업규모로 능률성을 실현하는 산업을 규명하고, 이런 산업 또는 업종에서 능률적으로 잔존하는 소기업을 진정한 잔존이라고 보았다. 즉 업종에 따라 소기업이 적정성을 갖고 진정한 잔존을 할 수 있다는 소기업의 합리적 잔존 가능성과 업종에 따른 적정규모의 소규모성을 시사한 것이다.

③ 이처럼 홉슨이 산업별 기업규모의 경제성에 따라 소기업의 잔존 이유를 분석하고 진정한 잔존을 규정한 것은, 소기업의 잔존을 적정규모로 존립하는 것으로 해석할 수 있는 길을 제시한 것이다.[74] 즉 기업규모의 경제성이 작은 업종에서 경

---

74) 朴東燮, 《中小企業論》, 博英社, 1972, p.57. 종속적 잔존을 제외한, 경제적 합리성을 바탕으로 진정한 잔존을 하는 소기업에는 ① 기업규모의 경제성이 작은 업종에서 능률적으로 잔존하는 소기업, ② 불완전경쟁적 시장에서 잔존하는 소기업, ③ 보수적 성격의 소기업 등 세 가지가 있는데, 이 가운데 적정규모론적

제적 합리성을 갖고 진정한 잔존을 하는 소기업의 특성을 지적한 것이다.

④ 이에 비해 대상사와 중간상인에 예속되어 있는 등 다른 기업에 종속한 소기업은 종속적 잔존이라고 하였다. 이들은 진정한 자주독립성을 갖지 못하고 저임금 장시간 노동 등 이른바 경제적 불합리성을 바탕으로 잔존하는 것으로 보았다.

⑤ 소기업의 종속적 잔존은 대상사나 중간상인 및 대기업의 지배에 근거를 두고 있다고 보았다. 이 점은 기업이 '총이윤'을 추구하면서 비경제적 대기업과 독점에 이를 수 있다는 그의 견해와 연관되면서, 독점자본의 소기업 지배의 문제로까지 발전할 수도 있었다. 그러나 그 분석은 더 이상 진전되지 않았다.

3. 최저생산비 규모와 최대능률 기업규모

1) 생산단위와 최저생산비 규모

소기업의 잔존을 경제적 합리성에 바탕을 둔 진정한 잔존과 그렇지 않은 종속적 잔존으로 구분한 흡슨은, 각 산업에 보급되는 경향이 있는 정상적인 기업규모를 결정하는 요인[75]을 살폈다. 먼저 그는 단일공장의 생산단위를 기준으로 하는 최저생산비규모the cheapest unit of production라는 개념을 제기하였다.

그는 단일공장의 생산비 요소는 다음의 세 가지로 이루어진다고 보았다.

① 원재료비

② 생산임금, 즉 원재료를 가공하려고 기업이 직접 고용하는 노동자의 임금

③ 고정비, 즉 사실상 제조, 구입, 판매에 따르는 모든 비용[76]

해명은 ①의 소기업이 대상이 된다.
75) J. A. Hobson, *The Industrial System*, p.192.
76) 위의 책, p.192.

원재료비 등 생산비에서는 중규모기업a medium sized business도 대규모기업과 같이 낮은 비용일 수 있다는 등 각 항목의 기업규모에 주는 작용을 분석하였다.[77] 그러면서 ① 원재료 가격, ② 분업의 경제, ③ 관리상의 경제, ④ 광고 및 판매 등 여러 면에서 각각 생산경제가 능률적일 수 있는 최대규모(최저생산비 규모)를 제시하였다.

그리고 논의된 여러 경제성을 조합 통일하여 경제적 규모, 즉 저생산비 단위 the unit of cheap production를 결정[78]할 때 가장 경제적 규모를 '최저생산비 규모'라고 하였다. 즉 원재료비, 임금, 고정비의 세 가지가 작용하는 여러 경제의 각각의 최저생산비 규모를, 이 세 가지 중요성에 따라 조합, 통일하여 종합적으로 최저생산비 규모를 결정할 수 있는 것으로 보았다.

이에 앞서 크누프D. Knoop는 대규모 경제의 한계점을 능률적 생산단위a unit of efficient production로 파악한 바 있지만[79] 능률적이 무엇을 기준으로 하는지는 밝히지 않았다. 홉슨은 이것을 제시하면서 최저생산비 규모로 규정하였다. 그 내용은 불충분하고 수준이 낮았으나, 20년 뒤 E. A. G 로빈슨이 생산, 관리, 금융, 시장거래 등 각 측면을 살펴본 뒤 이것을 종합하여 기업의 적정규모를 결정하였다.

2) 기업단위와 최대능률 기업규모

최저생산비 규모를 분석하는 가운데 홉슨은 생산단위와 기업단위의 차이점을 설명하면서 최대능률 기업규모the maximum unit of business efficiency의 개념을 이끌어 냈다. 이를 구체적으로 살펴보자.

① 생산단위인 단일공장plant or establishment은 하나의 기업a business과 반드시 같은 범위가 아니다. 따라서 단일공장 단위의 최저생산비 규모만으로 기업단위의 경제

---

77) 앞의 책, p.193~195.
78) 위의 책, p.194~195.
79) D. Knoop, *American Business Enterprise, A Study in Industrial Organization*, Manchester, 1907, pp.37~38.

성을 분석하는 것은 한계가 있다.

② 성장하는 기업은 다수의 생산공장(생산단위)을 가질 수 있으며, 이때 기업단위 business unit의 규모는 공장단위establishment unit의 규모보다 크다. 이에 따라 가장 경제적인 기업규모는 단일생산 공장의 그것을 넘을 수 있다.

③ 특히 자본의 집중이 일반적 경향으로 되어 근대적 거대기업을 형성하는 단계에 는, 생산 면뿐만 아니라 금융 면의 경제성과 금융과 밀접한 관계에 있는 산업 정 책도 경제성에 영향을 준다.

그 결과 몇 개의 공장을 가동하는 기업이 형성되지만, 그 규모의 확대에는 한 계가 있다. 즉 기업단위의 경제성(최저생산비)을 실현할 수 있는 규모, 즉 최대능률 기업규모를 분석할 필요가 있다. 이때 기업확장의 한계를 긋는 최대능률기업 규모는 투하자본에 대하여 최대의 이윤율rate of profit을 산출하는 규모라고 홉슨은 지적하였다.[80]

홉슨은 기업단위의 최저생산비 규모를 투하자본에 대하여 최대의 마진과 이 윤율을 가져오는 규모라고 보고 이를 최대능률 기업규모라고 규정하였는데, 이를 계기로 능률적 규모라는 개념이 보급되기에 이른다. 그리고, 그 뒤 소기업의 잔존 이유는 이 능률적 규모의 개념을 기준으로 분석된다.

단일공장이 거의 전부인 경제사회에서는 공장과 기업을 동일한 범주로 보고 최저생산비규모(단일공장의 생산단위 기준)를 분석하는 것은 큰 문제가 될 수 없었 다. 그러나 복수의 공장을 갖는 기업이 점차 늘어나면서 대규모 경제를 생산단 위와 기업단위로 구분하고 기업단위의 최대능률 규모를 논의하는 것은 이론적 으로나 실제적으로 매우 중요하다.

소기업에 관한 논의에서도 생산단위인 공장은 소기업이지만, 이러한 소공장 을 많이 갖는 기업단위가 나올 수 있기 때문에, 생산단위와 기업단위의 능률적 규모를 정하는 것은 소기업의 존립문제를 해명하는 데도 중요한 기준이 된다.

---

80) J. A. Hobson, *The Industrial System*, p.195.

특히 이것은 경제적 합리성을 바탕으로 독자적 유리성을 갖고 존속하는 소기업 문제를 해명하는 기준이 될 수 있다.

이상과 같이 홉슨은 생산단위와 기업단위를 구분하여 생산 또는 기업활동에서의 능률적 규모를 설명하였는데, 이를 정리하면 다음과 같다.

홉슨은 능률적 규모를 결정하는 요인으로 생산단위에서 생산비 기준을 제시하였다. ① 원재료비, ② 생산임금, ③ 고정비 등 세 가지 요인을 들었고, 실제로 경제성을 실현하는 규모의 분석에서는 ① 분업의 경제, ② 관리상의 경제, ③ 광고와 판매의 최저비용 등을 논의하였다. 이러한 몇 개의 경제성을 조합 통일하여 생산비가 가장 낮은 생산규모를 최저생산비 규모라고 하였다. 즉 최저생산비 규모를 생산단위의 능률적 규모라고 본 것이다.

경제가 진보하면서 여러 생산단위를 포괄하는 기업단위가 나오고 이에 대한 경제성 있는 규모에 대한 규정이 필요하게 되었다. 생산단위의 기준 외에 여기서는 ① 금융 면의 경제성과, ② 산업 정책의 경제성을 더하여 최대능률 기업규모를 분석하였다. 그러면서 기업단위의 능률성 분석의 기준으로 판매수익margin과 이윤율을 들었다. 즉 투하자본에 대해 판매수익과 이윤율이 최대인 규모는 기업단위의 최저생산비 규모이며, 이를 최대능률 기업규모라고 하고 이를 기업단위의 능률적 규모라고 설명하였다.

4. 기업규모의 비정상적 확대와 독점

홉슨은, 완전한 자유경쟁에서 능률적 규모(최저생산비·최대능률 규모)보다 크거나 작은 기업은 잔존할 수 없으며, 잔존하는 모든 기업의 규모는 이 점으로 수렴한다고 보았다.[81] 그렇지만 현실적으로는 이 규모보다 큰 기업과 작은 기업이 존속하였으므로 이에 대한 해명이 필요했다. 먼저 전자, 즉 최대능률 규모보다 큰

---

81) 앞의 책, p.196.

비경제적 대기업이 현실적으로 존속하는 이유를 설명하였다.

실제로, 발전하는 산업progressive industry에서 건전한 기업이 주문을 거절하면서 확장과 확대의 유혹을 억제하기는 어렵다. 그 결과 평균이윤율을 낮추면서 기업의 규모증대가 일어나며 이 때문에 기업은 큰 모험을 하기도 한다.

경제이론에서 보면 최저생산비 규모를 넘어서 기업규모를 확대하는 것은 가격인하와 이윤감소를 수반하기 때문에 어렵다. 그러나 근대적인 기계개량과 기업경영의 개선이 지속되어, 발달하는 산업에서 최신장비를 갖춘 기업은 최저생산비 규모에 이른 뒤에도 낮은 수준의 특별이윤율을 얻으면서 규모와 주문을 늘리려고 노력한다. 이 과정에서 최저생산비를 넘어선 규모 확대가 일어난다.

이러한 규모 확대가 이윤획득이라는 관점에서 반드시 우매한 깃은 아니다. 최고의 이윤율을 얻을 수 있는 최저생산비 규모와 이윤율은 낮지만 큰 총이윤을 산출하는 규모는 다르기 때문이다. 기업가에게 경영동기를 부여하는 것은 최고이윤율highest rate of profit에 있다기보다는, 최소수준의 이윤율을 보장하는 수준에서도, 더 큰 총이윤aggregate profit을 얻는 데 있기 때문이다. 따라서 최저생산비 규모(능률적 규모) 이상으로 기업을 확대하는 현상이 발생한다.

이 때문에 비경제적 대기업uneconomically large business이 성장하여 경쟁을 억제하고, 이윤을 감소시킬 수 있는 가격인하를 억제하는 일이 많은 산업에서 보편적으로 일어나고 있다. 격렬한 경쟁에 직면하면서 최저생산비 규모를 실현하고 있는 기업이 그 규모를 확대하고 같은 규모의 경쟁자와 결합하여 시장을 통제할 수 있다면 기업규모의 확대는 기업에 유익하다. 왜냐하면 가격을 올려 최저생산비 규모에 머무르는 것보다 더욱 많은 총이윤을 얻을 수 있기 때문이다.

최저생산비 규모를 넘어선 비경제적 대기업의 규모 확대는 시장에서 경쟁을 억제하는 독점을 이룬다. 따라서 독점에 대한 자동억제장치는 경쟁적 조건(최소생산비규모를 견지하는 능률적 규모의 기업이 전체 시장에서 차지하는 공급의 몫이 지배적인)에서 나올 수 있다. 즉 최대능률을 지닌 기업의 경쟁은 산업의 시장을 독점하려는 트러스트trust나 통합기업unified business의 성장을 억제할 것이다. 자유경쟁에서 이루

어지는 최저생산비규모의 능률적 기업은 독점을 억제할 수 있다는 것이다.[82]

홉슨은 이처럼 이윤율과 총이윤이 다르다는 섬으로 기업가의 규모 확대 분세를 해명하였다. 기업확대의 동기는 오히려 총이윤에 있기 때문에 최대능률 기업규모 이상의 기업규모 확대가 일어나게 된다는 것이다. 이윤의 '率'과 총이윤의 '量'의 차이점을 지적하고, 후자를 추구하는 기업의 규모 확대가 시장지배력에 영향을 준다고 보았다. 이 점은 소기업에 대한 논의보다는 오히려 독점지배론의 시각에서 중요성을 지닌다.

독점적 대기업으로 기업규모를 확대하는 이유를 규모 확장의 유혹temptation to expand, 경쟁의 배제와 기업가의 총이윤의 양적 증대 의도로 파악하면서, 이런 규모 확대 현상을 독점과 관련지어 살폈다. 특히 이윤의 율과 총이윤의 양의 차이점으로 그것을 분석한 것은 마셜의 대규모 경제의 한계에 대한 고찰보다 앞선 것으로 볼 수 있다.

그러나 홉슨은 이것을 독점과 소기업의 관계에서 오는 소기업의 종속적 잔존 문제와 관련지어 분석하는 데는 이르지 못하였다.

5. 시장구조와 소기업의 잔존형태

완전자유경쟁의 세계에서 모든 기업규모는 최대능률 규모에 귀착되어야 하지만, 현실적으로는 이보다 작은 규모의 기업과 큰 규모의 기업이 존속한다. 이 가운데 전자의 이유를 홉슨은 소기업이 불완전경쟁적으로 잔존한다는 점으로 밝히고 있다.

자유경쟁의 조건을 어느 곳에서나 적용할 수 있는 것은 아니며, 그 때문에 최대능률 규모보다 큰 기업단위와 함께 작은 기업단위도 잔존할 수 있다는 점을 말하고 있다. 그러면서 "최대능률 기업규모보다 작은 기업의 잔존의 경우가 우

---

82) 앞의 책, pp.196~197.

리를 붙들어 놓을 필요는 없다"고 하였다. 이는 '최대능률 규모가 소규모인 업종에서 능률적으로 잔존하는 소규모기업(소기업)'의 잔존 문제는 여기서 논의하는 대상이 아니라는 것을 의미하였다. 이것은 자유경쟁에서 능률적 규모로 잔존하는 소기업이기 때문이다.

따라서 여기서 논의대상이 되는 최대능률 규모보다 작은 기업은 '완전경쟁이 아닌 다른 조건 아래, 최대능률 규모가 큰 업종에서 이 규모보다 작은 기업은' 완전경쟁이 아닌 다른 조건 아래, 최대능률 규모가 큰 업종에서 이 규모보다 작은 소기업'을 의미한다. 그런 의미의 소기업이 잔존하는 이유를 홉슨은 다음과 같이 설명하였다.

① 대기업과 철저한 경쟁을 하는 것이 아니고, 어느 정도 우연한 성격의 특수한 이익을 활용한다는 사실

② 대기업이 주로 시장을 차지하는 업종에서도 고급품을 생산하는 소기업small high-grade business의 특수성

③ 근소한 이익이 있는 업무를 추구하고, 대기업이 주도하는 시장의 틈을 포착 picking its market함으로써

④ 어떤 구매자는 그들이 특수한 영향을 행사할 수 있는 소기업과의 거래관계를 선호하기 때문에

⑤ 특별히 신속한 배달, 디자인이나 포장의 특이한 변화, 기타 대기업으로부터 얻을 가능성이 거의 없어 보이는 어떤 것을 획득하기 위한 소기업의 선택 등

이런 이유에 소기업이 유능한 경영으로 대응하면 높은 이익을 얻을 수 있다는 것이다. 즉 시장의 불완전한 경쟁구조 속에서 소기업이 잔존할 수 있다는 것이다. 이것은 앞서 그가 지적한 진정한 잔존의 조건에도 적합하다.

다음으로 상당히 보수적인 산업conservative industry에서도 소기업이 잔존할 수 있다고 보았다. 즉, 대기업이 비용과 판매 가격 사이에서 적은 수익을 얻는 데 기

초를 두고 투기적으로 한층 큰 총이윤을 추구하는데 것과 달리, 소기업의 소유자는 높은 이윤율을 얻는, 안전하고 건실한 중소규모기업business of moderate size를 택하면서 잔존한다는 것이다.83)

홉슨은 이처럼 최대능률 규모보다 작은 기업단위로 소기업이 잔존하는 이유로 불완전경쟁 조건과 소기업가의 보수적 성격을 들었다.

그런데 홉슨이 논의의 대상으로 한 '최대능률 규모보다 더 작은 기업'의 의미는 표면상 두 가지로 해석할 수 있다.

첫째, 업종별 고찰에서 능률적 규모가 작은 업종에서 소규모의 기업이 잔존하는 것을 말한다. 이때 작은 기업(소기업)은 '대규모, 중규모기업에 대비되는 양적 기준'에서 소규모기업(소기업)이다. 양적 기준에서 소규모이지만, 업종 특성상 최대능률 규모가 소규모이기 때문에 이들 소기업은 완전자유경쟁에서 경제적 합리성과 독자적 유리성을 갖고 잔존하는 능률적 규모이다.84) 이 범주에 속하는 것이 바로 홉슨이, "보다 작은 기업이 잔존하는 경우가 우리를 붙들어 놓을 필요가 없다"85)고 말한 대상이다. 즉 최대능률 규모가 소규모인 업종에서는 당연히 소기업이 경제적 합리성을 갖고 능률적 규모로 잔존한다. 이는 최대능률 규모는 업종에 따라 다르고, 그것이 소규모인 업종도 당연히 있을 수 있으며, 그런 업종에서는 최대능률 규모의 기업은 양적으로 소규모인 소기업이다.

둘째, '최대능률 기업규모보다 작은 기업'은 최대능률 규모가 대규모인 업종에서 이 규모보다 작은 규모의 소기업을 의미한다. 그 이유를 홉슨은 완전자유경쟁이 존재하지 않는다는 점(불완전경쟁적 조건)과 기업가의 보수적 성격으로 설명하고 있다. 즉 이들 소기업은 최대능률 규모(능률적 규모)에 이르지 못하더라도 불완전경쟁과 기업가의 보수적 성격 때문에 잔존할 수 있다는 것이다. 홉슨은, 이것도 경제적 합리성에 기초를 두고 잔존하는 것으로 보았다.

결국 경제적 합리성을 기초로 한 소기업의 잔존은 다음의 세 가지로 구분할

---

83) 앞의 책, pp.195~196.
84) 이것은 업종에 따라 대표적 기업의 규모가 다를 수 있다는 마셜의 지적과 상통하는 바가 있다.
85) 위의 책, p.195.

수 있다.

① 완전자유경쟁 세계에서 최대능률 규모(능률적 규모)와 일치하는 것

② 불완전경쟁을 원인으로 하는 것

③ 기업가의 보수적 성격에 따른 것

이 구분을 능률적 규모를 기준으로 보면 ①은 능률적 규모와 일치하지만 ②, ③은 능률적 규모보다 작은 기업의 잔존이다. 즉 홉슨은 산업별 고찰에서 본 소기업의 잔존 이유(①)와 능률적 규모 분석에 따른 소기업의 잔존(②, ③)을 서로 다르게 구분하였다. 산업별 고찰에서는 생산규모의 경제성과 기업의 자주독립성을 기준으로 하며, 경제적 합리성을 바탕으로 하는 진정한 잔존과 경제적 비합리성을 바탕으로 하는 종속적 잔존으로 나누었다. 따라서 홉슨의 소기업 잔존형태에는 위에서 설명한 ①, ②, ③과 ④ 종속적 잔존 등 네 가지가 포함된다.

6. 홉슨의 중소기업 이론의 의의

첫째, 홉슨은 크누프가 '능률적 생산단위'라고 말한 것은 '최저생산비 규모'라고 하여 더욱 명확히 하면서 그 요인을 구체적으로 제시하였다. 다시, 생산단위와 기업단위를 구분하였고 생산단위의 최저생산비 규모(생산비 기준)와 기업단위의 그것을 최대능률 기업규모(이윤율 기준)라고 설명하였다. 그 뒤 '능률적 규모'의 개념이 보급되었다. 완전자유경쟁 조건에서는 모든 기업규모가 능률적 규모로 수렴한다고 보았지만, 업종별로 최대능률 규모가 다르다고 본 것은 크게 진전된 점이다. 그 결과, 대규모기업에 대비되는 의미에서 소규모기업의 잔존 이유가 업종별 특성에 따라 밝혀졌고, 능률적 규모의 개념을 소기업의 잔존 이유를 해명하는 데 적극적으로 들여왔다.

둘째, 홉슨은 능률적 규모를 기준으로 기업의 존립 형태를 다음과 같은 세 가지로 구분하였다.

① 능률적 규모보다 큰 규모의 기업
② 능률적 규모와 같은 규모의 기업
③ 능률적 규모보다 작은 규모의 기업

기업이 규모를 확대하여 능률적 규모보다 큰 규모의 비경제적 대기업이 되는 것은, 기업 능률성의 기준이 되는 이윤율보다는 총이윤을 늘리고자 비경제적으로 그 규모를 확대하기 때문이다. 기업규모를 확대하는 이유는 이윤율이나 총이윤을 늘리려는 것인데, 후자에 치우쳐 능률적 규모 이상으로 기업규모가 늘어나는 것으로 보았다.

홉슨은, 더 큰 총이윤의 추구는 결국 기업규모 확대를 독점에 이르게 한다는 점을 지적하고 비경제적 기업규모와 독점의 관련성을 살폈다.

여기서 그는 앞서 제기한 소기업의 '종속적 잔존'의 특성과 이를 결합한 독점지배 또는 독점수탈론을 주창할 수도 있었다. 그러나 그는 적극적으로 독점과 대기업의 억압 등을 분석하는 데는 이르지 못하였다.[86]

셋째, 기업이 능률적 규모로 존립하고, 자유경쟁의 경제에서는 결국 이것이 이루어진다고 본 점이다. 그런데, 홉슨은 업종별 생산의 경제성을 고찰하면서 업종의 특성에 따라 능률적 규모의 크기가 다를 수 있다는 사실을 설명하였다. 그리고 능률적 규모의 크기가 작은 업종에서는 소기업이 경제적 합리성을 갖고 능률적 규모로 잔존할 수 있다고 보았다. 그 결과 소기업 잔존 문제를 능률적 규모의 시각에서 해명할 수 있게 하였고, 뒤에 소기업 문제를 적정규모론으로 설명하는 길을 보여주었다.

---

86) 홉슨은 근대제국주의 이론의 초석을 다진 《帝國主義論》(Imperialism, A Study, 1902)의 저자이지만, 그의 산업이론에서는 독점구조론이나 독점수탈론으로 전개되지 못하였다. 그것은 홉슨이 자유주의적 개량자라는 사고의 한계 때문인 것으로 보인다.

넷째, 소기업이 능률적 규모가 작은 업종에서 경제적 합리성을 지니면서 잔존하는 형태를 진정한 잔존이라고 하였다. 반대로 소기업이 대기업이나 중간상인의 착취제도에 의존하여 저임금이나 장시간 노동 등 경제적으로 불합리한 이유를 바탕으로 잔존하는 형태를 종속적 잔존이라고 하였다. 소기업의 자주독립성을 기준으로 그것을 상실한 소기업의 잔존을 종속적 잔존이라고 보고, 이를 경제적으로 비합리적인 것으로 규정한 점은 일찍이 마셜의 설명에서는 볼 수 없었다.[87]

다섯째, 능률적 규모가 작지 않은 업종에서 능률적 규모보다 작은 규모로 소기업이 잔존한다는 점을 지적하였다. 완전자유경쟁에서는 모든 기업규모가 최대 능률 기업규모에 이르지만, 현실적으로는 이 규모보다 작은 규모의 기업이 존재하는데, 소기업이 불완전경쟁적 조건으로 잔존하는 것이 이를 말하고 있다는 것이다. 또한 보수적인 산업에서 소기업의 잔존도 여기에 들어간다고 보았다. 홉슨은 이러한 불완전경쟁의 조건과 보수적 성격으로 잔존하는 소기업도 경제적 합리성을 지닌 것으로 보았다.

이상의 결과를 종합하면 다음과 같다.

① 진정한 잔존은 소기업이 능률적 규모로 자주독립성을 갖고 잔존하는 것
② 불완전경쟁적 잔존은 소기업이 능률적 기업보다 작은 규모로 잔존하는 것
③ 보수적 산업의 소기업 잔존은 소기업이 능률적 기업보다 작은 규모로 잔존하는 것
④ 종속적 잔존은 소기업이 능률적 규모보다 작은 규모이면서 자주독립성을 상실하고 잔존하는 것

여기서 ①, ②, ③은 경제적 합리성을, ④는 경제적 비합리성을 바탕으로 잔존하는 소기업이다. 이상의 논의에서 우리는 소기업 문제에 대한 세 가지 이론적 틀을 확인할 수 있다.

---

[87] 마셜도 선대제도 및 저임금을 바탕으로 한 소기업의 잔존을 지적한 바 있으나, 적극적으로 그 종속성의 문제를 제기하지는 않았다.

첫째, 완전자유경쟁에서 능률적 규모와 일치하는 소기업 잔존이다. 이것은 소기업 잔존의 기업 내적 요인의 문제이며 적정규모론의 기원이 되었다.

둘째, 불완전경쟁을 원인으로 하는 소기업의 잔존은 바로 소기업 잔존의 장場의 문제이며, 기업 외적인 문제인데 이것은 불완전경쟁적 시장구조 아래의 소기업 잔존론에 시사를 준다.

셋째, 종속적 소기업 잔존론인데, 이것은 독점구조에서 소기업 잔존론의 단서를 제공해준다.

그리고 홉슨의 논의에서 소기업의 개념 규정이 이원적으로 되어 있다는 사실은 소기업의 범위설정 기준을 보여준다.

① 대규모, 중규모에 견주어 소규모기업인 소기업이다. 이는 양적 기준의 개념인데 소기업 범위의 양적 규정을 보여준다.

② 업종에 따라 능률적 규모가 작은 기업이라는 의미의 소기업이다. 이는 소기업 범위 설정의 질적 기준을 보여준다.

제3장
근대경제학의 중소기업 이론(Ⅱ)

제1절 능률적 규모와 적정규모론

1. 능률적 규모와 소기업 잔존 문제

마셜은 대규모 경제성의 한계, 그 실현 조건의 불비, 그리고 소기업 존립의 독자적 유리성을 단편적 산발적으로 지적하면서도, 그 가운데 기계의 경제성의 한계를 가지고 적정한 규모를 말한 적이 있다. 그 뒤 홉슨의 분석으로 능률적 규모의 개념이 보급되었지만, 그에 앞선 논의가 있었다.

크누프는 마셜이 지적한 기계의 경제의 한계점을 '능률적 생산단위a unit of efficient production'라는 개념으로 설명하였다.

① 산업에는 크고 작은 많은 기업이 있는데, 그 규모를 결정하는 것은 생산능률이 높은 기업단위이다.
② 어느 특정 공장에서 경제적 이익은 대규모 생산 때문에 어느 점에 이르면 그치게 된다.
③ 이 점이 능률적 생산이 행해지는 점이며 이 점을 넘어서면 무리가 생긴다.
④ 능률적 생산단위의 규모는 산업에 따라 다르다고 지적하였다.[1]

'능률적'이 어떤 기준에 따른 것인지를 밝히지는 않았지만, 대규모 생산의 한계를 적극적으로 다루어 이것을 능률적 생산단위라고 규정한 점은 주목할 만하다. 능률적 생산단위의 개념 제시와 그것이 산업에 따라 다르다는 지적은 뒤에

---

[1] D. Knoop, *American Business Enterprise, A Study in Industrial Organization*, Manchester, 1907, pp.37~38.

홉슨의 분석과 능률적 규모 및 적정규모론의 형성에 단서를 제공하였다.

홉슨은 다각적 분석, 특히 최저생산비 규모(생산단위)와 최대능률 기업규모(기업단위)의 개념을 통하여 능률적 규모의 윤곽을 정하였다. 홉슨이 생산단위와 기업단위를 구분하여 기업규모의 능률성을 분석한 내용은 그 뒤 더욱 확실하게 정리하면서 그 결정 요인을 구체화하였다.

① 생산단위는 대규모생산의 문제이고, 기업단위는 기업결합의 문제인데, 전자는 단일공장의 규모, 후자는 하나의 기업 아래 결합된 공장군工場群의 크기에 관한 문제이다.

② 대규모생산의 문제는 산업기술과 밀접한 관련이 있으며, 기업결합은 경영관리 및 금융 문제와 관련이 있다.

③ 단일공장(생산단위)은 인간적 조건과 인간 외적 조건에 규제를 받는다.

ㄱ 인간적 조건은 기업가의 능력으로 제한받으며

ㄴ 인간 외적 조건으로는 원재료의 성격, 생산공정의 성격, 제품의 성격, 시장의 크기 등을 들 수 있다.

④ 복수 공장(기업단위)은 경쟁의 배제, 독점력의 획득, 대규모생산의 이익 등이 규제한다.

능률적 규모에 대한 논의와 병행하여 소기업의 잔존 문제에 대한 논의도 지속되었다. 이것은 대규모 경제의 한계와 능률적 규모의 결정 요인을 제시하는 것이었다.

첫째, 제품의 성질에 따라 다음과 같은 특성의 제품은 소기업으로 잔존한다.

① 손상이 쉽게 되는 것

② 운반이 불편한 것

③ 유행이 급변하는 상품

④ 지방적 수요와 결부되고 서비스를 필요로 하는 것

⑤ 시장의 측면에서 수요 규모가 작고 불안정한 것

둘째, 소기업의 독자적 유리성에 대한 설명이다.

① 소규모 생산의 장점을 주의 깊게 파악할 필요가 있는데, 특히 농업 및 세심한
주의를 필요로 하는 공예와 전문직은 소규모가 유리하다.

② 전력의 값싼 공급과 관리의 편리성으로 소기업이 잔존한다.

셋째, 규모 증대가 오히려 구매와 판매의 두 측면에서 불이익이 되기 때문에,
특히 지방시장에서 소기업은 대기업이 얻지 못하는 이익을 얻을 수 있다.

① 운임을 절약하는 이점이 있다. 가장 가까운 시장은 부분적으로 보호된 영역이며,
원거리의 경쟁자는 거액의 운임을 지불해야 진출할 수 있다. 이 시장의 한계를
극복하기 위한 경비는 대기업의 이점을 상쇄하기 때문에, 운임이 지방시장에서
소기업의 잔존 조건이 된다.

② 대기업이 지방으로 분산되어 있는 소공장을 갖는 경우에 대기업은 지방의 소기
업을 무너뜨릴 수 있다. 그러나 반대로 그렇지 않은 독점적 대기업의 가격 정책
이 소기업을 잔존시킨다. 대기업은 그 시장영역이 넓을수록 독점력은 더욱 강하
나, 독점적 기업이 그가 지배하는 시장 가운데 원거리에 있는 소규모 경쟁상대의
생산비를 기준으로 높게 독점가격을 정하는 경우가 있다.

이때 대기업은 자기 시장의 중심지에서는 높은 이윤을 실현할 수 있지만 원
거리 시장일수록 운임이 늘기 때문에 이윤은 크게 줄어들 수밖에 없다. 경쟁상

대인 소기업이 있는 시장에서는 대기업의 이윤이 영霡에 접근한 반면, 소기업은 높은 독점가격 수준 때문에 오히려 적정이윤을 보장받을 수 있으므로 소기업에 개업 동기를 부여한다는 것이다. 이것은 독점가격과 소기업의 잔존관계를 다룬 점에서 주목된다.

넷째, 소기업의 잔존 이유를 좀 더 망라하여 설명하기도 했다.

① 대규모 생산이 명백한 경제적 이익을 갖지만, 소기업은 '고유의 유리성'을 갖는다. 대기업과 소기업은 정해진 크기의 시장을 대상으로 경쟁하는 것이 아니고, '증대하는 시장'을 대상으로 경쟁하기 때문에 대기업의 거래량 증대가 반드시 소기업의 희생에 따른 것은 아니다.

② 대기업 조직에 어려움이 있다. 규모가 커지면서 경영관리 면에 곤란과 낭비가 발생한다. 기업의 비능률적 사무red-tape는 기민성을 잃게 한다.

③ 대기업은, 통상 표준화된 상품을 생산하기 때문에 소기업과는 달리 소비자의 욕망과 기호의 변화에 쉽게 적응하기 어렵다. 대기업은 소기업보다 값싼 제품을 공급하지만 그것이 소비자가 원하는 바로 그 물품exactly the thing be wanted은 아니다.

④ 어느 업종에서는 대규모 기업이 기술적으로 어렵다. 원재료가 균질하지 않은 경우, 또는 등급에 따라 소량밖에 생산하지 않은 경우는 생산공정을 전문적으로 분화하여 대량생산을 하는 대규모 생산방식은 적합하지 않다.

⑤ 산업이 전문화하면서 대기업이 얻었던 편의(부산물, 운수, 통신, 보험, 신용, 특수시장, 숙련, 보조 산업 등의 이용)를 소기업도 얻을 수 있다. 대기업은 좀 더 많이 전문화하여 이익을 얻지만, 소기업은 전문화의 한계를 통해 그 장점을 구한다. 스미스A. Smith는 전문화(분업)의 정도는 시장의 크기에 따라 제한된다고 하였지만, 수요가 많고 확실하며 균일한 시장, 즉 대시장이 없으면 전문화는 이루어지지 않는다. 곧 전문화는 표준화가 이루어지는 업종에서 경제적이지만, 수요가 적고 불확실하며 균일하지 않는 상품 및 서비스 분야는 소기업의 존립 분야가 된다.

⑥ 동력의 발달로 소장인小匠人이 작업에 전기나 동력을 사용할 수 있다.

⑦ 새로운 산업, 또는 생산방법과 공정이 실험적인 경우 소기업의 적응성이 대기업 보다 크고, 이때 소기업은 개척자pioneer 역할을 한다.

⑧ 노동착취적sweating 업종에서는 기계보다 노동을 사용하는 것이 저렴한 경우가 있다.

2. 능률적 규모보다 작은 소기업의 잔존과 능률적인 것의 의미

홉슨 이후 능률적 규모의 개념이 보급되면서 위에서 살펴본 소기업의 잔존이 능률적 규모와 어떻게 관련되는지를 다시 논의하였다. 업종별로 생산규모의 경제성을 분석하여 능률적 규모가 작은 업종에서 소기업이 능률적 규모로 잔존한다는 견해는 뒤에 적정규모론으로 귀결된다. 문제는 다른 업종에서 능률적 규모보다 작은 기업이 잔존하는 문제의 해명이다.

홉슨은 '완전자유경쟁이 존재하지 않는 경우와 기업가의 보수적 정신'에서 그 해답을 구하였지만, 이것은 그에게 부차적 중요성을 갖는데 그쳤다. 오히려 이 문제는 홉슨 이후에 그 중요성이 더욱 커지면서 구체적으로 논의되었다.

첫째, 많은 경우 경쟁은 실제로 표면적이며, 기업은 각각 특성을 갖고 서로 다른 시장에 상품을 공급한다. 소기업은 특수한 품질과 특별한 크기의 것을 공급한다. 그래서 대기업이 무시한 소량 주문과 급한 주문, 특수한 디자인의 물품에 대한 주문 등을 받음으로써 시장을 획득한다. 그래서 소기업은 이들 품종에서 능률성을 갖는다.

둘째, 지금까지 논의한 여러 가지 경제성은 기업규모에 따라 각각 다르게 실현될 수 있다. 예컨대, 소기업은 기술 면에서 경제성은 부족해도 관리 면에서 경제성을 가질 수 있는 반면, 대기업은 관리 면의 경제성은 낮지만 판매 면에서 경제성을 가진다.

셋째, 능률적 규모보다 작은 기업의 잔존을 경기변동과 관련하여 설명할 수 있다.

① 불황에 소기업은 대기업의 압박으로 자주 파산하지만, 생산방법을 쉽게 바꾸어 이를 이겨낼 수 있다. 생산비의 차이는 부분적으로 자연의 은혜의 차이에 기인하기도 한다. 능률이 낮은 기업도 입지조건이 좋으면 경쟁력을 지닐 수 있다. 즉 경기변동과 자연적 은혜의 차이가 능률적 규모보다 작은 기업의 잔존을 가능하게 한다.

② 호황boom과 불황이 반복될 때 능률이 낮은 소기업은 호황기에 막대한 수요를 위하여 잔존을 지속한다. 즉 호황 때의 예비적 존재로서 능률적 규모보다 작은 소기업이 잔존하는 것으로 보고 있다.

이러한 논의, 즉 능률적 규모보다 작은 기업인 소기업이 잔존하는 것은 홉슨이 지적한 대로 소기업이 잔존하는 '장場'의 문제이다. 즉 완전경쟁이 이루어지는 장과 그렇지 않은 장의 문제 가운데 후자에 속하는 문제이다.

① 전자는 장내場內에서 기업 내적 요인을 규명하는 적정규모론으로 전개된다.
② 후자는 불완전경쟁의 장에서 '場'의 분석, 즉 기업 외적 요인을 규명하는 방향으로 소기업의 잔존 문제를 다룬다.
③ 기타 경제적 비합리성을 바탕으로 하는 소기업의 잔존 문제는 독점구조론 등 새로운 이론적 틀을 요구한다.

한편 여기서 능률적 기업의 '능률적'이 무엇을 의미하는지에 대하여는 여러 가지 견해가 제시되었다.

① 생산능률이 높은 기업단위를 능률적 생산단위라고 보는 견해

② 완전자유경쟁의 세계에서 이루어지는 최저생산비 규모(생산비 기준)와 최대능률 기업규모(이윤율 기준)

③ 최대의 생산능률을 가져오는 규모

④ 가장 경제적으로 생산하는 규모, 또는 가장 경제적인 규모

⑤ 최저생산비 규모가 능률적 규모라는 견해

⑥ 능률이란 생산요소가 모든 능력을 충분히 발휘할 때의 최대가능 생산량에 대한 실제 생산량의 비율을 의미한다고 보아 조업도操業度의 문제를 제기

⑦ 능률적 생산규모의 결정 요인인 생산비와 이윤율을 절충한 견해가 있다.

㉠ 생산단위 규모와 기업단위 규모를 엄격히 구분하여, 생산단위 규모에서는 한 제품의 단위 평균 생산비가 최저인 규모를 적정규모an optimum size[2]라고 칭하였다.

㉡ 기업단위 규모에서는 최소의 불이익으로 최대의 이윤을 얻는 규모, 다시 말하면 최대이윤율 규모를 이상적 규모라고 하였다.

이렇게 구분하는 것은 생산단위에서는 생산비의 최소화라는 것이 중요하고, 기업단위에서는 이윤을 극대화하는 것이 중요하다고 생각하였기 때문이다. 따라서 복수공장을 가진 기업에서는 최저생산비의 공장이 결합하여 최대이윤율 규모가 되는 것이 이상적 기업 규모가 된다. 그러나 단일공장의 경우, 양자가 일치하지 않는 경우도 있을 수 있다. 기술적 고려에서는 어느 특정 규모가 능률적이라고 해도, 상업적 고려에서는 다른 규모를 가장 능률적이라고 할 수도 있기 때문이다. 이 경우 어느 기업은 기술적 고려를, 다른 기업은 상업적 능률을 중요시하기 때문이다.

---

2) D. Ford, *Economics of Modern Industry, Introduction for Business Studies*, London, 1930, p.30.

제2절 E. A. G. 로빈슨의 적정규모론

1. 적정규모론의 형성

19세기 말(정확하게는 1891년 마셜의 《경제학원리》(제2판)을 펴낸 이후)에 나타난 소기업 잔존의 문제를 마셜은 대규모 경제의 한계, 그 실현 조건의 불비, 소기업 잔존의 독자적 유리성이라는 측면에서 산발적 단편적으로, 경제이론의 문제로서 해명하였다.

그 뒤 홉슨은 소기업의 잔존을 다음의 네 가지로 분류하였다.

① 능률적 규모가 작은 업종에서, 완전자유경쟁 아래 능률적 규모로 잔존
② 불완전경쟁의 시장구조 아래에서 능률적 규모보다 작은 규모로 잔존
③ 기업가의 보수적 정신에 바탕을 두고 능률적 규모보다 작은 규모로 잔존
④ 대기업이나 중간상인에 의존하여 기업의 자주독립성을 갖지 못하면서 잔존하는 '종속적 잔존'

위 네 가지 형태 가운데 ①, ②, ③은 경제적 합리성을 바탕으로, 소기업이 독립성을 갖고 잔존하는 반면 ④는 소기업이 자주독립성을 잃고, 경제적 비합리성을 바탕으로 잔존하는 형태이다.

로빈슨의 적정규모론은 일반적으로는 산업효율을 극대화하기 위한 능률적 기업규모의 규정으로 전개되었다. 그러나 소기업의 잔존 문제와 관련해서는, 위의 ①에 대한 해명이다. 즉 기업규모의 경제성이 소규모인 업종에서 능률적 규모로

잔존하는 소기업 문제에 대한 해답이다.

크누프가 '능률적 생산단위'의 개념을 제시한 뒤 홉슨은 생산단위에서는 최저 생산비 규모(생산비 기준), 기업단위에서는 최대능률 기업규모(이윤율 기준)를 능률적 규모로 규정하였다. 능률적 규모의 개념, 규제 요인 및 소기업 잔존 문제는 서로 관련을 맺으면서 꾸준히 논의되었고 드디어는 '적정규모'(1930, D. Ford)라는 개념에 이르렀다. E. A. G. 로빈슨은 그동안 논의했던 여러 가지를 종합적으로 정리하여 이론적으로 체계화하였는데, 그 배경은 다음과 같다.

첫째, 능률적 규모의 개념이 명확하게 정립되지 않았다.

둘째, 능률적 규모를 결정하는 요인이 다양하게 나왔지만 정리되지 않았다.

셋째, 능률적 규모의 단위가 생산단위와 기업단위로 나뉘어 이것을 어떻게 통합하느냐의 문제가 있었다.

넷째, 소기업의 잔존 문제와의 관련성을 분명하게 해명할 필요가 있었다.

다섯째, 능률적 규모와 산업능률 향상의 관련성, 즉 산업조직의 문제를 규정할 필요가 있었다.

이와 같은 몇 가지 이유에서 적정규모론이 형성되는데, 이것은 소기업 잔존 문제에 해답을 주는 한 가지의 이론체계가 되었다.

2. 적정규모의 개념과 그 결정 요인

1) 적정규모의 개념

1931년에 나온 《경쟁적 산업의 구조》에서 로빈슨은 기업규모의 결정방식에 관하여 종합적 이론을 제시하면서 능률적 규모가 아닌 적정규모 기업the optimum firm이라는 개념을 사용하였다. 산업능률을 실현하기 위한 최선의 생산단위 규모로서 능률적 규모를 대체하는 적정규모optimum size 개념을 적극적으로 도입하였고 그 이후 이 개념이 일반적으로 사용되었다.

기업의 규모와 구조를 결정하는 여러 요인과 나아가 한 산업의 최소의 능률적 규모the minimum efficient scale of an industry를 결정하는 요인을 검토하는 것을 목표로 삼고 있다.[3] 즉 기업규모와 소기업의 잔존 이유에 대한 논의가 그의 분석의 주요 목표임을 지적하고, 동시에 그것이 최소의 비용으로 최대의 성과를 얻는 산업능률에 대한 연구 목표임을 밝히고 있다.[4]

산업능률을 높이기 위한 분석의 주요 대상으로 삼은 것이 기업의 적정규모였다. 산업효율을 높이기 위해서는 기업이 그 능률을 이루도록 하는 규모, 즉 적정규모를 연구하는 것이 매우 중요하다. 산업능률과 기업규모의 관련성을 분석하면서 산업조직의 효율성을 제시하였다. 즉 산업조직 가운데 기업 내적 측면인 개별 기업의 능률성에 중점을 두는 분석을 통하여 산업의 발전 방향을 추구하였다. 이것은 영국에서 산업조직이론의 주된 흐름이고 그 특징이기도 하다.

기업 규모를 적정규모 기업으로 실현하는 것이 산업 발전과 산업 조직의 효율성을 높이고 국민소득을 증대할 수 있다고 보기 때문에 로빈슨은 적정규모 기업을 결정하는 요인, 즉 기업 내적 요인과 기업의 규모를 분석하는 것이 그의 연구의 주요 과제가 되었던 것이다. 이 점은 마셜과 대비된다.[5]

로빈슨은 적정규모 기업의 개념을 다음과 같이 규정하였다.[6]

① 현존의 기술과 조직 능력의 조건 아래에서

② 장기적으로 지불해야 할 모든 비용이 포함된 경우

③ 단위당 평균생산비가 최저가 되는 규모로 움직이는 기업

---

3) E. A. G. Robinson, *The Structure of Competitive Industry*, London, James Nisbet, 1931, Rep. 1964, p.3; 高炳佑 譯, 《産業構造論-企業의 最適規模策定方法》, 진명문화사, p.17, 黑松嚴 譯, 《産業の規模と能率》, 有斐閣, 1969, p.5.

4) E. A. G. Robinson, 위의 책, p.1.

5) 마셜은 산업발전의 계기를 내부경제와 외부경제의 두 방향에서 찾되, 특히 외부경제의 중요성을 강조하였다. 이에 견주어 로빈슨은 기업 내적인 요인 즉 내부경제에서 산업발전의 방향을 추구하고 있다.

6) E. A. G. Robinson, 앞의 책, p.11.

이것은 홉슨의 최저생산비 규모와 비슷하지만 장기적으로 보았다는 특징이 있다. 로빈슨이 생산비 측면에서 적정규모를 살핀 것은, 이윤율이나 총이윤을 고려할 경우 이것이 판매 가격과 관련되기 때문인 것으로 보인다. 곧, 판매 가격에는 자유경쟁의 경우와 독점의 요소가 다르게 작용할 수 있다는 점을 고려한 것으로 보인다.

그는 적정규모 기업은, 시장이 완전하고, 많은 수의 적정규모 기업을 유지할 만큼 시장의 규모가 충분한 경우에, 경제력이 정상적으로 움직일 때the ordinary play of economic forces 나온다고 보았다. 그러므로 시장이 제한받고 불완전한 경우에는 결코 나타나지 않는다고 하였다.[7]

이때 적정규모를 이루는 경제력의 정상적 움직임에는 두 가지가 있다. 하나는 기업가가 그들의 자원을 가장 이익이 되게 투자할 수 있는 의식적 결정을 할 때이며, 다른 하나는 기업가가 대체로 비능률적인 것을 없애고 능률적인 것을 장려하는 경향을 보이는 경제력의 결과라는 것이다.[8]

결국 로빈슨은 장기적으로 살피고, 동시에 시장의 완전성과 자유경쟁을 보장하는 것을 적정규모 기업 성립의 조건으로 삼고 있다. 이것은 홉슨이 완전자유경쟁의 '장'에서 능률적 규모에 일치하는 기업이 잔존한다고 본 것과 같다.

2) 적정규모의 결정 요인

로빈슨은 최선의 기업단위, 즉 적정규모를 결정하는 요인을 다음과 같이 지적하고 있다. 시장이 적어도 하나의 적정규모 기업의 모든 생산을 충분히 흡수할 수 있다고 가정할 때(이것은 완전경쟁 조건을 의미한다), 최선의 기업단위를 결정하는 요인은 다섯 가지로 나눌 수 있다.[9]

---

7) 앞의 책, p.12.
8) 위의 책, p.11.
9) 위의 책, p.12.

① 기술적 적정규모the optimum technical unit에 기여하는 기술적 요인technical forces

② 관리적 적정규모the optimum management unit에 기여하는 관리적 요인

③ 재무적 적정규모the optimum financial unit에 기여하는 재무적 요인

④ 적정 판매단위the optimum sale unit에 기여하는 마케팅의 영향marketing influences

⑤ 산업의 호황·불황industrial vicissitude에 직면하여 최대의 존속력을 지니는 단위에 기여하는, 위험 및 경기변동risk and fluctuating의 여러 요인 등

로빈슨의 적정규모 기업 개념은 홉슨의 최저생산비 규모와 비슷하지만 그 결정 요인을 제시하는 데서 볼 수 있듯이 그것은 단일공장이라는 기술적 단위를 넘어서는 개념이다. 그리고 다섯 가지 적정규모 단위는 그 규모를 달리할 수도 있는 것이어서 이들 단위를 조화하는 기업이 적정규모 기업이라고 볼 수 있다. 조화가 이루어지는 과정은 '장기적'일 수밖에 없고, 따라서 동태적 과정에서 생동하는 실제 기업을 대상으로 하는 기업이론을 제시한 것으로 볼 수 있다.[10]

적정규모의 결정 요인으로 제기한 다섯 가지 가운데 기술, 관리, 재무와 시장 거래의 여러 요인에서는 생산비의 측면에서 분석을 했지만, 위험과 경기변동의 요인 분석에서는 생산비뿐만 아니라 이윤을 동시에 기준으로 제시하였다. 즉 로빈슨은 장기적인 최저능률생산비를 적정규모 기업의 기준으로 일관되게 살폈지만, 현실의 기업 규모의 동향과 관련해서는 이윤을 기준으로 추가하지 않을 수 없었다.

완전자유경쟁에서는 생산비 기준으로 적정규모 기업을 다루었지만, 완전경쟁이 없는 세계에서는 독점의 현상까지 논급하면서 이윤을 기준으로 제시하였다. 결국 홉슨 이후 제기된 생산비 기준과 이윤 기준의 종합문제는 로빈슨도 해결하지 못한 과제로 남게 된다.

기업의 적정규모를 기술적 요인이나 경영관리, 시장거래적 측면에서 그 결정 요인을 살펴본 것은 마셜 이후 기업규모에 관한 여러 이론보다 크게 진보한 것

---

10) 尹暢皓, 李圭億 共著, 《産業組織論》(第2全訂版), 法文社, 1992, p.31.

은 아니다. 그러나 재무(금융) 요인과 위험 및 경기변동 요인을 기업규모 결정 요인으로 적극 도입한 것은 로빈슨의 업적이라고 볼 수 있다.

다섯 가지 측면에서 로빈슨은 기업규모와 그 결정 요인의 관계를 상세히 설명하였는데, 여러 가지 예외가 있지만 대체로 다음과 같다.

첫째, 금융·재무적 요인과 시장거래 요인은 적정규모의 하한을 정할 수 있지만 상한을 정하는 것이 아니어서 대규모가 이익과 적정성을 충분히 누릴 수 있다.

둘째, 기술적 요인도 적정규모의 하한을 정하는 것이며, 일정한 한계 안에서 대규모 이익이 적극적으로 작용할 뿐만 아니라, 다른 요인 때문에 그 이상으로 규모 확대가 필요한 경우에도 불이익을 가져오지 않는다고 보아 대규모가 이익을 누릴 수 있다.

셋째, 경영관리적 요인은 하한뿐만 아니라 상한도 규정하는 것이어서 소규모에서 그 적정성이 이루어지게 한다.

넷째, 위험 및 경기변동의 요인도 규모 확대와 독점화의 경향을 일으킬 수 있지만, 규모의 하한과 상한을 결정하게 하여 소규모에서 적정성을 가능하게 한다.

3. 적정규모의 조정과 기업의 성장

홉슨은 최대능률 규모를 살피면서 이를 결정하는 여러 요인을 경제성의 중요도에 따라 배합하고 통일하는 것이 경제적 규모를 가장 잘 결정하는 길이라고 하였지만, 간단하고 단편적인 설명에 그쳤다. 그러나 로빈슨은 적정규모를 결정하는 다섯 가지 요인 사이의 관련성을 상세히 설명하였고[11] 이를 기업성장의 문제와 관련시켰다.

로빈슨은, 기업이 적정규모를 결정하는 힘을 조화시키는 현실적 방법으로 수

---

11) E. A. G. Robinson, 앞의 책, pp.94~100.

직적 분화vertical disintegration와 수평적·수직적 결합horizontal and vertical combination의 방법이 있다고 보았다. 그리고 전문기업에 맡기는 방법, 내연적 확장 및 합병 등의 행동으로써 적정규모를 이룬다고 보았다.

적정규모 결정 요인의 조정 문제는 현실적으로는 기업규모의 축소 및 확대 등과 깊은 관련이 있다. 한 요인에서 보면 적정규모가 소규모이지만, 다른 요인과 같이 보면 적정규모가 더욱 대규모가 될 때, 이것을 실현하는 것이 바로 기업의 성장 문제the problem of growth인 것이다. 그런데 기업의 규모 확대와 성장의 문제에서 고려해야 할 중요한 점은 무엇보다도 성장에 따른 비용이다. 기업은 성장으로 이윤을 얻을 수 있지만 성장에는 반드시 비용이 들어가기 때문이다. 기업이 적정규모로 성장하는 데 필요한 비용이 성장에 따른 이윤을 상회한다면 적정규모는 이룰 수 없다.

이것은 소기업이 규모를 확대하여 적정규모로 성장하는 데 따른 문제(장애 요인)가 되기도 한다. 이에 대하여 로빈슨은 다음과 같이 지적하였다.

첫째, 시장이 완전하지 않은 경우에 기업을 확장하려면 다른 기업에서 자기 기업으로 고객을 이동시켜야 하는데 거기에는 자본비용a capital cost이 든다. 고객이 그가 구입하려는 상품의 품질을 올바르게 판단하는 경우에는 그 이전이 쉽지만 유행이나 광고 등으로 그것이 뒤틀리는 경우에는 더 많은 비용이 든다. 이때 고객이동에 필요한 추가비용이 그에 따른 추가이익을 상회하면 기업규모의 성장과 적정규모화는 어렵다.

둘째, 오래된 기업이나 낮은 능률의 공장설비를 가지고 있는 기업이 우발적인 호경기 때문에 일시적인 이익을 얻을 수 있다. 이 때문에 기술적으로 가장 능률적인 규모로 기업이 성장하는 것이 늦춰지거나 불가능해지기도 한다. 또한 유망한 신생 기업도 불경기 때문에 기술력과 생존에 필요한 자금력을 확립할 시간적 여유를 갖지 못하여 적정규모로 성장하지 못하고 유년기에 도산하기도 한다.[12]

셋째, 기업 성장 과정에 능률증대의 비연속성the discontinuity of increases of efficiency

---

12) 앞의 책, pp.104~105.

이 있다는 것이다. 규모의 증대와 함께 능률도 순조롭게 증대되는 것은 아니며, 이런 경우 적정규모가 소규모와 대규모의 양쪽에 있을 수도 있다.

이에 대해 로빈슨은 먼저 최악기업pessimum firm의 문제를 제기하였다. 이것은 소규모에서 오는 기술적 불이익과 개인적으로 통제하기에는 너무 대규모인 데서 오는 경영관리상의 불이익이 결합된 기업규모를 말한다. 이런 최악기업이 개재적 규모intervening size[13]로 존재하는 산업에서는, 기업성장의 문제는 바로 이 최악기업을 뛰어넘어 돌파하는 문제이다. 그래서 생산이 적정규모에 이를 것인지는 성장을 계속하는 소기업이 임계점을 통과할 수 있는 충분한 힘이나 세勢를 지녔는지에 달려있다고 보았다.[14]

다음에 소적정규모minor optima와 대적정규모major optima의 격차가 큰 경우가 있는데, 이때는 소적정규모에서 대적정규모로 성장하는 것이 불가능하다. 이런 경우에는 대적정규모보다 현격하게 작지 않은 생산규모에서 시작하여 대적정규모까지 키우는 것이 가능하다고 보았다.[15]

이처럼 규모 확대에 따른 비용, 일시적인 불경기, 그리고 능률증대의 비연속성 때문에 규모 확대로 기업이 성장하는 것이 불가능한 경우가 생길 수 있다고 보았다. 이것은 소기업이 규모를 확대하여 적정규모가 되는 데 따라올 수 있는 장애 요인을 설명한 것이기도 하다.[16]

또한 로빈슨은 적정규모가 산업의 일반적 발전 정도나 국민경제의 발전 정도와도 관련이 있다는 점을 지적하였다. 부유한 나라, 특히 미국에서는 대공장의 경제성을 높은 수준까지 이룰 수 있지만, 영국과 가난한 나라에서는 오히려 소규모 단위의 능률적 조직을 확보하려고 노력해 왔다는 것이다.[17] 국민경제구조와 소기업 문제는 매우 깊은 관련성을 가진 중요한 문제이지만 로빈슨은 이 문

---

13) 소규모의 적정규모와 대규모의 적정규모 등 두 가지 적정규모보다 능률적으로 뒤떨어지는 기업 규모를 말한다.(위의 책, p.105)
14) 위의 책, pp.105~106.
15) 위의 책, p.107.
16) 이것은 소기업이 대규모의 적정규모 기업으로 성장하는 데 단층의 가능성을 시사하는 것으로서 뒤에 슈타인들(J. Steindl)이 본격적으로 분석한다.
17) 위의 책, p.88.

제에 대해 더 이상의 논의를 전개하지 않았다.

대규모 경제의 한계점을 적극적으로 파악하려는 데서 형성된 능률적 규모와 적정규모 개념은 소기업의 잔존 문제를 해명하려는 의도에서 시작된 것이었다. 그러나 1930년을 전후하여 능률적 규모론이나 적정규모론은 소기업론을 떠나서 독자적인 방향으로 나아갔다. 현실의 기업규모의 경제성을 결정하는 요인이 무엇인지를 살피고, 그 요인을 분석하기 위한 이론적 도구나 수단으로 능률적 규모 내지 적정규모를 논의하게 된 것이다. 소기업 문제를 다루는 범위를 넘어서, 대기업과 소기업을 포함한, 실제적으로 존재하는 모든 기업규모를 설명하려는 이론으로 발전하였다. 그러나 이것이 소기업 문제를 다루는 것과 관계가 없는 깃은 아니며, 오히려 소기업 문제를 설명하는 석성규모론의 역할은 그 뒤에도 지속되었다.

제3절 소기업 비합리성이론과 슈타인들의 이론

1. 대규모 경제성과 플로렌스의 소기업 비합리성론

1) 대규모 경제의 법칙과 소기업 비합리성론

대규모 경제의 법칙은 플로렌스P. S. Florence가 소기업 잔존을 비합리적인 것으로 규정한 것의 바탕이 되었고, 그의 소기업 비합리성론은 산업조직의 비합리성 문제와 관련하여 전개되었다. 홉슨이 '종속적 잔존'의 소기업을 비합리성으로 본 것은 '소기업의 자주독립성'을 기준으로 한 분류의 결과였다. 그러나 플로렌스는 1930년대 초에 이와 달리, '합리성 기준'으로 그때까지 소극적으로 다루었던 비합리적 존재로서 소기업의 잔존 문제를 적극적으로 제기하였다.

조직의 논리에 따르면 최대생산규모로 생산을 집중해야 함에도, 현실적으로는 대부분의 산업에서 다수의 공장이 소규모로 잔존하는데, 이것은 작업(생산 활동)의 불합리성the illogic of operation 때문이라고 보았다. 이처럼 대부분의 산업에서 다수를 차지하는 소기업이야말로 비합리적 존재라고 규정[18]함으로써 소기업 비합리성론을 구체화했다.

영국에서는 1909년의 〈최저임금법〉을 기점으로 한 여러 정책으로 말미암아 수공업과 가내공업 등 비합리적 착취제도가 대부분 사라졌지만, 제1차 세계대전 뒤 세계경제적 시각에서 보면, 일부 섬유공업 등에서는 아직도 낡은 기계시설을 지니면서 후진성을 면치 못하였다. 이에 따른 경제적 어려움은 소기업과 대기업

---

18) P. Sargant Florence, *The Logic of Industrial Organization*, London, Kegan Paul, 1933, Chap. Ⅱ, p.30.

사이의 생산성 및 이윤의 규모별 격차 등 구조적 문제로 나타났고, 바로 이것이 소기업 문제에 반영되었다.

이와 같은 역사적 배경 아래에서 당시 적정규모론을 바탕으로 하는 소기업 잔존론과 병행하여, '소기업 비합리성론'을 주장하였다. 소기업이 비합리적 존재라는 견해는 일찍이 소기업 소멸론 속에서 그 싹이 움트고 있었다. 그러나 경제적 합리성을 기준으로 하는 소기업 잔존론의 그늘에 가려 있다가 플로렌스가 적극적으로 주장하면서 나타나게 되었다. 플로렌스의 소기업 비합리성론은 대규모 경제의 법칙을 그 바탕으로 하고 있다. 그는 마셜이 수확체증의 법칙과 대규모 경제의 법칙을 제시한 뒤 지속적으로 논의해왔던 대규모 경제성과 능률성에 대한 믿음을 다음과 같은 세 가지 원리로 집약 정리하였다.[19]

첫째, 대량거래의 원리the principle of bulk transactions이다. 대량거래의 총체적인 화폐적, 물질적, 심리적 비용은 소량거래의 그것보다 크지 않으며, 어느 경우에는 거래량의 증가 비율보다 비용이 적어지며, 거래단위당 비용은 대량거래와 더불어 줄어든다.

둘째, 집약적 준비의 원리the principle of massed reserve이다. 우발적 사고에 대비하여 적립금을 준비할 때 그 준비금의 효과는 영업의 규모가 커질수록 늘어나며, 따라서 비용은 상대적으로 줄어든다.

셋째, 배수의 원리the principle of multiples이다. 여러 가지 전문화된 기계를 동일한 과정에 사용하고, 또한 기계가 서로 다른 생산의 최적 능력을 가졌을 때, 그들의 최적 능력의 최소공배수가 될 수 있는 생산량의 수준에서만 이들의 완전한 사용이 보장된다. 그런데 작업(또는 생산)의 규모가 작을수록, 분업에 종사하는 노동자의 수가 적을수록, 모든 노동자를 전문적으로 이용하는 기회가 줄어들며, 이것은 기계의 경우에도 마찬가지이다.

이러한 세 가지 원리는 마셜 이후 전개된 대규모 경제의 법칙과는 그 내용이 크게 다른 특성을 보이고 있다. 이들 세 가지 원리는 사람과 설비의 전문화를

---

19) 앞의 책, pp.16~18.

통한 경제적 이득을 가정하고 있으며, 생산요소의 조정과 재조직이 실현되는 과정에서 대규모 경제성의 장기적 조건을 추구하고 있다.[20]

플로렌스는 소기업의 잔존이 대규모 경제의 한계, 그 실현조건이 제대로 갖추지 못했다는 점을 인정한다. 그러나 그는 여기서 좀 더 나아가 대규모 경제의 한계와 대규모 경제의 이익을 해치는 원인을 규명하면서, 소기업은 비합리적 존재이며 그 잔존은 경제적 비합리성을 지닌 것으로 보았다. 그리고 그는 이것을 국민경제적 모순과 관련짓고 있다.

2) 산업조직의 불합리성과 소기업 잔존

(1) 산업조직의 불합리성

비합리적 존재인 소규모 공장이 대부분의 산업에서 많은 비중을 차지하는 것은 대규모 경제의 법칙과 모순되는 것이며, 플로렌스는 이를 산업조직의 불합리성이라고 보았다. 대규모 경제의 법칙을 새로운 관점에서 정리한 그는 대규모 경제성에 대한 믿음을 가지고 산업조직의 문제를 살폈다. 플로렌스는, 먼저 산업조직의 논리는 대규모생산의 능률성을 실현하는 데 있으므로 결국 최대 규모의 단위로 생산을 집중해야 한다고 보았다.[21]

---

20) 대규모 경제성을 다음과 같이 구분하여 논의하기도 한다.
　첫째는 기술적 경제technological economies의 관점에서
　　① 倍數(均衡)의 원리에 따른 이익
　　② 大容積의 물리적 법칙에 따른 이익
　　③ 일관작업에 따른 이익
　둘째로 관리적, 재무적 경제managerial and financial economies의 관점에서
　　④ 대량거래의 원리에 따른 이익
　　⑤ 집약적 준비의 원리에 따른 이익
　　⑥ 借入費用의 원리에 따른 이익 등.
　위의 여섯 항목 가운데 ①, ④, ⑤는 플로렌스의 것과 동일한 내용이며 ⑥은 슈타인들(J. Steindl)이 추가한 것이다. 여기서 ②는 구조재료의 가로, 세로, 높이는 2배지만, 그 용적은 8배가 되는데, 이것은 대규모일수록 더욱 경제성이 높다는 것을 의미한다.(北澤新次郎·末岡後二 著,《獨占と中小工業の理論》, 同文書院, 1971, pp.251~256)

21) E. A. G. Robinson, "The Problem of Management and the Size of Firms," The Economic Journal, Vol. XLⅣ, June, 1934, p.242.

첫째, 기업과 공장을 포함하고 있는 산업의 구조를 분석하고 생산의 규모에 관하여 여러 가지로 살펴본 결과 다음과 같은 전제를 제시할 수 있다. 기계적 및 인간적 전문화의 이익을 전제로 할 때, 대규모 생산은 특히 대규모 기업과 공장에서 이루어질 때 극대능률maximum efficiency을 가져온다고 생각할 논리적 이유가 있다.22)

둘째, 공급되는 어떤 상품의 수량이 많을수록 능률은 더욱 크다.23)

셋째, 거의 모든 규모의 산업조직을 이끌만한 능력을 지닌 사람이 소수는 있을 것이다. 그러나 타고난 능력의 정상적인 분포를 보면 이러한 재능은 드물다. 따라서 평균적인 기업의 장average head of business은 기업규모가 일정한 점을 넘어서면 경영 능력에 한계가 온다. 그래서 조직의 규모가 늘어나면 최고경영층의 긴장과 책임을 완화시킬 수 있도록 권한을 위임해야 한다.24)

넷째, 논리적으로는 근대적 조건에서 대조직은 곧바로 저능률의 소조직less efficient smaller organization을 잠식할 수 있어야 한다. 그러나 실제로는 그것이 지체된다.25)

플로렌스의 이러한 지적은 대규모 생산의 능률성을 강조한 것이지만, 현실적으로 그렇지 못하다는 점도 말하고 있다. 그는 능률을 수확(또는 생산성)과 비용의 관계라고 보았다. 그리고 산업이 합리적인 조직을 지닐 때는 최소의 비용으로 최대의 수확을 내는 것이므로, 능률성(개별기업단위)과 경제성(산업단위)이라는 두 가지 관점은 서로 조화를 이룰 수 있다고 보았다.

능률성과 경제성을 결정하는 비용 요인과 수확(산출)은 화폐적, 물질적, 그리고 심리적(인간적) 조건 등 세 가지 가운데 하나로 드러난다고 보았다.26) 능률성은 구체적으로는 세 가지 원리, 즉 대량거래·집약적 준비·배수의 원리로 나타낼 수 있다.

---

22) P. S. Florence, 앞의 책, p.11. 여기서 플로렌스는 어떤 물품이나 서비스의 대규모생산이 하나의 組織 안에서 이루어질 때 大規模作業(생산활동, large-scale operation)으로 표현하였다. 그리고 그는 대규모작업(생산활동)의 능률성(the efficiency of large-scale operation)에 대한 믿음을 표시하고 있다.

23) 위의 책, p.12.

24) 위의 책, p.117.

25) 위의 책, p.47.

26) 위의 책, pp.12~13.

그런데 능률성에 대한 이러한 논리적 이론과 산업현실의 불일치, 곧 이론과 현실의 모순discrepancy of theory and fact이 나타나고 있다고 플로렌스는 보았다. 즉,

① 대규모 생산 대신에 소규모 생산이 여러 곳에서 이루어지고 있으며,

② 공장 규모의 실제적 분포는 가능한 전체 규모에 걸쳐 폭넓게 흩어져 있고

③ 능률적인 적정규모를 중심으로 아래위로 정규분포하는 대신에 비대칭적skew 모양을 보이고 있다는 것이 그의 실증적 분석의 결과였다.[27]

이것이 그가 지적한 산업조직의 비합리성의 내용이다. 즉 소규모기업이 폭넓게 분산 잔존하고 있는 것이 산업조직의 현실인데 그것은 합리적, 이론적 귀결과는 다른 모습이라는 것이다.

(2) 소기업의 존속과 국민경제적 모순의 시각

① 소기업의 존속 요인

합리적 이론에 따라 대규모 생산의 경제성이 많이 받아들여져야 하지만, 현실적으로 소기업이 폭넓게 존속하고 있는 이유를 플로렌스는 다음과 같이 설명하였다.

첫째, 소규모 생산과 조직이 폭넓게 존속하는 이유는 대규모 생산과 조직이 물리적으로는 실현 가능하지만, 실제로는 그것이 작용하지 않는 수많은 분야가 있기 때문이다. 그것은 역사적, 심리적, 그리고 사회적 요인 때문인데 이것들이 소비자와 생산자의 행동에 영향을 주고, 이런 의미에서 현실은 '비합리적'이다.

둘째, 물리적 기술적 고려에서는 인간의 본성이 생산의 조건에 완전히 적응한다는 것을 전제로 하고 있으며, 그 결과 생산은 능률적으로 이루어질 수 있다고 본다. 그러나 역사적, 심리적, 사회적 사항, 곧 사회과학만이 완전히 파악할 수

---

27) 앞의 책, pp.25, 42~43.

있는 새로운 조건들이 더해짐으로써, 그것은 일어나지 않고 결과적으로 현실은 비합리적이 된다.[28]

셋째, 오늘날 산업구조는 역사적으로 형성된 것이다. 현재 존속하는 많은 소규모 공장은 수송, 통신과 기술의 비능률적 조건이 가져오는 시장의 제약과 공급원(원재료)의 제약 때문에, 그것들을 필요로 하는 시기부터 형성·존립해 왔다.

넷째, 논리적으로는 근대적 조직에서는 대규모 조직이 비능률적인 소규모 조직을 곧바로 파멸시켜야 한다. 그러나 현실적으로는 지체a lag가 일어나는데, 그것은 시장의 고수stickness나 마찰 때문이다. 예컨대, 소비에서는 소비자의 늦은 적응성이, 생산에서는 조직의 빠른 성장에서 오는 어려움이 현실적 지체의 원인이 된다.[29]

이상이 플로렌스가 능률적인 대규모 조직 아래에서도 비능률적인 소규모 조직이 존립하는 원인으로 밝힌 내용이다. 그는 이러한 현상을 개선하려면,

첫째, 소비자와 생산자의 태도와 행동,

둘째, 자극에 대한 그들의 반응을 철저히 연구할 필요가 있다는 점을 강조하였다. 그러면서 그는 다음과 같이 분석하였다.

① 산업조직은 인간인 생산자로 이루어지며, 그 목적은 인간인 소비자에게 재화와 서비스를 공급하는 데 있다. 대규모 조직 아래에서 최소 비용으로 재화와 서비스를 공급하는 것이 합리적이지만, 생산자 그리고 소비자인 인간이 이것을 받아들이지 않을 수도 있다.

② 생산자로서 인간은 대규모 조직에서 필요한 전문화, 조정과 새로운 조직에 저항할 수도 있다. 소비자로서의 그들은 수요의 변화에 따라 불확실한 구매나, 소규모 구매를 택할 수도 있다.[30]

③ 이와 같은 생산자와 소비자로서 인간의 불합리한 태도와 행동이 불합리한 산업

---

28) 앞의 책, pp.45~46.
29) 위의 책, p.47.
30) 위와 같음.

조직(소기업의 수많은 존립)의 원인이다. 인간의 본능, 감정, 심리, 관습 등 인간적 요소를 더하여, 단순한 수리방정식數理方程式 이상의 것을 연구해야 한다. 불합리하고 비능률적인 조직을 만드는 것은 바로 인간적 요인이기 때문이다.[31]

3) 산업조직의 불합리성과 국민경제적 시각의 제기

결국 조직의 논리에 따르면 최대 규모의 단위로 생산을 집중해야 하지만, 소규모 공장과 소규모기업이 존립하는 것은 피할 수 없는 인간의 결점 때문이라고 플로렌스는 보았다. 불합리한 현실 세계에서 소규모기업이 존속하는 것은 인간의 무능력에 말미암았다고 본 것이다.[32] 그리고 이러한 현실의 산업조직을 현실적 작용(생산활동)의 불합리성이라고 규정하였다.

현실적으로 비능률적인 소규모기업이 많이 존속하는 산업조직을 비합리적인 것으로 보고, 생산자, 소비자, 노동자, 경영자, 투자자인 인간이 지닌 본성에 그 원인이 있다는 것이 플로렌스의 결론이다. 그리고 그는 이를 개선하여 능률적 산업조직을 이루려면 영국의 현행 교육제도의 급격한 변화가 필요하다면서 교육의 중요성을 강조하였다.[33]

플로렌스가 소규모기업이 폭넓게 잔존하는 현실의 산업조직을 불합리하고 비능률적이라고 말한 것에서 소기업 문제와 관련하여 국민경제적 모순의 시각이 형성되고 있다는 것을 알 수 있다. 즉 개별 기업 단위의 분석을 넘어서 기업 외적 범주인 '산업 문제'에 대한 시각으로, 그리고 더 나아가 국민경제적 문제로 다가가고 있다.

그러나 그 원인을 비경제적 인간적 요인에서 구하였고, 또 이를 개선하기 위해 교육제도의 급격한 변화를 요구하는 데 그쳤다. 이것은 불합리한 산업조직, 즉 국민경제적 구조의 문제점을 경제 제도적 측면이 아닌 역사적, 심리학적, 사

---

31) 앞의 책, pp.47~48.
32) E. A. G. Robinson, 앞의 글, 앞의 책, pp.242~247.
33) P. S. Florence, 앞의 책, p.267.

회학적 측면에서 살펴본 인간의 본성에서 찾았기 때문이다.

　그런데 소기업이 폭넓게 잔존하는 현실적 산업조직의 불합리성을 국민경제적 모순의 시각으로 다가가는 견해는 세계경제가 1929년 이후 대공황을 거치면서 더욱 부각되었다. 특히 미국에서는 공황으로 소기업이 도산하면서 적정규모론적 소기업 잔존론에 의문을 갖는 분석이 많이 나왔다. 서머스H. B. Summers등은 소기업의 잔존에 대한 적정규모론적 설명을 통계적, 실증적으로 다시 살폈다.[34] 그리고 크럼W. L. Crum[35], 블레어J. M. Blair[36], 캐플런A. D. H. Kaplan[37]등은 소기업을 통계적, 실증적으로 분석하였다.

　여기서는 '경제이론상의 문제'에 대한 분석과 함께, 경제 정책과 관련하여 소기업의 역할을 강조하고 나아가 소기업을 보호, 육성해야 할 당위성을 주장하기도 하였다.

2. '소기업 성장 단층론'과 슈타인들의 소기업론

1) '소기업 성장(연속)론'과 그 한계

　소기업을 비합리적인 존재로 규정하는 플로렌스의 주장은 슈타인들J. Steindl이 지지했으며, 그의 소기업에 대한 논의는 중요한 의의를 갖고 있다. 이 이론의 특징은 우선 '소기업 성장 단층론'에서 알 수 있는데, 이것은 마셜의 '소기업 성장론'(소기업 성장 연속론)에 대한 비판을 주된 내용으로 하고 있다.

34) H. B. Summers, "A Comparison of the Rates of Earning of Large-Scale and Small-Scale Industry", *Quaterly Journal of Economics*, May, 1932, pp.465~479.

35) W. L. Crum, "Earning Power with Respect to the Size of Corporation", *Harvard Business Review*, Vol. XVII. No. 1, Autumn, 1939, pp.15~30.

36) J. M. Blair, "The Relation between Size and Efficiency of Business", *The Review of Economics and Statistics*, Vol. XXIV, 1942, pp.125~135.

37) A. D. H. Kaplan, *Small Business: Its Place and Problems*, Committee for Economic Development, McGrow-Hill, New York, 1948.

플로렌스는 대규모 생산이 능률적이지만, 현실에서 소규모기업이 많이 잔존하는 것은 불합리하다고 보고 이를 산업조직의 불합리성이라고 하였다. 이러한 플로렌스의 주장을 기본적으로 지지한 슈타인들은 마셜 이후 내려오던 '소기업 성장론'에 대한 비판으로 이를 구체화하였다.

마셜의 논의에서 알 수 있듯이 그는 영국에서 성장하는 산업력의 원천은 소기업에 있다고 보고[38] 소기업 성장론을 전개하였지만 그 한계도 동시에 지적하였다.

① 그는 소기업의 상향운동the movement upwards의 출발점을 노동자로 보고, 노동자가 고용주로 성장하는 데 어려운 점으로 개업 자금의 원활한 공급, 개인의 경영에 대한 자질, 기업경영의 번잡성 등 세 가지를 들었다.

② 이 가운데 가장 중요한 것은 개인적인 경영 능력이라고 보고 이것을 갖추면 노동자는 소기업가로, 소기업은 다시 대기업으로 성장할 수 있다고 보았다. 그리고 이것을 삼림의 비유로 설명하였다.

③ 《경제학원리》 제5판 이후 '거대 주식회사vast joint-stock companies의 최근의 발달전'이라는 조건을 덧붙였다. 그러나 오늘날 소기업 성장의 원칙은 결코 보편적이지는 않지만 많은 산업에서 아직도 지속되고 있다[39]고 하여 소기업 성장을 주장하였다.

④ 한편 《산업과 무역》에서는 소기업의 상승운동을, 소기업이 적합한 분야에서만 대기업으로 성장할 수 있다고 하여 소기업 성장의 업종 범위를 제한하였다.[40]

⑤ 이어서 독점이 지배하는 시장에서는 표준화 생산이 소기업의 상향운동을 지지하는 경우에만 소기업 성장이 가능하다고 하여 그 범위를 더욱 한정하였다.[41]

---

38) A Marshall, *Principles of Economics*, London, Macmillan, 8th ed., 1920, Rep. 1959, p.581.
39) 위의 책, p.263.
40) A Marshall, *Industry and Trade*, London, Macmillan, 1919, 4th ed., 1923, p.247.
41) 위의 책, p.594.

이처럼 19세기 말 이후 거대 주식회사가 발달하고 독점적 대기업이 형성되면서 마셜은 소기업 성장론의 내용을 조금씩 수정하고 그 범위를 제한하였다. 그러나 소기업의 상승운동과 지속적 성장을 부인하지는 않았다.

로빈슨E. A. G. Robinson은 다음과 같이 소기업 성장의 어려움을 지적하였다.

① 자금 차입 등 재무적 요인이 대기업보다 소기업에 불리하게 작용하여 소기업 성장에 자금 조달의 어려움이 있다. 그러나 이것도 성장의 일반적 저해 조건은 아니고 오래된 산업에서만 부분적으로 이루어지는 것으로 보았다.[42]

② 그는 능률 증대의 비연속성을 설명하면서 최악 기업의 개념을 들여왔다. 소규모성에서 오는 기술적 불이익과 개인적으로 통제하기에는 너무 대규모라서 오는 관리상의 불이익이 결합된 규모가 개재적介在的으로 존재하는 산업에서 기업의 성장 문제는 성장을 계속하는 기업이 임계점을 통과할 수 있는 힘이나 세를 지녔는지에 달려있다[43]는 것이다.

이처럼 로빈슨은, 기업의 성장에는 자금 차입의 어려움과 규모 확대에 따른 비용이 필요하고 또한 능률 증대의 불연속성이 있기 때문에 기업 성장과 규모 확대가 불가능할 수 있다고 보았다. 즉 소기업이 대규모 기업으로 성장하는 데 단층을 만들 가능성이 있다고 보았다. 이러한 기업 성장의 저해 요인을 분석했지만, 로빈슨은 소기업 성장을 전면적으로 부인하지는 않았다.

2) '소기업 성장론' 비판과 '소기업 성장 단층론'

마셜 이후 로빈슨에 이르기까지 긍정적으로 이어져온 '소기업 성장론'을 슈타인들은 전면적으로 부인하였다. 곧, 오늘날의 대기업은 소기업이 따를 수 없을

---

42) E. A. G. Robinson, *The Structure of Competitive Industry*, London, James Nisbet, 1931, pp.56~57.
43) 위의 책, pp.105~106.

만큼 그 규모가 크고 독점적이어서 소기업과 대기업 사이에는 그 성장이 이어질 수 없는 단층이 있다고 하여 슈타인들은 '소기업 성장 단층론'을 주장하였다. 그는 마셜의 '소기업 성장 연속론'을 완전히 비현실적이라고 보고 다음과 같이 비판하였다.[44]

첫째, 오늘날 존재하는 기업 사이의 규모 격차는 매우 크다. 미국의 주식회사는 회사 수로 보아 전체의 절반쯤은 자산액이 5만 달러 이하이지만, 유명한 600개 회사는 자산액이 5천만 달러 이상이어서 기업 규모의 격차가 매우 크다. 따라서 주식회사가 소규모에서 발전하여 대규모 회사가 되는 데는 그 자산액이 수천 배가 되지 않으면 안 된다. 더구나 소기업은 사망률(도산율)이 높으므로 소기업이 성장하여 대기업이 된다는 것은 불가능하다.

둘째, 마셜의 가정과는 반대로 소기업가의 자금 차입에는 엄격한 제한이 있다.

① 기업의 부채 부담을 제한하는 것은 채권자이다. 미국의 사례에 따르면, 은행은 기업의 자기자금에 대한 차입금의 비중이 너무 높을 때 융자를 거절하는데, 이것이 융자 거절 이유의 40%에 이르고 있다. 또한 미국 상무부Department of Commerce 조사에 따르면 자기자본에 대한 부채의 비율이 늘어날수록 자금 차입은 곤란해진다.

② 그리고 이러한 채권자의 태도를 고려하지 않더라도 차입금이 늘면 기업의 위험이 커지므로 차입금의 비율이 일정한 한도에 그치도록 제한해야 한다는 것이 근대경제이론의 '위험증대의 원리'이다.

③ 그런데 상무부 보고에 따르면 자금 차입의 곤란은 기업의 규모가 커질수록 줄어들고 있는데, 이것은 바로 소기업의 자금 차입이 그만큼 어렵다는 것을 말한다.[45]

---

44) J. Steindl, *Small and Big Business—Economic Problems of the Size of Firms*, Oxford, Basil Blackwell, 1947, 米田淸貴·加藤誠一 譯, 《小企業と大企業−企業規模の經濟的問題》, 嚴松堂, 1956(初版), 1969(6版), pp.11~23.
45) 이것은 기업 규모가 작을수록 자기자본에 대한 차입금의 비중이 높아서 기업의 위험이 커지는 위험증대

셋째, 소기업은 대기업보다도 손실이 빈번하고 많으며 사실상 그 사망률이 대기업보다 높다. 이윤을 얻지 못하는 회사의 비율은 회사 규모가 커질수록 줄어들며, 또한 사망률도 기업 규모가 커지면서 줄어들고 있다는 것이 미국 제조회사에 대한 통계조사의 결과이다.

넷째, 기업 규모의 상향운동, 즉 '아래에서 위로의 폭넓은 운동'은 거의 없다.

① 현실적으로 대부분의 소기업은 성장할 수 있는 충분한 시간을 얻기 전에 쇠퇴한다. 많은 소기업의 쇠퇴는 새로운 기업이 보완하고 대체한다. 동시에 소기업가의 공급도 탄력적이다.46)

② 이에 견주어 대기업가의 공급은 비탄력적이다. 만약 소기업이 성장하여 대기업이 되더라도 그것은 매우 완만하다. 대기업은 주로 새 주식회사 설립이나 합병으로 생긴다. 주식회사의 설립은 부의 집중을 전제로 하고, 합병은 관련 회사가 그 산업에서 과점적 상태일 때 이루어진다. 그러므로 대기업의 공급은 비탄력적일 수밖에 없다.

다섯째, '마셜의 문제', 즉 마셜은 대규모 경제가 개인적인 능력의 쇠퇴 때문에 독점적 지배가 일어나지 않는다고 보았지만, 사실 현재의 경제제도에서 독점적 지배를 받고 있는 부분은 매우 크다. 독점적 지배를 간략하게 살펴보면 다음과 같다.

① 독점적 지배를 위해 시장에 출하되는 전 생산물을 한 손에 넣을 정도의 집중이 필요한 것은 아니며, 소수 기업이 생산액의 상당한 부분을 차지하는 것만으로도 가능하다. 이것은 시장에서 과점 상태를 말하는 것이며, 가격에 미치는 영향도 과점과 독점은 거의 같다.

의 원리를 반영한다는 지적이다. 그런데 대기업에 融資가 集中되는 개발도상경제에서는 소기업이 반드시 대기업보다 차입금 비율이 높은 것은 아니다.

46) 이것은 社會的 對流現象의 특성을 나타낸다.

② 이런 상태에서는 가격지도력price leadership이 있는 대기업이 가격을 결정하면 다른 기업(주로 소기업)은 여기에 따를 수밖에 없다. 이로써 독점적 지배가 형성되는데 이는 대규모 경제가 효과적이기 때문이다.[47]

이상과 같은 논리로 마셜은 '소기업 성장론'을 비판하고 '소기업 성장 단층론'을 주장하였는데, 그것은 대규모 경제는 능률적이지만, 소기업 또는 소규모기업은 비능률적이라는 생각을 그 배경으로 하고 있다. 이는 소기업은 불합리한 존재이며, 그 잔존은 산업조직을 불합리하게 만든다는 플로렌스의 주장과 상통하고 있다.

그러나 마셜의 '소기업 성장론'을 비판한 슈타인들의 '소기업 성장 단층론'에 대한 비판도 있다.

① 마셜의 '소기업 성장론'을 시인하는 견해이다. 사회적 대류현상을 반복하면서 노동자가 소기업가로, 소기업가가 대기업가로 폭넓게 이동하고 기업교체가 이루어진다는 마셜의 견해는 오늘날에도 상당한 타당성을 지니고 있다.(清成忠南)

② 우리나라에서의 실증적 연구도 기업규모의 활발하고 전반적인 상향이동을 보여주고 있으며, 특히 중화학공업 분야에서 이런 특징은 더욱 뚜렷하다. 즉 경제성장이 급격한 개발도상국에서는 마셜의 '소기업 성장론'이, 반면 경제구조가 안정된 미국 등 선진경제에서는 슈타인들의 '소기업 성장 단층론'이 검증된다는 것이다.(중소기업은행 조사부)

③ 부분적으로 마셜의 '소기업 성장론'을 뒷받침하는 실증적 연구도 있는데 이것은 슈타인들의 견해에 대한 부분적 비판이라고 할 수 있다. 고도성장 과정에서 일본 산업을 대상으로 한 실증적 연구에서 성장률이 낮은 분야에서 중소기업이 대기

---

47) 마셜의 문제는 '수확체증과 경쟁적 균형의 양립의 문제'로 전개된다. 마셜은 수확체증과 대규모 경제가 경쟁적 균형을 유지할 수 있으며 독점적 지배에 이르지 않는다고 전제하고 있지만, 현실적으로는 독점적 지배가 형성되고 있다. 슈타인들은 이를 비판한 것이다. 여기에는 소기업이, 독점적 지배를 형성하여 가격지도력을 가진 대기업으로 성장하는 것은 불가능하다는 견해도 포함된다.

업으로 성장한 예가 적지만, 성장률이 급속한 산업에서는 중소기업이 대기업으로 성장하는 실태가 상당히 뚜렷하다는 것이다.(瀧澤菊太郎)

3. 슈타인들의 '소기업 잔존론'

1) 대규모 경제의 유리성과 소기업의 한계

슈타인들은 대규모 경제의 유리성을 주장한다. 그는 기업의 경영관리와 기구의 확대가 비경제성을 가져올 수 있다는 점[48]이나 시장의 불완전성 때문에 소기업의 잔존이 유리하다는 것을 일부 학자들이 주장하고[49]있다는 점을 인정한다.

그러나 대규모 경제의 일반적 이익을 부정할 수 없다는 것이 또한 슈타인들의 생각이다. 특히 그는 소기업이 이용할 수 있는 여러 가지 기술적 이익은 대기업도 소기업에 투자함으로써 얻을 수 있지만, 소기업은 대기업이 갖고 있는 이점이 없으므로, 장기적으로 보면 소기업이 대기업보다 높은 이윤율을 얻는다는 것은 어려운 일이라고 보았다.[50]

그러면서 슈타인들은 플로렌스가 제시했던, 대규모 경제가 실현되기 위해 필요한 세 가지 원리를 인용하고 있다. 즉, ① 대량 거래의 원리, ② 집약적 준비의 원리, ③ 배수의 원리가 그것이다.[51]

대규모 경제의 능률성을 뒷받침하는 이상의 세 가지 원리 밖에도 슈타인들은 '차입비용의 원리'를 다음과 같이 제시하고 있다.

① 소기업이 장기 자본시장을 이용하려면 금지적 비용(禁止的 費用, a prohibitive cost)

---

48) E. A. G. Robinson, 앞의 책, pp.39~40, 43~45. 여기서는 대기업은 관료주의적 성격을 지니지만, 소기업은 창의성과 적응성을 지니는 등 유리한 점이 있다고 지적하고 있다.
49) J. Steindl, 앞의 책, 米田淸貴·加藤誠一 譯, 앞의 책, pp.25~26.
50) 위의 책, pp.24~27.
51) 위의 책, pp.31~33.

을 지불해야 한다. 즉 장기자본시장에서 소기업이 증권을 발행하는 경우 대기업
보다 상대적으로 많은 비용을 부담해야 한다는 것이다.[52]

　② 자본차입에서 소기업보다 불리하다. 이것은 E. A. G. 로빈슨이 자금조달 등 재무적
요인에서 소기업이 불리하다고 지적한 것을 더 적극적으로 설명한 것으로 보인다.

슈타인들의 이와 같은 '대규모 경제성' 주장은 마셜의 이론을 비판하는 배경
이 된다. 그러나 마셜의 이론을 소개하면서 그는 내부경제와 외부경제를 구분하
였지만, 이 가운데 주로 내부경제만을 취급한다고 설명하고 있다.[53] 그리고 외
부경제에 관한 마셜의 설명은 소개하지 않았으며, 또한 대규모 경제도 내부경제
를 중심으로 다루고 있다.

이에 견주어 마셜은 기업의 성장과 대규모 경제의 이론에서 외부경제를 매우
중요하게 생각하였다.[54] 따라서 외부경제론은 마셜의 대규모 경제와 소기업론
을 설명하는 데 중요한 부분이며 오늘날 중소기업 문제에 시사하는 바도 크다.
슈타인들이 마셜의 대규모 경제를 비판하면서 이 부분을 그 대상에서 뺀 것은
큰 결함이 아닐 수 없다.

2) 소기업 잔존론과 그 평가

(1) 소기업의 잔존 조건

슈타인들은 대규모 경제의 유리성에도 불구하고 현실적으로 소기업이 잔존하
는 이유를 다음과 같이 설명하였다.[55]

첫째, 소기업은 그 기반을 완만하게 잃어가고 있는데, 기본적으로 소기업은

---

52) 앞의 책, pp.44~46.
53) 위의 책, p.1.
54) A. Marshall, *Principles*, pp.220~221.
55) J. Steindl, 앞의 책, 米田淸貴·加藤誠一 譯, 앞의 책, pp.123~129.

대기업이 발전하는 정도에 따라 기반을 상실하기 때문이다. 대규모 경제를 이루는 대규모 기업이 처음부터 있는 것은 아니며, 이를 위해 필요한 자본을 축적하는 데는 상당한 시간이 필요하다. 따라서 소자본을 희생하여 대자본이 발전하는 과정은 점진적이다.

둘째, 불완전경쟁은 소기업의 시장을 보호하여 소기업의 존립 능력을 제공하는 중요한 요인이 된다. 이를 간단히 나누어보면,

① 시장의 불완전성은 수송비와 같이 그것 없이는 기업활동을 할 수 없는 합리적 요인에 따른 경우도 있다.

② 생산물의 특성을 달리하거나 소비자가 특정한 생산물에 갖는 기호, 특정 기업에 대한 애착과 관습 등 불합리한 요인에 따르기도 한다.[56]

셋째, 노동시장의 불완전성은 생산물 시장보다 더욱 중요하다.

① 대부분의 소기업은 조직되지 않은 저임금 노동이 공급되는 산업에 속해 있다. 여기서는 가격에 대한 압박을 임금에 떠넘겨 저임금이 지속된다. 따라서 노동절약적인 기술적 진보를 택하려는 움직임이 거의 없다.

② 또한 어떤 산업에서는 대기업과 경쟁하고 있는 소기업이 대기업보다 낮은 임금의 노동공급을 바탕으로 존립하기도 한다.

넷째, 어느 산업에서는 그 산업의 독점적 상태가 일정 수의 소기업 존속을 보증하는 경향이 있다. 두 가지 정도를 들 수 있는데,

① 가격지도자가 된 대기업은 대개의 경우에 전 공급량 가운데 아주 적은 부분을 차지하는 소기업을 배제해도 그다지 이익이 되지 않는다. 따라서 소기업이 존속

---

56) 흄슨은 불완전경쟁을 요인으로 하는 소기업의 잔존을 합리적인 것으로 보았다.

해도 대기업은 그의 지배력 행사를 저해 받지 않는다.

② 소기업의 존재가 산업을 독점하지 않는다는 결정적 증거가 되기도 한다. 따라서 대기업은 소수의 과점기업이 실질적인 지위를 강화하면서도 이를 숨기기 위한 정치적 이유로 소기업을 존속시킨다.

다섯째, 소기업가의 도박적 태도가 소기업을 존속하게 한다. 소기업가는 대단히 낮은 보수를 얻으면서도 비정상적으로 위험을 부담한다는 점에서 확실히 도박자이다.

여섯째, 소기업은 대기업의 관용으로 존속한다. 소기업이 대기업과 하청업자의 관계로 거래하는 경우, 대기업은 소기업에 외관상 독립을 부여하는 것에 불과하다.

(2) 소기업 잔존론의 평가

슈타인들의 소기업 잔존론을 평가하면 다음과 같다.

슈타인들은 여러 각도에서 소기업 존립 조건을 제시하였지만, 그것은 소기업 소멸론과 소기업 비합리성론을 바탕으로, 대규모 경제의 유리성을 적극적으로 인정하면서 이루어졌다는 점에 유의할 필요가 있다. 그런 가운데 전개된 소기업 잔존의 주장에서

첫째, 불완전경쟁에 따른 소기업의 존속 가능성을 제시하였다. 즉 홉슨 이후 로빈슨J. Robinson의 불완전경쟁이나 체임벌린E. H. Chamberlin의 독점적 경쟁의 이론 등 시장의 불완전성에 관한 이론을 가지고 소기업의 존립 조건을 적극적으로 설명하고 있다. 생산물의 특성이나 수송비(입지조건) 등을 소기업의 잔존 이유와 관련짓고 있다.

둘째, 슈타인들은 소기업의 잔존을 종래의 추상적 독점에서가 아니라 구체적으로 독점적 지배력과의 관계에서 살피고 있다. 독과점 대기업이 그들의 실질적인 독점을 숨기려고 정치적인 이유에서 소기업을 잔존하도록 하고, 대기업의 관

용으로 소기업이 잔존한다고 지적한 점 등은 돕M. Dobb이나 아로노비치S. Aaronovitch의 독점지배론의 견해와 상통한다. 그러나 독점지배론을 적극 전개한 것은 아니다.

셋째, 소기업의 잔존 이유를 시장의 불완전성에서 찾되, 이를 노동시장의 불완전성에까지 확대하여 해석하는 점은 주목할 만하다. 특히 여기서 그는 저임금 노동을 소기업의 존립 이유라고 보았는데, 이것은 소기업 문제를 저임금 노동의 문제로까지 연결 짓고 있는 것이다.

넷째, 소기업 잔존에 대한 슈타인틀의 이러한 시각은 홉슨의 견해에 접목할 수 있다. 20세기 초(1909)에 홉슨은 소기업의 잔존을 '진정한 잔존'과 '종속적 잔존'으로 구분하고 후자를 경제적으로 비합리적인 것이라고 하였다. 그 뒤 소기업 문제를 논의하면서 소외되었던 후자를 슈타인틀이 적극적으로 지적하였다.

다섯째, 홉슨은 일부 소기업의 잔존(종속적 잔존)을 비합리적으로 보았고, 플로렌스도 소기업 잔존을 비합리적이라고 여기면서, 산업조직의 불합리성이라고 규정하며 '국민경제적 모순'의 시각에까지 이르고 있었다. 그러나 그 원인의 규명은 비경제적 측면에 치우침으로써 경제 제도적 문제로 나아가지 못하였다. 그러나 이것을 슈타인틀은 경제 제도적 측면으로 적극 규정하였다.

① 대기업으로 성장할 가능성도 없고 생산성이 낮으며 이윤도 적은 소기업이, 장기적으로 이윤율도 낮아서 경영이 불안정하고 도산의 위기에 있으면서도 잔존하는 것은 경제 제도의 바람직하지 못한 일련의 요인 때문이라고 보았다.

② 이들 요인과 소기업 잔존이 경제적으로 비합리적인 것으로 본 점에서는 플로렌스와 견해를 같이한다. 그러나 슈타인틀은 이를 경제 제도적 측면에서 살펴 소기업 잔존을 국민경제적 모순이라고 인식한다.

③ 특히 슈타인틀의 이러한 소기업론은 자본주의의 독과점 구조를 전제로 하고 있어서 더욱 주목된다.

제4절 불완전경쟁 이론과 중소기업 문제

1. 시장의 불완전성에 대한 선행적 논의

1) 시장의 불완전성과 마셜의 지적

마셜 이후 홉슨의 능률적 규모론과 E. A. G. 로빈슨의 적정규모론 등 소기업 문제 또는 기업 규모의 문제에 대한 논의의 주된 흐름은 완전경쟁을 전제로 한 것이었다. 소기업 문제를 시장의 불완전성과 관련하여 다루긴 했지만 그것은 어디까지나 예외적인 범위에 그칠 뿐이었다.

그것은 학설사적으로 볼 때, 한계혁명 이후 근대경제학 이론의 흐름을 주도한 가격이론과 균형이론이 완전경쟁을 전제로 전개되었다는 소기업 논의의 주변적 사정 때문이었다고 볼 수 있다. 경제사적으로는 1870년대 이후 자본주의는 독점 자본주의 단계에 들어갔지만, 영국이나 미국의 경제는 소기업 문제가 아직도 시장의 불완전성이나 독점과 관련하여 구조적 문제로 인식되지 못하였다. 따라서 소기업 문제를 독점이나 시장의 불완전성과 관련하여 논의하더라도 그것은 소극적, 예외적 수준에 그쳤다.

시장의 불완전성에 대한 체계적 이론, 즉 불완전경쟁 이론이나 '독점적 경쟁 이론'은 1933년 로빈슨J. Robinson과 체임벌린E. H. Chamberlin이 완성하였다. 케인스 J. M. Keynes의 《일반이론》57)과 더불어 경제이론의 혁명이라고 일컫는 불완전(독점적)경쟁 이론이 나오면서, 시장의 불완전성과 관련된 중소기업 문제의 논의도

---

57) J. M. Keynes, *The General Theory of Employment*, Interest and Money, Macmillanm 1936.

근대 중소기업 이론의 전개 과정에서 본궤도에 들어오게 되었다.

예컨대 미시경제학에서는, 오랜 학설사적 논쟁을 거친 뒤에야 시장의 불완전성에 관한 이론, 즉 불완전경쟁imperfect competition 이론과 독점적 경쟁monopolistic competition 이론이 체계적으로 나올 수 있었다. 또한 시장의 불완전성과 관련하여 소기업 문제를 본격적으로 논의하게 된 것도 그 선행적 논의가 있었는데, 여기서는 먼저 이에 대한 내용을 알아보기로 한다.

우선 마셜의 지적을 살펴보자. 마셜은 일반적으로 기업에서 균형은 완전경쟁을 전제로 하고 있으며 제조업의 경우 수확체증의 법칙이 작용하고[58] 그 결과 생산에서 대규모의 경제성이 지배적이라고 보았다.

대규모의 경제성이 존재하는 경우 규모의 확대를 계속하는 기업이 우선적으로 이익을 얻고, 결국에는 생산량의 집중과 독점적 지위를 확보하지 않을까 하는 점에 대하여 마셜은 두 가지 해답을 제시하였다. 하나는 그가 가정한 일종의 사회학적 법칙으로 '기업가 능력의 쇠퇴'이다. 다른 하나는 대규모 생산의 경제성에 의존하는 많은 산업에서 그에 상응한 '시장확대의 곤란'이다.

대규모 생산의 경제성을 중요시하는 업종에는 대부분 판매marketing의 곤란이 있다. 수확체증의 경향이 강하게 작용하는 수많은 상품은 어느 정도 특수한 상품specialities이다. 그것은 특수한 기호special tastes에 적응하는 것이기 때문에 넓은 시장을 지닐 수 없다. 이 경우 기업은 새로운 수요를 창조하거나 기존의 수요기반을 확대하려고 노력한다. 그러나 각 기업의 판매는 환경에 따라 완만하게 확대되거나 높은 비용을 지불하고 얻게 되는expensively accquired 특수한 시장에 제한을 받는다. 그래서 생산은 매우 급속히 늘어나지만 판매는 그렇지 못하다.[59]

그런데 특수한 기호에 적합한 제조업에서 기업규모는 대부분 소규모이다. 그들은 새로운 기계와 조직 형태를 갖추고 생산규모를 늘림으로써 일시적으로 큰 경제성을 얻을 수도 있다. 그러나 이들 산업은 각 기업이 어느 정도 그들의 특수

---

58) A. Marshall, *Principles of Economics*, London, Macmillian, 8st ed., 1920, Rep. 1959, p.266.
59) 위의 책, pp.238~239. 여기서 지적한 시장 확대와 비용 증대의 관계는 뒤에 스라파(P. Sraffa)가 본격적으로 논의한다.

한 시장에 제한을 받고 있다. 그래서 성급한 생산 증가는 경제성의 증가보다 더욱 크게 시장에서의 수요가격demand price을 낮추는 경향이 있다고 보았다.[60]

이러한 이유로 마셜은 대규모 생산의 경제성에도 불구하고 산업은 독점에 이르지 않는다고 보았으며, 그 원인을 시장의 제한 또는 불완전성에서 찾은 셈이다. 그 결과 소규모기업이 적합하게 존립할 수 있다는 점도 시사하였다.

또한 마셜은 독점 및 독점적 대기업에 대해서도 논의하였다. 그것은 당시 독점적 대기업이 현저하게 발전하고 있는 역사적 배경을 바탕으로 하고 있지만, 마셜은 이를 소기업과 직접 관련지어 적극적으로 분석하지는 않았다. 다만 독점적 조직에 대한 현실적 분석에 그쳤는데, 이를 살펴보면 다음과 같다.

① 마셜은 제한적 독점limited monopoly의 개념을 제시하였다. 대규모 경제성으로 거대 기업의 활동이 활발해지지만 그것이 기업을 독점에 이르게 하지는 않는데, 그것은 많은 어려운 조건을 충족해야 하기 때문이라는 것이다. 기업이 확대되면서 소규모기업에서의 재능이 대규모 기업에도 발휘되고 기업가의 독창성, 다양성, 주도력, 인내력, 수완과 행운을 장기간 지닐 수 있어야 한다. 그리고 재화수송과 판매의 어려움도 극복해야 한다. 이런 점을 실현하면 기업의 활동영역이 넓어져서 독점의 수준에 가까워질 수 있다. 그러나 그 높은 가격은 경쟁자를 그 분야에 진입시켜[61] 독점의 지속적 한계를 갖는 제한적 독점에 그친다고 보았다.

② 절대적 독점absolute monopoly이 아닌 조건부 독점conditional or provisional monopoly 개념을 제시하였다. 즉 판매 가격을 생산비와 정상이윤을 보상하는 수준 이상으로 올리지 않는다는 조건에서 지배권을 지닌 독점을 말한다.[62] 독점이윤을 갖지 않는 조건부 독점이 현실적이라는 것이다. 그러나 독점에 대항하기 위해서는 많은 자본과 노력이 있어야 하고, 또 변화를 싫어하는 인간의 타성 때문에 조건부

---

60) 앞의 책, p.379.
61) 위의 책, p.238.
62) A. Marshall, *Industry and Trade*, London, Macmillan, 1919, 4th ed., 1923, p.397.

독점은 장기간 지속한다고 보았다. 경쟁자의 출현을 막는 이러한 조건 때문에 지속된 것이 19세기 말부터 1920년대까지의 독점이었다.[63] 그러나 이런 독점은 예외적이며, 현실적으로 중요한 것은 독점이 경쟁의 힘으로 제어될 수 있는, 조건부 독점이라고 보았다.

③ 이런 독점이 차별가격 등으로 압박하지만 소기업은 여전히 잔존하며, 독점적 대기업은 소기업의 이윤을 빼앗지 않는다는 것이 마셜의 생각이었다.

2) 홉슨의 불완전경쟁적 소기업 잔존

마셜과 같은 시대의 경제학자였던 홉슨J. A. Hobson도 소기업 문제를 다루면서 시장의 불완전성에 대하여 말하였다. 그는 소기업의 잔존을 진정한 잔존과 소규모 종속적 작업장small tied workshop, 즉 종속적 성격의 잔존으로 나누었다.[64] 이 가운데 진정한 의미에서 잔존하는 소기업은 잔존할만한 경제적 합리성을 지니고 있다고 보았다. 홉슨은 가장 경제적인 기업 규모를 최저생산비 규모라고 지적하고, 기업단위에서 최저생산비 규모는 투하자본에 대하여 최대의 이윤율을 가져오는 최대능률 규모라고 하였다. 완전자유경쟁에서 모든 기업규모는 여기에 이른다고 보았다. 즉 경제적 합리성에 기초하여 진정한 잔존을 하는 모든 기업은 완전자유경쟁이라는 조건에서는 능률적 규모에 이른다는 것이 홉슨의 생각이었다. 그러나 현실적으로는 이와 다르다.

① 최대능률 기업 규모보다 작은 기업과 큰 기업이 존재하는데, 완전자유경쟁에서 이런 기업은 잔존할 수 없다. 특히 최대능률 규모보다 작은 기업은 대기업과 심한 경쟁관계가 아니고, 우연한 성격을 지니고 특수한 이익을 누리면서 잔존한다. 대기업이 대부분의 업종을 점유하는 가운데서도, 고급품을 생산하는 소기업A

---

63) 앞의 책, p.398.

64) J. A. Hobson, *The Industrial System, An Inquiry Into Earned and Unearned Income*, 1909, Rep. of Economic Classics, New York, A. M. Kelly, 1969, pp.185~187.

small high grade business의 특성 때문에, 또는 적은 이익을 얻는 업무small profitable jobs로, 그리고 대기업 시장의 틈새를 추적하면서picking its market 소기업은 잔존한다고 홉슨은 지적하였다.65) 즉 불완전경쟁을 전제로 능률적 규모(최대능률 규모)보다 작은 기업이 잔존할 수 있다고 하여 시장의 불완전성 문제를 제기하였다.

② 다음으로 최대능률 기업 규모보다 큰 기업, 즉 비경제적 대기업uneconomically large business의 성장에 대해서도 논의하였다. 홉슨은 최고의 이윤율을 올리는 최저 생산비 규모와, 이윤율은 낮지만 더욱 큰 총이윤을 실현하는 규모를 구분하였다. 홉슨은 기업가가 이윤율을 최고로 높이기보다 총이윤을 확대하고자 기업규모를 확장하려는 유혹temptation to expand을 받고, 이것이 비경제적 대기업을 만든다고 생각하였다.

이런 비경제적 대기업의 성장은 경쟁을 억압하기 때문에, 이윤을 최소화시키는 가격하락을 막는 수단으로 이루어지는 것이 일반적이라고 지적하였다.66) 즉 비경제적 대기업의 규모 확대에 대한 설명은 그것이 시장지배력에 영향을 준다는 점과, 나아가 독점의 형성 원인을 분석했다는 점에서 의미가 있다. 이처럼 독점의 형성 원인과 그 작용을 해명하면서도 독점자본과 소기업의 관계 분석에까지는 이르지 못하였다.

홉슨은 시장의 불완전성(불완전경쟁)과 소기업 잔존 문제를 적극적으로 제기했다는 점에서 마셜보다 더욱 진전된 면이 있다. 그러나 완전경쟁에서의 능률적 규모의 분석에 치중한 나머지 불완전경쟁의 이론적 체계나 이와 관련된 소기업 문제의 논의는 예외적 범주에서 그치고 말았다.

---

65) 앞의 책, p.196.
66) 위의 책, p.197.

3) 스라파의 시장의 불완전성 분석

(1) 스라파의 시사와 '독점의 세계'

마셜 이론의 애매한 측면을 규명하면서 일어난 비용 논쟁(빈 상자 논쟁 포함)이 경제학자들의 노력을 가치 없게 만들었다는 일부 비판이 있다. 그러나 그 속에서 균형이론 다음의 방향, 즉 불완전경쟁 또는 독점적 경쟁의 길을 보여주었다는 점에서 큰 의의를 지닌다. 특히, 스라파P. Sraffa의 논문은 '독점적 경쟁의 혁명 monopolistic competition revolution'의 길을 여는 데 중요한 공헌을 하였다.

이에 대하여 새뮤얼슨P. A. Samuelson은 다음과 같이 지적하였다.

기본적으로 경쟁적 산업이 상호의존관계를 맺고 있다는 사실은 스라파가 마셜류의 부분균형 이론에 대한 비판을 포기하고, 발라스류의 일반균형 모형을 선호하게 했다. 그러나 발라스류의 모형에서 마셜류의 부분균형의 결점을 보완할 수 있는 점을 발견하지 못한 스라파는 결국 체임벌린류의 독점적 경쟁 이론의 길the raoad toward Chamberlinian monopolistic competition theory로 나아갔다.[67]

즉, 스라파는 일반균형 이론으로 바꾸기가 곤란했기 때문에 '독점을 향한 길'을 전개할 수밖에 없었다. 그런데 스라파의 '독점의 세계'는 각각의 기업이 독자적 시장을 갖고 있지만, 중복되는 대체품으로 억제되는 상태였으므로 여기에 분명히 독점적 경쟁의 길이 준비되고 있었다.[68]

스라파가 시사한 독점의 세계는 뒤에 독점적 경쟁의 세계로 나아갔으며, 그의 독점을 향한 길은 독점적 경쟁 이론의 길로 발전하였다.

사무엘슨이 지적한 '스라파의 독점의 세계'를 스라파 자신은 다음과 같이 나타낸다.

---

67) P. A. Samuelson, "The Monopolistic Competition Revolution", *Monopolistic Competition Theory, Studies in Impact, Eassy in Honor of Edward H. Chamberlin,* ed. by R. E. Kuenne, John Wiley & Sons, 1967, p.116.
68) 위의 글, 위의 책, p.117.

① 기업이 하나의 상품을 생산할 때 그 상품에 대해 일반 시장은 일련의 뚜렷한 몇 개의 시장으로 세분화한다. 그때 경쟁기업의 시장 점유 몫을 잠식하여 자기의 시장 점유를 늘리려는 기업은 어느 기업이나 세분화된 시장을 둘러싸고 있는 장벽 barrier을 극복하기 위하여 막대한 판매 비용을 부담하지 않으면 안 된다.

② 그러나 다른 한편에서, 각 기업은 자기가 확보한 시장의 범위 안에서, 그리고 자기가 세워놓은 장벽의 보호 속에서 특권적 위치를 누린다. 그 결과 각 기업은 본질적으로 보통의 독점적 기업이 누리는 우위와 같은 것을 얻는다.[69]

③ 그런데 각 기업이 그들의 생산을 점차적으로 늘리려고 할 때 넘어야 할 장애 요인은 생산비에 있는 것이 아니라, 가격을 낮추거나 판매 비용을 늘리지 않고서는 재화의 판매량을 큰 폭으로 늘리기 어렵다는 데 있다.[70]

경쟁자의 시장 잠식과 판매비 증대의 문제에 대한 인용 내용을 쇼브G. F. Shove는 마셜의 수확체증과 경쟁적 균형의 양립을 옹호하는 대상으로 파악한 바 있다. 이에 대해 스라파는 양자의 모순을 지적하면서 그의 '독점을 향한 길'을 나타내는 기술을 하였다. 이는 두 사람의 마셜에 대한 옹호와 비판이라는 입장 차이에서 비롯하는 것으로 볼 수 있다. 이것은 "마셜의 문제"를 해명하는 '명확한 이론'이 없었기 때문이다. 스라파의 독점의 세계는 바로 이 명확한 이론을 만드는 계기를 마련하였다. 이것이 불완전경쟁의 이론 또는 독점적 경쟁의 이론으로 전개된 것이다.

(2) 스라파의 '시장의 불완전성에 대한 힘'의 분석

순수경쟁 이론과 독점 이론을 연결하는 '명확한 이론'을 향한 스라파의 시사를 좀 더 살펴보기로 한다. 스라파는 자유경쟁의 길을 포기하고 그 반대 방향,

---

69) P. Sraffa, "The Law of Returns under Competitive Conditions", *The Economic Journal*, Vol. ⅩⅩⅩⅥ, Dec. 1926, p.545.

70) 위의 글, 위의 책, p.543. 이것은 마셜의 지적(Principles, p.239)과 유사한 흐름이다.

즉 독점의 방향으로 전환할 필요성을 강조하면서, 개별 기업의 활동영역(시장영역)의 변화와 관련하여 비용의 변화가 중요한 역할을 하는 명확한 이론을 시사하였다.[71]

① 산업의 실제적인 상태를 연구 분석하기 위해 독점과 경쟁이라는 양극단의 경우에 대한 두 개의 이론이 주어진다. 그런데 실제로는 이 가운데 어떤 범주에도 일치하지 않고 중간 영역에 흩어져 있는 경우가 있다. 그리고 어느 산업은 그 특유의 사정, 즉 산업 안의 독립적인 기업의 수라든가 그들 기업이 서로 맺고 있는 부분적인 협정의 존재에 따라 독점체제 또는 경쟁적 체제에 가까워지는 것으로 본다.

② 그래서 생산을 서로 완전히 독립적인 많은 수의 기업이 하는 경우에는 경쟁적 체제가 적합하다고 본다. 여기서는 시장의 불완전성imperfection을, 단순히 경쟁 작용을 막아내고 거기서 약간 빗나가는 마찰 정도로 본다. 그래서 경쟁력이 작용하여 이러한 마찰을 실제적으로 극복할 수 있는 것으로 본다.

③ 그러나 경쟁의 기본적인 조건인 시장의 단일성unity of market을 파괴하는 장애는 '마찰'이 아니라, 그것에 연속적이고 누적해서 영향을 미치는 능동적인 힘active force이다. 이 능동적인 힘은 그것이 정태적 가정에 기초를 두고 분석해 볼 수 있는 주제가 될 만큼 충분한 안정성sufficient stability을 갖고 있다.[72]

스라파가 의도했던 '독점의 세계' 또는 '독점을 향한 길'에 대한 분석은 독점과 경쟁의 중간 영역에서, 능동적인 힘과 충분한 안정성을 가진, 시장의 불완전성을 대상으로 하는 '명확한 이론'을 시사하고 있다. 정태적 가정에서 분석의 주제로 삼을 수 있는 충분한 안정성을 지닌 것으로 본 것이다.

이와 같은 스라파의 주제는 로빈슨J. Robinson의 '불완전경쟁의 경제학'의 원천

---

71) 앞의 글, 앞의 책, p.542.
72) 위의 글, 위의 책, p.42.

이 되었다. 이에 대하여 로빈슨은 그의 저서 제1장 서문에서 다음과 같이 쓰고 있다.

"스라파의 논문은 나의 연구의 근원으로 간주해야 한다. 이 책의 주된 목적은 가치에 대한 포괄적 이론the whole theory of value을 만드는 것인데, 이것은 독점 분석 monopoly analysis이라는 말로 취급하며 풍부하게 시사한 것을 더욱 전개하려고 노력하는 것이기 때문이다."73)

로빈슨은 스라파가 '독점 분석'이라는 용어로 시사한 것을 더욱 폭넓게 전개함으로써 '가치에 대한 포괄적 이론', 즉 '가치의 일반이론'을 추구할 수 있다고 생각하였다. 이것은 마셜이 논의했던 순수경쟁의 이론과 독점 이론을 포함하면서도 이 양자를 연결하는 '가치의 일반이론'이다.

이것을 스라파는 독점 분석이라는 말로 시사하였지만, 로빈슨이 생각한 것은 독점이론이 아니고 시장의 불완전성에 대한 힘을 분석하는 명확한 이론이었다. 즉 개별 기업의 활동영역(시장영역)의 변화와 관련하여 비용의 변화가 중요한 역할을 하는 명확한 이론이었고, 로빈슨은 이것을 불완전경쟁 이론으로 전개하였다.

체임벌린은 스라파에게 시사받은 것은 아니지만, 그와 독립적으로 유사한 내용을 구상하여 복점의 이론the theory of duopoly을 전개하였다. 그 당시에 순수경쟁과 독점의 중간영역을 취급하는 이론은 바로 이 '복점의 이론'이었다. 체임벌린은 이 복점의 이론을 일반화하여 경쟁과 독점을 포함하는 이론을 형성하였다. 즉, 경쟁과 독점의 중간영역을 연구하는 것으로 복점 이론이 있지만, 그것은 실질적으로 아직 충분히 연구하지 않은 분야로 남아 있다고 보고 이에 대한 적극적 연구로 독점적 경쟁의 이론에 이르렀다.74)

---

73) J. Robinson, *The Economics of Imperfect Competition*, Macmillan, 1st ed. 1933, 2nd ed. 1969, p. xⅲ.
74) E. H. Chamberlin, *the Theory of Monopolistic Competition, A Reorientation of the Theory of Value*, Harvard Univ. Press, 1st ed. 1933, 8th ed. 1962, p.5.(青山秀夫 譯,《獨占的 競爭の理論》(價値論の新しい方向), 至誠堂, 1966, p.5)

2. J. 로빈슨의 불완전경쟁 이론 - 시장조직과 불완전경쟁의 특징

스라파는 기업이 산출량을 늘리려고 할 때, 즉 기업이 확대균형을 추구할 때 중요한 장애는 생산비에 있는 것이 아니라 판매비용을 늘리지 않고서는 재화의 판매(시장)를 크게 늘릴 수 없는 것이라고 하여, 기업균형에서 수요 요인의 중요성을 지적하였다. 그리고 독점과 순수경쟁의 중간영역, 즉 시장을 불완전하게 하는 능동적이고 안정적인 힘을 분석하는 명확한 이론의 전개를 시사하였다.

해로드R. F. Harrod는 비용은 단순히 생산량에만 의존하는 것이 아니라 수요의 상태에도 의존한다는 점을 강조하고 비용을 생산비와 판매비로 나누어 살펴보았는데, 이것은 판매비가 수요의 상태(시장조직)에 의존한다고 보았기 때문이다. 기업이 산출량을 늘리려면 다른 기업의 시장을 잠식해야 하는데 이것은 시장조직에 따라 규제된다.

즉 수요의 상태는 비용곡선의 방향을 결정하며 이것은 시장의 조직과 관련이 있다. 시장의 상태는 또한 수요곡선에 영향을 준다고 보고 수요곡선에서 보이는 수요증분곡선, 즉 한계수입곡선을 새로 들여와 기업의 균형을 분석하였다. 그래서 해로드는 바이너J. Viner의 지적과 같이 한계수입곡선과 한계비용곡선이 교차하는 점에서 기업이 균형을 이룬다고 보았다.

마셜의 경쟁적 조건에서 산업균형분석과 수확의 법칙에 대한 논의에서, 오히려 산업보다는 개별 기업 차원의 비용변동 분석이 필요하다는 주장을 스라파가 제기한 뒤, 해로드는 한계주의marginalism를 가지고 기업의 균형조건을 도출하였다. 로빈슨은 여기에 산업에서의 균형을 추가함으로써 불완전경쟁 이론을 완성하였다.

그는 시장조직을 분석하고 시장의 불완전성을 다음과 같이 규정하였다.

완전경쟁은 두 가지 전제를 충족하는 경우에 성립한다.

첫째, 수많은 생산자가 존재하여 한 기업의 산출량의 변화가 시장에 나오는 그 상품의 전체적인 산출량에 무시해도 좋을 정도의 영향밖에 주지 못한다.

둘째, 완전한 시장a perfect market이 존재해야 한다.

이 가운데 첫째 조건은 흔히 충족될 수 있지만 둘째 조건, 곧 완전한 시장의 존재는 현실세계에서 그 가능성이 희박하다고 보았다. 완전한 시장에서는 개별 생산자에 대한 수요곡선이 완전 탄력적이어서, 그는 가격을 조금만 내려도 무한 대의 고객을 얻을 수 있고, 반면에 미세하게 가격을 올려도 모든 판매시장을 잃는다.

이러한 완전한 시장이라는 개념은 시장을 이루는 고객이 서로 다른 판매자가 매기는 가격의 차이에 모두 같은 방법으로 반응한다는 가정에 바탕을 두고 있다. 그러나 실제로 고객은 서로 경쟁하는 생산자들이 그에게 제공하는 비가격적 요인besides the price과 여러 가지의 기타 요인을 고려한다. 상품가격에 차이가 있어도 고객은 그 상품의 판매자의 이동을 억제하는 타성이나 무지inertia or ignorance, 그 밖에 특정한 판매를 선호하는 수많은 이유가 있다. 이것은 각 개인에게 서로 다르게 영향을 주는데, 그것은 다음과 같은 요인 때문이다.

① 수송비인데, 기업의 입지 차이에서 오는 기업과 고객의 거리의 차이

② 유명한 이름이 주는 품질의 보증

③ 판매자가 제공하는 편의의 차이인데, 신속한 서비스, 판매원의 친절한 태도, 신용제공의 기간, 고객의 개별적 요구에 대한 배려 등

④ 광고의 영향

경쟁관계에 있는 생산자 또는 판매자들은 소비자의 선택에 영향을 주는 이러한 요인을 개척하고 있기 때문에 경쟁의 존재가 오히려 시장을 불완전하게 만든다. 경쟁자들은 가격은 물론 품질, 편의, 그리고 광고를 통해 경쟁하기 때문에 그 경쟁의 격렬함이 시장을 분열시키고 모든 고객에게 경쟁기업이 비슷한 재화를 근소한 가격의 차이로 제공해도, 그들과 밀착해 있는 거래관계를 즉각 단절할 수는 없다는 것이다.[75]

이것이 로빈슨이 지적한 불완전경쟁의 주요 내용이다. 스라파는 일시적인 마

찰이 아닌 연속적이고 누적된 영향을 지니면서, 능동적이고 충분한 안정성을 갖고 시장을 불완전하게 하는 힘에 대해 다루었다. 로빈슨은 스라파의 이러한 시사를 구체적으로 지적한 것이다.

이 때문에 각 생산자는 서로 경쟁을 하면서도 어느 정도 독점의 영역을 지닌다. 그 결과 기업의 생산물에 대한 수요의 탄력성은 완전경쟁의 경우와 같이 무한대(완전탄력적)가 되지 못한다. 그리고 판매량의 증가는 오직 가격인하를 통하여 이룰 수 있지만, 근소하게 가격인상을 하더라도 모든 고객을 잃는 일은 일어나지 않는 불완전경쟁의 특징을 나타낸다. 즉 한편에서는 완전독점적 요소를 가지고 있으면서도, 다른 한편에서는 완전경쟁적 요소도 가지고 있는 것이 로빈슨의 불완전경쟁의 개념이다.

로빈슨은 이러한 불완전경쟁의 개념을 바탕으로 하여 시장의 조직에서 완전경쟁, 독점, 그리고 불완전경쟁에서의 균형을 설명한다. 그리고 다시 '개별 기업의 균형'과 '산업의 균형'의 조건을 규정하면서 포괄적 가치이론을 정리하였다.

3. 체임벌린의 독점적 경쟁이론 – 독점적 경쟁과 생산물의 분화

체임벌린은 현실의 여러 사실에 적합한 가치이론을 구성하는 것이 가치론의 새로운 방향a reorientation of the theory of value이라고 보았는데, 그것은 동질적이 아닌 상품에 관한 이론이라고 규정하였다.[76] 이런 관점에서 그의 '독점적 경쟁이론'은 생산물의 분화分化라는 개념을 전개한다.

독점력과 경쟁력의 상호작용에 대한 고찰은 기존의 이론과는 다른데, 그것은 생산물의 분화differentiation of the product에 기인하는 것이라고 보고 생산물의 분화를 다음과 같이 설명하였다.

생산물의 일반적 부류는 어떤 판매자의 재화(또는 용역)가 다른 판매자의 그것

---

75) J. Robinson, 앞의 책, pp.89~90.
76) E. H. Chamberlin, 앞의 책, p.10.

과 구별할 수 있는 어떤 중요한 기초가 있는 경우에 분화된다. 이러한 기초는 객관적일 수도 있으며, 주관적이거나 가상적일 수도 있지만real or fancied, 어쨌든 그것은 구매자에게 어떤 중요성을 가지면서 한 종류의 생산물을 다른 것보다 선호하게 만든다. 이런 분화가 조금만 있어도 구매자가 판매자와 결합하는 것은(순수경쟁 아래에서와 같이) 우연한, 무작위한 것이 아니라, 구매자의 선호에 의존하는 경우가 있다고 보았다. 그러면서 생산물 분화의 특징을 다음과 같이 설명하였다.

① 생산물의 분화는 생산물의 어떤 특징에 의존하는 경우가 있다. 예컨대 배타적인 특허권의 특징이나, 상품명, 포장이나 용기의 특이성이 이용되기도 하고 품질, 디자인, 색, 스타일이 작용하기도 한다.

② 생산물의 판매를 둘러싼 조건과 관련하여 분화가 존재하는 경우가 있다. 소매점에서는 판매자의 입지의 편리함, 점포시설의 분위기나 특징, 영업하는 방법, 그의 공정한 거래에 대한 평가, 예절, 능률성, 고객과 경영주 및 사용인 사이의 개인적 관계 등의 요인을 포함한다.

이러한 것과 눈에 보이지 않는 여러 요소가 판매자마다 다른 경우, 생산물은 각각 다르게 된다. 왜냐하면 구매자가 이런 요인을 어느 정도 고려하고 상품과 함께 그러한 요인도 구매하는 것으로 생각하기 때문이다.

체임벌린은, 생산물의 질적 분화의 이 같은 두 가지 측면을 고려할 때, 모든 생산물이 실제로는 적어도 가벼운 정도로 분화되어 있고, 또한 폭넓은 경제활동 영역에서 분화는 상당한 중요성을 갖고 있다고 보았다.[77]

이처럼 실제로는 동일하면서도, 질적으로 분화된qualitatively differentiated 생산물의 경우, 여러 상품은 대체품substitutes으로도 존재하기 때문에 독점적 요소가 절대적으로 또는 거의 존재하지 않는 것으로 보인다. 그 결과 이 분야에 대한 경제력을 조정하는 이론은 경쟁이론a theory of monopoly 가운데 어느 것도 그대로 적용

---

77) 앞의 책, pp.56~57.

하기는 어렵다고 보았다.[78]

생산물이 분화되어 있는 경우, 이는 어느 정도 독점적 요소를 지닌다. 따라서 독점 이론이 그 가격을 설명하는 데 적합한 것처럼 보인다. 그러나 경쟁을 배제할 수는 없다. 이는 대체재의 작용이 각 독점자에게 수요의 탄력성에 영향을 준다고 생각할 수 있기 때문이다.[79]

생산물의 질적 분화와 대체성이 높은 상품의 공급자가 다수 존재하는 시장상태를 독점적 경쟁monopolistic competition이라고 볼 수 있는데, 이는 분명히 순수독점이나 순수경쟁과는 다르다. 따라서 독점적 경쟁은 개별적 균형(보통의 독점이론)뿐만 아니라 집단 균형〔경쟁하고 있는 독점자의 집단a group of competing monopolist, 또는 보통 단순하게는 경쟁자의 집단a group of competitor〕안에서 경제력의 조정을 다루고 있다. 이런 점에서 독점적 경쟁은 경쟁 이론이나 독점 이론과 차이가 있는 것으로 체임벌린은 지적하였다.[80]

4. 불완전경쟁과 중소기업 문제

1934년에 E. A. G. 로빈슨은 소기업의 잔존을 설명하는 이론 가운데 하나로 스라파, 해로드, 로빈슨J. Robinson, 체임벌린 등의 불완전경쟁적 설명을 제시했었다.[81] 이것은 우리가 앞에서 검토했던 내용의 이론적 체계를 말한다.

대규모 경제의 이점에도 불구하고 소기업이 왜 잔존하는지에 대한 '경제 이론상의 문제'는 마셜이 제기한 뒤 근대경제학의 입장에서 중소기업 문제를 설명하는 이론체계의 중심적 과제가 되어 왔다. 그 가운데 시장의 불완전성은 마셜 자신도 소기업의 잔존 이유로서 단편적이나마 제시한 바 있다. 그리고 홉슨이

78) 앞의 책, p.65.
79) 위의 책, p.68.
80) 위의 책, pp.68~69.
81) E. A. G. Robinson, "The Problem of Management and the Size of Firms", *The Economic Journal*, June, 1934, p.246.

불완전경쟁적 시장조건 아래에서 소기업의 잔존 유형을 좀 더 적극적으로 제기
하였다.

그 뒤 시장의 불완전성은 마셜이나 홉슨과 전혀 다른 측면(수확체증과 경쟁적 균
형의 양립兩立의 문제)에서 스라파가 적극적으로 분석하였다. 마셜 경제학의 중심적
개념에 대한 비판이 계기가 된 논쟁에서, 스라파는 능동적인 힘과 충분한 안정
성을 가진 시장의 불완전성을 지적하였다. 각 기업은 그것을 둘러싸고 있는 장
벽으로 말미암아 자기가 확보한 시장영역에서 특권적 위치를 누릴 수 있는 것으
로 보았다.

대규모 경제의 이점이 작용하는 가운데서도 각 기업은 이들 시장의 범위 안
에서는 어느 정도 독점적 영역을 확보할 수 있다는 것이다. 이러한 시장조직(수
요의 상태)은 바이너와 해로드의 연구를 거쳐 J. 로빈슨의 불완전경쟁으로 이어졌
고, 또한 체임벌린이 독점적 경쟁의 개념 속에서 구체적으로 분석하였다. 그 내
용을 중소기업 문제와 관련하여 집약하면 다음과 같다.

첫째, 시장의 불완전성은 J. 로빈슨의 '비가격적 요인'과 체임벌린의 '생산물
의 질적 분화'의 분석으로 구체화되었다. 이 때문에 개별 기업은 자기 시장에서
어느 정도 독점적 위치를 확보하고 장벽의 보호를 받을 수 있다. 그리고 장벽으
로 보호된 불완전경쟁 또는 독점적 경쟁의 시장조직 속에서 차별화된 중소기업
은 대규모 경제의 유리성으로부터 보호받으면서 존립할 수 있다.

둘째, 이때 개별 기업의 수요곡선은, 완전경쟁에서와 같은 수평이 아니라, 우
하右下의 기울기를 갖는다. 개별 기업이 시장에서 어느 정도 독점적 요인을 갖기
때문에 생긴 결과이다. 개별 기업의 수요곡선의 이러한 특성은 균형점의 위치를
완전경쟁의 경우와 다르게 만든다.

셋째, 균형을 J. 로빈슨은 '기업의 산업으로의 자유로운 진입'으로, 그리고 체
임벌린은 경쟁관계에 있는 독점자의 집단 안에서의 경제력 조정, 즉 집단균형의
개념으로 설명한다. 그러나 그들은 다 같이 ① MC=MR(한계비용=한계수입)
② AC=AR(평균비용=평균수입)이라는 이중의 조건에 귀결된다.

접선해법接線解法으로 설명할 수 있는 이 균형조건 아래에서 평균수입곡선(수요곡선)은 평균비용곡선의 최저점보다 높은 점에서 접한다. 즉 수요곡선이 평균비용곡선의 최저점에 이르기 전에, 우하右下의 기울기 상의 어느 점에서 접하게 된다. 이것은 완전경쟁의 경우 평균비용곡선의 최저점에서 수요곡선(AC=AR=MR)이 만나는 것과 차이가 있다.

넷째, 그 결과 균형 상태에서 개별 기업의 균형산출량은 완전경쟁에서 정상이윤을 실현하는 적정규모보다 작은 규모of less에서 결정된다. 어느 정도 독점적 위치를 갖고 있기 때문이다. [그림 1]을 보면 OA′은 완전경쟁에서의 균형산출량인데, 불완전경쟁에서는 OA에서 균형 산출량이 결정된다. 즉 AA′(=OA′-OA)만큼 적정규모보다 산출량이 줄어든 점에서 균형산출량이 결정된다.

다섯째, 개별 기업의 균형가격은 완전경쟁에서의 가격보다 높은 수준에서 결정된다. 완전경쟁에서는 최저평균생산비와 가격이 같은 수준(P=AR=MR)에서 결정되지만 불완전경쟁에서의 균형가격은 이보다 높다. [그림 1]에서 보면 완전경쟁하의 가격은 A′R′인데 비해 불완전경쟁에서는 AR이 균형가격이며, 따라서 KR(AR-A′R′)만큼 높은 수준이다. 이는 평균생산비의 최저점보다 높은 수준이며, 불완전경쟁에서 추가이윤의 근원이 된다.

여섯째, 그 결과 개별 기업은 완전경쟁에서의 정상이윤보다 어느 정도 높은 이윤을 실현할 수 있다. [그림 1]에서는 이것은 EE′KR(=OA×KR)로 표시되고 있다. 이것은 적정이윤에 더해지는 이윤을 말하며, 불완전경쟁에서 독점적 요인이 가져오는 차익이다. 체임벌린은 이것은 필요극소액이라고 설명하였다. 곧 시장에서 불완전경쟁(또는 독점적 경쟁)의 위치에 있는 기업은 정상이윤보다 다소 높은 이윤을 차지하면서 안정성을 유지할 수 있다.

결국 불완전경쟁에서 개별 기업은 균형 상태에서 완전경쟁의 경우보다 작은 생산규모, 높은 균형가격, 그리고 다소 높은 이윤을 실현하면서 안정적으로 존립할 수 있다. 이것은 기업이 지닌 '비가격적 요인'(J. Robinson) 또는 '생산물의 질적 분화'(E. Chamberlin)로 생긴 결과이다.

중소기업은 대규모 경제의 이점을 지니고 있지 못하여 대기업에게 소멸 구축될 가능성이 높다. 그러나 비가격적 요인이나 생산물의 질적 분화에 따른 시장의 차별화로 보호받으면서 안정적으로 존립할 수 있다는 것이 불완전경쟁적 중소기업 존립이론의 설명이다.

[그림-1] 불완전경쟁과 중소기업

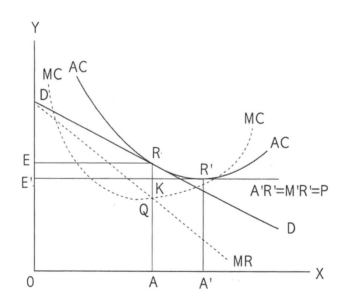

제4장
정치경제학의 중소기업 이론

제1절 중소기업 문제의 정치경제학적 해석

1. 중소기업 문제와 산업구조상의 모순

중소기업 문제를 정치경제학적으로 해석하는 것은 자본주의 발전 과정에서 생겨나는 구조적 모순인 중소기업 문제를 해명하는 것이다. 이에 대한 이론의 기원은 마르크스K. Marx의 《자본론 Das Kapital》(1867년)에 있지만, 중소기업 이론의 흐름에서는 홉슨J. A. Hobson이 비로소 문제를 제기하였다.

홉슨은 중소기업의 잔존 형태를 '진정한 잔존'과 '종속적 잔존'으로 구분하고, 후자가 경제적으로 '불합리한 이유'를 바탕으로 잔존하는 것으로 보았다. 종속적 잔존의 대상은 진정한 자주독립성real autonomy을 침식당한 소기업으로서,

① 소규모 수공업 및 가내공업 등 노동착취적 기업sweating business

② 대공장이나 대상사 등 중간상인에 종속해 있는 작업장servile business

③ 저임금, 장시간 노동 등 노동착취제도sweating system에 의존하여 잔존하는 소규모의 종속적 작업장small tied workshop 등을 들었다.[1]

종속적 잔존 계층에 속하는 소기업에 대한 연구는 진정한 잔존의 소기업 연구에 묻혀서 그 뒤 크게 진전을 보지 못하였다. 이들 소기업이 잔존하는 불합리한 이유는 대공장이나 중간상인이 소기업을 지배하는 데서 오는 소기업의 진정

---

[1] J. A. Hobson, *The Industrial System, An Inquiry to Earned and Unearned Income*, London, Longmans, Green & Co, 1909, Rep. of Economic Classics, New York, A. M. Kelley, 1969, pp.187, 190.

한 자주성의 상실과 착취적 요인의 작용이다. 즉 지배적 경제제도인 대공장이나 중간상인과 종속적 위치에 있는 소기업 사이에서 생겨나는 '소기업 문제'인 것이다. 이 소기업 문제는 다름 아닌 모순인데, 이것을 해명하는 것이 정치경제학2)적으로 중소기업 문제를 연구하는 과제이다.

정치경제학적 시각에서 중소기업 문제는 자본주의 발전 과정에서 일어나는 '산업구조상의 모순'이며 자본의 운동법칙이 가져오는 하나의 모순이라고 규정한다.3) 이때 산업구조는 자본과 노동이 그 안에서 움직이는 틀(구조)을 말한다.

산업구조 안에는 ① 자본과 노동, ② 상인자본과 수공업 및 가내공업, ③ 대자본과 소자본, ④ 독점자본과 비독점자본인 중소자본, ⑤ 외국자본과 민족자본 등이 상호관계를 맺으면서 작용하고 운동한다. 이들은 상호협농 의존관계를 맺기도 한다. 그러나 산업구조 안에서 자본과 노동이 운동하는 과정에서 가치배분을 둘러싼 갈등과 대립이 일어나면서 생산관계적 모순이 생겨나는데, 그 가운데 하나가 중소기업 문제이다.

특히 지배적 경제제도(대기업 또는 독점기업)가 종속적 경제제도(소기업 또는 중소기업)를 지배 수탈하는 과정에서 나오는 모순이 중소기업 문제의 기본이 되는데, 이것을 해명하는 것이 정치경제학적 중소기업 이론의 과제이다. 앞에서 우리는 산업구조 안에서 작용하는 요인의 구체적 형태와 관계를 다섯 가지로 나누어 제시하였다.

이 가운데 ①, 즉 자본과 노동 사이에 생겨나는 갈등을 기본적 모순이라고 하고 ②, ③, ④, ⑤에서의 대립관계를 종속적 모순(또는 부차적 모순)이라고 한다.

정치경제학적으로 중소기업 문제를 해명하는 것은 자본주의 발전 과정 또는 산업구조의 고도화 과정4)에서 나오는 기본적 모순과 종속적 모순을 분석, 연구

---

2) 정치경제학은 부르주아 경제학의 체계 안에서 근대경제학과 이론논쟁을 지속하면서 전개된 리카르도적 정치경제학(Ricardian political economy)과 마르크스K. Marx에 의한 과학적인 프롤레타리아 정치경제학의 두 흐름으로 분류할 수 있다. 오늘날 정치경제학의 주된 흐름은 후자이며, 여기서 중소기업 문제에 접근하는 방법도 주로 마르크스경제학의 개념에 기초를 두고 있다.

3) 伊東垈吉, 〈中小企業問題の本質〉, 藤田敬三·伊東垈吉 編, 《中小工業の本質》, 中小企業叢書Ⅰ, 有斐閣, 1960, p.29

4) 중소기업 문제는 산업구조상의 모순이며, 또한 자본주의 발전과 이에 수반되는 산업구조의 '고도화' 과정

하는 것이라고 할 수 있다. 따라서 중소기업 이론은 경제학 이론의 열외가 아
닌[5] 주요한 부문이 된다.

2. 중소기업 문제의 정치경제학적 해석의 기초

1) 자본주의 발전의 근본법칙과 중소기업 문제

자본주의의 구조적 모순인 중소기업 문제는 자본주의 발전의 근본법칙 속에
서 해명할 수 있는데, 그것은 마르크스가 《자본론》에서 정립하였다. 잉여가치 창
출의 법칙과 자본주의적 축적의 일반법칙을 주요 내용으로 하여, 자본축적의 법
칙이 관철되면서 자본주의가 발전하는데, 이것이 자본주의 발전의 근본법칙이다.

자본주의는 이윤을 위한 생산 형태인데, 이윤의 원천은 잉여가치이며 잉여가
치는 노동착취에서 나온다. 그래서 자본주의 성립, 발전의 기본조건은 잉여가치
와 노동착취인데, 이것은 자본가계급이 노동자계급을 착취한다는 기본적 모순
을 이룬다. 따라서 자본주의의 기본적 성격은 자본가와 노동자의 생산관계적
대립이며, 자본과 노동의 기본적 모순으로 성립한다. 이것이 잉여가치 법칙의
결론이다.

그리고 기본적 모순에 따른 잉여가치의 창출과 함께, 대자본이 소자본을 구
축, 흡수하여 자본주의적 축적의 일반법칙이 관철되면서 자본주의가 발전한다는
것이 《자본론》의 내용이다. 따라서 자본주의 발전은 자본이 집적, 집중하는 가
운데, 한편에서는 노동자 계급의 궁핍화와 조직적 반항, 그리고 다른 한편에서는
소자본의 구축, 도태라는 기본적 경향을 지닌다.

이와 같은 자본주의 발전의 근본법칙, 곧 잉여가치 창출의 법칙과 자본주의적

에서 생기는 모순의 하나이기 때문에, 그것은 '歷史的'이라고 규정되고 있다.(앞의 글, p.29)
5) 中村秀一郎, 〈獨占資本主義の構造と中小企業問題〉, 楫西光速·岩尾裕純·小林義雄·伊東岱吉 編, 《講座 中小
企業2》(獨占資本と中小企業), 有斐閣, 1968, p.23.

축적의 일반법칙이 실현되는 가운데 형성되는 중소기업 문제는 다음과 같다.

① 잉여가치 창출 과정에서 기본적 모순은 독점자본과 노동자, 그리고 중소자본과 노동자의 대립적 관계를 이루는데, 여기서는 저임금 기반 등 중소기업 존립의 객관적 조건이 문제가 된다.

② 자본의 집적은 잉여가치가 자본으로 재전환(자본축적)해 개별자본의 규모를 확대한다. 최저필요 자본량이 늘어나고 자본의 유기적 구성이 고도화하면서, 중소기업 사이의 과당경쟁이 일어나고, 저임금 노동이 생겨난다.

③ 자본의 집중은 복수의 개별자본이 단일자본이 되는 것이므로 대자본이 소자본을 구축, 도태시킨다. 여기서는 자본과 자본의 대립적 관계, 즉 종속적 모순을 이루는 가운데 자본이 축적된다.

④ 독점자본 단계에서 종속적 모순은 독점자본이 중소기업 잉여가치를 수취하는 것이므로, '독점기업-중소기업-중소기업 노동자'의 삼중구조 속에서 자본축적의 기반이 다양해진다.

⑤ 자본축적의 법칙은 자본의 집적과 집중을 기본적 경향으로 하면서도, 자본의 분열과 분산이라는 반대 경향(부차적 경향)의 제약·보완을 받는다. 이것은 소자본의 구축 도태와, 신설 잔존이 병행하면서 자본축적이 이루어진다는 것을 의미한다.

⑥ 독점자본 단계에서는 자본의 분열, 분산이라는 부차적 경향이 중소기업의 '잔존·이용'의 문제로 더욱 적극화되어 중층적 축적구조의 분석에 이른다.

2) 독점단계 중소기업 문제 해석의 기초

한편 자본주의 발전의 근본법칙은

① 각 나라의 역사적 조건의 차이에 따라 다른 형태로 나타나면서 각각 자본주의의

특수성(특수한 모순)을 이룬다.

② 그러한 모순은 산업자본주의에서만이 아니라 독점자본주의에서도 일관적으로
   나타나지만, 전자에서와는 다른 형태로, 독점자본주의의 독특한 문제(모순)를 일
   으키는데, 중소기업 문제도 그 한 가지 형태이다.

③ 한 나라 독점자본주의의 특수성(특유의 문제)도 기본적으로는 자본주의 발전의
   근본법칙의 특수한 형태 가운데 하나로 이해해야 한다.

결국 독점단계의 중소기업 문제는 자본주의 발전의 근본법칙이 독점자본주의
단계에서 실현되면서 일어나는 구조적 모순이다. 잉여가치 창출을 위한 기본적
모순을 바탕으로 하면서, 자본계층화의 메커니즘에 따라 독점자본의 잉여가치수
탈, 그리고 대자본과 소자본 사이의 잉여가치 수탈의 형태(부차적 모순)가 중소기
업 문제로 구체화한다.

이런 가운데 독점단계 중소기업 문제는 다음과 같이 해명할 수 있다.

첫째, 중소기업 문제는 독점자본주의 일반의 문제이며, 한 나라 자본주의만이
특유한 문제는 아니다.

① 이에 따라 독점자본 단계의 중소기업 문제가 왜 나오고 그것이 어떠한 문제인가
   하는 것, 즉 독점단계의 중소기업 문제 형성의 필연성과 그 본질을 규명해야 한다.

② 한 나라 중소기업 문제가 특수성을 지니더라도 그것은 자본주의 발전의 근본법
   칙이 독점단계에 있는 그 나라 독점자본주의의 특수한 여러 조건에서 구체화한
   것으로 본다.

둘째, 중소기업 문제는 기본적으로 독점자본주의의 구조적 모순의 산물로 이
해한다. 따라서 한 나라의 중소기업 문제는 독점단계에 있는 그 나라 자본주의
의 구조적 모순의 산물이라고 생각한다. 이를 설명해보면,

① 오늘날 중소기업 문제는 자유경쟁을 기반으로 하는 산업자본주의의 문제가 아니라, 독점이 지배하는 독점자본주의의 문제이다. 따라서 중소기업 문제는 독점과 관련하여 파악해야 한다.

② 독점자본 단계에서도 경제의 기본적 모순은 자본과 노동 모순이다. 그런데 독점자본이 형성 발전하면서 기본적 모순은 많은 종속적(부차적) 모순을 일으키면서 자본주의적 축적을 이루었다. 중소기업 문제도 그 가운데 하나이다.

③ 자본주의 독점단계에서 나오는 다양한 종속적 모순은 기본적 모순을 바탕으로 한 특수한 존재형태이다.

셋째, 중소기업 문제는 독점자본 대 중소자본, 즉 자본 대 자본의 관계로 나타나며 그 내용은 독점자본이 중소자본을 지배 수탈하는 관계이다. 따라서 독점자본주의에서 지배 수탈관계는

① 독점자본이 노동자를 지배, 수탈하는 관계
② 중소자본이 노동자를 지배, 수탈하는 관계
③ 이들 두 가지 착취관계를 연결하는 관계[결절관계結節關係]로서 독점자본이 중소자본을 지배, 수탈하는 관계로 존재한다.

이 세 가지 지배, 수탈관계는 단순히 병존하는 관계가 아니고 유기적 삼중구조를 이루고 있으며 그 정점이 독점자본에 있다.

넷째, 중소기업 이론은 독점자본 단계에서 중소기업(중소자본)의 신생과 잔존, 즉 그 존속의 필연성을 독점자본주의의 일반적인 경제법칙으로 해명해야 한다. 이를 위해 중소자본이 사회적 총자본의 불가결한 일환으로 존속하는 필연성을 밝혀야 하는데, 여기에는 중소자본에 착취당하는 중소기업 노동자도, 독점자본에 착취당하는 노동자와 함께, 노동자계급의 일환으로 존재한다는 의미가 있다.

자본주의 독점자본 단계에서 중소기업 존속의 필연성을 논증하는 것은 중소

기업 문제 해명을 위한 기본적 과제이다. 독점자본주의에서 중소기업 존재, 그 자체가 중소기업 문제를 이루기 때문이다.

이처럼 산업자본주의가 성립한 뒤, 자본주의 발전 과정에서 자본의 집적·집중으로 중소자본이 구축 도태 수탈됨에도 불구하고 끈질기게 존속하는 것이야말로 독점단계 중소기업 문제 해명의 기초 조건이 된다. 다시 말해 자본의 집적·집중이 기본적 경향이 되는 가운데서도, 중소기업이 존속하는 것, 즉 자본의 분열·분산이라는 반대 경향도 적극적으로 병행하면서 경제법칙이 이루어지는 내용을 살피는 것이 독점단계 중소기업 문제 해명의 기초이다.

3. 정치경제학적 중소기업 이론의 흐름

1867년 마르크스가 《자본론》 1권에서 자본집중의 경향에 대하여 논급한 뒤, 정치경제학은 오랫동안 대자본이 소자본을 구축·도태한다는 기본적 경향만 주로 강조하였다. 반면에 이러한 기본적 경향이 수많은 중소자본의 잔존과 신생을 수반한다는 측면은 이론적으로 주목받지 못했다.

단지 19세기 말(1899년), 소농과 소경영의 지속적 잔존의 문제를 논의했을 뿐이다. 곧 소농과 소경영의 존속을 들어 마르크스의 집중론을 수정해야 한다고 주장한 베른슈타인E. Bernstein과, 이에 반하여 대농과 대경영의 우위성과 집중법칙의 관철을 주장하면서 마르크스를 옹호하려고 한 카우츠키K. Kautsky가, 이른바 수정자본주의 논쟁의 일환으로 소기업 잔존의 문제를 논의한 데 불과하였다. 그 뒤 일본에서는 이와 같은 상태를 반영하여 마르크스의 집중론을 소자본의 공식적 폐쇄론이라고 하여, 그 비현실성을 비판하는 논의가 일어났다.6) 그리고 마르크스의 자본집중법칙을 폭넓게 분석하였다. 대량의 중소기업의 존재를 일본의 특수한 조건에서 비롯한 예외적 현상으로 보는 중소기업론도 있었다.

---

6) 山中篤太郎, 《中小企業の本質と展開》, 有斐閣, 1958, p.39.

그러나 1950년대 중반부터 수많은 중소기업의 존재와 그것이 안고 있는 모순을 일본의 특수성으로만 파악하지 않고, 자본주의 독점단계의 일반적 문제로 규정하려는 움직임이 나타났다.[7] 여기서는 당연히 마르크스의 집중론을 살리면서도, 중소기업의 존립 문제를 일반적인 문제로서 설명하는 이론이 나왔다. 나아가 이것은 마르크스의 이론에 따라 그의 집중론의 내용을 검토하고 그것을 분산론과 함께 살피면서 구체화하려 하였다.[8]

일본에서의 이러한 중소기업 이론의 전개방향과는 별도로 영국의 돕M. Dobb은 독점단계에서 중소기업의 수많은 존립을 지적하고 그 존립 조건을 설명했다.[9] 그리고 근대 경제학에서는 이미 마셜A. Marshall이 1891년에 소기업의 수많은 존속을 문제로 제기하고 그 이유를 설명하였다.[10]

중소기업 이론이, 이처럼 구축론에서 존립론으로, 그리고 존립 형태 및 존립조건론으로 발전한 것은 그 해명 대상인 중소기업 문제의 성격이 변화했기 때문이다. 즉 자본주의가 산업자본주의 단계에서 독점자본주의 단계로 이행하면서, 자본주의의 구조적 모순으로서 중소기업 문제가 그 성격이 변하였고, 그에 따라 중소기업 이론의 내용도 달라졌다.

또한 후발 자본주의 경제가 안고 있는 구조적 모순인 이중구조 문제를 다루는 중소기업 이론[11]이 있고, 식민지 지배를 받는 후진경제에서 그들이 안고 있는 중소기업 문제를 연구한 민족경제론에 바탕을 둔 민족자본론[12]이 나오기도 하였다.

7) 伊東垈吉, 앞의 글, 藤田敬三·伊東垈吉 編, 앞의 책, p.30.

8) 北原 勇, 〈資本の集積·集中と分裂·分散─中小企業論序說〉, 《三田學會雜誌》, 1957年, 7月號.

9) M. Dobb, *Studies in the Development of Capitalism*, Routledge & Kegan Paul, 1st ed. 1946, 2nd ed. 1963.

10) A. Marshall, *Principles of Economics*, Macmillan, 8th ed. 1920; *Industry and Trade*, Macmillan, 4th ed. 1923(1st ed. 1919).

11) 長洲一二, 〈二重構造分析の方法論〉, 伊東光晴 執筆 編集, 《日本資本主義分析の再檢討》, 廣文社, 1966.

12) 朴玄埰, 〈中小企業問題의 認識〉, 《創作과 批評》, 창작과 비평사, 1976 여름, p.386.

제2절 자본의 집적·집중과 중소기업 문제

1. 자본의 집적과 개별자본의 분열·분산

1) 자본주의적 축적의 일반법칙과 자본의 집적

일찍이 마르크스는《자본론》에서 자본주의적 축적의 일반법칙the general law of capitalist accumulation을 밝혔다.[13]

자본주의적 생산양식이 확대 발전하기 위해서는 자본주의 생산의 기초가 되는 잉여가치를 계속 생산해야 할 뿐만 아니라, 잉여가치로 자본을 생성, 형성하여 자본주의적 생산과정이 확대·발전하는 확대재생산이 이루어지는데, 그것이 자본의 축적이다. 이러한 자본축적, 즉 잉여가치를 생산하고, 다시 잉여가치가 자본화하여, 이 자본이 잉여가치를 생산하는 것은 자본주의적 생산양식의 기본법칙이다.

자본주의적 축적의 이러한 법칙은 자본의 집적concentration of capital과 자본의 집중centralization of capital의 두 가지 운동으로 이루어지며, 이것이 자본주의 발전의 필연적이고 기본적 경향이다. 이 두 가지 운동에 관한 법칙은 자유경쟁이 지배적인 산업자본주의에서나 독점자본주의에서 기본적인 것이며, 특히 독점단계에서는 경쟁을 제한하여 독점자본을 이루게 하는 원동력이다. 따라서 이 법칙은

---

13) K. Marx, *Capital, A Critique of Political Economy,* Vol. Ⅰ, *The Process of Capitalistic Production,* ed. by F. Engels, trans. from the Third German Edition by Samuel Moore and Edward Aveling, New York, International Publishers, 1967, Part Ⅶ, Chap. ⅩⅩⅤ, p.612(金秀行 譯,《資本論Ⅰ》(下), 비봉출판사, 1989, p.774.)

구조적 모순인 중소기업 문제를 해명하는 시발점이 된다.

자본의 집적은 잉여가치가 자본으로 재전환(retransformation: 자본축적)하여 개별자본이 커지는 것이며, 이에 따라 개별자본이 소유하는 생산수단과 고용하는 노동력의 집적, 즉 생산규모의 확대가 나타난다.

이때 자본집적의 기초가 되는 잉여가치 또는 잉여생산물의 증대는 사회적 노동생산성을 높이며 이 잉여생산물이 자본축적을 형성하는 요소가 된다. 그런데 노동생산성의 제고는 자본의 집약으로 이루어지기 때문에, 노동생산력을 높여 잉여가치 생산을 크게 하는 방법은 바로 자본으로 자본을 생산하는 방법이다. 그 결과 자본의 축적은 더욱 늘어나고 자본집적과 축적의 가속적 과정이 이어진다.

잉여가치가 자본으로 끊임없이 재전환하는 자본의 집적은 자본의 크기를 늘린다. 그 증대는 이번에는 생산규모를 확대하는 기초가 되고, 노동생산력을 높이며, 잉여가치의 창출을 촉진하는 작용을 한다. 따라서 일정한 정도로 자본축적이 이루어진 자본주의 생산양식에서는, 노동생산력과 생산규모가 상호작용하여 자본은 가속적으로 축적된다. 이 두 경제적 요인의 상호작용에 비례하여 자본의 기술적 구성이 변화하는데, 이 변화 때문에 자본의 가변적 구성부문이 불변적 구성부문보다 점점 작아진다.14) 즉 자본의 유기적 구성organic composition of capital 15)이 높아진다.

잉여가치의 증대를 위한 노동생산력 제고와 이를 위한 생산규모의 확대 및 자본의 유기적 구성이 고도화함에 따라 자본의 축적은 가속적으로 이루어진다. 그리하여 자본으로 기능하는 부의 양이 늘어나면서 축적은 개별 자본가들의 부를 집적시키며, 대규모생산의 기초와 자본주의적 축적의 기초를 확대한다.

사회적 총자본의 증대는 많은 개별자본의 규모 확대로 이루어진다. 그 밖의 조건이 같다면, 개별자본의 규모가 커질수록 사회적 총자본의 규모도 커지며, 사

---

14) K. Marx, 앞의 책, p.624. 여기서 자본의 가변적 구성부문(가변자본)은 자본 가운데 잉여가치를 창출하는 노동력의 구입에 충당되는 자본을 말한다. 자본의 불변적 구성부문(불변자본)은 생산수단에 지불되는 자본이다.

15) 위의 책, p.612. 자본의 유기적 구성의 고도화는 자본구성 가운데 불변자본(생산수단)의 비중이 높아지는 것, 즉 자본집약도가 높아지는 것을 말한다.

회적 총자본 가운데 개별자본이 차지하는 비중이 클수록 생산수단의 집적은 촉진된다.

2) 개별자본의 분열·분산의 가능성

그러나 동시에 새로운 가지[枝]가 최초의 자본에서 나와 새로운 독립된 자본으로 기능한다. 여기서 특히 큰 역할을 하는 것은 자본가 가족들 사이의 자본의 재분할이다. 그리하여 자본축적에 따라 자본가의 수도 대체로 늘어간다.

결국 두 가지 점이 자본의 집적을 특징짓는다.

첫째, 사회적 생산수단(총자본)이 개별 자본가들에게 집적되는 것은 다른 조건이 같다면, 사회적 부가 늘어나는 정도에 영향을 받는다. 즉 사회적 부가 커질수록 개별 자본가의 자본집적은 촉진된다.

둘째, 사회적 총자본 가운데 개개의 생산 분야에 투하되는 자본은, 상대방을 서로 경쟁적이고 독립적인 상품생산자로 상대하는, 많은 개별 자본가들 사이에서 분할된다.

결국 자본축적과 그에 따라 집적된 자본(사회적 총자본)은 많은 곳으로 분산 scatter될 뿐만 아니라 개별기능자본의 규모증대는 새로운 자본의 형성과 구舊자본의 분화로 방해받는다. 그리하여 자본축적은 한편으로는 생산수단의 집적과 노동에 대한 지휘의 집적을 늘리지만, 다른 한편으로는 다수의 개별 자본가의 형성 등 서로에 대한 배척repulsion과 투쟁으로 나타난다.16)

이러한 마르크스의 설명은 자본의 집적과정에서 개별자본가가 그 규모를 확대하여 대자본화하지만, 동시에 새로운 개별자본이 나오고 또 자본이 분열 및 분산함으로써 소자본이 존립할 수 있다는 가능성을 지적한 것이다. 이것은 그 뒤 중소기업 문제를 분석하는 원천을 제공하고 있다.

---

16) 앞의 책, p.625.

2. 자본의 집중과 대자본의 소자본 흡수·구축

자본의 집중은 여러 자본의 자립성의 상실, 복수자본의 단일자본으로의 전화轉化를 의미한다. 자본의 집중은 기존의 대자본이 소자본을 흡수, 합병하는 형태를 취하기도 하고, 기존 또는 형성 중인 둘 이상의 자본이 주식회사 형태로 융합하는 등 더 활발한 방식을 취하기도 한다. 자본의 집중도 개별자본의 자본금과 생산규모의 확대 그리고 생산수단과 노동지휘의 집적을 가져온다.

자본의 집중과정에서 사회적 총자본은 많은 개별자본으로 분열splitting up되며, 또 서로 배척하기도 하지만, 다른 한편에서 그들은 서로 끌어당긴다. 그 결과 집적과 다른 의미의 생산수단과 노동지휘의 집중이 일어난다. 구체적으로 살펴보면,

첫째, 이미 형성된 개별자본의 집중이며, 개별자본이 독립성을 잃는다. 자본이 자본을 수탈한다는 자본과 자본의 대립적 관계가 나타나고 그 결과 다수의 소자본이 대자본으로 바뀐다.

둘째, 집적의 과정과는 달리, 집중 과정은 이미 존재하여 기능하고 있는 자본들의 분배만을 전제로 하기 때문에 사회적 부의 절대적 증대나 축적의 절대적 한계에 제약받지 않는다. 즉 한 곳에서 많은 사람들(소자본가)이 자본을 잃어버림으로써 다른 곳의 어떤 한 사람(대자본가)의 수중에 자본이 대량으로 늘어나는 것이다. 이것이 축적 및 집적과 구분되는 집중의 진정한 의미이다.[17]

셋째, 자본의 집적에서는 한 나라 개별자본의 절대수가 줄어드는 것이 아니지만, 자본의 집중에서는 둘 이상의 개별자본이 단일자본으로 되는 것이기 때문에 개별자본의 절대수가 감소한다. 따라서 자본의 집중운동에서는 집적운동에서와는 달리 대자본이 소자본을 압도·구축하는 경향이 뚜렷이 나타난다.

넷째, 자본집중의 법칙(자본이 자본을 끌어당기는 법칙)은 다음과 같이 전개된다.

① 경쟁권battle of competition은 상품값을 싸게 하는 방법으로 진행된다. 상품값이 싸

---

17) 앞의 책, pp.625~626.

지는 것은, 기타 조건이 같다면, 노동생산성에 의존하며 노동생산성은 생산규모에 의존한다. 그러므로 대자본은 소자본을 격파한다.

② 자본주의적 생산방식이 발전하면서 정상적인 조건 하에서 사업을 하는 데 필요한 개별자본의 최소량은 점차 증대한다. 그러므로 비교적 작은 자본은 대공업 modern industry이 산발적 또는 불완전하게 장악하고 있는 생산분야로 몰려든다.

③ 여기서 경쟁은 서로 적대적인 자본의 수에 정비례하고, 자본의 크기에 반비례한다. 경쟁은 언제나 많은 소자본의 멸망으로 끝나며, 멸망한 자본(소자본)의 일부분은 승리자(대자본)의 수중으로 넘어가고 나머지는 사라진다.

④ 그뿐만 아니라 자본주의적 생산의 발전과 함께 전혀 새로운 힘인 신용제도가 발생한다. 이 신용제도는 처음에는 축적의 겸손한 조수助手로서 산재해 있는 화폐재원을 보이지 않는 끈invisible threads으로 개별자본가 또는 결합자본가에 끌어들인다. 그러나 얼마 안 가서 그것은 경쟁 전에서 새롭고 무서운 무기가 되어 자본집중을 위한 방대한 사회적 기구로 전환한다.[18]

3. 자본의 집적·집중과 중소기업 문제

자본의 집중과정에서 일어나는 경쟁-노동생산성의 상승-생산규모의 확대-자본의 유기적 구성의 고도화라는 과정은 표준적(정상적) 조건 아래에서 사업을 경영하는 데 필요한 최저필요자본량을 증대시킨다. 이것은 자본의 집적과정에서도 같은 결과를 가져온다.

그런데 정상적 조건이라는 개념은 각 생산부문에서 같지 않으며, 소자본은 당연히 경쟁에서 멸망하든지 최저필요자본량의 규모가 작은 생산부문으로 집결한다. 여기서 과당경쟁이 일어나는데 이것이 자본의 집적·집중과정에서 일어나는

---

18) 앞의 책, p.626.

구조적 모순으로 중소기업 문제가 된다.

다음으로 자본주의적 축적 과정의 필연적 산물인 자본구성의 질적 변화 속에서 중소기업 문제가 나온다. 자본구성의 질적 변화는 상대적 과잉인구relative surplus population 또는 산업예비군industrial reserve army을 창출하는데, 이것은 자본주의적 생산양식을 발전시키는 필수조건이면서 동시에 중소자본의 존립 조건이 된다.

① 최초에 양적 확대로서 나타난 자본축적은 자본구성의 누진적 질적 변화, 곧 자본의 가변적 구성부문(가변자본)을 감소시키고 자본의 불변적 구성부문(불변자본)을 끊임없이 늘리면서 이루어진다. 즉 자본의 유기적 구성을 고도화시킨다.

② 불변자본이 가변자본보다 구성비율이 높아짐에 따라 노동력으로 전환되는 총자본가치의 구성비는 줄어들고, 반면에 생산수단으로 투입하는 부분은 늘어난다. 이때 노동에 대한 수요는 총자본이 아니라 가변자본의 구성으로 규제를 받는다.

③ 노동력의 수요는 총자본의 증가에 비례하는 것이 아니고 오히려 총자본의 증가(자본축적)의 크기에 견주면 상대적으로 감소한다. 즉 총자본의 증가에 따라 가변자본과 노동수요도 늘지만, 그 구성비(가변자본의 비중)는 끊임없이 줄어든다.[19]

④ 그 결과 노동인구는 자신이 생산하는 자본축적이 이루어지면서 그들 자신을 상대적으로 불필요하게 만드는, 즉 상대적 과잉인구로 만드는 수단을 만들어 낸다. 이것이 자본주의적 생산양식에 고유한 인구법칙이다.

⑤ 상대적 과잉인구는 자본주의적 축적의 필연적 산물이면서 자본축적의 기반이며, 자본주의적 생산양식의 존립 조건이 된다. 상대적 과잉인구는 산업예비군을 이루고 자본이 가치증식을 하기 위하여 마음대로 처분할 수 있는 노동력의 마르지 않는 저수지an inexhaustible reservoir of disposable labor-power를 제공한다.[20]

---

19) 앞의 책, p.629.
20) 위의 책, p.643.

상대적 과잉인구와 산업예비군의 존재는 지속적 잉여가치 창출의 기반이며 자본주의적 축적의 필수조건이다. 동시에 노동을 자본에 굴복시키고 노동조건의 상승을 억제하는 작용을 한다. 그 결과 만들어지는 저임금 기반은 중소기업 존립의 객관적 조건이 된다. 결국 자본주의적 축적은 한편으로는 중소기업의 구축·도태를 촉진하면서도, 다른 한편으로는 중소기업의 존립 조건을 창출해낸다. 특히 독점자본 단계에서는 이것이 독점자본의 축적기반이 되어 적극적으로 중소기업의 잔존, 이용의 매커니즘으로 작용한다.

제3절 자본의 분열 · 분산 경향과 중소기업의 잔존

자본주의적 축적의 일반법칙과 함께 자본의 집적·집중 경향이 일어나지만, 그것은 직선적 획일적으로 이루어지는 것은 아니다. 여러 생산부문에서 극히 불균등할 뿐만 아니라, 이 과정은 언제나 소자본의 잔존과 신생이라는 반대 경향과 함께 이루어진다.

즉 일반적으로 자본주의 발전 과정에서는 대자본이 소자본을 구축·수탈한다는 자본의 집적·집중이 기본적 경향이지만, 그 기본적 경향은 소자본의 잔존과 신생이라는 자본의 분열·분산 경향을 수반·제약하면서 이루어진다. 그 결과 자본의 집적·집중과 분열·분산이라는 모순적 현상은 대자본과 독점자본과 또는 소자본과 중소자본이 공존하는 현상을 가져오는데, 이는 자본주의적 축적의 일반법칙에 근거를 둔다. 따라서 산업자본 단계와, 독점과 경쟁이 병존하는 독점단계에서 '동태적 분석'으로 이를 해명할 필요가 있다.

초기에는 자본의 집중론을 적극적으로 분석하면서 소자본의 '도태 폐쇄론'이 지배적 경향이었다. 그러나 그것은 중소기업이 폭넓게 존속하는 현실을 설명할 수 없었다.

점차 자본의 분열·분산 경향을 폭넓게 이론적으로 검토하면서, 독점단계에서 중소기업의 잔존·이용이 자본축적의 기반이 된다는 분석으로 이어졌다. 자본주의적 축적으로 자본의 집적·집중과 독점이 이루어지면서 최저필요자본량이 커지고 중소자본의 존립 분야가 좁아지는 필연성에도 불구하고 중소기업이 끊임없이 신생 잔존하는 요인을 분석한 것이 그것이다. 자본의 집적·집중이라는 기본적 경향이 모든 부문에서 동일하게 드러나지 않고, 극히 불균등한 형태로 이루어진다는 데서 자본의 분열·분산의 계기를 찾고 있다.

자본의 집적·집중의 진행 속도를 규정하는 것은 다음과 같은 것들이다.

① 시장의 크기

② 이용 기술

③ 노동조건

이러한 요인이 자본의 분열·분산 경향을 다음과 같은 부문에서 진행시킨다.

① 수요가 소량이거나 변동이 많은 상품의 생산부문[21]

② 사회의 표준적 수준보다 크게 낮은 저임금 노동력을 이용할 수 있는 부문[22]

  ㉠ 이 부문에서는 시장의 확대와 기술개발 및 신기술의 도입이 늦고, 최저필요자본량도 소규모이며, 그 증가속도도 느리기 때문에 중소자본이 존립할 수 있다.

  ㉡ 따라서 각 생산부문에서 개별자본의 규모와 생산규모의 확대속도, 최저필요자본량의 크기와 증가 속도, 부문 내의 기업 수의 감속 속도도 매우 다르다.

③ 자본재 생산발전 과정에서 중소자본이 존립할 수 있는 부문이 새롭게 생겨나는 경향이 있다.

  ㉠ 자본재 생산부문의 다양화가 생산공정의 분화와 독립형태 등 생산물의 새로운 창조형태[23]로서 진행된다.

---

21) ① 특수한 상품이나 일부 계층만이 소비하는 사치품처럼 수요의 절대량이 적은 상품
② 물리적 성질 때문에 운송비 부담이 커서 시장의 지역적 세분이 필요한 상품
③ 소비자의 기호나 유행에 좌우되기 때문에 표준화할 수 없고 수요가 불안정한 상품 등이다.

22) 저임금 노동력의 이용 가능성은 자본축적 과정에서 필연화되는 상대적 과잉인구를 바탕으로 그 부문의 기술적 성격에 따라 좌우되며, 노동자의 조직화 정도와 법적 규제에 따라서도 좌우된다.

23) ① 과학기술 발달에 따른 새로운 생산물 발명
② 욕망의 다양화와 자본가의 부의 증대에 따른 다양한 사회적 욕구의 증대
③ 새로운 생산물의 생산을 통해 특별이윤(일시적 독점이윤)을 획득하려는 자본의 욕구가 결합하여 새로운 생산물이 창출된다.(K. Marx, *Capital* Vol. I, pp.444~445)

ⓛ 이때 시장의 협소성과 변동성 때문에 대량생산이 부적합한 경우에 나타나는 새로운 생산부문은 중소자본의 존립부문이 된다.

④ 중소자본이 존립할 수 있는 부문과 신생하는 부문에는 거대화된 생산부문에서 생존할 수 없게 된 중소자본과 새로 형성된 잠재적 화폐자본 가운데 소규모 중소자본이 밀려든다.

⑤ 자본재 생산의 발전 과정에서 사회적 총자본이 노동과 결합하여 창출한 총잉여가치가 거대화함에 따라 개별자본가의 부가 늘어나고, 그 가족에 재산분할 및 잉여가치 분할(이자, 지대 등)이 이루어지면서 잠재적 중소자본을 형성하고 이들이 위와 같은 분야에 진출하고 자립해 간다.

이들 자본이 진출하는 분야는 중소자본이 쇄도하기 때문에 경쟁이 극심해진다. 따라서 이러한 중소자본의 잔존은 한계가 있고 불안하기 마련이지만, 어느 시점에서 정태적으로 보면 소자본이 잔존, 경쟁하면서 존속한다.[24)

이처럼 자본의 집적·집중은 여러 생산부문에서 매우 불균등하게 일어나며, 그 과정에서 중소자본은 집요하게 잔존, 신생한다는 반대 경향을 보인다.

① 중소자본 부문은 새로 생겨나고, 어느 부문에서는 표준 이하의 생산조건을 가진 약소자본弱小資本이 잔존하는 경향이 언제나 존재한다.

② 최저필요자본량이 상대적으로 늘어난 생산부문을 중심으로 거대자본이 존재하지만, 다른 한편에서는 상대적인 소규모 자본이 언제나 상당한 규모로 존재한다.

③ 이것은 독점자본 단계에서 소수 거대자본이 지배하는 독점부문과 다수의 중소자본이 경쟁하는 비독점부문이 병존한다는, 독점자본 단계의 고유의 구조를 낳은

---

24) 어느 시점에서 소기업이 잔존, 경쟁하면서 존립한다는 것은 정태적 관점이다. 그리고 그것이 조만간 몰락한다는 것은 개별자본 기준으로 본 것이다. 그러나 자본의 분열·분산과 소기업의 잔존·신생이 자본주의적 축적의 결과인 한, 동태적 관점에서 그리고 국민경제적 기준에서 보면 소자본은 지속적으로 존속하고 신설된다. 중소기업의 신설과 도산이 지속되는 社會的 對流現象 속에서 新旧企業의 교체가 이루어지지만, 전체로서 중소기업은 새로운 분야가 창출되고 그 수는 증가한다는 것이 실증적 연구의 결과이다.

기초이다.[25]

---

25) 北原 勇,《獨占資本主義の理論》(第5版), 有斐閣, 1980.(金在勳 옮김,《독점자본주의론》, 사계절, 1984, pp.28~33 참조)

제4절 독점자본주의 단계의 중소기업 문제

1. 독점자본의 형성과 중소기업 문제

1) 독점의 형성과 구조적 모순의 심화

자본주의적 축적의 법칙은 자본의 집적과 집중을 기본적 경향으로 하면서도, 자본의 분열과 분산이라는 반대 경향을 보인다. 이것은 자유경쟁을 기초로 하는 자본주의적 생산의 기본적 특징이기도 하다.

이는 자본주의적 축적과정에서 대자본의 소자본 구축·도태는 일방적, 획일적으로 이루어지는 것이 아니며, 끊임없이 소자본의 신생과 잔존의 기반이 지속한다는 사실을 말하는 것이다. 이것이 바로 중소기업 문제에 대한 정치경제학적 해석의 기초가 된다.

자본의 집적·집중과 분열·분산의 경향은 자본과 노동, 그리고 자본과 자본의 대립이라는 구조적 모순을 이루면서 일어난다. 자본과 노동의 생산관계적 대립에서 오는 기본적 모순 속에서 잉여가치의 창출과 자본의 집적이 이루어지며, 자본과 자본(대자본과 소자본) 사이에 생산관계적 대립을 일으키는 자본의 집중과 분열·분산 경향은 종속적(부차적) 모순을 이루면서 진행한다.

자유경쟁이 지배적이었던 산업자본주의 단계에서 이러한 구조적 모순은 소자본의 구축·도태와 신생·잔존으로 구체화되었다. 그리고 그것을 정리한 것이 '자본의 집적·집중과 분열·분산'의 경향이었다.

그런데 자유경쟁의 기초 위에서 이루어진 자본주의적 축적(자본의 집적·집중과 분열·분산)은 생산과 자본의 집적·집중을 불러오면서 거대자본을 이루었다. 이들은 특정 생산부문과 시장을 지배하면서 독점자본으로 등장하였다. 즉 자유경쟁을 기초로 하던 자본주의적 축적의 진전은 필연적으로 독점자본을 성립하였다. 이것이 일정한 단계에 이르면 자본들의 자유경쟁을 곤란하게 하고, 독점체가 나와 자유경쟁의 지배 대신에 독점의 지배를 탄생시킨다.

마르크스가 《자본론》을 저술했을 때, 대부분 경제학에서 자연적 법칙natural law으로 보였던 자유경쟁은, 생산의 집중을 낳고 이것이 일정한 단계에 이르면 독점으로 이어진다. 레닌V. I. Lenin은 생산의 집중이 가져온 독점은 전체 자본주의 발전단계가 지니는 일반적이고 기본적인 법칙이 되었다고 밝히고 있다.[26]

자유경쟁 속에서 발생한 독점은 자유경쟁의 직접적인 대립물이며 엄격한 차별성을 지닌 것임이 틀림없다. 그러나 독점은 자유경쟁을 배제하지 않고, 그 위에서 나란히 존재한다.

자유경쟁은 자본주의의 기본적 특징이며 상품생산의 기초이기 때문이다. 자유경쟁은 소규모기업을 배제하고 생산과 자본을 집중하면서, 그와 대립하는 독점을 이루었다. 그러나 자유경쟁의 틀 속에서 태어난 독점체들은 자유경쟁을 완전히 없애지 않고, 오히려 그 위에서 자유경쟁과 함께 존재한다. 그 결과는 아주 격렬하고 강한 적대감과 압력과 갈등을 불러일으키고 있다.[27]

자유경쟁이 독점으로 바뀌면서 자유경쟁은 형식적으로 인정받는 틀만 남는다. 이 속에서 소수의 독점가들이 나머지 인민 전체에게 씌우는 멍에는 이전보다 수천 배 더 무거워지고 견디기 힘들어진다.[28]

형식적인 자유경쟁의 틀 속에서 독점이 지배적인 자본주의 생산체제에서는, 생산의 사회화(기술개발 과정과 기술혁신 과정의 사회화)와 소유의 사회화(생산물과 생산수단의 사적 소유) 사이의 갈등으로 구조적 모순이 더욱 깊어진다. 그 결과 소규모기업과 대규모 기업 사이에는 기술개발 경쟁이 사라진다. 즉 독점자본가들은 그

---

26) V. I. Lenin, *Imperialism, The Highest Stage of Capitalism.*(박세열 역, 《제국주의-자본주의 발전의 최고단계》, 과학과 사상, 1988, p.30)

27) 위의 번역서, pp.115~116.

28) 위의 책, p.36.

들의 지배와 명령에 따르지 않는 자들을 더욱 억압하는 것이다.[29]

　자유경쟁의 기반 위에서 자유경쟁으로부터 독점이 이루어지면서 자본주의는 산업자본 단계에서 독점자본 단계로 이행한다. 이때 독점은 자유경쟁을 배제하지 않고 그 위에 나란히 존재한다. 형식적인 자유경쟁의 틀 속에서 독점이 지배적인 자본주의에서는 구조적 모순이 깊어지고, 이전과 다른 새로운 종속적 모순을 전개한다. 중소기업 문제는 독점자본 단계의 이러한 독특한 모순 속에서 인식해야 한다. 즉 중소기업 문제는 자유경쟁이 지배적이었던 산업자본주의에서의 소기업 문제와 다른 특성을 지닌 독점자본 단계의 구조적 모순의 산물로 만들어진다.

　　2) 독점단계 중소기업 문제의 동태적 분석

　독점이 자유경쟁 위에서 그것과 나란히 존재하면서, 그것이 산출하는 기본적 모순과 종속적 모순으로서의 중소기업 문제는, 자본주의적 축적의 틀 속에서 통일적으로 이해해야 한다. 자유경쟁이 지배적이었던 자본주의 생산에서 자본의 집적·집중과 분열·분산의 법칙은 독점자본주의에서도 기본적 법칙으로 작용한다.

　산업자본 단계에서 대기업은 중소기업을 경쟁으로 구축 도태시키고, 이러한 경향의 집중화를 통하여 발전하지만, 독점자본 단계에서는 독점자본이 중소기업을 구축하지 않고, 오히려 그것을 이용하기 위하여 존립하도록 한다는 독점자본의 '의도와 필요성론'은 정태적 시각에 불과하다.

　레닌은 일찍이 소기업은 독점에 종속하여 봉사하는 경우에 그 존속이 가능하다고 하여 독점의 의도에 따른 소기업잔존을 설명했었다.[30] 그리고 소규모경영이 폭넓게 잔존하는 필연성도 설명하였다.

　소규모경영은 대규모기업들과 깊은 관련을 맺으면서 외업부outside department로

---

29) 앞의 책, p.37.
30) 위의 책, pp.37, 39~40.

존립하거나, 대기업체제에서 대공장의 부속물the appendage to the factory로서 대공장과 직접 결부되어 존속한다고 보았다.31) 즉 소기업이 존속하되 독점과 지배·종속관계를 맺으며 독점의 의도와 필요성에 따라 잔존하는 것임을 시사하였다.32)

그러나 독점자본 단계에 중소기업의 수많은 신생과 잔존을 단지 독점자본의 '의도와 필요성'만으로 설명하는 것은 충분하지 않다. 독점자본이 중소기업을 구축·수탈하는 것이 자본의 집적·집중의 기본적 경향이며, 중소자본의 신생 잔존은 자본의 분열·분산이라는 반대 경향으로서 이 두 가지 경향이 통일적으로 작용하면서 독점자본의 축적법칙이 이루어진다고 보아야 한다.

곧 중소자본의 도태·구축과 잔존·신생이라는 모순은 독점자본의 발전과 자본의 집적·집중법칙이 이루어지는 한 가지 형태로 보는 것이다. 다만 독점단계에서는 독점자본 축적의 독특한 형태와 이것을 위한 독점의 의도와 필요성을 반영하여, 중소기업의 잔존·신생 즉 자본의 분열·분산의 경향을 더 적극적으로 분석한다. 독점자본이 중소기업을 '잔존·이용'하는 측면까지 분석하는 것이다.

이러한 동태적 분석에서는, 자본주의 전 과정에서 대자본(독점자본)이 소자본(중소자본)을 구축 도태시키지만, 이것은 모든 부문에서 획일적으로 진행되는 것은 아니며 다음과 같이 전개되는 것으로 본다.

① 평균 이하의 저렴한 노동력의 무제한 착취를 경쟁능력의 기초로 하는 소자본이 끈질기게 잔존하고

② 생산부문의 다양화에 따라 새로운 소자본 분야가 나오는 반대 경향이 교차하면서 전개되는 것이며

③ 소자본의 잔존 내지 신생은 번영과 안정을 의미하는 것이 아니고, 대자본에게 구축 도태당할 운명을 그 안에 포함하고 있으며

---

31) V. I. Lenin, *The Development of Capitalism in Russia*, The Institute of Marxism-Leninism of the c. c. c. p. s. u. 〔김진수 옮김, 《러시아에 있어서 자본주의의 발전Ⅱ》, 도서출판 태백, 1988. p.471, 574. 외업부에 대한 해석은 제15장 3절 2항 각주) 21 참조〕
32) 이것은 소기업 잔존에 대한 獨占意圖殘存論의 출발점이 되었다.

④ 이러한 경향은 자본주의 전 과정에서 나타나는 기본적 과정인데

⑤ 독점자본주의 단계에서 중소자본의 신생과 잔존은 독점자본의 '의도와 필요성'을 병행 강조하면서 설명해야 하며

⑥ 독점자본주의 단계 중소기업 문제는 후발 또는 후진자본주의가 지니는 특수성이나 전기성前期性에서 나온 것이 아니므로, 독점자본주의의 구조적 모순의 산물로서 '동태적'으로 파악해야 한다는 것이다.

곧 중소기업의 잔존과 신생은 후발, 후진경제의 특수성이나 독점자본의 의도와 필요성만이 아니라, 자본주의 발전의 일반법칙 속에서 파악해야 한다는 것이다.

2. 독점이윤의 축적과 중소기업 문제

1) 종속적 모순의 전개와 중소기업 문제

자본의 집적·집중의 법칙이 관철되는 가운데 독점이 지배하는 독점부문이 형성되면서, 다른 한편에서는 자본의 분열·분산이라는 반대 경향으로 자유경쟁이 작용하는 비독점부문이 잔존한다. 그 결과 독점부문과 비독점부문, 독점과 자유경쟁이 병존하는 독점단계 고유구조의 기초가 이루어진다. 그런데 독점자본 단계에서는 산업자본 단계에서보다 모순, 갈등, 대립이 더욱 심해질 뿐만 아니라, 여러 가지 새로운 종속적 모순이 만들어진다.

기본적 모순의 격화와 종속적 모순이 새롭게 전개되어, 독점자본 단계의 자본축적의 법칙은 독특한 모습을 지닌다. 이것은 독점자본 단계의 자본축적 욕구가 산업자본 단계보다 더욱 강렬해지면서 그것을 이루기 위하여 다각적 형태를 취하기 때문이다.

독점자본 단계의 종속적 모순의 산물인 중소기업 문제는 자유경쟁이 지배적

이었던 산업자본 단계와 다른 새로운 성격을 갖는다. 독점단계에서는 중소자본
이 창출한 잉여가치를 독점자본이 독점이윤으로 수탈한다는 독특하고 새로운
모순으로서 중소기업 문제가 형성된다. 이때 중소기업 문제는 독점자본 축적의
법칙이 실행되는 가운데 이루어지는 구조적 모순이기 때문에 일반적 문제로 파
악한다.

이것을 해명하는 것이 독점자본 단계의 중소기업 문제에 대한 정치경제학의
중요 과제가 된다. 자본주의적 축적이 이루어짐에 따라 자본의 집적·집중과 독
점이 형성된다. 이 과정에서 독점자본이 중소자본을 흡수·구축하면서도, 중소자
본이 잔존하고 새롭게 재생산한다는 중소자본의 잔존과 신생의 필연성을 독점
자본주의의 일반법칙으로 해명해야 한다.

중소자본이 폭넓게 존재하고 신생하는 것은 독점자본주의만의 독특한 현상이
아니라, 자본주의적 축적의 일반 법칙에 따른 것으로서 이것은 독점자본 단계에
서도 마찬가지이다. 따라서 독점단계의 중소기업의 신생과 폭넓은 잔존을 단지
독점자본의 의도와 필요성만으로 설명할 수 없다.

그러나 독점자본 단계에서 중소기업의 신생과 잔존이 중소기업 문제의 중요
과제가 되는 것은 독점자본이 독점이윤을 축적하기 위하여 중소자본의 잉여가
치를 수탈한다는 독점단계 특유의 구조적 모순 때문이다. 이러한 구조적 모순은
독점자본이 그의 의도와 필요성에 따라 독점력을 행사할 수 있다는데 근거를 두
고 있다. 이때 독점자본의 의도와 필요성은 독점이윤의 축적을 의미하며, 중소기
업은 독점이윤의 축적의 대상이 된다. 즉 독점이윤 획득의 대상으로 중소기업이
잔존하고 신생한다는 것, 그리고 독점자본이 이를 위하여 중소기업을 잔존·이용
한다는 것[33]이 독점단계의 중소기업 문제의 핵심이다.

---

33) 山中篤太郎, 〈中小企業本質論の展開〉, 藤田敬三·伊東垈吉 編, 앞의 책, p.9.

2) 중소기업의 존속과 독점이윤 축적의 기구

돕M. Dobb은 독점은 전체 분야를 지배할 때 자기의 목적을 이루듯 모든 것을 포괄하는 성격임에도 불구하고 소기업이 상당히 남아 있다는 사실은 오늘날 독점자본주의 특징 가운데 하나라고 지적하였다. 이는 대기업이 경쟁관계에 있는 많은 소규모의 독립기업의 지배권을 장악하는 일이 가능하기 때문이라고 보았다.[34]

이는 독점의 의도에 따라 소기업이 잔존하는 것을 설명한 것이다. 독점이 독점이윤을 얻기 위한 것이기 때문에 독점자본주의 일반법칙의 결과이기도 하다. 그런데 독점자본의 의도와 필요성에 따라 중소기업이 잔존·신생하는 이유는 중소기업이 독점자본 단계에서 사회적 총자본 구조의 불가결한 구성 요소이기 때문이다. 독점자본주의의 총자본 구조의 모순의 산물, 곧 자본 대 자본의 모순(종속적 모순)의 산물이 바로 중소기업 문제이다.

이때 중소기업 문제는 기본적 모순, 즉 자본 대 노동의 모순에 기반을 두는데, 이것은 독점이윤 수탈메커니즘을 분석함으로서 설명할 수 있다. 독점자본은 산업자본보다 여러 가지 수단과 방법으로 독점이윤의 수탈과 증대를 꾀하는데 그 수탈 대상은

① 비독점 부문의 자본가

② 노동자(독점부문 및 비독점부문 포함)

③ 농민과 수공업자 등의 소상품 생산자

④ 일반 주민

⑤ 독점자본에 종속되어 있는 국가와 후진국, 그리고 후진국의 자본가 노동자 일반 주민 등이다.

---

34) M. Dobb, 앞의 책, pp.341~342.

독점자본의 이러한 비독점 부문에 대한 수탈관계 속에서 중소기업 문제의 본질이 만들어진다. 중소기업의 과당경쟁과 저생산성이라는 문제도 기본적으로는 독점이윤의 축적기구 속에서 규정된다. 결국 중소기업 문제의 형성 요인은 독점자본과 중소기업의 지배·종속관계이며, 그 주요한 경제적 내용은 독점이윤의 수취이다.

이러한 독점이윤 수취의 내용을 보면

   ① 독점자본과 중소기업이 경쟁 관계에 있는 동일 생산분야에서의 수탈관계

   ② 서로 다른 생산분야에서 독점가격을 통해 '높은 원재료 가격, 낮은 제품가격'이라는 방법으로 독점이윤을 축적하는 관계

   ③ 하청계열조직으로 독점이윤 수취

   ④ 국가독점자본주의적 중소기업의 지배관계, 즉 조세 국가재정 투·융자로 독점이윤의 수취

   ⑤ 독점자본의 금융지배로 중소기업을 수탈 등이다.

이 가운데 주로 중소기업 문제에 관해 논의할 대상은 ①, ②, ③이다.

독점의 초과이윤monopoly extra profit에 대해 일찍이 마르크스는 두 가지 가능성을 시사하였다. 즉, 초과이윤은 ① 다른 자본가들의 잉여가치의 공제이든, 아니면 ② 노동자계급의 임금 공제이든, 둘 가운데 하나라는 것이다.[35]

그런데 독점자본이 형성된 단계(기업결합운동의 시기)에는 노동조합이 충분히 생겨나기 때문에 일반적으로 임금은 사회적 최저표준생존수준으로 받아들여지는 선에서 결정된다. 따라서 독점체의 초과이윤은 주로 그들 동료 자본가들의 몫에서 나온다.

한편 경쟁적 자본주의의 특징은 이윤율 균등화 경향인데, 이것은 독점단계에

---

35) P. M. Sweezy, *The Theory of Capitalist Development Principles of Marxian Political Economy*, New York, Monthly Review Press, 1950, p.272.(이훈·이재열 역, 윤석범 감수, 《자본주의 발전이론》, 목화, 1986, p.293)

서는 이룰 수 없다. 즉 이윤율 차등화 경향이 작용하여 일부 자본가(독점자본)의 이윤은 상승하는 반면에, 다른 자본가(중소자본 등 비독점자본)의 이윤은 감소한다. 이윤율 균등화는 그것이 낮은 분야에서 높은 분야로 자본이 자유로이 이동함으로써 이룰 수 있는데, 독점은 이와 같은 자본의 자유로운 이동에 유력한 장벽을 형성하는 것을 그 본질로 한다.[36]

이러한 지적으로부터 우리는 중소기업 문제의 핵심인 독점적 초과이윤의 형성 과정을 다음과 같이 집약할 수 있다.

① 독점적 초과이윤은 다른 자본가들의 몫에서 나오는데, 그것은 독점체가 만든 장벽이 이윤율 균등화 경향을 막기 때문이다.

② 이윤의 원천은 사회적 총잉여가치 또는 총이윤인데, 이것을 불평등하게 독점체에 분배함으로써 독점적 초과이윤이 생긴다.

③ 독점체의 이윤율이 평균이윤율보다 높을수록 독점체의 이윤은 높은 반면, 비독점체의 이윤은 그만큼 낮아진다.

④ 총잉여가치를 독점체에 불평등하게 높게 배분하고, 반면에 비독점체인 중소기업에게는 낮게 돌아가는 데 독점단계의 중소기업 문제가 있으며, 불평등하게 배분하는 내용이 독점이윤의 수탈메커니즘이다.

3. 독점자본 단계 중소기업 문제의 본질

첫째, 중소기업 문제는 자본 대 자본의 관계(종속적 모순)로 구체화된다.

① 원래 경쟁적 자본주의의 경제법칙은 '평균이윤의 법칙'이다. 이것은 이윤의 본질이나 원천을 설명하는 것은 아니며 자본 대 노동의 관계(기본적 모순)를 의미하는

---

36) P. M. Sweezy, 앞의 책, p.273.

것도 아니다. 자본과 자본의 경쟁으로 평균이윤을 이루는 것이기 때문에 평균이 윤의 법칙은 자본 대 자본의 관계를 의미한다. 이때 평균이윤의 합계는 총이윤이 며 총잉여가치가 그 원천이 된다.

② 독점자본 단계에서는 '독점이윤의 법칙'이 작용한다. 독점이윤은 독점자본이 독 점력으로 다른 자본가가 창출한 잉여가치를 수탈하여 형성된다. 따라서 독점자 본과 중소자본의 불평등한 관계에서 나온 독점이윤은 자본 대 자본의 관계를 반 영하며 독점이윤의 크기는 독점력이 규정하고, 그 수취의 대상은 주로 중소자본 이 된다.

③ 따라서 독점이윤의 법칙이 관철되는 형태, 즉 독점이윤을 수취할 때 만들어지는 모순인 중소기업 문제는 자본 대 자본의 관계로 구체화된다.

둘째, 독점의 초과이윤은 총잉여가치 또는 총이윤의 불평등한 분배의 결과이 지만, 독점이윤은 총잉여가치 또는 총이윤에 포함되며 그것을 바탕으로 이루어 진다.

① 따라서 독점이윤의 수탈, 즉 중소기업 문제의 형성은 독점자본과 중소자본의 노 동자 착취(총잉여가치의 창출)라는 자본 대 노동의 관계(기본적 모순)를 기반으로 이루어진다. 즉 독점자본 단계 중소기업 문제는 기본적 모순인 자본 대 노동의 관계를 기반으로 이루어진 구조적 모순의 산물이다.

② 독점자본주의에서 중소기업(자본)은 사회적 총자본의 일환으로 필연적 존재이고 중소기업 노동자는 사회적 총노동의 일환이며, 중소기업 문제는 독점자본 단계 구조적 모순의 필연적 산물이다.

③ 독점자본 단계의 기본적 모순 속에서 만들어진 총잉여가치 또는 총이윤을 바탕 으로, 그것을 불평등하게 분배하는 과정에서 이루어진 종속적(부차적) 모순이 중 소기업 문제의 특징이다.

셋째, 독점 단계에서는 경쟁적 자본주의 단계보다 자본축적의 구조가 더욱 다양화, 적극화한다. 독점이윤의 축적 원천이 다각화되고 새로운 부차적 모순이 생겨날 뿐만 아니라 구조적 모순은 더욱 격렬해진다. 이를 좀 더 설명하면 다음과 같다.

① 총잉여가치 또는 총이윤의 창출을 위한 기본적 모순이 더욱 깊어지고, 총잉여가치의 불평등한 분배, 즉 중소기업이 창출한 잉여가치를 독점자본이 수탈하는 데서 오는 모순이 발생, 심화한다.

② 중소자본은 수탈당한 잉여가치의 몫을 중소기업 노동자에게 떠넘김으로써 그들의 존립기반을 만드는데, 상대적 과잉노동을 기반으로 한 저임금 노동력을 고용하고 이들로부터 잉여가치를 얻는다.

③ 독점을 정점으로 하는 피라미드형 계층적 수탈구조 속에서 사회적 총이윤의 창출기반이 다각화되면서 독점이윤의 수탈기반이 적극적으로 만들어진다. 그리고 독점력이 더욱 가혹하고 폭력적으로 작용한다.

넷째, 생산의 사회화가 심해지는 가운데 독점과 중소기업의 관계는 새로운 양상을 띠게 된다.

① 생산의 사회적 성격에는, 생산수단 및 노동의 공동적이고 집단적 성격(공동적이고 집단적 노동에 따른 노동수단의 집단적 이용)이라는 측면과, 사회적 총노동의 분업적 구성(사회 각 분야의 노동의 상호관계)이라는 두 가지 측면이 있다.[37] 독점 단계에서는 후자의 발전이 고유한 특징이며 이것은 중소기업 문제의 형성과 관련하여 주목을 받는다.

② 중요한 생산 분야를 중심으로 여러 분야의 생산이 소수의 거대독점기업에 집중

---

37) 전자를 강조한 것이 F.엥겔스(《反듀링론》)이며, 후자를 강조한 것이 레닌(《인간의 벗이란 무엇인가》)이다.

됨으로써 생산의 사회적 결합이 진전된다. 또한 서로 다른 여러 생산 분야의 상
호관계를 비약적으로 긴밀화시킨다. 즉 상호관계가 경쟁단계에서는 우연적이고
가는 실로 묶는 정도인데 반하여, 독점단계에서는 굵은 실로 묶여 있는 강한 의
존관계가 된다.[38]

③ 그 결과 진행된 생산의 사회화는 독점과 중소기업의 관계에 새로운 측면을 만들
었다. 산업자본 단계의 분석에서는 생산관계적 시각이 일관되었지만, 독점자본단
계에서는 생산력적 시각이 없을 수 없다.[39] 독점단계에서는 생산의 사회화가 새
로운 특성을 지니고 또한 분업과 경쟁의 형태도 변하면서 독점자본의 축적구조
가 계층적으로 이루어지기 때문이다.

④ 자본의 집적·집중이라는 기본적인 경향과 자본의 분열·분산이라는 반대 경향이
교차하면서 자본축적의 법칙이 실현된다. 그런데 생산의 사회화가 깊어지는 독
점자본 단계에서 독점과 중소기업 관계는, 생산관계적 측면을 기본으로 하면서
도, 생산력적 측면을 그 안에 갖고 있는 '대립과 의존'의 이중적 관계를 지닌다.
대립을 그 안에 끝까지 지니면서도 외형적으로 상호 의존하는 것, 즉 독점은 실
질적으로 중소기업에 의존하면서 자기를 보존하는 것이다.

38) 北原 勇 著, 앞의 책, 金在勳 옮김, 앞의 책, pp.187~188 참조.
39) 末岡俊二, 《中小企業の理論的分析》, 文眞堂, 1974.

제5장
일제 식민지 자본주의와 중소기업

제1절 민족자본 · 중소자본 · 조선인 자본

1. 민족자본과 중소자본

민족해방운동과 민족혁명의 추동력 분석에서 대부르주아는 매판성을 지닌 중국 혁명의 '대상'임에 대하여 민족부르주아는 통일전선의 '비교적 좋은 동반자'라고 규정한 것은 중소자본이 민족자본으로 될 가능성을 시사한 것이다.

민족자본론은 그 뒤 가지무라 히데키梶村秀樹가 더욱 정밀하게 전개하였다. 흔히 정치사적 범주로서 실제적 운동인 부르주아 민족운동의 계급적 기초는 경제사적 범주로서 '민족자본'에 있다는 사고의 틀에서 민족자본에 대한 논의가 비롯되었다. 그리고 민족자본이라는 범주는 식민지·반식민지를 경험한 국가에서 형성될 수 있는 개념으로, 넓은 의미와 좁은 의미 두 가지로 사용되고 있다는 것이다.

첫째로 넓은 의미의 민족자본은 지배받는 민족이 그 소유자인 경우이고, 민족자본의 대립 개념은 그 소유자가 지배하는 식민국가 측에 있는 외래자본 또는 이식자본이다. 이 민족자본의 개념은 토착자본이라고 할 수도 있는데, 식민지적 상황의 특질을 구체적으로 해석하는 무기로서는 독자적 의의가 비교적 적다고 할 수 있다.

둘째로 좁은 의미의 민족자본의 개념은 그 대립 개념이 매판자본 또는 예속자본이라고 할 수 있다. 토착자본(넓은 의미의 민족자본)은 정치사적 관점에서 다시 예속(매판)자본과 민족자본으로 나눌 수 있다. 전자는 기본적으로 제국주의 편에 서 있는 세력이고, 후자는 적어도 그 가능성에서 반제反帝투쟁의 편에 서 있다고 할 수 있다. 곧 친제親帝와 반제를 구분하는 정치사적 기준이 두 가지 범주를 나누는 과제가 되고, 더욱이 토착자본의 어디에 선을 그어 두 범주를 구분할 것인가가 실천적 과제로 대두된다.

1920년대에는 세계적인 반제민족해방투쟁에서 비마르크스적 민족주의의 여러 가지 조류를 총칭하여 '부르주아민족주의'라고 표현하였으며, 그 기반을 이루는 계급으로서 민족부르주아가 존재해야 한다는 사고의 틀에서 민족부르주아가 논의되기 시작했다. 즉 정치적 범주로서 부르주아민족주의(운동)가 선행하고, 그것이 제기하는 이론적 요청에 따라 가설적 개념으로서 민족부르주아라는 경제적 범주가 사용된 것이다. 그러면서 1920년대 후반(상하이 쿠데타)까지는 토착자본이 부르주아민족운동의 기반으로 간주되었다.

그 뒤로 좁은 의미의 민족자본 범주가 확립된 것은 1930년대 중국에서였는데, 여기서 토착자본이 민족자본과 관료매판자본의 두 범주로 구분, 정식화되었고, 민족자본의 '가능성과 한계'가 이론적으로 확실해졌다. 반식민지 상태였던 중국의 경우, 민족자본과 매판자본의 활동영역과 범주가 제국주의 세력과의 대항관계에서 명확히 구분되고, 민족해방운동에서 민족자본의 가능성과 한계도 구분되었다.

곧 민족부르주아는 한편으로는 제국주의의 압박을 받으면서 또 한편으로는 봉건주의로부터 속박 당했기 때문에 제국주의와 봉건주의 양자의 모순을 절감하였으며, 그런 의미에서 제국주의와 관료·군벌정치 모두에 반대하는, 반제투쟁의 중요한 구실을 맡는 적극성을 지녔다. 그러나 다른 한편으로는 그들의 정치·경제적 취약성과 제국주의 및 봉건주의와의 경제적 이해관계를 완전히 끊어버릴 수 없다는 점 때문에 철저한 반제·반봉건의 기치를 들 수 없는 이중성을 지녔다는 것이다.

이러한 민족자본이나 예속자본의 범주와 그 성격에 관한 설명은 정치사적으로 성립하는 것이고 경제사적 의미를 가지지는 않는다. 반식민지 중국에서는 제국주의 및 매판관료자본이 존재하는 영역과 그렇지 않은 경제영역의 구분이 가

능하였다. 민족자본은 후자의 영역에서 활동하고 시장·금융 등 필요조건을 독자
적으로 확보함으로써 상대적 자립성을 가질 수 있었고, 때문에 억압당하면서도
제국주의에 항쟁할 수 있었다. 따라서 반식민지에서는 민족자본과 매판자본의
질적 차이가 명백한 것이었다.

그러나 국가의 주권마저 빼앗긴 완전한 식민지에서는 민족자본이 활동할 수
있는 영역이 거의 존재할 수 없었다. 곧 식민지 조선의 경우 평양 메리야스공업
과 같은 중소자본이라도 금융기관과 거래할 만큼 발전하면 반드시 지배구조와
접촉하게 되었다. 단순 자영업을 계속하는 것이 아니라면 일정한 발전을 모색하
는 경우 예속성을 벗어날 수 없었고, 그런 면에서 개별자본(대다수의 토착자본)은 예
속적이면서 민족적이라는 양면을 가지게 된다. 요컨대 완전식민지에서 민족자본
의 규정에 꼭 들어맞는 자본은 단순재생산적인 영세자본(식민지적 소부르주아) 이외
에는 존재하지 않으며, 한국근대사에서 그것이 사실로 증명된다는 것이다.[1]

반反제국주의 투쟁이라는 정치적 기준을 중요시하는 이러한 기준에 따르면,
어느 정도 발전적이면 중소규모의 자본이라도 예속성을 갖는 것으로 간주하기
때문에 민족자본은 단순재생산적 영세자영업에 한정하게 되고, 중소·대규모자
본의 투자를 필요로 하는 근대공업은 민족자본에서 배제시키게 된다. 또한 원료,
상품의 국제적 이동을 전제로 하는 자본주의 발전단계에서도 민족자본은 전통
적 생활양식과 관련된 영역에 한정된다. 이러한 영역, 곧 독자적 경제영역에서만
민족자본이 존재할 수 있다는 조건은 '민족경제권'으로 계승되었다.[2]

그런데 이러한 협의(정치사적 기준)의 민족자본론적 틀을 벗어나 식민지 민족의
주체적 역사과정, 곧 일제하의 가혹한 조건에 적극적으로 대응해 가면서 자신의
경제적 역량을 증진시키는 조선인의 모습을 강조하는 시각에서는 민족자본을
중소자본의 동향과 관련지어 분석하기도 한다. 말하자면 일본 독점자본, 예속적
토착대자본과 구분되는 조선인 중소자본의 독자적 영역이 존재함을 밝히고 있

---

1) 梶村秀樹, 〈民族資本과 隷屬資本〉, 梶村秀樹 外著, 사계절편집부 편, 《韓國近代經濟史硏究》-李朝末期에서
   解放까지, 사계절, 1983, pp.517~521 참조.
2) 新納豊, 〈植民地下の民族經濟をめぐて-直接耕作農民を中心に〉, 朝鮮史硏究會, 《朝鮮史硏究會論文集》 20,
   1983.

는 것이다.

이들 자본은 제품의 성질이나 제조공정의 특성으로 말미암아 일본인 대자본이 진출하지 않는 분야에 그 활동이 한정되었다. 조선인 공업은 일본 독점자본이 석권한 뒤에 남겨진 틈새[空隙]에서 그 존재영역을 확보할 수 있었는데, 이 공극에서는 그 자체가 갖는 특성 때문에 중소규모 이상의 공장이 성립하기 어려웠고, 소규모 공장이 용이한 진입으로 과당경쟁이 심하여 개별 기업의 등장과 몰락이 빈번하였다.

또한 틈새에 진출한 조선인 중소기업은 그 자본규모의 영세성 때문에 생산과 판매에서 여러 가지 압박을 받았다. 주로 중간상인·고리대금업자·어용생산조합·일본 독점자본의 압박으로 조선인 중소공업은 확대재생산에 제약을 받았다. 결국 조선인 중소공업 자본가와 소수의 예속적 토착대자본 및 일본 독점자본 사이에는 상반되는 이해관계가 형성되었고, 그 격차도 점차 확대되었다.[3]

한편 식민지에서 조선인 대자본은 주로 지주·상인 출신이 소유한 독점자본으로 구성되어 있었는데, 이들은 부분적으로 봉건적 특권과 결합되어 있었고 또 대부분은 제국주의와 협력관계에 있었다. 그와 달리 중위中位의 자본규모인 민족자본은 자유기업이었기 때문에, 제반 독점을 철폐하고 식민지체제에서 벗어나 민족독립을 달성하는 것이 그들이 가장 자유롭고 발전할 수 있는 유일한 길이었다. 곧 민족자본은 봉건제 및 제국주의와 결탁한 대자본과 달리 중위의 자본규모라는 것이다.[4]

2. 민족자본과 조선인 자본

이처럼 중소자본과 관련하여 민족자본의 범주를 적극적으로 규정하려는 견해

---

3) 許粹烈, 〈日帝下 韓國에 있어서 植民地的 工業의 性格에 관한 一研究〉, 經濟學博士學位論文, 서울대, 1983, pp.281~282.
4) 張矢遠, 〈식민지반봉건사회론〉, 李大根·鄭雲暎 編, 《韓國資本主義論》, 까치, 1984, p.27.

가 있는 데 대하여, 민족자본을 범주화시키는 기준을 제시하고 있지는 않지만, 조선인 자본가가 갖고 있는 민족성과 예속성을 부각시키면서 조선인 자본가의 민족자본화 가능성을 노동계급의 지도력에서 찾기도 하였다.

1930년대 일본 독점자본의 조선 진출을 축으로 한 '조선 공업화' 과정에서 이 시기 중소공업의 성장 여부는 기본적으로 일본 독점자본의 진출 방향에 따라 좌우되었다. 재생산 조건이 대공업과 비교되지 않는 열악한 상황에서 중소공업의 성장은 새로 진출해 온 대공업회사들과 일정한 보완관계를 형성하지 않을 수 없었기 때문이었다. 중소공업회사들은 대공업회사들에 하청을 받거나, 이들의 진출에 따라 부수적으로 확대된 시장을 대상으로 하는 업종에서 상대적으로 급속한 성장을 이룰 수 있었다. 즉 일본 독점자본계 대공업회사에 직접적으로 하청화 되는 공장이 상당수 출현한 것이다.

이들 중소공업은 그 존립 및 발전 조건이 일본 독점자본의 진출로 창출되었다는 점에서 기본적으로 '예속성'을 띠게 되지만, 제국주의의 독점자본에게 수탈당한다는 점에서 잠재적으로 '민족성'을 보유하게 된다. 독점자본과의 예속적 관계에 따라 수탈당함으로써 반제국주의적, 민족적일 수밖에 없었던 이들이 바로 중소공업이었고, 이들이야말로 노동자계급이 '상대적 진보성'을 촉발시켜 견인해야 할 세력이었다는 것이다. 즉 중소공업의 예속성과 민족성의 상호 전환 가능성을 지적하고, 그것이 노동자계급의 힘에 달려있음을[5] 강조하였다.

한편 민족자본가의 범주를 부정하는 견해도 있다. 앞서 가지무라는 정치사적 기준에서 완전식민지체제 아래에서는 민족자본의 성립이 실질적으로 어렵고 소극적일 수밖에 없다고 보아 민족자본의 범주를 부정한 바 있는데, 호리 가즈오堀和生는 이를 더욱 적극적으로 전개하고 있다. 그는 한 지역[경성京城]의 조선인 자본과 일본인 자본의 상호 관련성을 주목하고, 조선에서 중소자본의 존재 형태가 일본자본주의에 의해 어떻게 규정되는가에 유의하고 있다. 그 결과 1930년대 조선의 중소자본은 일본자본주의의 외업부外業部로서 형성되어 있기 때문에, 이 시

---

5) 全遇容, 〈1930년대 〈朝鮮工業化〉와 中小企業〉, 《韓國史論》 23, 1989, pp.531~533.

기에 일본에서 진출해 온 대자본과 중소공업 사이는 통설처럼 경쟁적인 적대관계가 아니라 오히려 기본적으로 보완관계였다고 보고 있다. 또한 이들 중소공업이 조선 사회 재편성의 일면을 담당하고 있었음을 강조하면서 그 이유를 다음과 같이 설명하고 있다.

첫째로 1930년대 경성의 여러 공장은 규모가 작고 경영적으로도 불안정하며, 자기자본이 빈약했기 때문에 상당 부분 외부자금에 의존하지 않을 수 없었다. 그런데 일본인이 장악하고 있던 근대적 금융기관이 이들을 뒷받침하고 있었다는 사실은 그들의 존재 자체가 반드시 식민지 통치와 대립하지 않았다는 것을 시사한다.

둘째로 이 시기 조선의 중소공업은 원재료의 상당량을 일본에 의존하였고, 또한 유통과정의 근간이 일본 상인에게 장악된 상태였다. 따라서 제국주의 경제권과 민족자본의 독자적 경제권 및 재생산권 기반을 상정하는 것은 불가능하다. 따라서 실제로 조선 사회를 '제국주의적 경제권'과 '민족경제권'으로 나눌 수는 없었던 것이다.

1930년대 일본자본주의는 독점 단계여서 조선의 중소자본은 일본 국내의 중소자본과 마찬가지로 원료와 제품의 가격을 통하여 잉여가치의 일부를 독점자본에 수탈당하는 존재였다. 조선의 중소기업은 상품시장에서 일본의 동업자와 경쟁하였다. 그 뿐만 아니라 조선 안에서는 같은 경제기반을 가지고 있는 조선 내의 일본인 자본과 조선인 자본 사이에서도 경쟁과 대립이 발생한 것으로 볼 수 있다는 것이다.[6]

이처럼 민족자본의 개념에 대한 소극적인 시각에서는 민족자본을 기본적으로 조선인 자본과 같은 의미로 사용하기도 하고,[7] 또한 '일제 치하의 가혹한 조건에 적극적으로 대응하면서 자신의 경제적 역량을 증진시켜 나가는 조선인의 모습을 강조하는 시각'에서도 협의의 민족자본 개념 대신에 그것을 조선인 자본

---

6) 堀和生, 〈朝鮮人民族資本論-植民地期 京城工業の分析〉, 中村哲·堀和生·安秉直·金泳鎬 編, 《朝鮮近代の歴史像》, 日本評論社, 1988, pp.157~158 및 p.164.
7) 위의 글, 위의 책, p.149.

또는 토착자본과 동일한 것으로 간주하였다. 정치적·이데올로기적 측면보다는 '경제적 측면'을 강조하여 단속적인 것이 아니라 연속적인 과정의 하나로 파악한 것이다. 여기서는 추상적이고 이론적인 결론보다는 조선인 자본의 존재 상태를 실증적으로 규명하는 경향이 있었다.[8]

한편 민족자본 개념에 대하여 정치적 태도와 경제적 기반의 두 측면에서 좀 더 신축적으로 범주를 규정하기도 하였다. 민족자본의 개념을 설정하는 것은 그 것이 민족독립투쟁의 과정에서 '타도의 대상'이 아닌 '동맹의 대상'(혁명의 동반자)으로 인식되었기 때문이며, 그런 뜻에서 경제적 범주로서의 민족자본은 존재하였다고 볼 수 있다는 것이다. 그러면서 식민지·반식민지에서 제국주의와 필연적으로 대립하는 민족자본이 진보성과 독립성을 유지할 수 있는 조건을 다음과 같이 들고 있다.

첫째, 그것이 독자적 경제영역을 확보하고 있어야 한다. 원료조달과 제품판로면에서 독자적 시장영역을 갖고 있어야 하며, 자금조달면에서 독자적인 금융영역을 확보하고 있어야 한다.

둘째, 민족자본이 피지배민족의 근대경제에서 한 주체가 되려면 경제적 자유를 지향하는 경쟁적 산업자본이어야 한다. 그렇기 때문에 반봉건적 지주자본 및 전기적 상업자본과 대립할 수 있으며, 나아가서 봉건적 특권에 바탕한 모든 독점과도 대립하는 진보성을 갖게 된다.

셋째, 중위中位의 자본규모여야 한다. 식민지 사회에서 대자본은 주로 지주·상인 출신이 소유한 독점자본으로 구성되어 있다. 이들은 부분적으로 봉건적 특권과 결합되어 있고, 또 대부분은 제국주의와 협력관계에 있었다. 그와 달리 민족자본은 자유기업이기 때문에 제반 독점을 철폐하고 식민지체제에서 벗어나 민족독립을 달성하는 것이 그들이 가장 자유롭고 급속하게 발전할 수 있는 유일한 길이 된다고 하였다.[9]

---

8) 예컨대 조기준의 《韓國企業家史》, 박영사, 1973 및 《韓國資本主義成立史論》, 고려대출판부, 1973, 위의 주 37)의 저서 등을 들 수 있다.(許粹烈, 〈식민지 경제구조의 변화와 민족자본의 동향〉, 《한국사》14, 한길사, 1994, p.93).

9) 張矢遠, 〈식민지반봉건사회론〉, 앞의 책, pp.26~27. 여기서는 경제적 범주로서 민족자본을 설정하는 기준

이에 따라 경제적 범주로서 민족자본을 '중소규모의 산업자본'으로 보았다. 여기서는 대규모 조선인 공장 가운데 예속성을 판정, 민족자본가 상층과 예속자본가를 분별하였는데, 그 결과 2,504개 조선인 공장(1937년 당시) 가운데 대부분을 민속자본으로 간주하였다.

3. 민족경제의 기초: 소상품생산자적 가내공업

1910년대 민족자본의 발전은 매우 미약하였는데, 그 원인을 개괄적으로 보면 다음과 같다. 첫째, 조선인 민족자본 발선에 대한 일제의 직접적인 억압정책인데, 예컨대 1910년 12월과 1915년 12월에 각각 공표 실시된 회사령과 조선광업령을 들 수 있다. 둘째, 일제는 대외무역을 장악하고 국내 유통에서의 결정적 지위를 확보하였으며, 조선의 공업 발전을 위한 기초시설을 독점하는 등 민족자본의 생산적 투자를 제약하였다. 셋째, 민족자본의 약체성인데, 이는 일제의 정치적 억압과 경제적 침투에 말미암았지만 자체의 역량 부족에도 그 원인이 있었다.

자본주의 상품의 침식으로 자본축적의 여지가 좁아지고, 재래에 수공업 또는 상업자본은 산업자본으로 전환할 기회를 박탈당했으며, 일부 자본을 축적한 민족자본도 외래자본과 예속자본에 대항할 정도의 기술과 경제적 기반을 갖지 못한 것이다. 그 결과 민족자본은 한정된 공업 부문에서 낮은 기술적 장비로 저임금 등 열악한 노동조건 아래에서 경영을 유지했다. 그러나 한정된 일부 자본가는 일제와 결탁하여 비교적 규모가 큰 예속적 산업자본가로서 근대적 공장을 성장시킬 수 있었다.

토착자본이 민족자본이 되려면 자금·원료·시장의 여러 측면에서 '독자적 영

으로 '중소규모의 산업자본'을 들고, 1937년 조선인 공장 2,504개 가운데 사용 직공수가 5~99인 규모는 여기에 포함된다고 보아 전체 조선인 공장수의 96.9%가 이에 해당한다고 분석하였다. 나머지 100~199인(30개)과 200인 이상(14개), 합계 44개 공장의 예속성을 분석한 결과, 26개는 민족자본가 상층으로 잠정적으로 규정하였으므로 예속자본가는 18명인 셈이다.

역'을 지니고 있어야 하는데, 완전식민지하에서 이와 같은 모든 조건을 갖춘 영역은 대단히 좁을 수밖에 없다. 그것은 오직 식민지 민중의 재생산 및 일상생활을 기반으로 하는 영역에서만 가능한 것이었다. 식민지 민중이 생산하는 제품에서 원료를 얻고 그들에게 필요한 제품을 공급하는 관계가 그것을 충족시켜 줄 수 있었다. 그런 뜻에서 민족자본은 자본이라고 말하기 어려운 영세자본, 곧 소상품생산자적 가내공업이 주류를 이룬다고 할 수 있다. 그렇다고 지금까지 논의된 중소자본을 전적으로 이런 의미의 민족자본에서 배제할 필요는 없으며, 그 가운데 일정 부분은 최소한 부분적으로 이와 같은 요건을 구비하고 있다고 보인다.

직접생산자인 농민을 포함한 대다수의 가내수공업자들은 거의가 소상품수공업자들이었는데, 이들이 영위하던 가내공업의 대부분은 식민지 민중이 식민지 상황에 대응한 결과로 나타난 것이었다.[10] 그런데 식민지 조선에서 이러한 가내공업의 비중은 대단히 컸으며, 병합 당시에는 공산액의 3분의 2를 가내공업 생산액이 차지하고 있었고, 1920년대까지 공장 생산이 가내공업 생산에 미치지 못하였다. 가내공업 생산액은 1933년에 40%였으며 1930년대 중엽에야 공장 생산이 이를 능가하였고, 1939년에는 22%로 감소하였다. 가내공업 생산액은 1930년대 후반에도 전체 공산액의 20~30%의 비중을 유지하고 있어서 이것이 일제 말기까지 뿌리 깊게 잔존했다고 볼 수 있다.[11]

이러한 가내공업은 자급자족 부문의 잔존이라는 소극적 측면만이 아니라, 시장생산을 거쳐 공장생산으로의 상승을 지향하는 적극적 측면도 포함하고 있었다. 또한 가내공업은 조선인이 담당하였기 때문에 이러한 동향은 공업화 과정에서 조선인의 역동적 대응의 한 형태를 보여 주기도 하였다.[12]

---

10) 흔히 공업의 발전 형태는 가내수공업, 가내기계공업, 공장수공업, 공장기계공업의 네 가지로 분류하는데, 대개 가내수공업, 가내기계공업, 공장수공업의 세 가지를 가내공업으로 총칭하여 공장기계공업에 대립하는 것으로 보기도 하였다.(京城商業會議所, 《家庭工業調査》, 1937, p.125 및 京城府, 《家內工業ニ關スル調査》, 1937, pp.1~4) 그리고 통계에서는 공장노동자 수 4인 이하의 영세공장을 가내공업으로 분류하였다.

11) 김낙년, 〈식민지 조선의 공업화〉, 《한국사》 13, 식민지시기의 사회경제-1, 한길사, 1994, p.303

12) '공장명부'의 분석에서 조선인 공장의 상당한 부분이 가내공업에서 성장한 것임을 시사하고 있다.(허수열, 〈일제하 조선인 공장의 동향-1930년대 《朝鮮工場名簿》분석을 중심으로〉, 안병직·中村哲 編, 《근대조선공

일제 식민지에서 일본자본의 집중과 생산의 지배를 받으면서도 조선인의 수공업적 작업장, 즉 소상품생산자적 가내공업이 큰 비중을 차지한 원인은 다음과 같이 설명되고 있다. 첫째, 예속자본이 비교적 큰 규모의 공장을 건설하기도 했지만, 적은 자본을 축적한 소자본가 또는 상업자본가들은 그들의 자본 일부로 소규모 작업장 또는 수리장을 만드는 것에 그 활동을 한정하였다. 그렇게 할 수 있었던 것은 외국상품의 침범이 적고 국내 생산품 수요가 비교적 높은 부분에서 낮은 임금으로 존립이 가능하였기 때문인데, 농촌의 과잉인구가 그 기반이 되었다.

둘째, 몰락하여 가는 소상품 생산자의 전업적 수공업 가운데 많은 부분이 그 활로를 성장하는 도시와 도시 주변의 새로운 종류와 형태의 수공업장에서 찾았다. 재래의 전통적 수공업에서 벗어나 새로 수입된 도구로 생산에 종사하였는데, 그들은 과거의 독립적 지위와는 달리 대부분 상업자본과 산업자본에 예속되어 있었다. 결국 새로 편성된 도시와 농촌의 수공업은 상업자본이 활동할 수 있는 영역을 제공했고, 또는 공장제 공업이나 매뉴팩처의 부속물이 되기도 하였다. 그리고 이들 수공업자는 일본자본의 높은 이윤보장의 기반이 되기도 하였으며, 자본의 요구에 따라 자기의 위치를 상실할 수 있는 불안정한 것이었다.[13]

이처럼 일본경제 또는 식민지경제를 보완하는 가내공업의 측면이 있는가 하면, 식민지 민중의 재생산 유지를 위한, 곧 식민지 민중의 수요를 뒷받침하면서 그것을 생산하는 가내공업의 측면이 있었다. 식민지 민중의 재생산을 뒷받침하고 동시에 그것을 생산기반으로 하는 가내공업은 식민지 공업화의 진전에 따라 대공업과 하청관계 등으로 연결되는 식민지 경제의 보완물이 결코 아니었다. 중소공업의 하청경영 또는 신문옥제新聞屋制 공업의 모든 형태가 독점기업과의 관련에서 대두되는 경향이 있었으나, 조선 재래의 생활양식에 따른 좁은 범위의 선내鮮內 수요충족만을 목적으로 하는 소규모의 전자본주의적·역사적 경영형태

업화의 연구》-1930~1945년, 一潮閣, 1993)

13) 전석담·최윤규 외 지음,《조선근대사회건제사》, 19세기 말~일제통치 말기의 조선사회경제사, 이성과 현실, 1989, p.155.

가 근대적 대규모 경영형태와 자본적·기술적 관계뿐만 아니라 원료시장 및 노동력의 면에서도 관계를 갖지 않는 존재로서 성립 발전하고 있었다.

이와 같은 가내공업생산은 전근대적 생산양식의 잔재가 아니라 오히려 식민지화 과정에서 새롭게 생겨난 것이 주종을 이루었고, 식민지 민중이 식민지상황에 대응한 결과로 나타난 것이었다. 이는 식민지시기 이전과 단절된 것도 아니며, 오히려 재래 가내공업이 상황의 변화에 대응하여 스스로 변용한 결과이고, 또한 단순히 자급자족적 생산에 한정된 것도 아니다. 그 상당부분은 식민지 민중들 사이의 분업관계 속에서 엄연히 상품화되고 있었다.

소상품생산자적 영세경영은 일국—國자본주의의 순조로운 발전 과정에서는 조만간 분해될 존재였지만, 식민지라는 특수한 상황에서 그와 같은 본래적 전개가 저지된 채 과도기적 형태로 존재하는 것이었다. 곧 식민지 민중이 그들의 재생산을 유지하기 위한 대응의 일환으로써 존재하는, 말하자면 소상품생산적 성격을 더 농후하게 지닌 존재라고 할 수 있다. 식민지 초과이윤이 수취되는 과정에서 식민지 민중의 단순재생산조차 보장해 주지 않을 때, 식민지 민중은 스스로의 생활과 최소한의 재생산을 유지하기 위한 방책을 강구하지 않을 수 없었다. 식민지 민중은 식민지적 상품경제관계의 진전에 따라 화폐수지의 증대에 대처하고자 극소의 이윤만 가지고도 유지가 가능한 메커니즘을 필요로 했다. 사용자나 피사용자나 낮은 임금으로 만든 제품을 싼값에 팔고, 적게 받은 임금으로 싼 물건을 사는 관계, 곧 양자가 다 같이 판매자인 동시에 구매자이기도 한, 고정된 일방적 관계가 아니라 상호보완관계에 있게 되는 것이다. 또 이러한 상호보완관계 위에서 식민지 민중은 스스로의 생활과 재생산을 유지할 수 있게 되었다는 것이다.[14)]

이처럼 식민지에서 소상품생산자적 가내공업의 광범한 존재는 식민지적 제약 때문이기도 하지만, 동시에 식민지 상황에서 그들의 재생산을 유지하는 데 총체적 공동의 대응기반을 확보하려는 노력의 필연적 결과였다고 볼 수 있는 것이

---

14) 이흥락, 〈식민지의 사회구조〉, 《한국사》 14, 식민지시기의 사회경제—2, 한길사, 1994, pp.180~183.

다. 이것은 종속적 발전이 아닌 자주적 일국자본주의 발전의 길을 모색하면서 내재적 발전의 변혁주체 역할의 수행 가능성을 시사하고 있는 것이다. 소상품생산자적 가내공업의 광범한 존재를 민족경제 확대의 바탕으로 보고, 보다 적극적이고 능동적 의미로 파악하는 견해이기도 하다.

제2절 식민지적 공업화와 중소기업

1. 경공업 중심의 공업화와 중소기업

총독부에서는 1920년부터 '장래 내지內地의 자본과 기술을 끌어들여 내선경제 공통의 실적을 거두는 데 내선실업가의 융합협력을 구할 필요가 있다'[15]고 하여 산업조사위원회 개회를 준비하였고, 1921년 6월 6일에는 그 시행령을 공포한 바 있었다. 제1차 세계대전 이후의 '본격적인 과잉생산공황'에서 벗어나기 위한 유휴자본의 출구를 식민지 조선에서 찾으려는 것이 그 배경이었고, 회사령과 관세의 철폐조치도 이를 위한 것이었다. 민간자본의 조선 진출이 본격화된 1920년대 전반, 일본자본주의는 식민지 조선이 식량과 원료공급지, 상품의 소비시장을 넘어서 자본의 진출기지로서 기능할 것을 기대하였고, 총독부의 산업정책은 바로 이를 반영한 것이었다. 결과적으로 1920년대 조선의 제반 산업 분야에서는 기업 설립 붐이 일었고, 그러한 열기는 공업 부문에도 이어져 식민지 조선의 공업화에 기여하였다.

공업화의 기준을 어디에 둘지에 대해서는 시각 차이가 있다. 대량생산체제인 자본주의적 생산방식이 모든 공업 부문에서 적용되는 것으로 볼지, 아직 원동력 사용률은 낮지만 공장제 기계공업이 생필품을 생산하는 경공업 부문에서 일반화된 것으로 볼지, 아니면 총 공업생산액 가운데 공장생산액의 비중, 1차 산업과 2차 산업의 비중을 공업화의 기준으로 적용할 것인지 등이 그것이다. 이에 따라 흔히 조선 공업화의 시기를 일본 독점자본의 진출을 근거로 1930년대 전시경제

---

15) 朝鮮總督府, 《朝鮮總督府施政年報》, 1918~1920년판, p.165

이후로 설정하지만,[16] 1910년대 후반 또는 1920년대의 급격한 공장 설립에 주목하여 '공업화'를 논의하기도 한다.

1910년대에도 식민지 조선에 공장이 급속히 증가하였지만 이를 '공업화'의 시기라고 말할 수는 없다. 왜냐하면 당시 조선의 공업은 회사령 아래에서 자본의 집중과 근대적 확충이 제한되어 산업자본화(조선인 회사 설립)가 차단되었기 때문이다. 1910년대 공장의 양적 팽창의 주역은 영세공장과 개인 공장이었고, 생산방식은 전근대적 생산과정에서 숙련노동력을 접목한 것이었으며, '과도적' 생산구조였다. 곧 기계 사용보다는 노동 숙련의 정도에 개인 공장의 성장이 달려있는 '과도적 식민지 자본주의'의 특징을 지니고 있었다.

이와 달리 1920년대는 자본금 및 기계 증가율이 공상 증가율이나 노동자 증가율을 상회하여, 자본금의 확대가 공장보다, 기계 확대가 노동자 증가율보다 더 관련을 맺고 있었다. 이는 1910년대 숙련노동력 중심의 영세소경영이 점차 기계를 사용한 중규모 경영으로 확대된 사실을 말한다. 곧 엄밀한 의미에서 조선의 공업생산에서는 1920년대부터 본격적인 자본주의적 축적구조가 작동한 것이었다. 1920년대에 들어서 자본과 기계의 확산이 1910년대의 과도적 생산구조를 구축하면서 자본주의적 생산이 본격화되었다. 이는 다시 말해 1910년대 조선 공업이 자본주의적 '과도성'을 벗어나 1920년대부터는 자본주의적 생산이 본격화되었으며, 또한 본격적인 자본주의적 축적구조가 작동하였다는 것이다.[17]

한편 식민지시기의 공업화를, 1920년대부터 1930년대 중반까지 주류를 이룬 경공업을 중심으로 한 공업화와 중일전쟁 이후의 전시공업화로 구분하되, 조선사회를 밑바닥부터 변화시킨 움직임은 1920년대 이래 공업화의 흐름이었지만, 이는 양적으로 충분히 전개되기 전에 전시통제경제에 포섭되어 버렸다고 보기

---

16) 鈴木武雄, 《朝鮮の經濟》, 日本評論社, 1942; 權寧旭, 〈舊植民地經濟研究ノート, 日本帝國主義下の朝鮮を中心として〉, 《歷史學研究》 310號; 小林英夫, 〈1930年代 朝鮮工業化政策の展開過程〉, 《朝鮮史研究會論文集》3號, 1967; 허수열, 〈식민지적 공업화의 특징〉, 吳斗煥 編著, 《工業化의 諸類型》(Ⅱ), 경문사, 1996 등.

17) 金仁鎬, 〈일제 초기 조선공업의 '과도기 자본주의'적 특징(1910~1919) −조선인 개인 공업과 공장공업의 자본구성 변동을 중심으로〉, 《한국근현대사연구》 10집, 한국근현대사연구회, 1999, pp.286~288 및 pp.294~295.

도 한다. 그런데 이 전시공업화는 양적으로는 압도적이지만 질적으로는 조선 사
회를 표면적으로 변화시킨 것에 불과하며, 이는 결국 해방으로 붕괴되었다고 보
고, 1920년대의 공업화를 보다 중요시하면서 중일전쟁 뒤의 1930년대 공업화설
을 비판하는 견해도 제기되었다.[18]

이처럼 1920년대의 공업화를 중시하는 시각은 그 내용면에서 경공업 중심의
공업화를 뜻한다. 1920년대까지의 공업화 과정에서는 주로 식량을 가공해서 반
출하기 위한 정미업 등 식료품공업이 공장공업 생산액의 약 60%에 가까운 비중
을 차지했다. 이 밖에 메리야스 등을 생산하는 방직공업, 그리고 고무공업 등 필
수소비재 생산공업이 발달한[19] 경공업 중심의 공업화였는데, 이는 공업구조상
산업자본주의 단계의 특징을 보이는 것이다.

1920년부터 1928년까지 기간에 조선의 공장수는 2,087개에서 5,342개로 2.6
배, 자본금은 160,744천 원에서 549,122천 원으로 3.4배, 생산액은 179,318천 원
에서 392,533천 원으로 2.2배 증가하여 이 기간 공업은 높은 성장을 기록하였다.
그 결과 공산물의 비중은 1912년 3.7%에서 1925년 17.7%로, 다시 1931년에는
22.7%로 높아져서 조선의 공업이 아직도 생산액에서는 상대적으로 낮은 비중을
차지하였지만 꾸준한 증가 추세를 보였다.(표-1)

[표-1] 부문별 생산액 비중　　(단위: %)

	1912	1925	1931
농산물	87.7	72.7	63.1
임산물	4.4	3.2	5.3
수산물	2.8	5.1	6.9
광산물	1.4	1.3	2.0
공산물	3.7	17.7	22.7
계	100.0	100.0	100.0

자료: 최윤규 지음, 《근현대조선경제사》, p.303.

---

18) 橋谷弘, 〈1930~40年代 朝鮮社會の性格をめぐて〉, 《朝鮮史研究會論文集》27號, 龍溪書舍, 1990.
19) 吳斗煥 編著, 《工業化의 諸類型》(Ⅱ), 경문사, 1996, p.11.

한편 1920년대 말, 공업 부문별 생산을 보면(표-2), 공업 가운데 경공업 부문이 압도적이며, 특히 식료품가공업이 63.5%를 차지하고 있다. 중공업은 금속·화학·기계공업을 합하여 12.1%에 그쳤으며, 더욱이 기계공업은 가장 낮은 1.3%에 불과하여 식민지공업의 후진성을 보여주었다.

한편 1920년대 공업의 식민지적 특성은 다음과 같이 집약되고 있다.

첫째, 1920년대 공업생산구조의 중심은 일제의 농산물 및 원료의 약탈에 종속된 부문이었다. 경공업에서는 식료품공업(정미업, 63.5%), 제사·제면 등 방직공업(10.9%), 중공업에서는 제철·제련공업 등 금속공업(5.8%)이 그러했으며, 이들 부문이 생산구조에서 높은 비중을 차지하였다.

둘째, 값싼 노동력과 원료를 이용함으로써 소규모 투자로 고율의 식민지 초과이윤을 얻을 수 있는 일부 공업이 확대되었다. 이러한 부문으로는 직물 생산, 제혁, 주류 제조, 고무신 생산 등을 들 수 있는데, 특히 일본인 경영은 이 부문의 조선인 재래수공업에 심대한 타격을 주었다.

셋째, 식민지 약탈과 관련된 부문들은 기술적·경제적으로 일제에 예속되어 있었으며, 기술 수준은 크게 낙후되어 있었다. 임금이 극히 낮은 수준에서 기계와 기술의 도입은 제한될 수밖에 없었으며, 또한 그 도입도 일제에 의존했기 때문에 조선에서 기계공업을 비롯한 생산수단의 생산 부문은 발전하지 못하였다. 결국 소규모생산과 수공업적 기술이 상당한 비중을 차지하였고 낙후된 기술을 지닌 중소규모 공장이 압도적 다수를 점하였다.

[표-2] 공업 부문별 생산액　　　(1929년, 단위: 원, %)

업　종	생산액	구성비
금속공업	20,383,470	5.8
기계기구공업	4,542,634	1.3
화학공업	17,412,631	5.0
가스 및 전기업	16,388,941	4.7

요 업	9,116,126	2.6
방직공업	38,211,627	10.9
식료품공업	223,412,433	63.5
제재 및 목제품공업	7,720,709	2.2
인쇄 및 제본업	9,954,204	2.8
기타 공업	4,309,381	1.2
계	351,462,156	100

자료: ①《朝鮮經濟年報》1939년판.
　　　②朴慶植,《日本帝國主義의 朝鮮支配》, p.278.

넷째, 식민지적 예속성을 갖는 조선의 공업은 농촌과 정상적 연계 속에 발전할 수 없었으며, 낙후된 농업에 견주어도 생산액에서 낮은 비중을 차지하였다. 농촌에서 공급되는 원료는 반제품으로 가공되어 일본으로 반출되고 적은 부분만이 국내 수요에 충당되었다. 이처럼 식민지 공업은 아직은 일제의 농촌수탈을 지원하는 지위를 벗어나지 못하였다.[20]

2. 중소영세공업의 높은 비중

이러한 식민지적 예속성과 기술적 낙후성으로 말미암아 1920년대 공업구조에서는 중소규모의 공장이 압도적 다수를 차지하였다. 표-3의 내용에 따르면 5~49인의 노동자를 가진 소규모 공장 수가 전체 4,525개 중 4,277개로서 94.5%였고, 50~99인과 100~199인의 중규모 공장이 각각 3.3%와 1.0%였으며, 200인 이상 대규모 공장은 1.1%에 그쳤다. 이처럼 중소규모, 더욱이 소규모 공장이 압도적 비중을 차지하는 이유는 다음과 같이 설명되고 있다.[21]

---

20) 최윤규 지음,《근현대 조선경제사》, 갈무지, 1988, pp.301~303.
21) 위의 책, p.302.

[표-3] 공업규모별 통계 　　　　　(1932년, 단위: 개, 명, 천 원)

업　종	5~49인	50~99인	100~199인	200인 이상	계	1공장 당 종업원수(1933)	1공장 당 생산액(1932)
금속공업	219	1	—	—	220	22	88.2
기계기구공업	239	9	—	2	250	16	9.7
화학공업	687	27	18	10	742	32	52.2
가스 및 전기업	46	3	—	—	49	21	23.9
요업	288	16	1	4	309	18	23.6
방직공업	194	21	9	24	248	74	113.4
식료품공업	2,023	44	10	9	2,086	17	88.4
제재업	153	13	2	—	168	22	37.3
인쇄 및 제본업	222	13	4	1	240	22	38.7
기타 공업	206	4	2	1	213	—	—
계	4,277	151	46	51	4,525	—	—

자료: ① 全錫淡·崔潤圭,《19世紀後半期～日帝統治末期의 朝鮮社會經濟史》, p.201.
　　 ②〈표2〉의 ②와 같음.(p.278)

첫째, 대규모 공장의 제품 대부분이 일본으로 반출되고, 대규모경영은 일본 독점자본의 진출 등으로 아직 일부 제한된 부문(예컨대 방직공업과 화학공업 등)에만 한정되어 있었기 때문에, 국내의 소비부문을 대상으로 중소규모 공장들이 일정하게 존립할 수 있었다.

둘째, 이들 중소규모 공장은 일본 상품의 침투로 부단히 분화되거나 도산되고 있었다. 그럼에도 중소규모 공장이 그 수에서 지배적 지위를 차지한 것은 이들 공장의 적지 않은 부분이 민족적 특성을 갖는 국내 수요를 대상으로 유지될 수 있었기 때문이다. 아직도 일본 제품이나 자본이 이러한 분야까지 지배할 수는 없었는데, 예컨대 농기구 및 일용금속제품, 도자기 생산 등이 그것이다.

셋째, 중소규모 공장은 작업공정과 산업적 특성으로 말미암아 일부 공업 분야, 특히 기계수리, 정미업 등에 다수 존립할 수 있었다.

넷째, 중소규모 공장은 값싼 노동력을 기반으로 국내 대규모 경영이나 일본 상품과의 경쟁에서 자기의 지위를 일정하게 보존할 수 있었다.

이런 이유로 중소규모 공장이 압도적으로 존립하였을 뿐만 아니라, 가내공업이나 소상품 생산에 의한 경영도 적지 않게 존재하여 공업생산에서 그 비중이 상당한 정도에 이르렀는데,[22] 그 이유는 다음과 같다.

첫째, 재래의 수공업도 일본 상품의 침투로 타격을 받았으나, 일부는 일본 상품과의 경쟁 대상 외의 부문에서 수공업 경영으로 존립할 수 있었다. 또한 일본 자본의 대규모 경영이 확대되면서 그에 예속된 가내수공업 또는 전업적 수공업으로 존재할 가능성이 있었다. 자본주의적 가내노동 또는 전업적 수공업이 대규모 공장에 예속된 것은 일본자본이 초과이윤을 얻는 원천이 되었다.

둘째, 자본주의적 상품경제가 농촌까지 침투하였지만 농촌에서는 아직도 생활용품 및 생산적 소비의 적지 않은 부분을 자가 생산이나 전업적 수공업에 의존하고 있었다. 예컨대 자본주의적 상품이 면직물 생산을 기본으로 하는 농촌수공업에 타격을 주었지만, 아직도 농민적 수요의 전반적 분야까지 깊이 침투하지는 못한 것이다. 이로 말미암아 일정한 품목의 수요를 기반으로 소영세 규모 경영이 보존될 수 있었다.

셋째, 농촌분화 과정에서 분해된 수공업자들의 일부는 일자리를 구하여 도시로 유입되었는데, 이들이 자기의 본업을 지속하지 않을 수 없게 되면서 전업적 수공업의 가능성은 지속되었다.

넷째, 사회적 분업의 발전, 비농업적 인구의 증가, 시장수요의 증대가 소영세 규모 경영의 존재를 가능하게 하였다. 기타 저렴한 노동력이 소영세 규모 경영의 존립기반이 되었으며, 일제의 수탈을 위한 수공업 장려정책도 소영세 규모

---

22) 1931년에 이들 제품이 공업경영의 생산액에서 차지하는 비중은 37%였다고 한다.(앞의 책, p.302)

경영이 지속될 여지를 남겨주었다.

　이러한 이유로 소영세 규모 작업장이 상당한 비중을 차지하면서 잔존하였지만 이를 종래 수공업의 발전으로 볼 수는 없다. 이전까지의 전통적 수공업은 일본 상품의 침투로 그 발전이 저지되거나 크게 파산하였으며, 그런 가운데 잔존하였던 소영세 규모 작업장은 새로운 조건에서 재편성된 것이 다수였다. 새로 형성된 수공업 또는 소규모 작업장의 대부분은 대규모 공장의 예속적 지위에 있든가, 아니면 상업자본 또는 지주에 예속되어 그들의 초과이윤의 기반이 되었으며, 항상 소멸의 가능성을 안고 불안정한 상태에 있었다는 것이다.[23]

---

23) 전석담·최윤규 저, 《19세기 후반기~일제통치 말기의 조선사회경제사》, 조선노동당출판사, 1959, p.214.

제3절 조선인 공장의 성장과 중소기업

1. 조선인 공장의 성장과 공업화 수준

1920년대 조선인 공장수는 1920년 943개에서 1928년에 2,751개로 성장하여 같은 기간에 2.9배나 증가하였고, 그 결과 1928년에는 일본인 공장수 2,425개를 능가하였다. 생산액의 구성도 1920년대 12%에서 1928년에는 23%로 높아졌으며, 기관 수 비중도 같은 기간 16%에서 39%로 상승하여 기계의 사용도 또한 높아졌다. 그러나 자본금은 총자본금의 4~7%에 불과하여 89~90%를 점하는 일본인 공장의 그것에 견주면 극히 낮은 비중이었고, 마력 수馬力數 또한 그러하였다.[24]

자본금에서 평균자본금 지수를 보면, 1920년 무렵에 비로소 1911년의 수준에 이르는 정도였다. 이는 1920년대 설립된 공장이 1910년대 초의 수준에도 미치지 못하는 영세 규모였음을 말하는 것이다. 1918년부터 비교적 큰 규모의 공장 설립이 시작되었고 1920년대에는 대자본이 투입되었다. 1916~1917년 소상인·수공업자의 소규모 자본투자와는 달리, 1920년대에 지주·상인의 대자본이 투자되었을 가능성을 나타낸다. 이는 회사령 아래에서 대규모 자본규합에 따른 회사조직의 공장 설립이 어려웠지만, 1918년 6월 이후 회사령의 규제가 완화되고 이어 1920년 4월 이후 회사령이 철폐되면서 대자본의 집적과 투자가 용이해졌기 때문인 것으로 보인다.

한편 조선인 공장의 기관 수機關數는 1920년대에 들어와 전체 기관 수의 거의

---

24) 이경의, 《한국중소기업사》, 지식산업사, 2010, pp.381~382.

20%에 이르렀고, 1925년 이후에는 30%대로 증가하였다. 일본인 공장의 총 기관 수가 완만한 증가세를 보인 것과 대조적으로 조선인 공장의 기관 수는 해마다 큰 폭으로 증가하였고, 특히 1920년대에 크게 상승하였다. 조선인 공장의 노동자 1인당 기관 수 또한 빠른 속도로 증가하여 1925년 이후에는 오히려 일본인 공장의 노동자 1인당 기관 수를 추월하였다. 이것은 조선인 공장에서도 일본인 공장에 견줄 만큼 기계의 사용이 보편화되어 공장제 기계공업단계로 진입하였음을 뜻한다.

그런데 조선인 공장의 마력 수는 일본인의 대공장이 설립되던 1919년 이후 총 마력 수의 3% 이하로 감소했다가 1926년 이후 8%대로 증가하였다. 곧 기관 수의 증가만큼 마력 수의 증가가 뒤따르지 않았음을 알 수 있다. 노동자 1인낭 마력지수는 완만한 증가 추세였으나 1920년대 후반에 급격히 상승하였다. 이와 달리 일본인 공장의 경우는 1919년까지 완만하게 증가하였다가 1920년 이후 급증하여 그 수치를 유지하였다.

여기서 조선인 공장과 일본인 공장의 노동자 1인당 마력 수를 비교해 보면, 일본인 공장에 대해 조선인의 그것은 1920년대에 와서도 1910년대에 미치지 못하는 낮은 수준으로 그 격차가 컸다. 그리고 일본인 대공장이 진출하던 1919년 이후 그 차이가 더욱 커졌다가 1920년대 후반 이후 조선인 대공장이 설립되면서 겨우 1910년대 수준을 회복하였다. 조선인 공장의 경우 1920년대 전반까지 기관 수는 크게 증가했으나 마력 수의 증가는 이에 미치지 못하고 일본인 공장에 견주어 크게 열세였다.

따라서 이 시기에 설립된 조선인 공장은 동력 사용률이 낮은 소규모 기계나 수동 기계설비의 공장이 다수였다고 볼 수 있다. 1920년대 후반에 조선인 공장의 노동자 1인당 마력 수가 큰 폭으로 증가하고 일본인 공장의 그것과 격차가 줄어든 것으로 보아 이 시기에 비로소 자동기계가 설비되기 시작한 것으로 볼 수 있다. 조선인 단위 공장당 평균자본금이 일본인 공장의 8%(1920년)~4%(1928년), 조선인 공장의 노동자 1인당 마력 수가 일본인 공장의 8%(1920년)~15%(1928

년)에 불과했던 사실은 조선인 공장에서 사용한 기계가 대부분 동력을 사용하지
않는 수동식이거나 마력 수가 적은 반자동식이었음을 말해 준다. 이러한 저열한
기계설비나 이로 말미암은 낮은 생산성(50% 수준)은 일본인 공장과의 경쟁이나
확대재생산에 장애 요인이 되었다.[25]

　1910년대 중·후반 이후 1920년대에 조선인이 주도하고 일본인이 가세한 공
장 설립과, 특히 1920년대 이후 일본자본의 진출 확대로 조선의 공업은 가내공
업 단계에서 공장제공업 단계로 전환하였지만 조선인 공장의 공업화 수준은
매우 낮았다. 기관 수와 마력 수의 수치에서 볼 수 있는 것처럼 그것은 대량생
산체제의 기계제 공장이 아닌 수동식이나 반자동식 기계설비의 공장공업이었
다. 그러나 일본자본, 특히 대공장이 이미 진출하여 기계제 대량생산체제가 확
대되어 가고 있었고, 조선인 공장도 1920년대 후반에는 기계 사용이 보편화되
어 자동기계 사용을 지향하고 있었기 때문에 이 시기에는 조선의 공업이 공장
제 수공업의 단계를 벗어나 대체로 공장제 기계공업의 단계로 진입했다고 볼
수 있다.

2. 조선인 공장의 소영세성과 그 성장 요인

　1910년대 중·후반에 이어 1920년대에도 조선인 공장의 창립은 급증하였고,
공업화의 수준도 그 후반에는 공장제 기계공업의 단계에 진입한 것으로 볼 수
있지만, 그 규모별 구조는 소영세성을 면치 못하였다. 곧 1930년의 자료(표-4)에
서 볼 때 조선인 공장수의 97.0%가 노동자수 5~49인의 소규모 공장이며 50~
99인의 규모가 2.0%, 100인 이상의 공장은 1%(100~199인이 0.7%, 200인 이상 0.3%)에
불과하였다.

---

25) 오미일 지음, 《한국근대자본가연구》, 한울, 2002, pp.81~87 참조.

[표-4] 규모별 조선인 공장 통계   (1930년, 단위: 개, %)

규모별	공장수	구성비
5~49명	2,031	97.0
50~99	42	2.0
100~199	12	0.7
200명 이상	8	0.3
계	2,093	100

자료:① 《조선공장명부》 1931년판.
　　② 全錫淡·崔潤圭, 《19世紀後半期~日帝統治末期의 朝鮮社會經濟史》

　　공장 설립의 경로로 보아 가내부업이나 소상품을 생산하던 수공업자가 확대
재생산을 꾀하여 공장공업을 영위하는 것과 지주·상인자본이 제조업으로 투자
를 전환함으로써 설립한 두 가지 경우로 나눌 수 있는데, 주로 전자의 경로가
짧은 시간 안에 일본인 공장을 수적으로 능가할 정도의 소영세 규모의 공장을
설립할 수 있었던 근원이 되었다고 볼 수 있다.

　　업종별로는 ① 직물업 중 염직업, ② 금속공업 중 금속제품, ③ 철공업, ④ 화
학공업 중 제지업, ⑤ 제재·목제품공업 중 목공업, ⑥ 기타 요업 등의 전통적인
가내수공업분야였다. 이러한 수공업적 전통을 바탕으로 공장 설립을 주도한 주
체는 수공업자들이었다. 그와 달리 지주·상인층은 전통적 가내공업과 공장공업
이 공존하면서 생산이 가능한 염직업, 요업, 금속제품, 철공업, 제지업, 피혁업,
양조업, 양말제조업뿐만 아니라 일정 규모 이상의 대규모 자본으로 기계설비나
시설투자 및 신기술을 요하는 방직업, 제사업, 조면공업, 금속제품 및 기계공업,
고무제품 제조업, 전기·가스업 등 '새로운 업종'에도 진출하였다.[26] 대규모 공장
과 소영세 공장은 정치적 성향에서 예속성과 민족성이라는 차이가 있음이 지적
될 수 있거니와, 설립 주체에서도 지주·상인층과 수공업자, 그리고 산업별 성격
에서도 전통적 분야와 새로운 산업 분야라는 단층이 형성되었다.

---

26) 앞의 책, p.93 및 p.98.

그런데 1920년대 조선인 공장 또는 민족기업이 급진적으로 증가한 원인은 다음과 같이 설명되고 있다.

첫째, 일본 정부의 대조선 정책이 전환되었다는 점이다. 조선에는 원칙적으로 근대공업을 발전시키지 않는다는 것이 병합 이래의 일본 정부의 방침이었으나, 3·1운동 뒤로 이를 변경하여 조선에도 약간의 경공업 설치를 허용하기로 한 것이다. 정치적 병합 이후 10년 동안의 무단정치 대신 문화정치를 실시하기로 했으며, 경제적으로는 제1차 세계대전 이후의 일본경제의 공황타개책으로 조선에 대한 공업자본의 진출을 촉진하였다. 이를 위하여 1920년대에 들어서는 조선 공업화를 억제할 목적으로 발표되었던 회사령을 폐지(1923)하고 조선인의 기업진출 제한을 크게 완화하였다.

둘째, 1920년대에 들어서면서 민족주의의 자세가 전환되었다. 무력투쟁에 따른 배일·항일운동 중심에서 벗어나 민족역량을 배양하여 독립운동을 펼치게 된 것이다. 해외에 임시정부를 수립하여 국가의 존속성을 주장하는 동시에, 국내에서는 민족의 실력을 배양하여 독립의 바탕을 구축하려는 움직임이 나타났다. 이를 위한 방안으로 교육의 보급과 민족기업의 육성을 추구하였는데, 물산장려운동과 민립대학民立大學 건립운동은 바로 이러한 새로운 민족주의의 출현이었다.

셋째, 토지조사사업의 완료로 지주자본이 기업자본에 동원될 수 있었다. 1918년에 완료된 토지조사사업은 토지사유권을 확립시킨 작업이었다. 이로 말미암아 다수의 농민이 토지소유에서 배제되어 소작인으로 전락했던 것과 달리 지주의 토지소유권은 확립시켰다. 사유화한 지주의 토지는 자유로운 매매·양도 및 저당물로서 자금융통의 길을 열었으며, 이러한 토지자본이 근대기업에 투자되어 1920년대에 다수의 지주 출신 기업가를 출현시켰다.

넷째, 개화기 이후 근대교육의 보급 및 계몽운동의 효과도 1920년대 민족기업을 증대시킨 원인이 되었다. 1890년대 이래 구미 각국의 선교단이 조선에 학교를 설립, 근대교육을 실시했으며, 이와 더불어 조선 정부에서도 각종 기술학교

를 설립하였고, 또 서울과 시골 유지의 사립학교 건립도 늘어났다. 또한 일제는
이러한 사립학교 건립을 제한하고, 식민지 교육을 실시하고자 다수의 관공립학
교를 설립하였다. 이 밖에 서당書堂에서의 교육도 증가하였는데, 이는 일제의 사
립학교 폐쇄정책에 대한 저항으로 나타난 것이었으며, 그 교육 내용도 근대적
교육으로 옮겨 갔다. 그 밖에도 개화기 해외 유학생의 증가 등 국민의 교육열이
높아지면서 근대교육을 받은 다수의 지식인이 사회에 진출하여 민족기업운동의
기반이 되었다.

다섯째, 1920년대 민족기업은 조선 민족의 생존투쟁으로 전개되었다. 이 시기
조선에서는 영세자본에 의한 중소기업이 속출하였는데 이것은 정치적·경제적
보호에서 밀려난 서민층이 생존하려는 몸부림이었다. 병합한 뒤 생존을 위한 조
선인의 해외 유랑은 크게 증가하였으며 공업노동자로서 일본 공업지대에도 이
주하였다. 이처럼 어려운 상황에서 국내에 잔류한 조선인의 생존을 위한 노력이
중소영세공장의 설립으로 이어졌다. 그들의 일부는 공업노동자로 흡수되었으나,
일부 혁신적이고 기개가 있는 청년들은 도시 및 지방소읍에서 새로운 직업을 개
척하였다. 1920년대 이래 서울 및 지방도시에서 가내수공업적 영세기업으로 시
작하여 점차 기업적인 성공을 거둔 사람 가운데 대부분은 농촌 및 도시서민 출
신의 청년들이었다.

1920년대 이러한 환경조건에서 민족기업가가 사회의 각 계층에서 출현하였
는데, 이들의 정신적 자세와 행동양식은 개화기의 기업가들과는 대조적이었으
며, 크게 두 유형으로 나눌 수 있다.

그 하나는 민족주의를 기업동기 및 행동양식으로 삼고 있는 기업가군이며, 다
른 하나는 화폐적 극대화를 행동양식의 직접적 및 궁극적 목표로 하는 기업가군
이었다. 그러나 이 시기의 기업가 가운데 민족주의를 궁극적 목표로 하더라도
그것은 개화기에 배일 및 항일을 기업동기 및 행동양식으로 했던 소박한 민족주
의와는 그 유형을 달리하였다. 곧 그들의 제1차적 목표는 재화 저축이고, 이로써
민족의 역량을 과시하고 민족을 위한 학교, 언론기관 또는 도서관을 창립함으로

써 민족독립의 기반을 구축하려는 계획을 갖고 있었으며, 개화기의 기업가처럼 기업의 성패를 무시하면서까지 민족주의를 앞세우지는 않았다.

다음으로 화폐적 극대화를 기업동기로 삼는 기업가군은 대부분 서민 출신으로서 1920년대 영세자본으로 출발하여 성공한 자수성가형自手成家型의 기업가들이었다. 그들은 근면하고 소박하며, 혁신적이고 창의적인 성격의 소유자였다. 이윤 극대화를 위해서는 어떠한 어려운 일도 해낼 수 있는 용기와 결단력을 가지고 있었다. 초기 공업화단계의 서구의 소시민적 기업가에 비교할만했다. 그들은 재화를 축적하고 기업을 유리하게 발전시키고자 일본인 자본과의 결탁도 서슴지 않았으며, 19세기 서구사회에서 볼 수 있었던 무자비한 인간형인 호모에코노미쿠스Homo economicus에 접근하고 있었다는 것이다.[27]

그러나 이러한 지적은 서양 근세 초기 자본가군의 이데올로기였던 막스 베버 Max Weber류의 자본가상을 식민지 사회에 그대로 적용한 것에 지나지 않는다는 비판도 있다. 또한 민족기업의 주류는 대기업보다 자립정신이 강하고 일제의 재정·금융적 지원 없이 자력으로 근면성실하게 기업을 운영한 서민 출신의 합리적 중소기업이었는데, 이들은 식민지를 극복하고자 어려운 상황에서도 일본자본의 진출에 대항하고 저항하면서 성장해가는 근검저축의 정신과 진취성이 강한 자본가였다는 지적[28]과도 대조적이다. 곧 앞서의 주장은 반제의식에 투철한 자본가상이 아니라 민족의식과 사회 구성원에 대한 이념적 지도력과 의지가 없는 자본가군이며, 식민지 지배를 수용하고 개인의 이윤극대화를 위해 매진하는 자본가를 그린 것에 불과하다는 것이다.

한편 1920년대 초에 전개된 물산장려운동에서는 조선인 자본의 축적과 생산력 증대라는 시각에서 '대공업 육성론'과 '소공업 육성론'의 논쟁이 이루어졌다. 여기서는 전자에서는 반제反帝의 논리가 결여되었고 예속화의 맹아를 품고 있었음에 대하여 후자는 반제의 논리를 견지하여 일제에 비타협적 자세를 유지했다

---

27) 趙璣濬 著, 《韓國企業家史》, 博英社, 1973, pp.21~26.
28) 정태헌, 〈한국의 식민지적 근대화 모순과 그 실체〉, 역사문제연구소 편, 《한국의 '근대'와 '근대성' 비판》, 역사비평사, 2004, p.262.

고 보고 있다. 식민지 자본주의의 경공업 단계 초기에 제기된 소공업 문제라는
점에서 비록 그것이 민족문제의 시각이긴 하지만 중소기업 문제 인식의 최초의
단서로 주목된다.

제4절 식민지 자본주의의 고도화와 중소기업

1. 산업구조의 고도화와 중소기업

1930년대부터 일본 독점자본의 조선 진출이 본격화되면서 일본 독점자본은 조선경제를 지배하였다. 동시에 조선경제는 일본 독점자본을 주축으로 하여 공업화가 급격히 진행되었으며, 1920년대 이후 진전된 식민지 자본주의는 공업부문을 중심으로 더욱 발전되면서 구조적으로 고도화되었다.[29]

먼저 표-5에서 산업별 생산액 구성을 보면, 1930년대 초에 공업이 전체 산업에서 차지하는 비중은 1931년에 23%에 그쳤으며, 농업생산은 63%라는 높은 비율을 차지하였다. 그러나 1937년에 농산물의 구성이 52%로 감소한 것과 달리 공산물은 33%로서 1931년에 견주어 10% 포인트 증가하였다.

[표-5] 산업별 생산액   (단위: 천 원, %)

	1931	비중	1937	비중
농산물	702,855	63	1,541,366	52
임산물	59,413	5	138,710	5
수산물	77,562	7	187,953	6

---

29) 1930년대 공업화는 일본에서 진출해 온 일본 독점자본을 중심으로 하였지만, 그 진출에는 조선경제가 그것을 가능하게 하였던 조건(식민지적 원시적 축적에 더하여 인프라스트럭처, 유통조직의 발달 및 관련 부문의 최소한의 성립 등)이 필요하였고, 동시에 진출 자체가 관련 부문을 발달시켰다는 견해가 있다. 조선의 공업화는 일본 본국에 대한 경제적 종속을 심화시켰으나 조선인 자본의 형성 발전까지를 포함하는 조선경제 전체를 끌어들이면서 진전되었다는 것이다.(中村哲 著, 安秉直 譯,《世界資本主義와 移行의 理論》 -東아시아를 中心으로, 비봉출판사, 1991, p.168)

광산물	21,741	2	110,429	4
공산물	252,294	23	959,308	33
계	1,114,495	100	2,937,766	100

자료: ① 鈴木武雄,《朝鮮の經濟》, p.96.
   ② 朴慶植 著 ,《日本帝國主義의 朝鮮支配》, 청아, (p.439).

1930년대 전반기 이러한 공업 비중 증가의 주요원인은 농공병진정책에 따른 수력전기자원의 개발, 만주국의 독립으로 말미암은 조선의 배후시장 출현, 일본 본국의 통제경제 단계에서 조선이 '자유로운 위치'에 있었다는 점 등이었다. 그러나 무엇보다도 군수적인 여러 요구와 병참기지로서의 필요성으로 군수공업이 일어났고, 또 이것이 일본 독점자본 투자의 이윤추구 동기와 일치했기 때문이었다.

한편 1930년대 후반, 산업별 생산액을 표-6에서 보면 1936년에 농산물과 공산물의 비율이 54% 대 31%였으나, 1939년에는 42% 대 39%(1941년에는 41% 대 37%)로 나타나 공산물의 비중이 크게 높아졌음을 알 수 있다. 또한 공산물과 광산물을 더하면 45%가 되어 군수생산의 비중이 막대했음을 짐작하게 한다. 이는 1937년 '중요산업통제법'의 개정으로 말미암은 일본 산업의 군사적 재편성과 중화학공업의 강화가 조선 공업을 그 안으로 포섭하게 하였고, 이에 맞추어 일본 독점자본은 군사적 재편성과 함께 전시 초과이윤을 확보하고자 적극적으로 조선에 진출한 것이 그 경제적 계기였다. 또한 중일전쟁을 계기로 시작된 전시경제를 강화하는 과정에서 그때까지 '특수성'에 근거해 온 조선경제의 독자성이 없어지고 조선경제도 전시통제경제구조 안으로 편입되면서 이른바 '내선內鮮일체의 구현' 강화가 이루어진 결과였다. 1941년 태평양전쟁이 시작된 이후 이러한 현상은 더욱 강화되어 중화학공업과 국방기초산업에 충실하기 위한 산업구조 개편과 고도화가 급속도로 추진되었던 것이다.

[표-6] 산업별 생산액　　　　　(단위: 천 원, %)

	1936	비중	1939	비중	1941	비중
농　산　물	1,298,911	54	1,644,200	42	1,919,684	41
임　산　물	118,064	5	192,600	5	344,259	7
수　산　물	164,003	7	327,000	8	357,852	7
광　산　물	110,429	5	240,000*	6	380,593*	8
공　산　물	730,806	30	1,498,000	39	1,722,225	37
계	2,422,213	100	3,901,800*	100	4,724,712*	100

주: * 표시는 추정
자료: ① 조선은행,《大戰下の半島經濟》.
　　② 표 2의 ②와 같음.(p.449)

　　한편 표-7은 1930년대 전반기 공업구조의 변화를 나타낸 것이다. 1930년에는 식료품공업, 방직공업, 화학공업의 순서로 그 비중이 높았으나, 1936년에는 방직공업과 화학공업이 역전되어 화학공업의 비중이 높아졌는데, 이것은 흥남을 중심으로 하는 화학공업의 발전에 따른 것이다. 금속·기계·화학 등의 중공업은 1930년에 16.5%에서 1936년에는 27.9%로 그 비중이 높아졌는데, 그것은 화학공업의 발달에 따른 것이었다. 그런데 방직, 식료품 등 경공업은 1930년에 70.6%에서 1936년에 57.9%로 그 비중이 낮아졌지만, 여전히 중공업보다 높은 구성을 보였다.

[표-7] 공장공업구성의 변화　　　　　(단위: 천 원, %)

	1930				1936			
	생산액	비중	공장수	직공수	생산액	비중	공장수	직공수
방 적 공 업	33,674	12.8	270	10,011	90,378	12.7	402	33,830
금 속 공 업	15,263	5.8	231	4,542	28,365	4.0	259	6,787
기 계 기 구 공 업	3,328	1.3	224	2,854	7,398	1.0	344	7,939
요　　　　　업	8,348	3.2	314	5,366	19,032	2.7	336	8,269

화 학 공 업	24,676	9.4	515	14,720	162,462	22.9	1,425	41,972
제재 및 목제품 공　　　　업	7,037	2.7	163	2,629	19,230	2.7	271	4,906
인 쇄 및 제 본 업	8,184	3.1	215	4,146	12,426	1.8	286	6,237
식 료 품 공 업	152,054	57.8	2,088	27,055	320,580	45.2	2,258	32,617
가 스 및 전 기 업	6,432	2.4	35	525	39,988	5.6	50	812
기 타 공 업	4,068	1.5	206	3,052	10,002	1.4	296	5,394
계	263,062	100.0	4,261	83,900	709,865	100.0	5,927	148,799

비고: 생산액은 관영공업을 제외했음.
자료: ① 鈴木武雄, 《朝鮮の經濟》, p.223.
　　　② 표 2의 ②와 같음.(p.439)

1937~1943년 사이에 공업부문별 생산액 추이를 나타낸 것이 표-8이다. 1937년에 방직공업과 식료품 등 경공업의 비중이 39%, 화학·금속·기계공업 등 중공업의 그것이 39%로 동등하였으나, 1943년에는 경공업과 중공업의 구성이 36%와 49%가 되어 중공업이 13% 포인트 우위로 중공업 중심의 공업구조를 보여주고 있으며, 특히 금속공업 비중의 증대가 뚜렷하다. 1943년의 공업의 업종별 구성순위를 보면 화학공업(29%), 식료품공업(19%), 방직공업(17%), 금속공업(14%)의 순인데, 이것은 화학공업과 금속공업 등 군수공업생산과 관련된 부분이 확장됨과 동시에 침략전쟁으로 말미암아 현지 조달을 위한 식료품공업과 방직공업이 확대되었음을 반영한 것이다.

그 결과 공업에서 생산이 집중되고 종업원이 증가하면서[30] 대규모 공장이 신설 확대되었으나 중소기업은 상대적으로 몰락하였다. 중소기업인 가내공업의 생산액은 1939년에는 23%로 감소하였으며, 더욱이 1942년에는 전시통제의 요청에 따라 '기업정비령'이 공포되면서 기업정비와 통합이 진행되었고, 결국 조선인 기업은 대부분이 대기업에 통합되거나 몰락의 위기에 직면하였다.[31]

---

30) 1937~1943년의 기간에 공장수는 2.3배, 생산액은 2.1배, 노동자수는 2.7배 증가하였다.(조선은행 《朝鮮經濟年報》, 1948년판)
31) 朴慶植 著, 《日本帝國主義의 朝鮮支配》, 청아, 1986.

[표-8] 조선 공업부문별 생산액 추이 (단위: 천 원, %)

	1937		1939		1941		1943	
	생산액	비중	생산액	비중	생산액	비중	생산액	비중
금 속 공 업	50,766	5	136,092	9	137,882	8	300,000	14
기계기구공업	16,564	2	53,225	4	110,629	6	115,000	6
화 학 공 업	304,948	32	501,749	34	502,904	29	600,000	29
요　　　업	25,071	3	43,337	3	68,163	4	90,000	4
가 스 및 전기	40,075	4	30,462	2	－	－	30,000	2
방 적 공 업	141,153	14	201,358	13	282,089	16	345,000	17
식 료 품 공 업	238,032	25	328,352	22	438,314	25	400,000	19
제재 및 목제품	11,736	1	21,061	1	109,438	6	120,000	6
인쇄 및 제본업	16,304	2	19,373	1	24,995	2	24,000	1
기 타 공 업	114,653	12	163,270	11	47,806	3	26,000	2
계	959,308	100	1,498,272	100	1,722,220	100	2,050,000	100

자료: ① 조선산업노동조사소, 《産業勞動時報》, 창간호, 全錫淡·崔潤圭, 《19世紀後半期~日帝統治末期의 朝鮮社會經濟史》, p.279.
　　　② (표-2)의 ②와 같음.(p.450)

2. 1930년대 중소기업의 지위

　표-9에서 보면 한일병합(1910) 이후 1936년에 이르기까지 조선 내 공장 수는 크게 증가하였고, 이것은 조선인과 일본인 공장 수에서 같은 추세였다. 이 가운데 조선인 공장 수는 절대적으로나 상대적으로 계속 증가하였고 더욱이 30년부터 36년 사이에는 1,200군데 이상의 증가를 보여 일본인 공장 수를 능가하였다. 그러나 공장수의 증가만 가지고서 이 시기 조선인 공장이 점하는 지위가 상승한 것으로 볼 수는 없다. 생산액은 29년 말에도 20%대의 비중에 그쳤으며 투하자본액에서 차지하는 지위는 이 시기 급격히 하락하고 있었다. 그렇지만 이러한 상황에서도 조선인 자본가들의 공업진출은 활발히 진행된 것으로 보인다.

[표-9] 공장공업에서의 민족별 지위 (단위: 천 원, ( )는 백분비)

민족별 / 년차	공 장 수				생 산 액			
	일본인	조선인	외국인	계	일본인	조선인	외국인	계
1911	185 (73.4)	66 (26.2)	1 (0.4)	252	16,920 (86.2)	1,969 (10.0)	750 (3.8)	19,639
1916	650 (60.5)	416 (38.7)	9 (0.8)	1,075	47,173 (79.9)	5,439 (9.2)	6,413 (10.9)	59,026
1921	1,276 (53.5)	1,088 (45.6)	20 (0.9)	2,384	137,874 (82.8)	23,898 (14.4)	4,642 (2.8)	166,414
1926	2,138 (50.6)	2,013 (47.7)	70 (1.7)	4,221	229,278 (72.3)	83,197 (26.2)	4,337 (1.5)	317,312
1928	2,425 (45.6)	2,751 (51.7)	143 (2.7)	5,319	244,496 (72.1)	90,051 (26.6)	4,303 (1.3)	338,851
1930	2,092 (48.2)	2,179 (50.1)	73 (1.7)	4,344	-	-	-	-
1934	2,233 (43.6)	2,846 (55.5)	47 (0.9)	5,126	-	-	-	-
1936	2,454 (41.4)	3,415 (57.6)	58 (1.0)	5,927	-	-	-	-

주: ① 官營工場은 포함하지 않음.
　　② 제조기간 중 평균 1日 5人 이상을 사용하는 공장 및 원동력을 갖는 공장, 그리고 1개년 생산액 5,000원 이상인 것을 게재.
자료: 姬野實 編, 《朝鮮經濟圖表》, 朝鮮統計協會, 1940, p.328.

표-10에서 보면 1930년에서 1937년 사이에 전체 공장 수는 3,649개에서 5,323개로 1,674개 늘어났으며 그 가운데 일본인 공장은 474개의 증가에 그쳤지만, 조선인의 그것은 1,200개나 증가하였고, 그 결과 조선인과 일본인 공장 수 구성은 1930년에 56.2%와 43.8%에서 1937년에는 61.6%와 39.2%로 되어 조선인 공장 구성이 높아졌다.

하지만 이러한 조선인 공장 수의 증가는 종업원 규모로 볼 때 5~49인의 소영세 규모에서 이루어졌다. 이 규모에서 같은 기간 1,106개의 조선인 공장 수 증가가 있었던 것이 이를 말하여 주고 있다. 결국 조선인 공장은 그 양적 증가에도 일본인 공장에 견주어 소영세성을 면치 못함을 알 수 있다. 1937년을 기준으로 할 때 조선 내 공장의 91.0%가 5~49인의 소영세 규모였으며 그 가운데 조선인 공장은 95.6%나 되어 일본인의 84.4%보다 훨씬 높은 비중이어서 당시 조선인 공장은 절대적으로나 상대적으로 소영세성을 면치 못하였다. 1930년대 일본 독점자본의 본격적인 조선진출과 중화학공업과 군수산업 건설로 일본인 공장의 대규모화에 따른 것으로 보인다.

[표-10] 연도별·민족별·규모별 공장 수   (단위: 개, %)

	1930						1937					
	조선인		일본인		계		조선인		일본인		계	
	공장수	비중	공장수	비중	공장수	비중	공장수	비중	공장수	비중	공장수	비중
5~49	1,986	96.9	1,464	91.5	3,450	94.5	3,092	95.2	1,751	84.4	4,843	91.0
50~99	39	1.9	66	4.1	105	2.9	114	3.5	144	3.5	258	4.8
100~199	14	0.7	31	1.9	45	1.2	29	0.9	90	4.3	119	2.2
200인 이상	10	0.5	39	2.3	49	1.3	14	0.4	89	4.3	103	1.9
계	2,049	100	1,600	100	3,649	100	3,249	100	2,074	100	5,323	100
조선인/일본인	56.2		43.8		100.0		61.0		39.0		100.0	

주: ① 인쇄, 제본업, 전기가스업, 철공업은 제외
② 상시 사용하는 직공수, 상시 사용하는 설비를 갖춘 공장
자료: 全遇容, 〈1930년대 朝鮮工業化와 中小企業〉, 《韓國史論》23에서 작성.

이것은 1930년대 조선 내 공장 수에서 중소기업의 비중이 매우 높다는 것을 의미한다. 5~99人 규모의 중소기업 수 비중은 1930년에 98.7%, 1937년에는 98.1%였으며 1937년을 기준으로 볼 때 조선인 99.6%, 일본인 95.7%여서 상대적으로 조선인 공장의 중소기업 수 비중이 더 높았다. 이런 공장 수에서 높은 중소기업 비중에도 생산액에서는 15.5%를 차지하는데 그친다는 조사결과(1933년 기준)도 있다.[32] 이 수치는 정곡업精穀業 생산을 제외한 것이어서 이를 가산하면 중소공업 생산의 비중은 28.6%로 상승한다는 주장도 있다. 후자의 수치를 감안하더라도 1930년대 중소기업은 그 공장 수의 양적 증가에도 대공업이 점하는 지위가 절대적으로나 상대적으로 계속 강화되었기 때문에 공업이 점하는 비중은 그만큼 낮아진 것으로 볼 수 있다.

더욱이 조선인 중소기업은 생산액이나 종업원 수에서는 상대적으로 더욱 낮은 비중을 점하였고 그 규모도 소영세성을 면치 못하였다. 그런 가운데 일제 식민지 정책의 탄압과 일본인 대자본의 수탈 속에서도 민족의 생존기반인 민족자본으로서 광범하고 끈질기게 존속하였다. 그러나 1930년대 일본 독점자본의 조선경제 지배, 중일전쟁 이후 태평양전쟁 격화에 따른 통제경제로의 이행, 특히 1942년의 '기업정비령'의 공포로 결정적인 타격을 받으면서 소멸의 운명을 맞게 되었다.

한편 1930년대 일본 독점자본에 하청화된 조선인 공장은 기본적으로 '예속성'을 띠었지만 제국주의의 독점자본에 수탈되었다는 점에서는 잠재적 '민족성'을 보유했던 것으로 지적되었다. 즉 예속적이면서도 잠재적 민족성과 상대적 진보성을 지녔던 것으로 평가되었다. 이것은 식민지 자본주의의 독점단계에서 하청문제를 바탕으로 한 중소기업 문제의 성격을 제기했다는 점에서 의미가 있다.

---

32) 朝鮮工業協會, 《鮮內工業の現狀と工業組合實施の要否》, 1933.

3. 조선인 자본의 성장과 그 구조

1) 조선인 자본의 성장과 쇠퇴

1930년대 이후 중소기업을 중심으로 하는 민족자본(조선인 자본)에 대하여 실태 분석으로써 이 시기 조선인 자본의 성장과 쇠퇴가 실증적으로 설명되었다. 여기서는 일제시대의 물적 기반이 해방 후의 민족적 생산력으로 전환되는 데서 제국주의 자본보다 중요한 것은 조선인 자본이므로, 1930년대 이후 이를 고찰하는 것은 큰 의미를 지닌다는 시각을 보인다. 1930년대 이후라고 하지만 이 시기는 전반기와 후반기, 곧 제2차 기업발흥기(1933~1937)와 전시체제시기(1937~1945)로 구분될 수 있고, 이에 따라 조선인 자본의 성장과 쇠퇴의 모습도 다르게 나타났다.

쇼와공황昭和恐慌으로부터 탈출하던 1933년부터 조선경제는 새로운 국면에 접어들게 되었다. 첫째로 산미증식으로 대표되는 조선총독부의 산업정책이 농업 위주에서 '농공병진'이라는 형태로 수정되었다. 그 뒤 이른바 '자유주의 공업화기'가 도래하였고, 이는 중일전쟁 이후 통제경제시기와 구분되었다.

둘째로 조선의 미개발 자원, 저렴하고 풍부한 노동력, 상대적으로 잘 정비된 교통 통신망, 대륙진출 교두보로서 지리적 위치 등이 복합적으로 작용하여 일본 독점자본의 진출이 가속화되었다.

이러한 총독부의 정책 전환 및 공황으로부터 탈출을 위한 일본 독점자본 진출이 조선인 자본의 발전에 직접적 영향을 준 것은 아니었다. 총독부 정책은 일본 독점자본의 유치와 진출을 대상으로 하였고, 일본 독점자본은 조선인 자본과는 기술적으로 현저한 격차가 있는 비지적飛地的 성격의 것이었기 때문이었다. 그러나 그 과정에서 호황 국면이 사회적 총수요의 증대를 통해 조선인 자본의 발전에 유리한 환경을 조성하기는 하였다.

1933~1937년 사이에 조선인 회사 수는 997개에서 1,854개로 증가하였고 공

칭자본금 규모도 증가하였는데, 특히 공칭자본금 50만 원 이상의 구간에서 빠른 속도로 증가하였다. 이러한 추세는 공장공업의 실태에서도 나타났다. 조선인 공장수는 1932～1937년의 기간에 2,492개에서 3,754개로 증가하였으며, 특히 50명 이상의 중·대공장 수는 같은 기간에 71개에서 171개로 급등하였고 그 구성비도 높아졌다. 종업원 200인 이상의 조선인 대공장 수는 같은 기간 8개에서 16개로 증가하였으나, 조선인 공장의 성장이 뚜렷한 것은 종업원 50명 이상 200명 미만의 규모에서였으며, 같은 기간 동안 3배가량 증가하였다.(표-11)

[표-11] 규모별 조선인 공장 수 추이　　　　(단위: 개, %)

	공 장 수					비 율				
	A	B	C	D	계	A	B	C	D	계
1910	32	3	3	1	39	82.1	7.7	7.7	2.6	100
1911	59	3	2	3	67	88.1	4.7	3.0	4.5	100
1912	88	7	1	2	98	89.8	7.1	1.0	2.0	100
1913	130	5		1	136	95.6	3.7		0.7	100
1914	168	4	1	2	175	96.0	2.3	0.6	1.1	100
1915	201	3	2	1	207	97.1	1.4	1.0	0.5	100
1922.7	1,208	9	3	1	1,221	98.9	0.7	0.2	0.1	100
1930	2,168	43	12	10	2,233	97.1	1.9	0.5	0.4	100
1932	2,421	48	15	8	2,492	97.2	1.9	0.6	0.3	100
1934	2,849	77	17	14	2,957	96.3	2.6	0.6	0.5	100
1935	3,151	91	24	19	3,285	95.9	2.8	0.7	0.6	100
1936	3,344	96	29	16	3,484	96.0	2.8	0.8	0.5	100
1937	3,583	124	31	16	3,754	95.4	3.3	0.8	0.4	100
1938	3,790	122	35	16	3,963	95.6	3.1	0.9	0.4	100
1939	3,693	150	54	19	3,916	94.3	3.8	1.4	0.5	100

① 1915년까지 朝鮮總督府, 《統計年報》, 각 연도판; 1922년은 朝鮮總督府, 《會社及 工場に於ける勞動者の調査》, 1923; 1930～1938년은 朝鮮總督府 殖産局, 《朝鮮工場名簿》; 1939년 《경제통계요람》, 1949, p.74에서 각각 발췌 작성함.

② 공장규모는 종업원 수에 따른 구분이고 'A'는 5~49명, 'B'는 50~99명, 'C'는 100~199명, 'D'는 200명 이
  상을 각각 뜻함. '휴업' 및 종업원 수 5명 미만도 'A'에 포함시켰으며, 1930년 이후에는 중국인 공장노 포
  함되었음.
③ 자료: 허수열, 〈식민지 경제구조의 변화와 민족자본의 동향〉, 《한국사》14, 한길사, p.120.

이 시기 조선인 공장공업은 아직도 근대적 공업 발전의 초기단계여서 후진성
을 벗어나지 못하였고, 여러 가지 식민지적 조건으로 말미암은 식민지성 때문에
독립적인 자본주의 국가에서처럼 정상적이고 순조로운 길을 걸을 수 없었다. 따
라서 고도의 기술과 대자본을 필요로 하는 근대적 대공장 부문에는 뛰어넘기 어
려운 한계가 있었으며, 일본인 공장에 견주어 규모 확대의 전망도 어둡고, 일부
업종에 편중되는 현상이 심하였다.

한편 1937~1945년은 전시경제체제가 심화되어 가는 시기였다. 중일전쟁 이
후 전시경제체제는 1942년 11월을 경계로 두 시기로 구분될 수 있다. 더욱이
1941년의 '기업허가령'과 1942년의 '기업정비령'에 따라 기업의 설립이 제한되고
중소기업을 강제로 해산·통합시키는 정책이 확대되었다.

이 시기 조선경제에 대한 일본 독점자본의 진출은 더욱 가속화되었고, 이른바
시국산업에 해당하는 금속공업과 기계기구 공업으로의 진출이 두드러졌다. 이와
관련한 대량의 노동수요와 막대한 전비 살포에 따른 구매력 증대 등은 전쟁 초
기에 오히려 호경기 분위기를 낳았다. 따라서 조선인 기업도 외형적으로는 성장
하고 있었으며, 조선인 공장은 1937년 이후에도 계속 증가하였다. 조선 전체 공
장 수의 추이를 볼 때 1942년까지는 대체로 증가한 것으로 추정된다. 이는 일본
에서는 중소공업을 정리하여 중점산업에 시설과 노동력을 집중하였으나, 조선의
경우는 전쟁의 간접적 지원을 위해 중소기업을 활용한 소비재 필요품의 생산을
중시했기 때문이기도 하였다.

그렇지만 이 시기에도 (반)휴업 상태에 있는 기업들이 많이 있었다. 전시통제
로 사람·물자·자금에 대한 통제는 대기업보다는 중소기업에 불리하게 작용하였
다. 군수품 생산자보다는 일반 민수용품 생산자에게 더 불리하였는데, 조선인 기
업은 대부분 중소영세규모의 기업으로 구성되어 있어서 더욱 그러했다. 또 자본

이나 물자 및 노동력 배분의 여러 기준에서 보더라도 조선인 공업이 주로 종사하고 있는 업종은 전시에 불요불급不要不急한 업종이었기 때문에 통제에서 불리하였으며, 결과적으로 조선인 자본은 쇠퇴의 길을 걷게 되었다.

2) 조선인 자본의 소영세성과 그 성장구조 및 한계

조선인 자본은 1910년대 후반과 1920년대에 빠르게 성장하였고, 1930년대에도 성장이 지속되었으며, 1930년대 말 이후 전시통제경제가 강행되는 가운데서도 증가하는 추세였다. 그러나 이러한 상황 속에서도 그 영세성은 극복하지 못하였다. 종업원수 50인 이하의 조선인 공장은 그 비율이 1930년대에 97.1%에서 1939년에 94.7%로 약간 감소하였으나, 여전히 압도적 비중을 차지하였다.

종업원 규모 50인 미만의 공장 수는 증가 속도가 상대적으로 느렸지만 여전히 높은 비중을 차지하고 있었는데, 이들 소공장 가운데 3~5할 정도는 가내공업, 소상업 등을 배경으로 출현한 것으로 보인다. 소상업에서 성장한 소공장은 거의 무無에서 시작하여 서서히 자본을 축적하고 발전해 간 자수성가형 성장이며, 이들 공장의 성립은 단순히 종업원 수가 증대되었다는 의미를 넘어 조선인 영세 제조장에서도 공장제 공업이 확대 보급되고 있었다는 것을 뜻한다.

한편 업종별 공장 수의 변화를 통해 조선인 자본이 진출한 업종의 성격을 검토해 보면 우선 가장 많은 공장이 집중된 업종은 정곡업精穀業, 온유(정어리기름)제조업, 양조업 및 도자기 제조업이었다. 1933~1937년의 기간에 공장 수의 변화를 보면 온유 제조업은 441개에서 957개로 2배 이상 증가하였으나, 정곡업에서는 741개에서 827개, 양조업에는 380개에서 420개로 그 증가율이 그다지 높지 않았으며, 도자기 제조업에서는 153개에서 146개로 약간 감소하였다. 이들 상위 4개 업종의 비중이 같은 기간 68.7%에서 64.0%로 감소하였는데, 이것은 조선인 공업이 다양한 업종에서 발전하였음을 뜻한다.

도자기 제조업 등 재래공업적 성격이 강했던 업종은 공장수가 감소했거나 증가 속도가 상대적으로 느렸으며, 오히려 기계기구 수리업, 자동차 수리업 등 근대적인 업종에서의 성장속도는 빨랐다고 볼 수 있다. 그 결과 이 기간 동안 38개 업종에서 조선인 공장이 새로 출현하였는데, 이들 업종은 새로 나타났기 때문에 공장 수가 많지 않고, 공장 규모도 대부분 종업원 수 50인 미만이었다. 그러나 몇몇 예외적인 경우를 제외하면 대체로 근대적인 업종의 성격을 뚜렷하게 나타내었다.

다만 이 시기에 조선에 존재하던 업종 가운데는 조선인 공장이 존재하지 않은 업종도 32개나 있었는데, 증기관, 전지電池, 철도차량, 시멘트 등 근대적 대공업 부문이 대부분이었다. 즉 조선인 공장은 중소공업 분야에 적합한 업종을 중심으로 근대적 업종에도 광범히 진출하고 있었지만, 아직 발전 수준은 질적으로 크게 높지 않았고, 방직공업의 일부를 제외하면 근대적 대공업의 영역에는 진출하지 못하는 한계를 동시에 갖고 있었다. 그러나 조선인 자본은 밑으로부터의 끊임없는 분출을 통해 중소기업의 존립이 가능한 근대적 업종을 중심으로 보다 다양한 업종에 진출해 나감으로써 변화하는 여건에 능동적으로 대응해 가는 측면도 뚜렷이 보여주었던 것이 1930년대 전반기 조선인 자본의 모습이었다는 것이다.[33]

그렇지만 1930년대 공업화 과정에서 조선인 자본의 성장을 과대평가해서는 안 될 것이다. 조선인 자본은 일제의 식민지 억압 속에서도 꾸준히 성장하였지만 일본인 자본에 대하여 상대적으로 현저한 열세를 끝까지 극복하지 못하였다. 조선인 회사자본은 일본인 회사자본에 견주어 압도적으로 열세였을 뿐만 아니라, 그 격차는 지속적으로 확대되었다.(<표-12>)

---

33) 허수열, 〈식민지 경제구조의 변화와 민족자본의 동향〉, 《한국사》 14, 식민지시기의 사회경제-2, 한길사, 1994, pp.115~125.

[표-12] 민족별 납입자본금 비중 　　　　　(단위: %)

연도	1921	1923	1925	1927	1929	1931	1933	1935	1937	1939	1940	1942
조선인 회사	13.8	13.5	13.3	13.3	11.5	10.2	8.8	10.1	12.2	9.9	9.4	8.3
일본인 회사	84.5	82.7	79.7	79.4	80.5	83.3	84.3	84.4	83.0	85.7	87.1	88.8

주: 조일합동회사(朝日合同會社)의 비중은 싣지 않았음.
자료: ① 《朝鮮銀行會社組合要綠》, 각 연도판에서 작성.
　　 ② 허수열, 〈식민지적 공업화의 특징〉, 《工業化의 諸類型》(Ⅱ), p.195.

　　1910년대 중·후반 이후 조선인 공장이 증가하여 1918년부터 일본인 공장수와 대등해졌고 1927년부터 그것을 능가하였다. 그러나 일본인 공장은 종업원수 100명 이상의 것이 상대적으로 많았던 것과 달리, 조선인 공장은 종업원 49인 이하에서 압도적이었다. 조선인 공장은 대개 대량생산이 어려운 업종에 밀집했으며, 동일한 업종 내에서도 일본인의 것보다 영세한 편이어서 생산액의 구성비와 생산능률이 낮았다.

　　그런데 전체 생산에서 구성비는 조선인 공장수의 증가에 따라 높아지는 추세였으나 자본금 구성에서는 그 비중이 개선되지 못하였다. 1931년에 조선인 회사의 납입자본금 비중은 10.2%에 불과하였고 그 비율은 지속되어 1939년에도 9.9%였으며 1942년에는 오히려 8.3%로 감소하였다. 조선인 자본은 식료품과 같이 부가가치가 낮은 업종에 밀집하였기 때문에 일본인 공장에 대한 열세가 자본금에서 한층 현저하였다.

　　1930년대에 조선인 자본이 절대적으로는 증가했음에도 그 비중이 줄어든 것은 조선인 자본의 성장속도를 능가하는 일본인 자본의 진출이 있었기 때문이고, 그 가운데서도 일본 독점자본의 진출이 현저했기 때문이다. 1942년경의 추계에서 광공업시설에 투하된 자본액 가운데 일본인 독점자본이 차지하는 비중은 74%나 되었다. 요컨대 조선의 공업구조에서 일본인 공업이 압도적 지위를 차지하였고, 그 가운데서도 소수의 독점자본이 그 대부분을 장악했으며, 업종별로는 중화학공업이 압도적 비중을 차지하였다.

　이처럼 조선인 자본은 일반적으로 영세하고 식료품공업 등의 비중이 높았으며, 일제에 협력적인 소수를 제외하고는 근대적 대공업으로 진출하지도 못한 점 등에서 취약성을 지녔다. 조선인 자본이 일본인 자본에 대한 현저한 열세와 취약함을 극복하지 못한 것은 조선경제의 후진성뿐만 아니라 식민지성의 반영이기도 하였다. 그러나 제국주의 식민지정책 속에서 일본 상품과 자본의 압박에도 불구하고 1930년대까지 조선인 자본이 중소기업을 중심으로 꾸준히 성장하였다는 점은 긍정적으로 평가해야만 할 것이다.

제5절 식민지 이중구조와 중소기업

1. 이중구조와 중소기업 문제

이중구조 현상은 흔히 ① 생산성 격차에 주로 의존하는 임금 격차, ② 취업구조에서의 중소영세규모 집중, ③ 방대한 잠재실업의 존재 등의 특성을 갖는 것으로 지적된다.[34] 그런데 국제 분업주의에 입각하여 수입-생산(수입대체)-수출화라는 경제개발유형이 진행될 때는 수입대체산업과 전통적 국내 산업, 또는 수출산업과 내수산업 사이에 이중구조가 형성되기도 한다. 이때 수입대체산업은 선진국의 이식공업적移植工業的 성격을 갖고 있어서 전통적 국내 산업과 상호분업 관계를 형성하지 못하고 서로 경쟁·대립하게 된다. 자본재 및 원자재공급을 선진국에 의존하게 되면 수입대체산업은 엔클레이브(enclave, 포령包領 또는 비지飛地)를 이루게 된다. 결국 두 부문의 경제관계는 경직적이고 비탄력적이 되면서 격차와 단층이 생기게 된다.

생산성과 임금 격차에 기반을 둔 '이중구조'와 함께 산업부문 사이의 단층과 연관성 결여disintegration현상은 재식농업plantation 등 이식부문이 도입되었을 때 '이중구조' 분석의 기준이 된다. 식민지하 조선의 공업화 과정에서 조선인 공업과 이식공업이 어떠한 양태로 존재하였으며, 양자 사이의 산업연관이 어떠한지 분석하는 것은 바로 이중구조론이 공업구조의 식민성을 분석 검증하는 주요과제가 된다는 것을 말한다. 동시에 이러한 이중구조론의 검증은 1930년대 일본 독점자본이 지배하는 조선의 공업구조에서 중소기업 문제를 인식하는 것과도 깊

---

34) 篠原三代平, 《日本經濟の成長と循環》, 創文社, 1966, p.20.

은 관련성이 있다.

사회적 분업재편론자의 이중구조론 비판[35]에 대해서는 다음과 같은 반론이 제기되었다. 조선의 공업화 과정에서 조선인 공업도 절대적으로 발전하였지만 상대적으로는 위축되었으며, 조선경제 전체로 보면 아주 미미한 비중 밖에 차지하지 못하였다는 것이다. 회사의 납입금이나 공업회사 자산의 9할을 일본인이 지배하였고, 조선 내의 공업생산은 압도적으로 일본인 공장에서 이루어져 생산이 일본인에게 집중되었다.

그것은 최종 소비재를 제외한 원료와 중간재 및 자본재가 주로 일본인 공장에서 소비되었음을 뜻하고, 나아가 일본에 대한 공업원료나 중간재의 이출도 주로 조선 안의 일본인 공장과 일본 사이에서 이루어졌을 가능성을 말한다. 이러한 가능성은 사회적 분업의 확대 의미를 제한하는 것이고 이중구조론에 대한 비판도 적절하지 않게 만든다. 이러한 관점에서 조선의 공업을 세 개의 그룹으로 분류해서 다음과 같이 검토하였다.

첫째, 가내공업 그리고 가내공업의 연장선에 있는 영세공장이 1930년대 말까지도 광범하게 존재하고 있었는데, 이들의 대부분은 근대공업의 발달과는 직접적인 연관관계가 희박하였고 다만 총수요의 증가로 발전할 수 있었다.

둘째, 공장제 공업의 조선 내 일본인 및 조선인 공장은 근대적 및 전통적 소비재를 공장제 공업의 형태로 생산하였으며, 전통적 기술과는 구분되는 기술을 사용하였지만 최적시설 규모는 그리 크지 않고 노동집약적이었다. 이들의 흥망성쇠는 일본 대자본의 진출 업종과 다른 범주에서 이루어졌으며, 주로 최종 소비재를 생산하고 있었기 때문에 연쇄효과도 상당히 제한적이었다.

셋째, 일본 대자본이 설립한 근대적 공장은 1930년대 생산액이 비약적으로 증대하여 조선 공업의 고도화를 주도하였지만, 이들 공장의 업종은 조선 안의 다른 업종과 직접적인 연관관계가 크지 않아서 오히려 포령적 존재에 가까웠다.

결국 1930년대 공업구조의 고도화 과정에서 공업 내부의 산업연관의 증대를

---

35) 예컨대 堀和生, 〈1930年代 社會的 分業의 再編成—京畿道 京城府의 分析을 통하여〉, 安秉直·中村哲 共編 著, 《近代朝鮮工業化의 硏究》, 一潮閣, 1993, pp.48~83.

근거로 조선 공업의 이중구조적 성격을 부정하는 견해는 적절하지 못하다. 조선과 일본 사이, 그리고 조선 안에서 공업 내부의 산업연관이 증대된 것은 사실이다. 그러나 그 당시 조선의 공업화는 일본 대자본이 압도적 비중을 가지면서 진행되었기 때문에 조선 내에서는 일본인 공업 내부, 그리고 조선과 일본 사이에서는 조선 내 일본인 공업과 일본 본토 공업 사이의 산업연관이 증대되는 형태로 전개되었을 가능성이 높다. 가내공업과 영세공장공업을 하나의 극極으로 하고, 일본 대자본을 다른 극으로 하는 이중구조가 1930년대 이후 조선공업의 전형적 특징을 이루고 있었으며, 생산뿐만 아니라 기술 또한 이중구조적 성격을 뚜렷이 보여주었다는 것이다.[36]

이러한 이중구조는 한 나라 안에 근대적 부문과 전근대적 부문이 병존하는 사실에서 오는 것인데, 흔히 전자는 독점이 지배하는 부문을, 후자는 비독점, 곧 농림수산업, 상업, 서비스업을 포함한 중소영세기업 부문을 뜻한다. 양자가 병존하며 이중구조를 구성하면 그 안에서는 독점을 정점으로 하는 근대적 자본의 운동이 일어나고 거기에는 '경쟁·도태'와 함께 '잔존·이용'의 법칙이 작용하게 된다. 그 과정에서 지배적 자본인 독점자본은 자본을 축적하고자 중소영세기업을 모공장母工場의 하청공장下請工場으로 이용하기도 한다. 즉 대자본(독점자본)과 중소영세기업(비독점기업) 사이에는 '경쟁·도태'와 함께 '잔존·이용'이라는 상호제약적 의존관계가 존재하게 되는 것이다.[37]

이것은 독점자본단계의 생산력 전개에서 '계층적 수탈구조를 위한 독점의 자본축적경쟁'의 결과라는 해석이다. 그로 말미암아 '대공업＝독점자본' 대 '중소기업＝비독점자본' 사이에는 상호배제와 의존관계라는 중소기업 문제가 형성되고, 양자 사이의 자본 격차와 불평등 관계가 성립하는 구조에서 중소영세기업은 일방적으로 구축·정리되지 않고 오히려 그 수가 증가하는 추세를 보이기도 한다.

1930년대 일본 독점자본의 진출을 축으로 한 '조선의 공업화'는 산업구성에서

---

36) 허수열, 〈식민지적 공업화의 특징〉, 吳斗煥 編著, 앞의 책, pp.198~204 및 pp.201~211.
37) 山中篤太郎, 〈中小企業本質論の展開〉, 藤田敬三·伊東垈吉 編, 《中小工業の本質》, 有斐閣, 1960, p.8~9.

공업부문의 비중을 높였고 공업구조에서도 중화학공업화를 실현, 고도화되었다. 이 시기 중소공업은 독점자본계 대공업회사의 속출과 함께 제한된 범위에서 성장할 수 있었는데, 그것은 대공업회사들과 일정한 보완관계를 형성하는 경우였다. 중소기업은 중화학공업을 중심으로 한 대공업회사의 하청기업이 되거나 아니면 이들의 진출에 따라 부수적으로 확대된 시장을 대상으로 하는 업종에서 성장을 이룰 수 있었다. 이 시기에 구조적으로 조선 사회 내에서 속출한 중소공업의 기본 성격에 대해서는 두 가지 견해가 있다.

첫째는 일본에서 진출한 대자본과 조선 내 중소기업의 사이는 통속적으로 말하는 것처럼 경쟁적인 적대관계가 아니었다는 것이다. 대부분의 중소공업은 조선 사회 재편성의 일면을 담당하였고, 오히려 진출한 일본 대자본과 기본적으로 보완관계에 있었다고 볼 수 있다는 것이다. 또한 1930년대 독점단계에 이른 일본경제에서와 마찬가지로 조선 내의 중소공업도 원료와 제품의 가격을 통하여 잉여가치의 일부를 독점자본에 수탈당하였고, 상품시장에서 일본의 동업자와 경쟁·대립관계에 있었다고 보았다.[38]

둘째로 이 시기 일본 독점자본계 대공업회사에 직접적으로 하청화되는 공장이 상당수 출현하였는데, 이들은 그 존립 및 발전 조건이 일본 독점자본의 진출에 따라 창출되었다는 점에서 기본적으로 '예속성'을 띠었다는 것이다. 또한 제국주의 독점자본에 수탈된다는 점에서는 잠재적으로 '민족성'을 보유하게 된다고 보았다. 곧 독점자본에게 지배된다는 점에서 예속적이고, 그 예속적 관계에 따라 수탈당한다는 점에서 반제적, 민족적일 수밖에 없었는데, 중소공업이 지닌 이 잠재적 민족성이라는 '상대적 진보성'은 바로 노동자계급이 견인해야 할 대상이었다는 것이다.[39]

---

38) 堀和生,〈朝鮮人民族資本−植民地期 京城工業の分析〉, 中村哲·堀和生·安秉直·金泳鎬 編,《朝鮮近代の歷史像》, 日本評論社, 1988, p.164.

39) 全遇容,〈1930년대 朝鮮工業化와 中小工業〉,《韓國史論》 23, pp.532~533. 식민지 자본주의 독점 자본단계의 '중소공업 문제'를 제기한 것이어서 주목된다.

2. 전시행정체제의 강화와 중소기업의 몰락

변화하는 여건에 능동적으로 대처하던 조선인 자본은 일제의 식민지 억압정책에 따라 1942년 말 이후 철저한 통제와 강제로 소멸되어 갔다. 물론 중일전쟁 이후 전시통제경제 속에서 조선인 기업은 큰 고통을 받았으며 중소상공업 가운데 상당수는 반휴업 상태에 있었다. 1940년대 초 시국의 영향을 받은 업종은 ① 금속관계, ② 미곡관계, ③ 섬유, ④ 잡화, ⑤ 피복관계 업종이었다. 금속관계에서는 원재료의 사용제한, 제품의 가격통제에 영향을 받았고 섬유제품 및 기타 잡화 등 관계 영업에서는 가격통제와 사치품 금지령의 영향을 받았다. 이것은 국가적 통제에 따른 귀결이었는데 이들 업종은 대개 기술의 차이와 전통적 관습 때문에 전업이 곤란한 것들이었으며, 조선인 기업의 대부분이 이들 업종에 속해 있었다.

그 결과 이들 업종에서 유휴 또는 미완성 설비가 상당히 존재하게 되었고 1942년이 되면서 그러한 상태는 더욱 악화되었다. 그러나 1940년대 초까지도 총독부의 기본방침은 조선 안의 중소공업의 전업轉業이나 기업활동을 강행하는 것이 아니라 중소공업을 유지·육성하는 것이었다. 1941년 1월에 발표된 '중소상공업 대책요강'에 따라 총독부는 조선의 '특수사정'[40]을 감안하여 중소상공업을 유지 육성하기로 하고, 어쩔 수 없는 경우에는 다른 업종으로 전업하도록 한다는 방침을 세웠으나, 아직은 전업이나 기업활동을 강행할 의사가 없었다.

그러나 태평양전쟁 개시 이후 1942년에 기업정비가 착수되었고, 1942년 5월 12일에 '기업정비령'을 공포했으며 6월 12일에는 그 시행규칙을 공포하였다. 그런데 법령에 근거한 강제적인 기업정비는 준비기간을 거쳐 1944년 봄부터 착수되었으며, 그 이전에는 업자들의 '자율적인 기업 활동'의 형식으로 진행되었다. '자율적인 정비'의 형식을 빌었지만 실제로는 총독부 주도로 진행되었고, 그 방침으로는 대기업자의 중소상공업체 흡수, 합병과 중소기업 상호 간의 합동이라

---

40) 여기서 특수사정이란 ① 중소상공업에 종사하는 인구가 많아 통제 강화로 전면적 타격을 줄 경우 민심에 영향이 심각하다는 것, ② 조선의 중소상공업은 이제 막 발달하여 온 것으로 아직도 조장 발달을 도모할 필요가 있다는 것, ③ 생필품의 조선 내 자급을 하려면 그 관계의 중소상공업을 유지 육성할 필요가 있다는 것 등이었다.(朱益鐘, 〈日帝下 平壤의 메리야스工業에 관한 硏究〉, 1994. 8, 서울대 경제학박사학위 논문, p.225)

는 두 가지가 선택되었다. 총독부와 공업조합연합회는 군소공장을 흡수할 일본 기업을 유치하는 데 힘썼고, 중소기업끼리의 합동은 일정 규모 이하의 업체에 대해서 원료를 배급하지 않는 방법을 택하였다.

그런 가운데 1943년 10월에는 제1회 기업정비위원회를 열어 '기업정비 기본요 강'과 '중소기업 정비요강'을 마련하였고, 1944년 2월 제2회 기업정비위원회에서는 기업정비업종 및 소관관서를 확립하였다. 이에 따르면 총독부 소관 정비업종 가운 데 공업부문에 관한 것은 제약업, 유비 제조업, 유리제품 제조업, 제사업, 진면 제 조업, 양곡 가공업, 소수 제조업, 아미노산공업, 인쇄업이었다. 총독부와 각도의 공 통소관 정비업종으로는 견·인조 직물공업, 메리야스 제조업, 피복 제조업, 가구 제 조업, 나막신 제조업, 과자 제조업, 국수 제조업 등이 포함되어 있었다.[41]

이들 업종은 조선인 공업의 주요 업종을 대부분 망라한 것이기 때문에, 이 시 기가 되면 조선인 공업은 절대적 소멸 국면에 들어서게 된다. 식민지적 악조건 에서도 1916년경을 경계로 조선인 자본에서 회사조직과 공장조직은 영세자본에 이르기까지 빠른 속도로 보편화되고 중소공업에 적합한 근대적 업종에 폭넓게 진출하였다. 또한 그 내부에서 기술과 경영 능력을 배양하면서 점차 두터운 층 을 형성해 나갔다. 그러한 조선인 자본은 1942년을 전후한 원료·노동력·자금의 봉쇄와 '기업정비령' 같은 직접적 통제로 소멸의 길에 들어섰다.

그러나 기업정비에서 일본 독점자본이 저명 공장으로부터 소공장까지 인플레 하의 헐값으로 모두 '매수'하였으며 조선인 자본은 일본 독점자본에 '동화'되었 다는 기존의 견해에 대한 반론도 있다. 조선인 업체들은 서로 통합하면서 정비 되었으나 끝까지 조선인 경영으로 남아 있었으며, 일제 말의 극심한 물자난 속 에서 겨우 유지되어 가기는 했으나, 평양 메리야스공업의 사례처럼 끝까지 존속 하기도 하였다는 것이다. 곧 기업정비에 관한 조선인 자본의 몰락·소멸론은 실 증 없는 단순한 예단에 불과하다는 지적도 있다.[42]

41) 조선금융조합연합회, 《기업정비에 관한 자료》 33, 1944, pp.34~35.(허수열, 〈식민지 경제 구조의 변화와 민족자본의 동향〉, 《한국사》 14, p.133)
42) 朱益鐘, 앞의 논문, pp.229~230.

제6장
한국 중소기업의 구조와 그 변화

제1절 해방 뒤 중소기업의 구조와 그 생성·전개

1. 해방 뒤 중소기업의 구조

일제 식민지정책의 억압과 수탈 속에서도 조선인 자본은 영세자본에 이르기까지 회사조직과 공장조직 등을 도입, 이를 보편화하였고 특히 중소공업에 적합한 근대적 업종에 폭넓게 진출하였다. 또한 그 내부에서는 기술과 경영 능력을 배양하면서 점차 두터운 층을 형성해 나갔다. 그러한 조선인 자본은 1942년을 전후한 원료, 노동력, 자금의 봉쇄와 〈기업정비령〉같은 직접적인 통제로 소멸의 국면을 맞았다.

대외 종속적인 식민지 조선경제는 해방 뒤 제국주의 경제권과 단절됨으로써 원료, 기술, 자금 등이 부족해지고 경제의 순환은 크게 위축되었다. 거기에 남북 분단은 남북 사이에 지역적 불균형에 따른 상호보완성의 결여로 경제는 더욱 타격을 받았다. 공장 수는 1943년 6월 8,998개에서 1946년 11월에는 4,996개로 급격히 감소하였고, 이러한 추세는 종업원과 생산액의 감소에도 반영되었다.

표-1은 1946년 당시 공장을 규모별, 부문별로 본 것이다. 종업원 규모 50인 미만의 공장이 90% 이상을 차지하고, 부문별로는 방직, 화학, 기계기구 등의 부문에서 대규모 공장이 비교적 높은 구성을 보이고 있으며 다른 부문에서는 중소 영세공장의 비중이 압도적이다.

총 공장 수 4,996개 가운데 종업원 규모 5인 이하의 364개 공장을 제외하면 4,632개이다. 이 가운데 2,469개의 공장[1]은 귀속사업체로서 구 일본인 경영의

---

[1] 朝鮮銀行 調査部, 《經濟年鑑》, 1949, Ⅳ-154쪽.

공장을 인계받은 것으로 볼 수 있다. 1944년 전후 남한에 존재했던 한국인이 경영하는 공장은 전시 통제 아래서 정리되었기 때문에 850개에도 이르지 못한 것으로 지적되었다.[2] 이 결과에 따르면 1946년 현재 종업원 규모 5인 이상의 공장 가운데 1,332개가 해방 뒤에 신설되거나 부활한 것으로 볼 수 있다. 한편 사업체 및 종업원의 구조를 나타낸 표-2의 결과는 1948년 말 현재, 공업 부문의 종업원 5인 이상 규모의 사업체 수가 앞서 표-1의 사업체 수보다 적은 4,194개로 되어 있다. 이 자료를 기준으로 하더라도 해방 뒤 875개의 사업체가 신설된 것으로 추정되는데 이들은 대부분 중소영세공장이었다. 귀속공장을 중심으로 비교적 대규모의 공장이 크게 침체한 것과는 대조적으로 해방 뒤의 전반적인 생산 위축 상황에서 소비재 중심의 미국 원조 물자의 시장범람이라는 부정적 영향이 있었지만, 중소영세공장은 지역적 수요를 기반으로 각지에서 생성·전개되어 생산 공백을 메우면서 해방 뒤 한국경제의 순환에 주도적 역할을 담당하였다.

[표-1] 공장규모별·부문별 구성(1946년 11월 당시)　　　　(단위: 개)

	5인 이하	5~49	50~199	200~999	1,000인 이상	합계
금　　　　속	17	454	27	1	—	499
기 계 기 구	27	794	49	8	—	878
화　　　학	25	458	75	15	1	574
요 업 및 토 석	57	637	35	2	—	731
방　　　직	21	457	101	29	1	615
제 재 및 목제품	41	533	7	2	—	583
식　　　품	156	543	27	—	—	726
인 쇄 · 제 본	12	204	16	1	—	233
기　　　타	8	138	10	1	—	157
합　　　계	364	4,218	347	59	8	4,996

자료: ① 표 1과 같음(75쪽).
　　　② 미군정청 중앙경제위원회, 〈남조선 산업노동력 및 임금조사〉에 따름.

2) 朝鮮銀行 調査部, 《朝鮮經濟年報》, 1948, Ⅰ-324쪽.

　　해방 뒤 원료, 자제, 자금, 기술 등의 부족과 인플레이션, 상업 계열의 혼선, 운수 부문의 능력 감퇴에 따른 유통 부문의 미정비[3]로 생산이 크게 위축되었고 생활 관련 물자는 절대적으로 부족하였다. 그럼에도 수요 자체는 지속하였기 때문에 이러한 민중의 수요에 부응하는 부문으로 생산활동의 전환과 공장의 신설·부활이 진행되었다. 여기에는 일제 말기의 전시 통제 아래에서 일시적으로 강제 폐쇄되거나 군수하청공장으로 전환하였던 공업 활동이 해방 뒤에 그 제약 조건이 해제되면서 지역적 수요를 바탕으로 부활·전개된 중소영세 수공업군이 포함되어 있다.

[표-2] 부문별·규모별 사업체 수 및 종업원 수(1948년 말 당시)　(단위: 개, 명)

	5~49인		50~199		200~299		300~499		500인 이상		합계	
	사업체	종업원	사업체	종업원	사업체	종업원	사업체	종업원	사업체	종업원	사업체	종업원
금속	377	6,002	30	2,650	5	1,177	—	—	2	1,113	414	10,942
기계기구	577	8,733	53	4,866	1	252	2	734	4	2,695	637	19,280
화학	390	6,900	121	10,904	13	3,114	4	1,557	4	3,067	532	25,542
요업·토석	387	5,377	26	2,034	1	280	1	339	1	535	416	8,565
방직	436	9,148	77	6,838	7	1,786	11	4,168	10	14,624	541	34,564
제재·목제품	464	6,414	24	2,166	2	502	2	793	1	730	493	10,605
식료품	724	11,202	50	4,297	3	610	1	330	3	3,186	781	19,625
인쇄·제본	203	3,016	22	2,062	2	460	—	—	1	698	228	6,236
기타	135	2,090	16	1,455	—	—	—	—	1	941	152	4,486
합계	3,693	58,882	419	37,272	34	8,181	21	7,921	27	29,589	4,194	141,845

자료: 朝鮮銀行 調査部, 《經濟年鑑》, 1949, Ⅳ-176쪽에서 작성.

---

3) 앞의 책, Ⅰ-158쪽 및 Ⅰ-178쪽 참조.

2. 중소기업의 생성과 전개

해방 뒤 남북분단, 사회적 혼란, 생산정책의 부재와 소비재 중심의 원조정책 속에서 중소기업도 위축되고 타격을 받았지만, 모든 중소기업이 그러한 것은 아니었다. 지역적 시장에 기반을 둔 중소영세기업은 원조 물자 범람의 영향을 크게 받지 않는 범위 안에서 다소 자본축적의 어려움이 있었지만 재기하고 생성하기 시작하였다. 즉 국민의 최소한의 생활 유지를 위한 시장의 확보는 공업발전의 새로운 기반이 되었으며 이러한 새로운 기반 위에 과거의 생산시설은 복구되고 부분적으로 새로운 기업들이 생성되었다. 이 시기에 신속하게 복구된 기업들은 대부분 과거에 일본인 자본과 관계없이, 자본 원료 시장 등이 상대적으로 국내 경제에 뿌리를 두고 잔존했던 중소영세기업이었다. 신생하는 기업들 또한 국내시장에 자립적 기반을 갖는 기업들이었다. 그리고 새로운 기반 위에서 복구·신생한 중소영세기업은 국민경제의 자립적 재편성을 가능하게 하는 잠재력이었고, 이들을 보호·육성하는 것은 국민경제의 자립적 재편성을 위한 당면 과제였으며, 중소기업 문제와 정책의 뿌리라고 할 수 있다.[4]

그 결과 이러한 중소영세기업의 복구·신생은 다음과 같이 지적되었다. 곧 해방 뒤 한국에서는 도시 농촌〔都鄙〕 가릴 바 없이 경색된 자금, 원료의 가격 상승, 기술자의 부족, 생산품의 가격 통제, 민중의 구매력 감퇴 등에 따라 대부분의 공장이 휴업 상태에 가까웠으며 이른바 중세기적 가내공업, 소공업으로 전환한다고 하는 역세기적逆世紀的 현상이 도처에서 발견되었다. 이는 기업가들이 채산을 맞출 수 없는 큰 공장보다는 소규모지만 최소한도의 국내소비를 유일한 대상으로 해서 수공업적 공장으로 후퇴한 것이라고 볼 수 있다는 것이다.[5] 이것은 물론 '후퇴'가 아니라 국민경제의 자립적 재편성에 따라 새로운 기반 위에 중소영세기업이 부활, 생성됨을 지적한 것이며 실제로 군 단위에서는 지역적 수요를 바탕으로 이들에 따라 광범위하게 새로운 생산이 진행되었다.

4) 朴東燮, 《中小企業論》, 博英社, 1972, 140쪽 및 148~149쪽.
5) 朝鮮銀行 調査部, 〈南朝鮮道別經濟動向調査〉, 《朝鮮經濟年報》, 1948, 地 60쪽.

표-3은 공장의 지역별, 규모별 분포를 나타낸 것이다. 50인 이상의 공장은 서울 및 부산의 2대 도시에 41.4%, 소도시 지역에 26.8%가 입지, 총 68.2%를 차지하여 대규모 공장이 시부市部에 집중한 경향을 보였다. 이에 대하여 총 공장수의 90% 이상을 차지하는 종업원 규모 50인 미만의 공장은 기타 지역[郡]이 50.3%를 차지하고 있다. 이 군부에 입지하는 공장은 시부에 입지하는 공장보다 생산성이 더 높은 것으로 보이는데, 이는 귀속공장의 저생산성을 별도로 하더라도 소규모의 공장이 생산 형태의 전환을 통하여 생산성을 회복하였고 원료 공급이나 판매 시장 측면에서도 유리하였기 때문이다.

한편 해방 뒤에 신설·부활되었다고 추정되는 약 1,000개 안팎의 공장 가운데 1946년까지 8대 도시에 신설된 '회사'는 201개(제조업)에 지나지 않는 것으로 되어 있다.6) 표-4의 수치가 '공장'이 아닌 '회사'임을 감안하더라도 신설·부활공장의 다수는 8대 도시가 아닌 소도시 및 군부에 입지한 것으로 추정할 수 있으며, 이것도 이 시기에 생산활동에서 소도시 및 군부가 상대적으로 활발하고 유리하였음을 말해 준다.

[표-3] 종업원 규모별 공장의 지역 분포(1946년 11월 당시)

		50인 미만 공장		50인 이상 공장	
		공장 수	%	공장 수	%
서울		983	20.5	140	30.8
경기	인천	111	2.3	32	7.0
	개성	84	1.8	8	1.8
	기타	411	8.6	52	11.5
충북	청주	49	1.0	3	0.7
	기타	77	1.6	8	1.8
충남	대전	28	0.6	10	2.2
	기타	153	3.2	18	4.0
전북	군산	117	2.4	12	2.6
	전주	51	1.1	8	1.8
	기타	241	5.0	8	1.8

6) 朝鮮銀行 調査部, 《經濟年鑑》, 1949, Ⅰ-150쪽.

전남	목포	67	1.4	9	2.0
	광주	110	2.3	6	1.3
	기타	374	7.8	15	3.3
경북	대구	273	5.7	20	4.4
	기타	487	10.2	8	1.8
경남	부산	327	6.8	48	10.6
	마산	60	1.3	5	1.1
	진주	89	1.9	2	0.4
	기타	481	10.0	20	4.4
강원	춘천	34	0.7	7	1.5
	기타	157	3.3	14	3.1
제주		31	0.6	1	0.2
합계		4,795	100.0	454	100.0

주: ① 앞의 표에 포함되지 않았던 가스·전기·수도 등의 공익사업체(50인 미만~68, 50인 이상~10) 및 토목
　　건축업(50인 미만~145, 50인 이상~30)이 포함되어 있음.
　　② 도시명은 1946년 현재의 인구 5만 명 이상의 모든 시정 지역.
자료:朝鮮銀行 調査部,《朝鮮經濟統計要覽》, 1949년, 여강출판사(영인), 1986, p.76.

[표-4]　　8.15 이후 신설회사　　(단위: 개, %, 백만 원)

구 분	1945(8~12)	1946	1947	1948	합계	불입자본금
제 조 업	9(33)	192(35)	186(37.4)	167(42.3)	554(37.8)	1,201(34.4)
광 업	0	6(1.1)	11(2.2)	14(3.5)	31(2.1)	119(3.4)
토 건 업	4(14.8)	93(16.9)	81(16.3)	36(9.1)	214(14.6)	346(9.9)
무 역 업	3(11.1)	108(19.7)	40(8.0)	47(11.9)	198(13.5)	669(19.1)
상업·운수 ·금융업	10(37.3)	130(23.7)	151(30.3)	104(26.3)	395(26.9)	885(25.3)
농림·수산	1(3.7)	20(3.6)	28(5.6)	27(6.8)	76(5.2)	275(7.9)
합 계	27(100)	549(100)	497(100)	395(100)	1,468(100)	3,495(100)

주: ① 8대 도시의 집계임.
　　② 괄호 안의 숫자는 구성비임.
자료: 조선은행 조사부,《경제연감》, 1949, Ⅰ-150쪽에서 작성.

이러한 지방 소공업 전개의 특징은 원료, 자재, 기술, 자금, 판매시장 등 당시 공업 생산의 어려움을 당하여 이와 같은 여건에 적합한 규모로 생산을 조정하였다는 데 있었다. 남북분단으로 원료의 공급이 단절된 금속공업 부문은 일부의 귀속공장이 남은 원재료로 강재鋼滓 등을 다소 생산했을 뿐 대부분 휴업 상태였지만, 이것과는 별도로 고철을 수집해서 재생 선철과 강괴를 생산하는 중소공장이 각지에 탄생했고 이를 원료로 하는 2차 가공공업이 전개되었다. 그 가운데서도 제정製釘공업은 6개 소의 주요 공장 말고도 군소공장에 의한 생산이 각지에 이루어져 1948년 초에는 그 수가 100여 개에 이르렀다는 것이다.[7] 알루미늄공업에서도 남아 있는 비행기와 폐품·부스러기 알루미늄을 원료로 솥·냄비·도시락 통·국자 등을 생산하는 소공장이 각지에 나타났다.[8] 곧 이 시기 금속공업은 재생소재를 원료로 사용하는, 다양한 2차 가공제품을 생산하는 각지의 군소공장이었다.

기계기구 공업에서도 이러한 사정은 동일하였다. 기계기구 공장은 1947년 말 현재 887개였는데 그 가운데 귀속공장이 332개, 민영공장이 555개였다. 그런데 비교적 대규모의 것은 귀속공장에 속하며, 이들 공장은 원료와 자재 공급 등 악조건이 겹쳐 조업을 단축하게 되었고, 그들이 존립할 수 있는 영역은 극히 한정되어 있었다. 이와 대조적으로 해방 전에 군수하청공장이었던 중소기업은 해방 뒤 농기구·가정용 기구의 생산으로 전환하였으며, 여기에 농기구공업에서는 군수 신설공장이 진출하였고, 전문공장 30개를 통합하여 그 수가 300개 남짓에 달해 그 생산이 수요를 초과할 만큼 활발하였다.[9] 곧 기계기구 공업에서도 군소공장이 주도적 기능을 하였다.

성냥공업은 설비가 간단한 관계로 해방 뒤 가내공업이 난립하여 그 제품의 품질은 낮았으나 양적으로 남한의 수요에 견주어 부족함이 없었는데, 이들 가내공업의 수요를 충족하기 위해 원료인 염소산가리 공장이 3개, 적린赤燐공장 1개

---

7) 朝鮮銀行 調査部,《朝鮮經濟年報》, 1948, Ⅰ-104쪽.
8) 위의 책, Ⅰ-104쪽.
9) 위의 책, Ⅰ-106쪽.

가 설립되었다.[10] 정미공업도 해방 이후 수출미의 정지와 국내소비의 격증에 따라 생산지 부근에 가내공업적 소규모 공장이 나타나 그 수가 300여 개에 이르렀다.[11] 그 밖에 풍부한 목재를 원료로 사용하는 가구공업의 번성, 흙을 이용하는 토기재조 등은 모두 원료 공급에 힘입은 지방적 공업의 발전이었는데[12] 이들은 모두 원료와 시장 기반을 지역에 두고 있었다.

결국 이들 지방의 중소영세기업은 원료·자재·기술·자금·판매시장 등 공업생산의 난관을 여건에 맞는 규모로 조정하면서 발전하였다. 그 결과 이 시기에는 귀속공장보다는 민영공장이, 대도시에 입지하는 공장보다 소도시 및 군부에 입지하는 공장이 활발한 생산을 하였음을 알 수 있다. 더욱이 지방적 중소공업은 비교적 혼란이 적었던 농촌의 지역석 수요를 바탕으로 활발하게 전개되었으며, 해방 뒤 경제 재건의 실질적 담당자로서 국민경제의 자립적 재편성의 잠재력이었다. 그리고 8·15 광복 직후에 크게 위축되었던 산업생산이 1946년 중반부터 점차 회복추세를 보인 것도 이들 중소영세기업의 생성과 그 전개에 바탕을 둔 것이었다.[13]

---

10) 앞의 책, Ⅰ-108쪽.
11) 위의 책, Ⅰ-113쪽.
12) 朝鮮銀行 調査部, 〈南朝鮮道別經濟動向調査〉, 《朝鮮經濟年報》, 1948, 地 60쪽.
13) 귀속공장은 구 일본인 경영공장임.

제2절 50년대 공업화의 기반으로서 중소기업

1. 공업화와 중소기업의 구조 변화

1950년대 한국경제의 성장은 제2차 산업 그 가운데서도 제조업(공업)의 확대에 따라 달성되었다고 할 수 있다. 그리고 공업화는 자본축적 측면에서 막대한 외국 원조, 귀속재산의 불하, 정부의 재정 금융정책의 뒷받침을 받은 결과였다. 그런데 이러한 특혜적 지원은 대부분 대기업이 중점적으로 받았고, 이들 대기업의 성장(재벌화)이 '50년대 한국 공업화 과정의 특징이 되었다. 그 결과 이들을 분석하는 것이 '50년대 한국경제의 순환과 공업화를 설명하는 주된 흐름이 되었다. 그에 따라 이 시기에 광범하게 존재하였던 중소기업이 경제순환과 공업화에 이바지한 역할과 존재에 대하여는 소홀히 취급되었다.

그런데 6·25 전쟁 뒤 경제 재건 과정에서 공업 부문의 복구는 기존의 공업기업을 중심으로 시작되었고 이 시기의 기업은 대부분이 중소기업이었다. 표-5는 1952년 말 현재 부문별·규모별 공업구조를 나타낸 것이다. 종업원 규모 10인 이상 공장 3,208개 가운데 비교적 대규모인 종업원 규모 100인 이상 공장은 146개로 4.6%를 차지하는 데 지나지 않았다. 이와 달리 중소기업은 3,062개로서 95.4%의 높은 비중이었다. 이것은 종업원 구조에도 그대로 반영되어 대기업은 총 종업원 수 114,965명 가운데 44,289명으로 38.5%인데 견주어 중소기업의 종업원은 70,676명으로 61.5%의 구성을 보였다.

[표-5] 부문별·규모별 공업구조(1952년 말 당시)　　（단위: 인, 개）

	10～49인		50～99인		100인 이상		합계	
	공장 수	종업원 수	공장 수	종업원 수	공장 수	종업원 수	공장 수	종업원 수
금 속	126	2,404	7	594	1	170	134	3,228
기 계	378	6,571	27	1,846	8	1,174	413	9,591
화 학	341	6,746	90	6,105	58	10,737	489	23,588
섬 유	1,325	25,767	132	9,107	55	23,829	1,512	58,703
요 업	85	1,735	28	1,828	12	3,106	125	6,669
식 품	246	2,878	12	874	7	1,022	265	4,774
전기구 연 료	30	433	1	56	—	—	31	489
재 제 목 제	103	1,192	4	251	—	—	107	1,443
공예품	48	810	6	387	5	4,251	59	5,448
인 쇄 제 본	68	739	5	293	—	—	73	1,032
합 계	2,750 (85.7)	49,335 (42.9)	312 (9.7)	21,341 (18.6)	146 (4.6)	44,289 (38.5)	3,208 (100.0)	114,965 (100.0)

주: 괄호 안 수치는 구성비(%)임.
자료: 韓國銀行 調査部,《經濟年鑑》, 1955, Ⅰ-127～128쪽.

　　이를 생산재공업과 소비재공업으로 나누어 보면, 공장 수의 경우 생산재 부문 대기업은 6.9%를, 중소기업은 93.1%를 차지하였고, 소비재 부문에서는 각각 3.7%와 96.3%의 구성이었다.

　　이를 종업원 수를 기준으로 보면 생산재 부문에서 대기업이 33.1%였으나 중소기업은 40.9%였으며 소비재 부문에서는 각각 66.9%와 59.1%였다. 곧 생산재와 소비재 부문에서 다 같이 중소기업은 공장 수 및 종업원 수 구성에서 높은 비중을 차지하였고, 이것이 '50년대 경제 재건 과정의 초기적 조건이었다.

　　한편 표-6은 경제 복구가 상당히 진전된 1955년 말 현재 부문별·규모별 공업구조를 보여 주고 있다. 이 표의 수치는 종업원 규모 9인 이하의 공장을 포함한 결과라는 점에서 앞서 표-11과 차이가 있다. 총 공장 수 8,810개 가운데 종업원 규모 100인 이상의 대기업은 244개로서 2.8%이며, 중소기업은 8,566개로서 97.2%를 차지하고 있다. 종업원 구성에서는 총 종업원 수 204,335명 가운데 대기업이 64,901명으로 31.8%였으나, 중소기업은 139,434명으로 68.2%를 차지하였다. 이를 생산재 부문과 소비재 부문으로 나누어 살펴보면 공장 수에서 생산재 부문의 대기업은 4.2%를 차지했지만 중소기업은 95.8%를, 소비재 부문에서는 대기업과 중소기업이 각각 2.4%와 97.6%였다. 이를 종업원 기준으로 보면 생산재 부문에서 대기업이 33.2%, 중소기업이 66.8%였으며 소비재 부문에서는 그 구성이 각각 31.3%와 68.7%였다.

[표-6] 부문별·규모별 공업구조(1955년 말 당시)   (단위: 인, 개)

	9인 이하		10~49		50~99		100인 이상		합계	
	공장 수	종업원 수	공장 수	종업원 수	공장 수	종업원 수	공장 수	종업원 수	공장 수	종업원 수
금속	136	917	260	5,354	30	2,029	10	1,701	436	9,991
기계	265	1,798	338	7,340	26	1,642	9	2,093	638	12,873
화학	224	1,424	329	6,977	75	4,913	56	12,317	684	25,631
섬유	1,377	9,012	1,504	31,179	171	11,548	99	36,632	3,151	88,372
요업	255	1,743	285	5,631	43	3,137	12	2,518	595	13,029
식품	1,028	6,777	873	15,782	39	2,727	26	4,428	1,966	29,714
기타	670	4,671	572	10,427	66	4,414	32	5,212	1,340	24,725
합계	3,955 (44.9)	26,343 (12.9)	4,161 (47.2)	82,690 (40.5)	450 (5.1)	30,410 (14.9)	244 (2.8)	64,901 (31.8)	8,810 (100.0)	204,335 (100.0)

주: 괄호 안 수치는 구성비(%)임.
자료: 韓國銀行 調査部, 《經濟年鑑》, 1957, Ⅰ-99~100쪽.

결국 1955년 말의 자료에서도 중소기업은 공업구조에서 중요한 비중을 차지하고 있음을 확인할 수 있다. 한편 1952년 말과 1955년 말 현재의 공업구조를 비교해 보면(종업원 규모 10인 이상 기준), 우선 대기업의 공장수가 146개였던 것이 244개로 되어 67.1% 증가하였다. 이에 대하여 중소기업은 3,062개에서 4,611개로 50.6% 증가하였다. 같은 기간 전체 공장 수가 3,208개에서 4,855개(종업원 10인 이상 기준)로 증가하여 그 증가율이 51.3%였음에 견주어 보면, 대기업의 증가가 뚜렷하여 기업 규모의 확대 경향을 보였다. 그러나 중소기업도 상당한 증가세를 나타내어 전후 경제 복구 과정에서 중소기업이 대기업 못지않게 중요한 역할을 하였음을 알 수 있다.

1950년대 경제 재건 과정에서 기업의 대규모화는 뚜렷한 추세를 보였다. 표-7에서 보면 100인 이상 사업체는 1955년에 244개에서 1958년에는 325개(100~199인: 210개, 200인 이상:115개)로, 다시 1960년에는 549개(100~199인: 224개, 200인 이상:137개)로 증가하였다. 곧 100인 이상 사업체 수가 1955년에 견주어 1958년에 33.2%, 1960년에는 125.0% 증가하였고, 1952년에 견주면 1960년에 2.8배가량 증가하여 대규모 사업체의 현격한 발전을 알 수 있다. 이러한 증가세에는 미치지 못하지만 중소기업도 상당한 증가가 실현되었다. 1955년에 99인 이하 중소기업은 8,566개였던 것이 1958년에는 12,646개로 47.6%, 그리고 1960년에는 14,843개로 1955년 대비 73.3% 증가하여 '50년대 공업화 과정의 기반을 형성하였다. 즉 총 사업체가 1955년에 8,810개에서 1960년에 15,204개로 72.6% 증가한 6,394개의 기초가 된 것은 바로 중소기업이었다.

[표-7] 규모별 사업체 수·종업원 수 추이

	5~9인 (9인 이하)		10~49		50~99		100~199 (100인 이상)		200인 이상		합계	
	사업체	종업원	사업체	종업원	사업체	종업원	사업체	종업원	사업체	종업원	사업체	종업원
1952	—	—	2,750	49,335	312	21,341	146	44,289	—		3,208	114,965
1955	3,955	26,343	4,161	82,690	450	30,401	244	64,901	—		8,810	204,335
1958	7,019	44,064	5,109	95,840	518	33,880	210 (325)	28,555 (86,643)	115	58,088	12,971	260,427

1960	8,426	35,739	5,946	97,244	471	28,574	224 28,452 (549) (89,015)	137	59,563	15,204 249,572

주: ① 1952년과 1955년은 공장 수임.
　　② 1952년은 9인 이하가 조사되지 않았으며 1955년은 9인 이하의 수치임.
　　③ 1952년과 1955년의 수치는 200인 이상의 수치를 100인 이상에 포괄하여 대기업으로 간주하였음.
　　④ 괄호 안 수치는 종업원 규모 100인 이상 사업체 및 종업원 수임.
자료: 한국은행 조사부, 《경제연감》(1955년 및 1957년), 및 상공부·한국산업은행, 《광업 및 제조업 사업체조
　　사 종합보고서》(1958년 및 1960년).

　그 결과 1955년에 대기업(100인 이상)과 중소기업의 사업체 구성비는 2.8%대 97.2%였던 것이 1960년에는 2.4% 대 97.6%로 되어 오히려 중소기업의 비중이 작지만 증가 추세를 보였다. 한편 고용구조에서는 1955년에 대기업(100인 이상)과 중소기업의 구성이 31.8%와 68.2%였던 것이 1960년에는 각각 64.7%와 35.3%로 대기업의 구성이 약간 증가하였지만 역시 중소기업도 60%를 넘는 비중을 유지하였다. 이처럼 1950년대 중소기업은 공업발전에 바탕이 되는 동시에 중요한 위치를 차지했음을 확인할 수 있다.

2. 경제력 집중과 중소기업 존립

　1950년대 공업화는 미국 원조, 귀속기업체의 불하(매각), 재정금융의 특혜적 지원에 따라 추진되었고, 그 혜택을 누릴 수 있었던 대상은 주로 대기업이었다. 그 결과 기업 규모의 확대와 시장 집중을 촉진하여 일부 업종에서 독점화와 경제력 집중으로 나아갔다. 그 요인으로는 첫째, 대규모 귀속기업체의 지분을 분산하지 않은 채 특혜적으로 일괄 불하함으로써 대자본의 현저한 소유 집중을 초래하였다. 둘째, 원조 물자의 배당에서 원조 받은 원자재가 시장을 거치지 않고 특혜적으로 생산능력 또는 시설능력에 따라 배정되고 여기에 산업은행 자금의 저리 융자가 이루어졌다. 셋째, 이를 계기로 형성된 대기업집단은 정부의 특혜와

담합을 통하여 원료를 독점하였고, 정부의 외국산 제품 단계적 수입금지 조치와 독과점 판매 행위 묵인에 힘입어 판매독점을 실현하였다. 넷째, 정부가 일부 기업에 저금리로 중점 융자하는 금융의 편중 배분은 대자본을 성장시켰다.

1950년대 기업의 성장은 국가의 지원 아래 진행되었다. 독점적 요소가 형성되는 가운데서도 전후 복구 과정에서 활발하게 설립·발전된 중소기업은 이러한 특혜적 지원에서 소외되었으며, 오히려 독점화한 대기업의 압박 속에 순조로운 성장을 할 수 없었다.

표-8은 주요 업종의 시장 집중도를 나타낸 것이다. 산업세분류를 기준으로 출하액 비중이 상대적으로 높은 업종을 선정, 사업체 수와 대기업의 출하액 및 그 비중을 산정하여 해당 업종의 시장 집중도를 표시한 것이다. 확실히 제당, 방적, 모직물 제조, 타이어, 튜브, 고무신, 시멘트 등 소위 삼백공업을 중심으로 정부의 특혜적 지원을 받은 업종에서 시장 집중도가 매우 높고 독점적 지배가 형성된 것을 알 수 있다. 그러나 나머지 다양한 분야에서는 중소기업이 광범위하게 존재한 것을 확인할 수 있고 이들 중소기업은 독점적 대기업에게 압박·도태·병합되면서도 공업화와 경쟁적 시장구조를 창출하는 기틀이었다.

[표-8] 주요 업종의 시장 집중도   (단위: 개, 백만 환, %)

업 종	사업체 수		출하액	
	총계	대기업 수	총액	대기업 출하액
도 정	731	—	14,865	—
제 분	41	1	15,057	6,032(40.1)
제 당 · 정 당	3	1	14,687	14,632(99.6)
증류주·혼합주	139	1	13,450	1,765(13.1)
청 주 · 약 주	1,269	—	27,044	—
면 방 적	44	10	23,838	23,181(97.2)
모방적·기타방적	17	4	7,717	6,917(89.6)
면 · 스 프 직 물	604	5	36,841	21,551(58.5)
견 · 인 견 직 물	1,026	13	26,476	5,726(21.6)
모 직 물 제 조	25	4	17,427	12,649(72.6)

외 의 · 외 투	1,322	—	20,682	—
세 재	855	2	31,241	4,008(12.8)
양지류 · 판지류	42	4	10,705	6,646(62.1)
타 이 어 · 튜 브	6	3	9,046	8,150(90.1)
고 무 신	17	10	20,714	17,940(86.6)
연탄 · 마세크탄	785	2	21,604	642(3.0)
시 멘 트	3	2	24,727	24,727(100.0)
제 조 업 총 계	15,204	137(0.9)	567,049	197,271(34.8)

주: 괄호 안 수치는 대기업 출하액 비중임.
자료: 상공부·한국산업은행, 《광업 및 제조업 사업체 조사 종합보고서》, 1960.

따라서 일부 독점적 대기업의 분석으로 도출된 논리가 '50년대 한국경제를
설명하는 기축이 되는 데는 한계가 있다고 보아야 할 것이다. 곧 이 시기에 광범
하게 그리고 활기차게 생성·전개된 중소기업의 실태를 분석하는 것이 필요하다.

(표-9)는 1958년과 1960년의 사업체 수, 종업원 수, 부가가치액을 기업 규모
별로 살펴본 것이다. 1960년 기준으로 사업체 수에서는 15,204개 가운데 99.1%
에 해당하는 15,067개(종업원 규모 5~199)가 중소기업이며 이 가운데서도 5~9인
규모의 영세중소기업이 8,426개로서 55.4%를 차지하고 있는 것과 달리, 대기업
은 137개로서 0.9%에 지나지 않는다. 종업원 수에서는 중소기업이 76.1%를 점하
고 있으며 대기업의 종업원 구성은 23.9%이다.

[표-9] 규모별·연도별 사업체·종업원·부가가치 구성
(단위: 개, 인, 백만 환, %)

업 종	사업체 수		종업원 수		부가가치액	
	1958	1960	1958	1960	1958	1960
5~9인	7,019	8,426	44,064	35,739	19,058	28,269
	(54.1)	(55.4)	(16.9)	(14.3)	(12.1)	(12.9)
10~49	5,109	5,946	95,840	97,244	49,706	74,678
	(39.4)	(39.1)	(36.8)	(39.0)	(31.6)	(34.2)
50~99	518	471	33,880	28,574	19,455	21,740
	(4.0)	(3.1)	(13.0)	(11.4)	(12.4)	(9.9)

100~199	210	224	28,555	28,452	17,245	20,590
	(1.6)	(1.5)	(11.0)	(11.4)	(10.9)	(9.4)
200~499	89	105	27,002	26,590	27,304	34,577
	(0.7)	(0.7)	(10.4)	(10.7)	(17.3)	(15.8)
500인 이상	26	32	31,086	32,973	24,782	38,802
	(0.2)	(0.2)	(11.9)	(13.2)	(15.7)	(17.8)
합계	12,971	15,204	260,427	249,572	157,550	218,656
	(100.0)	(100.0)	(100.0)	(100.0)	(100.0)	(100.0)
중소기업	(99.1)	(99.1)	(77.7)	(76.1)	(67.0)	(66.6)
대기업	(0.9)	(0.9)	(22.3)	(23.9)	(33.0)	(33.4)

주: 괄호 안 수치는 구성비임.
자료: 상공부·한국산업은행, 《광업 및 제조업 사업체 조사 종합보고서》

　부가가치 구성에서는 중소기업과 대기업의 구성비가 66.6% 대 33.4%로서 대기업 비중이 사업체 수나 종업원 수의 구성보다는 상대적으로 높은 편이다. 전체 사업체 수의 0.9%에 불과한 137개 대기업이, 종업원 수의 23.9%, 부가가치액의 33.4%를 차지하고 있다는 점에서 대기업의 중요성과 그에 대한 논리가 두드러질 수밖에 없다. 그렇지만 중소기업도 사업체 수의 99% 이상, 부가가치액의 66% 이상을 차지하고 있다는 사실은 중소기업이 경제순환과 공업화에서 주도적 역할을 하고 있음을 말해 준다.

　표-10은 1958년과 1960년의 사업체 수 및 부가가치의 규모별·업종별 구조를 나타낸 것이다. '50년대 후반까지 한국 공업화의 견인차 기능을 한 소비재공업의 높은 비중을 반영하고 있으며, 더욱이 섬유공업의 높은 비중과 그 비중증가를 나타내고 있는데 이 부문에서 중소기업의 상대적 쇠퇴와 대기업의 신장을 알 수 있다.

　표-11은 부가가치 기준으로 규모별로 소비재공업과 생산재공업의 구성을 살펴본 것이다. 1960년 기준으로 소비재공업의 비중이 68.2%이고 생산재공업의 비중은 31.8%였다. 기업 규모별로는 대기업의 소비재공업 비중이 76.6%이며 생산재공업은 23.4%였다. 이에 대하여 중소기업은 소비재공업이 64.2%, 생산재공업이 35.8%여서 대기업은 소비재공업에서, 중소기업은 생산재공업의 비중이 상대적으로 높은 것을 알 수 있다.

[표-10] 규모별 사업체 수 및 부가가치 추이   (단위: 개, %)

	사업체 수						부가가치액(%)			
	중소기업		대기업		합계		중소기업		대기업	
	1958	1960	1958	1960	1958	1960	1958	1960	1958	1960
식료품	1,465	1,987	8	13	1,473	2,000	74.6	76.3	25.4	23.7
음료품	1,337	1,462	3	2	1,340	1,463	80.1	82.2	19.9	17.8
섬 유	2,767	2,442	34	51	2,801	2,493	45.0	42.8	55.0	57.2
화류·의류·장신품	1,099	1,669	3	1	1,102	1,670	98.0	99.5	2.0	0.5
제재·목제품	936	994	4	1	940	995	87.8	91.2	12.2	8.8
기구·장비	352	466	—	—	352	466	100.0	100.0	—	—
지류·지류제품	273	471	1	10	274	481	64.3	51.4	35.7	48.6
인쇄·출판	528	542	7	10	535	552	67.3	65.2	32.6	34.8
피혁·피혁제품	58	55	—	—	58	55	100.0	100.0	—	—
고무제품	105	94	15	14	120	105	30.3	22.0	69.7	78.0
화학공업	384	366	4	7	388	373	76.9	79.1	23.1	20.0
석유·석탄제품	519	788	2	2	521	790	93.9	97.8	6.1	2.2
유리·토석	997	1,299	11	11	1,008	1,310	43.6	42.2	56.2	57.2
제1차금속	244	186	5	4	249	190	77.4	100.3	22.4	−0.3
금속제품	462	675	1	3	463	678	98.3	82.3	1.7	18.3
기 계	430	524	2	4	432	528	92.3	85.9	7.7	14.1
전기기계기구	86	126	1	3	87	129	97.5	76.4	2.5	23.6
수송용	528	613	3	1	531	614	88.8	98.6	11.2	1.4

기계기구 기타	296	311	1	1	297	312	99.1	99.3	0.9	0.7
합 계	12,856 (99.1)	15,067 (99.1)	115 (0.2)	137 (0.9)	12,971 (100.0)	15,204 (100.0)	66.9	66.4	33.1	33.6

주: ① 중소기업은 종업원 규모 5~199인, 대기업은 200인 이상임.
　　② 괄호 안 수치는 구성비임.
　　③ 부가가치액은 구성비임.
자료: 상공부·한국산업은행,《광업 및 제조업 사업체 조사 종합보고서》

[표-11] 규모별·연도별·부문별 공업구조(부가가치 기준)　　（단위: %）

규 모	연 도	소비재공업	생산재공업
중 소 기 업	1958	63.7	36.3
	1960	64.2	35.8
대 기 업	1958	76.3	23.7
	1960	76.6	23.4
전　제조업	1958	67.7	32.3
	1960	68.2	31.8

주: 소비재공업은 제조업 산업 중분류 20~29, 생산재공업은 30~39의 업종의 부가가치 기준으로 작성하였음.
자료: 상공부·한국산업은행,《광업 및 제조사업체조사 종합보고서》

　　표-12는 중소기업의 업종별 생산 형태를 본 것이다. 중소기업과 대기업의 계열화 현상은 거의 진전되지 않고 있으며(하청생산, 5.0%) 주로 시장생산(43.3%)과 주문생산(51.7%)에 의존하고 있다. 이것은 이 시기 중소기업이 판매를 실현하는 유통체계의 특징과 관련된 것으로 보인다. 대기업은 그 생산체계의 근대성 때문에 자본주의의 경제논리를 요구한다. 이러한 경제논리가 적응할 수 있는 조건과 계층은 '50년대 공업화 과정에서, 특히 도시에서 형성되었을 것으로 추정된다. 섬유공업의 예를 보면 '50년대 후반의 정체기에 그 타개책으로 도시소비자 지향 제품으로 생산 품목을 전환하였고, 나아가 수출지향의 움직임을 보였다.[14]

---

14) 면공업에서 수출지향 움직임으로는 이미 1955년의 벨기에 국제박람회 대표 파견, 1956년에 호주 세계박람회 출품이 있었고, 직접적 수출 대상 지역으로는 동남아시아를 설정하였다. 1957년에 상공부의 수출 5개년 계획 작성에 이어 실제 수출은 1957년부터 시작되었다. 이러한 불황의 타개책은 모직물 공업에서도

그러나 더 광범한 농촌시장을 중심으로 한 일반대중의 시장은 재래시장(상설 시장과 정기시장)을 축으로 전개되었고, 여기에는 근대적 가격체계와는 다른 가격 체계를 가진 경제원리가 작용하고 있었다. 이러한 시장에서 활동하는 상인들은 중소기업과 긴밀하게 관계하고 있어서 중소기업은 광범한 대중의 경제와 결합 하고 있었다. 중소기업의 주문생산 비율의 크기는 이와 같은 형태의 국내 시장 과의 결합을 반영한다고 볼 수 있다. 곧 '50년대 한국 공업은 대기업을 축으로 하여 근대적 도시형 유통체계를 가진 시장권과 중소기업을 축으로 한 전근대적 (전통적) 농촌형의 유통체계를 가진 시장권이라는 이중구조의 시장체계를 바탕으 로 하고 있었다. 해방 뒤 지역적 시장에 바탕을 두고 생성·전개된 중소기업이 특혜적 지원으로 성장한 대기업에 압도되었지만, 그 생산의 지역적 성격에 상응 하여 국내시장의 존립 기반을 유지할 수 있었으며, 이것이 대기업의 계열화·하 청화의 요구가 소극적이었던 요인인 것으로 생각된다.

[표-12] 중소기업 업종별 생산 형태(1963년 1월~9월)　　(단위: %)

업　종	시장생산	주문생산	하청생산	계
식료품 및 음료품	56.8	43.2	—	100.0
섬 유 공 업	48.2	37.6	14.2	100.0
신발·의류 및 장신구	28.4	71.7	—	100.0
종이 및 그제품	23.5	72.5	—	100.0
피혁 및 피혁제품	11.7	88.3	—	100.0
화 학 공 업	68.5	31.5	—	100.0
유리 및 토석제품	5.0	91.7	3.3	100.0
금 속 제 품	40.8	58.2	1.0	100.0
기　　계	42.9	45.5	11.6	100.0

동남아시아를 대상으로 한 수출지향이 전개되었고, 1960년대에 들어서면서 그 결실을 보게 되었다.

전 기 기 기	95.8	4.2	—	100.0
수송용기기	40.6	38.6	20.8	100.0
기 타	54.7	40.0	5.3	100.0
평 균	43.3	51.7	5.0	100.0

주: 하청생산은 중소기업의 총출하액 가운데 차지하는 하청관계를 맺고 있는 기업에 대한 출하액의 비중을 나타냄.
자료: ① 한국생산성본부
② 황병준, 《한국의 공업경제》, 고려대학교 아세아문제연구소, 1966, 195쪽

　한편 기업 경영의 측면에서 우선 규모별 자본구성을 비교한 것이 표-13의 내용이다. 자본구성에서 대기업의 타인자본 의존도가 중소기업보다 훨씬 높은데 그것은 대기업에 재정금융상의 특혜가 집중된 결과로 보인다. 그리고 자산구성에서는 1960년대 대기업과 중소기업의 유동자산 비율은 43.7% 대 51.7%로 중소기업의 유동자산비율이 대기업보다 높다. 이와 달리 고정자산 비율은 각각 54.0% 대 46.2%로 대기업이 중소기업보다 높다. 이것은 지불 능력인 유동성 수준을 말하는 것으로 대기업이 중소기업보다 지불 능력이 약한 것을 의미하며, 그것은 대기업의 타인자본 의존도가 높은 결과와 관련이 있다. 이러한 점은 재무비율의 분석에서도 같은 결과를 보여 주고 있으며 수익 및 비용구성에서도 중소기업은 대기업보다 건실한 경영을 한 것으로 분석되었다.[15]

[표-13] 규모별 기업의 자본구성 추이　　(단위: %)

	1960			1961	1962		
	계	중소기업	대기업		계	중소기업	대기업
타인자본	70.5	54.0	73.5	57.6	60.5	47.2	62.0
유동자본	40.4	40.6	40.3	35.8	42.7	35.6	43.4
고정부채	30.0	13.4	32.1	21.9	17.9	11.2	18.6

15) 한국은행, 《기업경영분석》, 1962.(김대환, 〈1950년대 한국경제의 연구〉, 《1950年代의 認識》, 한길사, 1980, 230‑231쪽 참조)

자기자본	29.5	46.1	27.5	42.4	39.5	52.8	38.0
자본금	18.0	33.2	16.2	26.1	23.4	33.4	22.3
잉여금	11.5	12.8	11.4	16.3	16.1	19.5	15.7

자료: ① 한국은행, 《기업경영분석》, 1962.
② 한길사, 《1950年代의 認識》, 1981, 229쪽.

3. 종속적 자본주의의 위기와 중소기업 문제

'50년대 종속적 자본주의는 내부적으로 성장의 동인을 형성하기도 하였지만 관료독점자본체제[16]가 지닌 관료 의존성과 경제원조의 의존성이라는 점에서 중대한 한계를 지니고 있었고, 결국 종속적 자본주의는 '50년대 후반에 위기에 봉착하였다. 첫째, 원자재의 원조와 생산설비의 수입은 국내적으로 사회적 분업의 전개와 시장의 확대를 제약하였다. 잉여농산물 원조가 농민의 구매력을 정체시킨 것과 달리 원조 물자의 특혜적 배정을 받기 위한 생산설비의 확장 투자는 면방, 소모방, 제분 등 산업에서 과잉생산 문제를 일으켰다. 둘째, 1957년을 정점으로 무상 원조가 유상 차관으로 바뀌어 감에 따라 원조를 매개로 하는 경제 운용이 지장을 받았고 1959에서 1960년 사이에 심각한 불황이 초래되었다.

귀속재산 불하, 미국 원조의 특혜적 배정과 재정금융의 편중적 지원으로 소비재 중심의 성장을 한 대표적인 사례가 이른바 삼백공업三白工業이었다. 원조 받은 원면, 원맥, 원당의 가공업인 면공업, 제분공업, 제당공업은 그 시설을 귀속기업체의 불하로부터, 원료는 원조 물자로부터, 그리고 기업 자금은 대충자금으로부터 지원받아 그 자본을 축적하였다. 이들에 대한 원조 물자와 달러의 공정환율 배정 및 저금리 융자는 엄청난 특혜였으며 여기에 저곡가 및 유휴 노동력을 바

---

16) 관료자본제(bureaucratic capitalism)라는 개념은 중국의 청조 말기 아편전쟁 이후에 양무운동洋務運動 과정에서 국가재정 자금을 투자하여 기업을 자기 소유로 만들고 관독상판官督商瓣의 형태로 기업을 경영하면서, 그들의 사익을 증식시켜 주는 기업가를 위해 국가경제정책이 시행된 역사 상황으로부터 나온 개념이다. 한편 관료독점자본은 근대사회의 전통적인 자본주의 발전의 단계로서 독점자본의 개념이 아니고, 한국에서 1950년대에 독재정권 아래에서 재정수단과 원조자금을 두 지주支柱로 하고 여기에 관료의 비호 아래 형성된 독점자본을 말한다. 경제사에서 볼 수 있는 초기독점의 특성에 가깝다.

탕으로 하는 저임금은 이들의 자본축적의 원천이었다. 이러한 특혜적 지원 속에 성장한 대기업은 독점화와 경제력 집중을 진전시켰기 때문에 그 독점성은 국가의 지원에 근원이 있었다.

이들 대기업이 1959과 1960년 사이에 심각한 불황에 직면한 배경은 무상 원조 삭감, 구매력과 생산력 사이의 불균형에 따른 과잉생산의 문제 등이 주요 요인이었으나 정책적으로는 공정환율의 인상·조정도 큰 요인이 되었다.

1950년대 후반기에 경제불황[17]을 맞아 중소기업 문제는 더욱 심각하게 제기되었는데, 그 근본적인 원인은 '50년대 관료독점자본의 축적과 공업화 과정에서 만들어진 구조적 모순의 결과였다. 독점자본과 대기업이 진출 분야를 확대하면서 중소기업은 이들과 경쟁하게 되었다. 또한 관료독점자본의 형성에도 중소기업은 1950년대 말까지 대부분의 업종에서 우위를 차지하였지만, 중소기업 분야에서 군생群生하는 중소영세기업은 그들 사이에 과도한 경쟁競爭을 전개하면서 중소기업 문제가 구체화되었다.

중소기업은 생산성에서 대기업과 큰 격차를 보이면서 존립 기반이 위축되어 갔다(표-14). 현저한 생산성 격차는 대기업과 중소기업 사이에 단층을 만들었고 양자 사이에는 이중구조가 형성되었다. 이것은 대기업에 대한 재정금융의 지원에 따른 금융독점과 원조 물자를 중심으로 하는 각종 특혜가 주어지면서 독점적 대기업이 중소기업보다 결정적 우위를 갖게 된 데 따른 것이었다.

이처럼 관료독점자본이 성장·전개됨에 따라 이들과 경쟁관계에 있던 중소기업의 침체와 소멸은 필연적이었다. 그런 가운데 저임금 기반이 중소기업의 존립을 연장시켜 주었지만 안정적 존립을 보장하는 것은 아니었다. 이것은 독점적 대기업과 중소기업이 상호보완적이 아니라 대립적·단층적인 경우에 더욱 그러하였다. 그런 가운데서도 중소기업은 지역적 수요를 기반으로 대기업이 진출하지 않은 분야에서는 활력을 유지할 수 있었다.

---

17) 1950년대 후반의 불경기에 기업은 흡수·합병의 진행, 외국 기술의 흡수·소화나 자체 기술개발, 경영합리화 등의 노력을 하였으며 농촌구매력의 제약에 따른 국내시장 한계를 극복하고자 수출을 위한 노력을 개시하였다. 더욱이 무상 원조가 유상 차관으로 전환되면서 원리금 상환을 위해서도 해외시장 개척이 필요하였고, 이것은 '60년대 수출지향정책의 바탕이 되었다.

[표-14] 규모별 부가가치 구성·생산성·1인당 급여액   (단위: %, 천 환)

	1958			1960		
	부가가치 구성	부가가치 생산성	1인당 급여액	부가가치 구성	부가가치 생산성	1인당 급여액
5~9인	12.2	434.9	165.8	12.9	791.0	248.4
10~19	13.8	529.9	202.6	15.7	827.8	266.7
20~29	7.6	489.1	245.1	7.8	689.6	245.9
30~49	10.2	522.3	216.1	10.6	750.2	230.0
50~99	12.3	574.2	230.0	9.9	760.8	242.3
100~199	10.9	603.9	224.4	9.4	723.3	256.1
200~499	17.3	1011.2	296.8	15.8	1300.4	341.5
500인 이상	15.7	797.2	269.1	17.7	1176.8	339.4
합계	100.0	605.0 (58.1)	221.4 (72.3)	100.0	879.7 (62.1)	271.1 (73.3)
중소기업	67.0	521.2	204.0	66.5	764.5	249.3
대기업	33.0	896.7	282.0	33.5	1232.0	340.3

주: 괄호 안 수치는 중소기업의 비중임.
자료: 상공부·한국산업은행, 《광업 및 제조업사업체 종합보고서》, 1958 및 1960.

대기업과 중소기업의 대립적 단층 속에 중소기업의 위축·소멸현상은 대기업과 중소기업의 균형 있는 발전과 경제자립을 지향하는 주체성 있는 경제정책이 결여되고 외국 원조에 기생하는 안일한 정책을 추구하면서 더욱 심화될 수밖에 없었다. 그 결과는 국민경제의 자립적 재편성을 가능하게 할 잠재력을 지니면서 '50년대 공업화의 기반이었던 중소기업은 재기와 신생이 억제되고 새로 생성된 중소기업의 도산이 촉진될 뿐이었다.

제3절 높은 중소기업의 비중과 그 성장

1. 높은 중소기업 비중과 중소기업 문제

먼저 한국 중소기업은 국민경제에서 차지하는 비중이 매우 높다는 것이 특징이다. 2002년을 기준으로 조사한 결과(표-15)에 따르면 중소기업은 전 산업에 걸쳐 사업체 수에서 절대적으로 높은 비중을 차지하고 있을 뿐만 아니라, 종업원 구성에서도 높은 비중을 점하고 있다. 종업원 규모 1~4명의 영세기업을 포함한 통계로 보아 전 산업에서 중소기업(종업원 300인 미만)은 사업체 구성의 99.9%, 종업원 구성의 87.8%를, 제조업에서는 각각 99.8%와 79.4%라는 높은 비중을 차지하였다.

[표-15] 사업체·종업원 구성-규모별 (종업원 수: 명, 구성비: %)

| 규모(명) | 전 산업(A) | | | | 제조업(B) | | | |
| | 사업체 | | 종업원 | | 사업체 | | 종업원 | |
	사업체 수	구성비	종업원 수	구성비	사업체 수	구성비	종업원 수	구성비
1~4	2,635,372	84.2	4,086,365	32.9	219,442	65.7	473,430	14.0
5~9	281,309	9.0	1,776,285	12.2	54,094	16.2	354,660	10.4
10~19	119,272	3.8	1,582,599	10.8	31,268	9.4	416,623	12.3
20~49	65,799	2.1	1,954,794	13.4	19,776	5.9	593,284	17.5
50~99	18,926	0.6	1,285,580	8.8	5,574	1.7	380,979	11.2
100~299	8,811	0.2	1,417,803	9.7	2,974	0.9	475,062	14.0
300인 이상	2,474	0.1	1,784,896	12.2	793	0.2	698,827	20.6
중소기업					333,128	99.8	2,694,038	79.4

대기업					793	0.2	698,827	20.6
합계	3,131,963	100.0	·	100.0	333,921	100.0	3,392,865	100.0
제조업의 비중(B/A)						10.6		23.2

주: ① 통계청, 《2002년 기준 사업체기초 통계조사보고서》
　　② 기은경제연구소, 《주요국의 중소기업 관련 통계》, 2004. 9.

　　이런 가운데서도 산업체 수에서는 소영세기업이 높은 비중을 차지하고 있으며 종업원 수 구성에서도 소영세기업은 중요한 비중을 점하고 있다(표-16). 즉 중소기업의 비중이 높을 뿐만 아니라 소영세기업이 무시 못할 위치에 있는 것을 확인할 수 있다(표-17). 그러한 결과는 주요 산업별로 본 기업 규모별 통계자료에서도 알 수 있다(표-18). 이처럼 중소영세기업의 비중이 높다는 것은 국민경제의 발전에서 이들의 역할이 크다는 것을 말하며 이 가운데 소영세기업도 중요한 정책 인식의 대상이 되어야 한다는 것을 의미한다. 높은 비중을 차지하며 중요한 역할을 하는 중소기업을 경제자원으로 활용하는 것이 경제 발전의 지름길이기 때문이다. 이와 같은 긍정적인 작용은 자본축적과 고용 증대, 수출 증진 등 여러 측면에서 이루어진다.

[표-16] 사업체 종업원 구성비(2)　　　　　　(단위: %)

	전 산 업		제 조 업	
	사업체	종업원	사업체	종업원
영세기업	84.2	32.9	65.7	14.0
소 기 업	14.9	36.4	31.5	40.2
중 기 업	0.8	18.5	2.6	25.2
대 기 업	0.1	12.2	0.2	20.6
합　계	100.0	100.0	100.0	100.0

주: ① 기업규모 구분은 종업원 규모가 ⓐ 영세기업 1~4명, ⓑ 소기업 5~49명, ⓒ 중기업 50~299명, ⓓ 대기업 300명 이상을 기준으로 산출한 것임.
　　② 따라서 전산업의 경우 소영세기업의 범위가 건설업과 상업 기타 서비스업의 범위와 일치하지 않음을 유의할 필요가 있음.
자료: 표 15에서 작성.

[표-17] 주요 산업별 규모별 사업체 구성   (단위: 개, %)

	1~4명	5~9	10~19	20~49	50~99	100~299	300명 이상	합 계	구성비
전 산 업	2,635,372 (84.2)	281,309 (9.0)	119,271 (3.8)	65,799 (2.1)	18,926 (0.6)	8,811 (0.3)	2,474 (0.1)	3,131,962 (100.0)	100.0
제 조	219,442 (65.7)	54,094 (16.2)	31,268 (9.4)	19,776 (5.9)	5,574 (1.7)	2,974 (0.9)	793 (0.2)	333,921 (100.0)	10.7
건 설	43,442 (55.3)	18,440 (23.5)	10,138 (12.9)	4,961 (6.3)	997 (1.3)	495 (0.6)	109 (0.1)	78,582 (100.0)	2.5
도·소매	811,862 (90.3)	59,088 (6.6)	18,033 (2.0)	7,588 (0.8)	1,390 (0.2)	731 (0.1)	182 (0.0)	898,874 (100.0)	28.7
숙박·음식	572,711 (90.1)	50,049 (8.0)	9,425 (1.2)	2,781 (0.6)	392 (0.1)	102 (0.0)	37 (0.0)	635,497 (100.0)	20.3
운 수	291,677 (94.6)	7,585 (2.5)	4,090 (1.3)	2,562 (0.8)	1,054 (0.3)	1,230 (0.4)	155 (0.0)	308,353 (100.0)	9.8
교육서비스	76,633 (67.8)	17,157 (15.2)	7,882 (7.0)	6,113 (5.4)	4,567 (4.0)	521 (0.5)	136 (0.1)	113,009 (100.0)	3.6
기타공공개인서비스	311,104 (92.6)	16,749 (5.0)	5,577 (1.7)	2,292 (0.7)	299 (0.1)	108 (0.0)	8 (0.0)	336,137 (100.0)	10.7

주: ① 괄호 안 수치는 규모별 비중임.
   ② 구성비는 산업별 비중임.
   자료: 표 15와 같음.

[표-18] 주요 산업별 규모별 종업원 구성   (단위: 명, %)

	1~4명	5~9	10~19	20~49	50~99	100~299	300명 이상	합 계	구성비
전산업	4,806,365 (32.9)	1,776,285 (14.6)	1,582,599 (10.8)	1,954,794 (14.4)	1,285,580 (8.8)	1,417,803 (9.7)	1,784,896 (12.2)	14,608,322 (100.0)	100.0
제 조	473,430 (13.8)	354,660 (10.5)	416,623 (12.3)	593,284 (17.5)	380,979 (12.3)	475,062 (14.0)	698,827 (20.6)	3,392,865 (100.0)	23.0
건 설	93,669 (13.4)	120,548 (17.2)	134,310 (19.2)	143,024 (20.4)	66.236 (9.5)	79,103 (11.3)	63,372 (9.1)	700,262 (100.0)	4.8
도·소매	1,479,825 (55.6)	366,182 (14.0)	233,874 (8.9)	213,276 (8.2)	91,414 (3.5)	117,522 (4.5)	113,640 (4.3)	2,615,733 (100.0)	17.9
숙박·음식	1,163,222 (67.2)	303,077 (17.50)	121,089 (7.0)	78,101 (4.5)	25,768 (1.5)	16,406 (1.0)	22,673 (1.3)	1,730,334 (100.0)	11.8
운 수	321,910 (37.2)	48,567 (5.6)	54,281 (6.3)	76,782 (8.9)	75,054 (8.7)	197,754 (21.7)	89,988 (10.4)	864,336 (100.0)	5.9
교육서비스	155,583 (14.8)	108,343 (10.3)	106,932 (10.2)	199,090 (18.7)	309,980 (29.5)	74,670 (7.1)	95,311 (9.1)	1,049,909 (100.0)	7.2
기타공공 개인서비스	489,946 (6.3)	104,721 (13.5)	72,684 (9.4)	65,913 (8.5)	19,904 (2.6)	16,292 (2.1)	3,509 (0.5)	772,969 (100.0)	5.3

주: ① 괄호 안 수치는 규모별 비중임.
   ② 구성비는 산업별 비중임.
  자료: 표-15와 같음.

그러나 이러한 높은 비중의 중소기업이 전근대적인 정체 상태로 남아있는 한
그 역할은 한계가 있을 뿐만 아니라 국민경제의 근대화와 고도화에 제약 요인이
될 수 있다는 부정적 측면이 있다. 이에 전근대적, 정체적 중소기업의 근대화와
개발의 문제가 대두된다.

높은 비중의 중소기업이 지니는 두 가지 측면, 곧 긍정적 작용과 부정적 측면
은 중소기업 문제의 핵심이 되고 있다. 긍정적 역할을 높이면서 부정적 측면을
완화, 해소하는 이중二重의 중소기업 문제 의식이 형성되는 것이다. 이것은 중소
기업을 적극적인 정책 대상으로 만드는 이유이며 높은 비중이 가져오는 중소기
업 문제의 특징이기도 하다.

한편 중소기업 비중을 국제적으로 비교한 것이 표-19의 내용이다. 모든 나라
에서 중소기업의 비중이 높다는 것을 확인할 수 있다. 그러나 한국과 일본, 독일
은 미국과 영국에 견주어 중소기업의 비중이 더욱 높으며, 반대로 미국과 영국
에서는 중소기업의 비중이 상대적으로 낮다는 사실을 알 수 있다. 한국, 일본,
독일 등 전자는 중소기업의 비중이 높기 때문에 그 중요성을 인식하는 것이 문
제가 된다. 한편 미국, 영국 등 후자는 중소기업의 비중이 낮기 때문에 그 역할
을 제고하는 것이 문제가 되고 있다. 전자의 국가에서는 가용경제자원의 활용과
전근대성의 탈피가 중소기업 문제의 대상인데, 후자의 국가에서는 비중이 낮은
데서 오는 중소기업 역할의 감소가 문제로 되었다. 즉 산업조직과 시장기능을
활성화하기 위해 경쟁적 기능을 하는 중소기업의 역할을 높이는 것이 낮은 비중
의 중소기업을 중요한 것으로 인식하게 만들었다.

[표-19] 중소기업의 국제비교

	사업체 수(개)			종사자 수(천 명)		
	전체	중소기업		전체	중소기업	
			비중(%)			비중(%)
한국(2002)	110,356	109,681	99.4	2,696	2,076	77.0
일본(2001)	650,950	647,098	99.4	11,126	8,253	74.2

대만(2002)	138,288	133,684	96.7	2,563	2,035	79.4
미국(2001)	352,619	314,051	89.1	15,950	6,637	41.6
영국(2002)	298,425	296,325	99.3	3,834	2,024	52.8
독일(2000)	291,885	288,757	98.9	10,827	7,082	65.4

주: ① 중소제조업을 대상으로 하였음.
　② 한국은 종사자 수 5~299명 이하의 사업체.
　③ 일본은 종사자 수 300인 이하 또는 자본금 1억 엔 이하의 사업체.
　④ 대만은 납입자본금 8,000만 원 이하 또는 상시 종사자 200인 미만 사업체.
　⑤ 영국은 종사자 수 250인 미만인 기업체.
　⑥ 독일 중소기업은 종업원 수 1~499인 기업체를 대상으로 하였음.
자료: 기은경제연구소,《주요국의 중소기업관련 통계》, 2004. 9

　뒤늦은 근대화와 급속한 경제 발전을 위하여 위로부터의 식산진흥殖産振興적 개발정책을 추구하면서 선진자본주의를 따라잡아야 하는 후진자본주의의 중소기업 문제가 전자였다. 이들 국가는 고전적 자본주의 발전의 길에 따라 자본제화가 진행되지 못한 후진자본주의[18] 국가였다. 이들 국가에서는 소생산자형小生産者型과는 다른 지주·상인형地主商人型의 산업화(공업화)가 급격히 진전되었기 때문에 전통적 사회관계가 온존하면서 선진제국先進帝國의 외압外壓으로 산업구조의 왜곡이 정착되었다. 이런 경제사적 배경에서 형성된 중소기업 문제가 전자의 경우였다. 이에 대하여 후자는 소생산자형에 따라 고전적 자본주의 전개의 과정을 겪으면서 점진적으로 자본제화가 진전되었기 때문에 후진자본주의에서와 같은 구조적 특징이 크게 형성되지 않았다.

　그렇지만 중소기업의 비중이 높은 전자의 국가에서나 낮은 후자의 국가에서나 다 같이 중소기업을 중요하게 인식하고 있다. 다만 전자에서는 구조론적 인식이 주된 흐름이었던 것과 달리, 후자에서는 산업조직론적 인식이 지배적이었던 것이 초기의 추세였다. 그러나 전자의 국가에서도 점차 경제구조가 고도화되면서 후자의 흐름으로 바뀌는 경향에 있다.[19]

---

18) 大塚久雄,《後進資本主義の展開過程》, アジア経済研究所, 1973, p.10.
19) 한국처럼 식민지 지배를 받았던 후진자본주의에서는 그렇지 않은 일본, 독일 등과 같은 후진자본주의(후발 선진자본주의)와는 다른 특성의 중소기업 문제 의식이 있음을 유의할 필요가 있다.

2. 중소기업(제조업)의 성장과 기업 규모의 확대

한국경제는 국가주도의 계획적 개발이 시작되면서 1950년대의 저성장에서 고도성장기에 접어들었다. 1962년 이후 〈경제개발 5개년 계획〉이 추진되면서 한국경제는 양적 규모의 확대와 산업구조의 질적 변화를 이룩하였으며 중소기업도 국민경제의 성장과 유기적 관련 속에서 크게 성장·변화되었다. 한국경제의 높은 경제성장은 공업 부문의 고도성장이 주도한 것이었고, 그 결과 광공업의 비중이 높아지는 산업구조의 개선이 이루어졌다. 이러한 성장 성과는 대외지향적·외연적 확대 기조 아래의 공업화에 따른 것이었으며 그것은 공급 면에서 제조업의 발전과 수요 면에서의 수출신장에 주도된 것으로 볼 수 있다.

경제개발 초기에 대기업은 수입대체적 공업화 유형에 따라 기존의 중소기업 분야를 잠식하면서 그 존립 기초를 확립하였다. 그들은 중소기업과 상호보완적 분업관계에서가 아니라 경쟁적으로 존속하였다. 그 결과 중소기업은 경제성장 과정에서 대기업의 진출과 비례하여 정리·소멸되었지만 한편에서는 새로운 존립 기반 위에 신생·발전함으로써 총량 기준에서는 성장을 지속하였다.

표-20은 전 제조업과 중소제조업의 연평균 생산증가율을 나타낸 것이다. 우선 1967년부터 1991년까지 중소제조업의 생산증가율은 13.5%로서 전 제조업의 생산증가율 17.3%에는 미치지 못하였지만 높은 성장을 보여주었다. 전체적으로 보아 전 제조업과 중소제조업의 생산증가율 격차는 대기업에 견주어 중소기업의 상대적 생산 침체 또는 낮은 성장을 의미한다.

[표-20] 연평균 생산증가율   (단위: %)

	전 제조업	중소제조업
1967~1971	23.2	11.2
1972~1976	26.5	20.5

1977~1981	13.5	11.4
1982~1986	12.1	14.4
1987~1991	11.2	10.0
(1967~1991)	(17.3)	(13.5)
1992~1993	5.1	4.1
2000~2003	7.7	7.1

주: 생산지수의 증가율임.
자료: 통계청 및 기업은행.

그 뒤 점차 둘 사이의 격차가 줄어들었음을 알 수 있다. 그렇지만 대기업과 중소기업 사이의 성장 격차는 중소기업이 규모의 경제를 실현하는 데 성장의 제약을 받는다는 사실 이외에도 경제개발 과정에서 대기업에 대한 우선적 지원, 대기업의 중소기업 분야의 침식, 중소기업의 예속적 지배 등의 요인이 겹쳐 발생한 결과였다.

한국경제의 높은 성장은 경영전략 면에서는 양산체제를 지향하는 과정이었다. 생산규모의 확대에 따라 평균 생산비가 체감된다는 대규모 경제의 법칙law of economics of production on a large scale을 바탕으로 하는 양산체제는 바로 국민경제의 능률 제고를 위한 전략으로 이해되었다. 이 과정에서 중소기업도 규모이익을 추구하여 규모 확대 경향을 보였지만 대기업과의 격차를 해소할 만큼 충분한 것은 아니었다. 중소기업과 대기업 사이의 이중구조 해소와 중소기업의 적정규모화 및 중견규모화 추진 등 중소기업 근대화의 방향도 중소기업의 능률 제고를 목표로 하는 것이며 능률적 경영 단위를 실현하기 위한 양산체제의 지향을 의미한다. 그 결과 기업 규모는 전반적으로 크게 확대되었다.

3. 개방체제와 수출중소기업의 성장

개방경제체제 아래 중소기업의 수출을 증진시키고 대외분업관계를 증대시키는 것은 세계 자본주의체제와 중소기업의 관련을 높이는 것이었다. 개방경제체제는 구체적으로 제품의 시장, 원재료 등 소재의 공급, 자본의 조달과 나아가 기업의 대외 진출 등 여러 측면을 지닌다. 이들 여러 측면의 대외 관련을 높이면서 경제개발을 이루고자 한 것이 한국경제의 대외지향적 성장 전략이었다.

1960년대 이후 한국경제의 개발은 공업 생산력의 가속적 발전을 위하여 대외지향적 개방경제체제를 추구하였는데, 이는 경제개발에 필요한 자본축적과 부존자원 및 수요 기반이 취약하다는 인식을 바탕으로 한 것이었다. 기술주의적 관점에서 공업화를 달성하기 위하여 이들 제약 요인을 극복하기 위한 성장 전략은 국민경제를 개방경제체제로 전환하게 하였다. 초기에는 수입대체산업의 육성에 중점을 두기도 했으나 점차로 수출주도적 개발export-led development로 전환하였고, 수입대체산업의 경쟁력을 배양하여 그것이 비교우위를 확보하면 수출산업으로 전환시키는 정책[20]이었지만 한국경제가 반드시 그렇게 전개된 것은 아니었다.

개방경제체제는 이에 더하여 수입자유화, 외국 차관과 직접투자 유치 등 적극적 외자 도입 및 자유로운 외환거래로 더욱 구체화되었다. 이러한 정책 기조는 새로운 국제분업체계의 형성 추이에 들어맞는 것이었으며 그 결과는 국내 분업체계의 심화보다는 국민경제를 국제적 분업체계의 일환으로 편입시키도록 하였다.

이때 정책의 중점은 기존의 국내 산업을 수출산업으로 전환하고 새로운 가공형 수출산업을 이식移植하는 등 수출산업 육성을 당면의 과제로 삼는 수출제일주의에 놓이게 되었다. 그래서 수출이 비약적으로 신장되었고 한국경제는 개방체제로 전환되었다. 더욱이 공업 부문에서는 국제시장에서 비교우위를 누릴 수 있는 노동집약산업의 수출산업화를 우선적으로 추진하였으며 이는 중소기업을 수출산업으로 개편하는 전환점을 만들었다.

---

20) 전형적 모델은 안행적 산업발전형태론雁行的 産業發展形態論에서 찾을 수 있다.(小島淸, 《日本貿易と經濟發展》, 國之書房, 1960, pp.215~223)

수출 증진과 수입 원자재 도입 추진 및 수입 자유화 확대, 외국차관과 직접투사 등 외국자본 도입의 적극화를 포괄하는 개방경제체제는 중소기업 육성 방향에도 그대로 적용되었다.

그 결과 중소기업 판매액 가운데 수출액의 비중이 높아졌고 외국산 원자재의 사용 비율도 높아져 1980년대 중반에는 거의 30%에 이르게 되었다. 또한 외자 도입도 활발해지면서 중소기업의 대외 관련, 즉 세계 자본주의체제와의 관련이 깊어졌다. 더욱이 중소기업 제품의 수출은 크게 신장하여 총 수출액 중 차지하는 비율도 40%에 이르게 되었다.(표-21) 수출률(출하액 중 수출액 비중)도 1980년대 중반에는 29.7%(표-22)선에 이르게 되었는데 이는 중소기업이 수출산업으로 적극적인 역할을 하였음을 말해 준다.

[표-21] 중소기업 제품의 수출 추이   (단위: 백만 달러)

	총 수출(A)	중소기업 제품(B)	B/A(%)
1963	84.4	15.7	18.6
1965	180.5	41.6	23.0
1970	1,003.8	322.9	32.2
1975	5,427.4	1,871.5	34.5
1980	17,504.9	5,623.9	32.1
1983	24,222.5	4,894.1	20.2
1987	47,280.9	17,812.3	37.7
1990	65,016.0	27,382.0	42.1
1992	76,631.0	30,676.0	40.0
1995	125,057.0	49,474.0	39.6
2000	172,268.0	63,509.0	36.9
2003	193,817.0	81,699.0	42.2
2008	422,010.0	130,520.0	30.9
2012	547,869.8	102,872.0	18.8
		(72,826.3)	(13.3)

주: 괄호 안 수치는 중견기업 수출실적 및 구성비임.
자료: ① 중소기업협동조합중앙회.
      ② 표-19와 같음.

[표-22] 중소기업 제품의 수출 비율 추이(업종별)   (단위: %)

	1970	1975	1980	1986	1991
음 · 식 료 품	4.5	11.7	9.7	13.5	9.4
섬 유 · 의 복 · 가 죽 공 업	30.1	47.1	56.9	57.2	37.8
제 재 · 나 무 제 품 · 가 구	3.2	6.8	6.9	7.6	1.9
종 이 · 종 이 제 품 · 인 쇄 · 출 판	1.8	7.7	7.7	8.8	3.8
화학·석유·석탄·고무·플라스틱	0.6	6.8	9.4	16.7	14.1
비 철 금 속 광 물 제 품	2.5	16.3	12.1	5.9	4.5
제 1 차 금 속 · 금 속 제 품	6.0	10.4	14.8	25.2	12.0
기 계 · 장 비	10.0	9.5	21.7	32.6	18.9
기 타	25.7	66.2	59.2	70.3	45.1
제 조 업	9.1	19.6	23.8	29.7	18.8

자료: 상공부·중소기업은행·중소기업협동조합중앙회,《中小企業實態調查報告》

　이와 같은 중소기업 제품의 수출은 수출주도형 경제개발에 크게 이바지하였다. 그러나 우리나라의 수출산업은 국내 생산력에 기반한 분업관계를 갖고 있기보다는 외국의 원료를 수입하여 그것을 가공 수출하는 가공무역 형태로 이루어졌기 때문에, 그것이 국내의 다른 산업에 주는 파급효과가 높지 않았다. 막대한 규모의 외자를 도입하고 정부의 정책적 지원 아래 형성된 공업구조와 수출산업 구조는 많은 원자재와 시설재를 수입하는 데 의존하는 가공수출체제였다. 그렇기 때문에 공업 부문 상호 간에 유기적 관련 관계가 결여된 약점을 지니고 있었다. 외화가득률이 높지 않은 사실도 이를 증명했다.

또한 가공무역이 주도하는 산업구조 아래에서는 원자재 및 부품 공급 산업 등 관련 산업이 충분히 발달하지 못하였다. 그 결과 경제가 양적으로 성장해도 수입 유발효과 때문에 수입구성은 수출용 원자재를 비롯한 원재료와 기계류 수입 증가에 따른 자본재가 큰 비중을 차지하고 있었으며, 이에 수출용 원자재의 비중은 지속적으로 높을 수밖에 없었고 국제수지 악화에도 압박 요인으로 작용하였다.

수출주도형 경제개발이 성공하기 위한 조건으로는 대체로 다음과 같은 것들이 제시되고 있다.[21]

① 수출 부문의 성장률이 보다 높을 것

② 고용 및 개인소득에 대한 수출 부문의 직접적 효과가 더욱 클 것

③ 수출의 신장이 생산성 향상과 새로운 기능의 배양에 더욱 큰 습득효과(習得效果, learning effect)를 가질 것

④ 수출 부문에 필요한 물자로는 수입품보다 국내 생산 투입물이 더욱 많이 공급될 것

⑤ 수출소득이 수입품보다는 국내 생산물에 대한 소비성향이 높은 사람들에게 더욱 많이 분배될 것

⑥ 수출소득으로부터 오는 투자가 더욱 생산적일 것

⑦ 수출 부문과 관련 있는 외부경제성 및 연관성이 더욱 광범할 것

⑧ 국내에 유보되는 수출수익이 보다 안정적일 것

---

21) Gerald M. Meier, "Conditions of Export-led Development", *Leading Issues in Economic Development*, Oxford Univ. Press, 1976(3rd ed.), pp.717~723.

　　이러한 조건이 충족될 때 수출산업이 경제개발에 크게 이바지하고 또 경제개
발을 성공적으로 주도할 수 있다고 보는 것이다. 수출중소기업은 노동집약적이
며 외국산 부분품 및 원재료 사용비율이 대기업보다 낮으면서도 외화가득률이
더욱 높다[22]는 점에서 볼 때 위에 제시된 조건을 대기업보다는 더욱 충족시킨다
고 볼 수 있다.

---

22) 예컨대 중소제조업의 외화가득률은 82.1%에 이르고 있다는 보고서도 있다.(상공자원부·중소기업협동조합
　　중앙회, 《중소기업실태조사보고(전국편)》, 1992, 241쪽)

제4절 중소기업 비중과 구조의 변화

1. 중소기업(제조업) 비중의 변화와 계층분화

생산지표로 보면 중소기업은 현저히 성장하였지만 국민경제 속에서 중소기업은 경제개발 과정에서 특히 초기에 비중이 크게 낮아졌는데, 이것은 대기업의 높은 성장과 중소기업의 낮은 성장의 결과였다. 중소기업의 비중 저하는 대기업 또는 독과점 기업이 대외적 분업을 주도하면서 재정 금융상의 특혜와 외국자본의 도입을 바탕으로 자본을 축적하고 그들의 경제력을 집중하는 가운데 이루어졌다. 사업체 수, 종업원 수, 부가가치 등 여러 측면에서 중소기업은 대기업에 견주어 비중이 감소했을 뿐만 아니라, 이러한 과정은 중소기업 내부에서도 계층 사이 분화와 수많은 중소기업의 도산과 신설이 병행하면서 진행되었다.

1960년대 계획적 개발 이후 2000년대에 걸친 기간에 중소기업 제조업의 비중은 경제개발 초기에 견주어 추세적 기복은 있었지만 대체로 감소 추세였다가 1990년대 이후 다소 회복 경향을 보였다.(표-23) 기업 계층별로 보면, 종업원 규모 49인 이하의 소기업의 비중이 감소하였지만 50인 이상의 중기업의 구성비는 증가하였고, 특히 대기업의 비중이 증가하여 기업 규모의 전반적인 증대와 동시에 중소기업의 상층분해上層分解 현상을 나타내었다. 1960년에 94.5%를 차지했던 소기업 사업체 수 비중은 1985년에는 80.9%로 감소하였고, 이 기간에 9인 이하의 사업체 수는 55.4%에서 32.0%로 그 비중이 크게 감소하였다. 그러나 1992년과 2002년에는 소기업 사업체 수의 비중이 각각 87.7%와 92.2%로, 9인 이하 사업체 비중도 각각 36.3%와 49.7%로 되는 등 1980년대 중반 이후 증가하는 추세

를 보였다.(표-24)

이러한 경향은 사업체 수에서 뿐만 아니라 종업원 비중이나 부가가치 비중에서도 동일하였는데, 더욱이 1980년대 중반 이후 뚜렷한 추세였으며 결과적으로 중소기업의 비중을 높여 주었다.

[표-23] 중소기업 비중 추이-제조업 　　　(단위: %)

연도	사업체 수	종업원 수	부가가치
1963	98.7	66.4	52.8
1967	98.2	58.8	39.3
1970	97.1	49.0	28.5
1975	96.2	45.7	31.7
1980	96.6	49.6	35.2
1985	97.5	56.1	37.6
1990	98.3	61.7	44.3
1995	99.0	68.9	46.3
1999	99.2	73.0	48.3
2002	99.4	77.0	51.9
2004	99.4	75.7	52.8
2006	99.1	75.9	51.1

자료: ① 1963~1970년은 중소기업을 종업원 수 5~200명 미만의 사업체로 하였음.
　　　② 1975년 이후에는 중소기업을 종업원 수 5~300명 미만의 사업체로 하였음.
자료: ① 1963~1968년, 한국산업은행,《광공업 통계조사 보고서》각 연도 자료.
　　　② 1969년 이후, 통계청,《광공업 통계조사 보고서》각 연도 자료.

[표 24] 규모별 비중 추이—제조업   (단위: %)

규모	사업체 수					종업원 수					부가가치액				
	1960	1979	1985	1992	2002	1960	1979	1985	1992	2002	1960	1979	1985	1992	2002
5~9	55.4	37.9	32.0	36.3	49.7	14.3	3.6	3.9	6.5	12.9	12.9	1.9	1.5	3.0	5.2
10~19	25.9	21.4	25.9	28.6	25.9	16.6	4.5	6.4	10.3	14.2	15.7	2.6	3.0	5.4	7.1
20~49	13.2	20.2	23.0	22.8	16.6	22.3	9.7	13.1	18.6	20.5	18.4	6.2	7.2	11.5	12.0
소기업	94.5	79.5	80.9	87.7	92.2	53.2	17.8	23.4	35.4	47.6	47.0	10.7	11.7	19.9	24.3
50~99	3.1	9.0	9.7	7.0	4.7	11.4	9.6	12.3	12.9	13.2	9.9	7.4	8.2	9.9	10.2
100~199	1.5	5.8	5.1	3.0	2.0	11.4	12.3	12.8	11.1	11.2	9.4	10.4	10.3	10.9	11.2
200~299	0.7	2.2	1.7	0.9	0.5	10.7	8.1	7.6	6.4	5.0	15.8	7.2	7.3	6.9	6.2
중기업	5.3	17.0	16.5	10.9	7.2	33.5	30.0	32.7	30.4	29.4	35.1	25.0	25.8	27.7	27.6
300~499	0.2	0.5	1.1	0.6	0.3	13.2	8.9	7.6	6.2	5.1	17.7	9.9	9.1	7.5	7.9
500 이상		2.0	1.4	0.8	0.3		43.5	36.2	27.9	17.9		54.4	53.1	44.9	40.2
계	100.0	100.0	100.0	100.0	100.0	100.0	100.0	100.0	100.0	100.0	100.0	100.0	100.0	100.0	100.0
중소기업	99.1	96.5 (94.3)	97.5 (95.8)	98.6 (97.7)	99.4	76.1	52.4 (39.5)	56.2 (48.6)	65.9 (59.5)	77.0	66.5	35.7 (38.5)	37.8 (30.5)	47.6 (40.6)	51.9
대기업	0.9	3.5	2.5	1.4	0.6	23.9	47.6	43.8	34.1	23.0	33.5	64.3	62.2	52.4	48.1

주: ① 괄호 안 숫자는 종업원 규모 200명 이하를 기준으로 할 때의 비율임.
   ② 1960년의 중소기업 범위는 종업원 규모 200명 이하, 1979년 이후의 것은 300명
      이하가 기준인데 이는 실정법상 범위의 확대에 기인함.
   자료: 산업은행 및 경제기획원, 통계청, 《광공업통계조사보고서》

중소기업의 비중감소와 상향적 계층분화는 경제개발의 방향이 양산체제와 규모이익을 추구하여 기업의 근대화를 이루려는 데서 온 것이었고, 경제 환경의 변화에 중소기업이 민첩하게 적응한 결과로 해석할 수 있다. 또한 산업구조가 고도화되면서 소기업을 포함한 중소기업의 전반적인 존립 영역이 확대·다양화하면서 중소기업의 비중이 증가하는 추세를 보이기도 하였다. 그러나 경제의 고도성장 과정이 자본, 기술, 시장 면에서 대외 종속 및 대외 관련의 심화 등과 경제력집중을 통한 독점적 지배력의 강화, 저임금 기반의 지속 등 구조적 모순을 동반하면서 중소기업은 몰락·도태와 신설의 구조변화 속에서 진행되었음이 지적될 수 있다.

중소기업이 경제 환경의 변화에 적응력이 강하다는 것은 중소기업의 신설률新設率이 높으면서도 도산율倒産率이 높아 다산다사를 그 특징으로 지닌다는 것을 뜻한다. 그렇기 때문에 산업화가 급격히 진행되고 구조가 고도화되는 구조변동기構造變動期에는 다음과 같은 특징이 나타나게 된다.[23]

① 중소기업 수의 현격한 증가
② 중소기업의 교체의 확대(사회적 회전율의 증가)
③ 중소기업 경영자의 세대교체의 진전
④ 중소기업들 사이의 규모 격차의 확대
⑤ 새로운 유형의 고생산성 중소기업의 증가와 성장

결국 경제가 동태적으로 발전하는 과정에서는 구조 변동이나 기술 변화에 적응하지 못하는 중소기업은 도태되고 새로운 유형의 중소기업이 증가하며 동시에 신구 중소기업의 교체는 기업가의 세대교체를 수반하게 된다. 그러나 한국경제의 경우 도산되는 구형 중소기업은 고유 기술과 지역적 수요에 기반을 둔 자생적인 것이었으며, 신형 중소기업은 수출산업이나 수입원자재 가공 또는 외국

---

23) 淸成忠南,《日本中小企業の構造變動》, 新評論, 1972, pp.230~231.

자본과 기술에 의존하거나 대기업과 하청·계열관계를 맺은 것 등이었음을 유의
할 필요가 있다.

중소기업의 비중 변화와 계층 분화는 다음과 같은 구조 변화의 특징 속에서
진행된 것이었다.

① 독과점 외자기업과 경쟁적 대립 속에서 자생적 중소기업의 도태
② 외국자본 또는 외자관련 대기업의 하청·계열기업으로 중소기업의 존립 형태의
    변화
③ 개방경제체제 속에서 수출 경기에 따른 수출산업 등 대외분업 지향적 중소기업
    의 성장
④ 독과점 대기업의 지배력이 미치지 못하는 분야 및 저임금 노동이 활용 가능한
    분야에서 중소기업의 존립
⑤ 새로운 수요 유형, 즉 소득수준의 상승에 따른 수요 패턴의 다양화, 선진화 또는
    종속화에 적응하는 중소기업의 존립 등

이런 특징 속에서 중소기업의 비중과 구조는 변화하였다. 중소기업은 생산,
고용, 수출 등의 여러 측면에서 중요한 역할을 한다. 그뿐만 아니라 지역 경제의
발전을 촉진하고 경쟁의 주체로서 기업들 사이의 경쟁을 촉진시켜 국민경제에
활력을 불어넣는다. 또 신제품을 개발하거나 새로운 산업의 형성기반이 되고 기
업가적 재능을 가진 사람에게 창업의 기회를 제공, 자립정신을 발휘하게 하여
국민경제의 안정적 기반이 된다. 대기업과는 상호보완적 하청·계열관계를 형성
하여 사회적 분업의 이익을 실현시키고 자본축적의 기초를 마련하는 것도 중소
기업의 역할이다. 또한 개발도상경제에서는 자립경제 구조의 생산력 기반이 될
수 있는 것도 바로 중소기업이다.

독과점 대기업이 지배적인 한국경제에서 이러한 중소기업의 역할은 조금씩
약화되고 있다. 수출주도의 경제순환에서도 국민경제의 저변을 형성하고 안정적

성장의 기반이 되는 것이 중소기업인 것이다. 중소기업의 비중 저하가 국민경제의 고도화와 규모이익이 실현되면서 발생하는 당연하면서도 바람직한 결과가 아님을 유의할 필요가 있다.

2. 소영세기업의 증가와 혁신형 중소기업의 출현

한국 중소기업은 대체로 높은 비중을 유지하면서도 그 내용은 경제개발 과정에서 기복을 보였다. 1960년대 이후 정부주도 경제개발이 대기업 중심으로 진행되면서 초기의 높았던 비중이 점차 감소하는 추세를 보였다. 60년대 말에서 70년대에 중화학공업의 개발이 진행되면서 중소기업은 상대적으로 낮은 비중을 지속하였다. 규모의 경제와 양산체제를 지향하면서 대기업이 크게 발달한 결과였다.

그러나 이러한 중소기업의 상대적 침체 경향은 80년대 중반 이후 반전되었고, 중소기업의 비중은 점차 높아지는 경향을 보였다. 중화학 공업이 성숙하고 조립가공업이 발달하면서 하청계열관계가 확대되고 그것이 중소기업의 존립 영역을 넓힌 것이다. 거기에 수요의 다양화와 다품종 소량생산체제가 진전되면서 중소기업의 존립기반이 늘어난 것도 그 원인이다.

정책적으로 1980년대에 들어와서 〈중소기업기본법〉을 개정하여 소기업의 범위를 별도로 규정, 소영세규모 기업에 대한 지원체제의 법적 기초를 마련하였다.(1982.12.31.) 여기에 발전 가능성이 높은 신규창업 사업체 등 유망 중소기업을 발굴, 지원하는 정책도 시행되었다.(1983) 또한 〈중소기업창업지원법〉을 제정하였다.(1986) 산업사회의 변화와 함께 이러한 정책적 뒷받침이 중소영세기업의 활발한 창업과 그 비중 증가에 긍정적 작용을 한 것으로 보인다.

한편 기업규모별 비중의 변화에서는 다음과 같은 특징이 발견된다. 1980년대 중반까지는 대기업의 비중이 늘어나면서 전반적인 기업규모 증대와 동시에 중소기업의 상층분화 현상이 뚜렷하였다. 그러나 1980년대 중반 이후에는 소영세기업의 비중, 특히 영세규모 기업의 비중이 눈에 띄게 증가하는 추세를 보였다. 이것이 80년대 중반 이후 중소기업 비중 증가의 특징을 설명해 주고 있었다.

경제가 고도로 성장하고 산업구조가 고도화되면서 여러 분야에서 많은 소영세기업 신설이 증가하는 현상에 대하여 두 가지 견해가 있다.

첫째, 소영세기업의 현저한 증가는 이전과 마찬가지로 저임금 노동에 의존하는 전근대적 기업의 증가이며, 이전보다 큰 대기업과 중소기업 사이의 임금 및 부가가치 생산성의 격차를 나타내는 이중구조의 확대 강화라는 견해이다.[24]

둘째, 노동력 부족에 수반하여 고임금 경제로 이행하는 과정에서 이중구조가 해소된 것은 아니지만, 소영세기업의 증가를 지금까지와 같은 특성으로만 설명할 수 없다는 것이다. 즉 새로운 특성을 가진 소영세기업이 신설 창업된다는 것이다. 새로 창업하는 많은 기업은 높은 생산성을 실현하고 높은 임금을 지불하는 기업이며 저생산성, 저임금을 기반으로 하는 소영세기업과는 전혀 다른 특성의 기업이라는 견해이다.

신규 창업 경영자는 25~35세의 청년층이며 10년 남짓의 직역職歷을 지니고 있다. 그들은 높은 전문능력과, 소득 동기보다 업무를 통한 자기의 전문능력 발휘, 주체적인 독립의 길을 선택하는 것을 공통의 특성으로 하고 있다. 이 같은 새로운 유형의 기업은 대도시에서 다수 발생하고 있다.[25]

우리나라의 소영세기업 증가의 구조적 특성을 이상의 두 가지 견해 가운데 어느 하나를 택하여 설명할 수는 없다. 그러나 산업구조가 고도화하고 중화학공업화가 점차 성숙하면서 소영세기업을 포함한 전반적 중소기업의 존립 영역이 다양화하고, 늘어나면서 그 비중이 증가 추세를 보였다는 점을 지적할 수는 있다.

이러한 소영세기업의 증가추세는 일방적인 방향으로만 진행되는 것이 아니라 그 안에서 지속적인 구조변화를 수반하면서 진행된다. 중소기업이 경제 환경의

---

24) 카우츠키K. Kautsky는 수정자본주의 논쟁에서 자본의 집중에 따라 발생한 새로운 소경영은 대기업 노동력의 예비군으로서 과잉 노동자를 저장하는 기능을 하는 '노동자적 소경영'이며, '자본으로서 소경영'이 아니라고 지적하였다.

25) 內藤英憲·池田光男 著,《現代の中小企業》, 中小企業リサーチセンタ, 1994, p.157.

변화에 적응력이 강하다는 것은 신설률이 높으면서도 도산율도 높다는 이른바 다산다사多産多死를 그 특징으로 한다는 것을 말한다.

경제가 동태적으로 발전하는 과정에서 구조 변동이나 기술변화와 수요변화에 적응하지 못하는 중소영세기업은 도태하고 새로운 형태의 중소기업이 늘어나며, 신구중소기업의 교체와 함께 기업의 세대교체도 진행된다는 것이 일본경제를 대상으로 한 실증적 연구 결과였다. 그리고 이를 토대로 1970년대 초에 일본에서는 벤처 비즈니스의 출현을 실증적, 이론적으로 검증 정리하였다.

1980년대 중반 이후 우리나라에 나타난 중소기업 구조변화에 대해 충분하고 철저한 실증적, 이론적 연구가 진행되지는 못하였다. 그러나 1980년대 중반에 중소기업은행이 실시한 통계조사는 신규 진입 중소기업자의 성격을 다음과 같이 지적하고 있다.

① 창업 시 나이는 70% 이상이 청년층(30대)이다.
② 신규진입 중소기업자의 70%는 대학졸업 이상의 고학력자이다.
③ 신규진입 중소기업자의 주류는 잠재 실업자나 정년 퇴직자가 아니고 대기업 또는 중소기업의 종업원으로서 경험을 쌓은 사람들이다.

한편 이들의 창업동기는 이상 실현과 능력 발휘, 그리고 삶의 보람 추구와 경제적 독립이 주된 것이었다. 미래지향적이며 적극적인 참여, 능력 발휘형의 기업가형이 지배적이며 소득동기와 이윤동기는 크게 작용하지 않는 것으로 나타났다. 이러한 실증적 조사 결과에 대하여 다음과 같이 해석하였다.[26]

① 대도시에서 새로이 창업하는 중소기업자는 비교적 학력이 높은 청년층이며, 그들은 오랜 경험을 토대로 이상을 실현하거나 능력을 발휘하고자 창업한다.
② 이런 청년기업가들은 새로운 시대의 경험과 감각을 지니고 전문기능이나 전문지

26) 중소기업은행 조사부, 《中小企業創業實態調查》, 1985.

식을 활용해서 높은 생산성을 이룩한다.

③ 경제 환경 또는 존립 조건의 변동에 적극적으로 적응할 수 있는 것으로 생각되며, 그들이 경영하는 기업은 대체로 근대적 체질을 갖추고 있다.

④ 이상 실현 및 능력 발휘형의 창업이 주류를 이루고 있어 중소기업이 청년들에게 이상 실현과 능력 발휘의 장을 제공하는 것으로 볼 수 있다. 그러한 중소기업은 장래의 기업가를 양성하는 학교로서 역할을 한다.

⑤ 독립경영을 지향하는 중소기업의 활발한 진입은 중소기업의 근대화와 경제 전체의 활력을 증가시킨다.[27]

신규로 창업한 새로운 기업 유형은 혁신적 중소기업 유형의 단초적 형태였다. 그 뒤 혁신적 기업 유형은 점차 늘어났고, 드디어 '벤처기업'이라고 부르게 되었다. 2003년 현재 벤처기업의 사업체 수는 7,702개(제조업 5,134개)에 이르고 있어[28] 이들은 산업 전반에서 중요한 역할을 하고 있다.

이러한 현실을 반영하여 1997년에는 〈벤처기업 육성에 관한 특별조치법〉이 제청되었다. 이 법은 기존 기업을 벤처기업으로 전환하는 것과 함께 벤처기업의 창업 촉진을 목적으로 하고 있고, 나아가 이것을 산업 구조 전환과 경쟁력 제고로 연결시키고 있다.

한편 '국민의 정부' 경제 청사진은 중소기업 정책의 기본 방향을 '활력 있는 다수로 중소·벤처기업 육성'으로 정하였다.[29] 이제 혁신적 중소기업은 정책의 핵심적 대상이 되고 있다.

---

27) 趙觀行 著, 《現代中小企業論》(全訂版), 에코노미아, 1987, pp.35~39 참조.
28) 기은경제연구소, 《주요국의 중소기업 관련통계》, 2004.9.
29) 대한민국 정부, 《국민과 함께 내일을 연다》, DJnomics, 한가람출판사, p.270.

3. 임금 및 생산성 격차와 구조적 문제

대기업이 국민경제에서 동맥動脈이라면, 중소영세기업은 모세혈관毛細血管에 비유할 수 있다. 이러한 중소영세기업의 활발한 창업과 그 수 및 비중의 증가는 경제의 노화를 방지하는 신진대사의 촉진기능을 한다. 특히 신규 창업기업의 진취적 성향은 산업조직의 활성화에 기여한다. 이러한 기능 때문에 1986년 후반에 〈중소기업 창업지원법〉이 제정되었고 그 뒤 지속적인 개정을 통해서 창업한 중소기업의 확장, 발전을 꾀하였다.

이러한 긍정적인 측면에도 불구하고 중소기업의 구조 변동 과정에서 대기업과 중소기업 사이의 격차는 오히려 확대되는 추세를 보였다.(표 25) 일본에서는 중소기업 근대화정책을 시행한 뒤 이중구조의 지표인 임금 및 생산성 격차가 점차 완화 해소되면서(표-26), 오늘날 이중구조 문제가 본격적인 중소기업 문제 논의의 대상에서 사라지고 있다.

[표-25] 대기업과 중소기업 사이의 임금 및 생산성 격차-제조업(대기업=100.0)
(단위: %)

연도	임금수준	부가가치 생산성
1980	—	55.0
1985	75.0	47.2
1988	78.1	—
1990	66.1	49.3
1993	65.9	45.7
1995	64.1	38.9
1997	63.6	38.4
1999	59.2	34.7

2002	55.7	32.2

설명: 중소기업은 종업원 수 5~299명 이하의 사업체임.
자료: 통계청, 《광공업통계조사 보고서》 각 연도 자료.

[표-26] 일본의 기업 규모별 급여 격차-제조업(500명 이상=100.0)   (단위: %)

종업원규모 연도	5~29	30~99	100~499
1991	56.2	63.7	78.2
1993	56.5	63.3	78.4
1995	55.8	61.9	79.7
1999	54.3	60.1	76.5

자료: ① 일본 노동성, 《매월 근로통계조사》, 각 월 자료.
　　　② 일본 중소기업청, 《中小企業白書》(平成 2), 2000.

그러나 우리나라에서는 대기업과 중소기업 사이의 임금 격차 및 생산성 격차가 더욱 심화되고 있다. 특히 중소기업의 생산성은 대기업의 30% 선에 그치고 있으며, 오히려 이중구조의 심화현상을 보이고 있다.

결국 중소기업의 구조 변동과정에서, 양적으로는 소영세기업이 늘어나서 지위가 상대적으로 상승하였고, 창업의 활성화로 산업조직에 활력을 증가시켰다. 반면 질적으로는 기업규모 간 격차 문제가 해소되지 않은 채 구조적 문제를 남겨두고 있다.

앞에서 밝힌 소영세기업 증가에 대한 두 가지 견해 가운데 우리나라에서는 후자(새로운 기업 유형의 창출)의 측면만 나타난 것이 아니라, 전자(저임금 노동에 의존하는 전근대적 기업의 증가와 이중구조의 확대 심화)의 측면인 구조적 문제가 동시에 나타나는 이중적 특성을 보였다.

제7장
경제발전과 중소기업 문제(Ⅰ)

제1절 경제자립의 기초: 중소기업

1. 식민지 경제구조와 경제개발의 과제

1) 식민지 경제구조의 특징

해방 이후 한국경제는 일제 식민지 지배에서 정착되었던 식민지 경제구조를 이어받게 되었는데 그 일반적 특징은 다음과 같다.

첫째, 식민지경제의 주된 생산력 기반은 국내에서 자생한 것이 아니라 밖으로부터 들어온 것이었기 때문에 대종주국大宗主國 분업적인 특성을 갖고 있다. 또한 생산관계는 봉건적인 것 대신에, 전근대적인 반봉건적半封建的 성격으로 새롭게 확립되었다. 봉건적·반봉건적 예종feudal and semifeudal servitude은 자본제적資本制的 시장합리성과 완전히 대체되지 않았고, 저개발국 국민에 대한 구래舊來의 수탈자인 지주계급의 억압 위에 기업관습을 더하여 이중으로 착취하기 위한 생산관계를 이루었다.

둘째, 이러한 생산관계는 지배층이 식민지 수탈의 매개자로서 외국기업가이거나 그들의 국내협력자들[1]이었기 때문에 반봉건적이면서도 선진국 자본과 결탁된 것이었다. 따라서 낡은 봉건적 생산관계를 청산하는 대신에 이를 그대로 둔 채 그 위에 종주국의 식민지 수탈관계를 정착시킨 데 지나지 않는다.

셋째, 따라서 식민지경제는 국내적으로 균형적인 분업에 의한 단일화된 국민

---

1) P. A. Baran, "On the Political Economy of Backwardness", *Selected Articles in Economic Development*, SNU, 1965, p.30.

경제 통합의 바탕을 갖지 못하였다. 도시에는 원자재와 저임금 노동을 수탈하기 위한 부분 가공형태의 공업과 식민지 지배를 위한 식민지 관료의 고립된 생활권을 이루었다. 이에 대하여 농촌은 대다수 국민의 구성요인이 되고 있는 농민층이 전근대적인 생활과 생산양식을 지닌 채 도시권과는 관련을 갖지 못하였다. 그런 가운데 약탈무역에 의하여 종주국과 관련을 갖는 등 이중적 사회구조가 이루어졌다.

넷째, 대외적 관련에서는 수출 또는 무역이 자본주의의 내재적 발전, 즉 일정한 봉쇄지역에서 자본주의적 농업 및 공업이 발전하고, 이것이 더 한층 발전하여 새로운 지역에 자본주의적 확대로 전개된 것이 아니다. 역사의 어느 시기에나 볼 수 있는 원격지간의 분업 및 산업관계의 구체적 형태였다.[2]

이와 같은 식민지 경제구조의 생산력 기반은, 한편에서 확대 성장하는 외국자본과 매판자본, 다른 한편에서는 이들에 따라 축소 잠식되는 소수의 민족자본으로 구성되었다.

식민지 경제구조에서 공업은 그 원자재 및 시장이 국내적 분업기반을 갖지 않기 때문에 농업과 깊은 관련을 갖지 못하는 이식공업의 형태를 취한다. 따라서 공업이 전근대적인 농업을 근대화로 유인하는 것을 기대할 수 없게 된다.

일반적으로 이식공업은 높은 자본장비도를 갖기 때문에 농업부문으로부터 상대적 과잉인구를 흡수할 기능도 하지 못하며, 근대적 형태의 공업과 전근대적 형태의 농업 사이에 이중구조가 형성, 해소되지 못하는 가운데 식민지 수탈이 지속된다. 한편, 식민자본의 초과이윤을 추구하는 노력은 막대한 경제잉여를 일방적으로 종주국으로 이전하기 때문에 경제 내부로부터 사회적 생산력의 발전과 이를 위한 자본축적은 기대할 수 없게 된다.

---

2) 邊衡尹, 〈韓國經濟의 診斷과 反省─自主的 近代化의 방향과 한국경제〉, 《新東亞》, 1971년 11월호, p.67.

2) 식민지 경제구조의 극복과 자립경제의 길

한국경제가 해방 뒤 일제 식민지 지배로부터 이어받았던 경제구조의 특징도 이러한 것이었다. 자생적 근대화의 기반이 마련되지 못한 상태에서 후진자본주의적 전개와 식민지 종속화의 길을 밟았던 한국경제가 해방 이후 당면한 경제개발의 과제는 무엇이었을까? 그것은 식민지 수탈을 위하여 대내적으로 정착했던 반#봉건적 생산력 기반을 청산하고, 대외적으로는 식민지 지배 아래 만들어졌던 종주국과의 종속적 생산 관계를 단절하는 것이 주된 내용이었다. 즉 반봉건성과 종속성을 내포한 경제가 안고 있는 대내적·대외적 모순을 극복 완화하는 것이 바로 식민지 경제구조 극복과 경제개발의 과제였다.

이것은 다름 아닌 자립경제 수립의 방향인데, 이를 좀 더 설명하면 다음과 같다.

첫째, 대외적으로는 자본주의의 범세계화과정(국제 분업주의의 실현과정)에서 국가 간, 특히 선후진국 사이에 경제잉여를 둘러싼 이해의 대립이라는 구조적 모순을 극복하여 경제잉여의 불평등한 누출을 방지하려는 노력의 과정이다. 이것은 국민경제가 외국자본 또는 매판자본에 대항하여 자립성을 갖도록 자립적인 자본의 논리를 갖는 민족자본을 육성하여 종속적인 생산관계를 극복함으로써 이루어진다.

둘째, 국내적으로는 전근대적이고 경제 외적인 규제로부터 사회적 생산력을 해방시켜 근대적 생산력을 개발 확충하는 것이다. 이는 대내적인 부의 축적기반을 확립하여 자생적 확대재생산을 지속적으로 전개시키는 과정이다. 대내적으로 상호 관련적 분업체계에 기초를 둔 균형 있는 성장을 추구하여, 통일화된 재생산구조의 확대를 실현함으로써 이것을 이룰 수 있다.

셋째, 자립경제는 봉쇄경제가 아니며 자급체계임을 유의해야 한다. 사회적 분업의 관점에서 볼 때 대내적 분업의 결합이 주된 생산력 기반이 되고, 대외적인 것은 대내적인 것을 보완하는 부차적인 것에 그쳐야 한다. 이때 대내적인 분업과 대외적인 분업 사이의 갈등이라는 명제가 제기될 수 있지만, 자립경제는 전자를 주된 요인으로 하는 산업구조의 형성, 즉 시장 및 소재 관련이라는 분업체계가 국내 생산력 기반을 주축으로 이루어지는 것을 전제로 한다. 높은 국내분업과 낮은 대외분업의 추구가 그 구체적 방향이 된다.

넷째, 경제가 외국자본과 매판자본, 그리고 이들을 비호하는 정치권력이나 관료의 전기적前期的 간섭 없이 자율적으로 순환되어야 한다. 이것은 경제외적이며, 전기적 요인에 의하여 부당하게 경제잉여의 수취가 이루어지지 말아야 한다는 것을 뜻한다.

다섯째, 사회계층 면에서 볼 때 자립경제는, 자립적 성격을 갖는 중소기업자와 영세경영자, 농민, 노동자와 중산층 등 근로민중의 건전하고 광범위한 육성을 기반으로 한다. 이들은 반외세, 반독점 성격을 지녀 자립적 생산력의 기반이 되고, 나아가 자주적 생산관계를 확립하도록 하는 사회적 바탕이 되기 때문이다.

자립경제나 경제개발의 방향을 이와 같이 볼 때 그것은 식민지 지배를 겪은 저개발국 자본주의의 순환과정에 병행적으로 존재하여 상호규제하는 구조적 모순, 즉 기본적 모순과 부차적 모순을 극복하거나 완화하는 길이다.

2. 근대화의 이념과 개발전략

1) 계획적 개발의 과제와 중소기업 문제의 인식

1960년대 이후에 전개된 계획적 개발은 일제 식민지 지배와 해방 뒤 1950년대에 이르는 과정에서 자리 잡은 한국자본주의의 구조적 모순에 대한 인식에서 출발해야 하였다. 원조경제 아래에서 급속한 자본축적이 가져온 경제구조의 파행성과 공업구조의 취약성을 극복하는 것이 근대화의 이념으로 출발한 계획적 개발의 과제였다. 여기서는 1950년대 독점자본의 축적과정에서 정체된 중소기업과 농업을 개발하여 자립경제와 민족자본의 물질적 기초를 확립하는 내용이 포함되었어야 했다. 이런 의미에서 근대화와 계획적 개발의 과제는 다음과 같은 방향으로 설명할 수 있다.[3]

첫째, 근대화를 총체적인 사회적 변혁으로 인식해야 한다는 점이다. 일제시대에 이루어지고 그 뒤 원조경제에서 더욱 고정화된 국민경제의 이중구조와 대외의존성을 교정하기 위하여 강력한 조치를 수행해야 한다. 근대화를 단순한 공업화로 인식하고 공업화를 위하여 외국자본을 중요시하는 입장에서 선진국의 이해를 반영하는 불균형 성장 정책과 대외개방 정책을 아무런 구속도 없이 시행하는 것은, 국민경제의 자립화 방향과 맞지 않는 많은 부정적 측면들이 있다는 점을 의미한다.

둘째, 근대화를 담당할 민족자본 육성의 중요성을 인식하는 것이다. 근대화, 즉 공업화로 보고 국민경제의 대외개방을 당연한 귀결로 보는 입장에서는 외국자본의 성격이나 국적은 거의 문제가 되지 않는다. 이러한 입장은 경제개발계획의 집행과정에서 당연히 외국자본과 외자관련기업을 우대할 것이기 때문에 경제성장률은 높아질 수 있겠지만 중소기업은 정체하거나 몰락하게 될 것이다. 이에 외국자본과 자본의 논리로써 대항할 수 있는 국가자본이나 민족자본의 육성이 개발 과제로 제기된다.

셋째, 개발과정의 집행에 필요한 투자재원을 지나치게 외국자본에 의존하지 않는 자세가 필요하다. 외국자본은 원조든, 공공차관 또는 상업차관, 직·합작투자의 어느 형태이건 초과이윤의 논리를 관철하기 때문이며 국내자본이 적은 풍토에서는 더욱 그러하다.

넷째, 계획적 개발을 통한 공업화를 이루는 데는 반드시 경제구조의 개선과 공업화에 따른 성장과실의 균점均霑에 대한 대책이 있어야 한다. 선건설 후분배 정책을 바탕으로 하는 성장위주 정책은 공업의 대외의존 증대와 함께 소득분배의 불균형도 가져오기 때문에 이중구조의 청산과 국민적 참여 속의 국부國富 창출을 기대할 수 없게 한다.

---

3) 邊衡尹, 〈韓國經濟開發計劃의 방향〉, 《韓國經濟의 診斷과 反省》, 지식산업사, 1980, p.38.

계획적 개발의 과제를 이렇게 볼 때 근대화를 추진하는 과정에서 중소기업에 대한 정책적 인식은 매우 중요하며 그것은 다음과 같다.

첫째, 자본축적의 논리에 비추어 중소기업이 이해되어야 한다. 일반적으로 자본의 집적, 집중이라는 자본주의적 축적의 일반적 법칙이 관철되는 가운데 대자본에 대한 소자본의 관계, 그리고 오늘날의 독점자본주의에서는 자본의 집적·집중과 분열·분산의 법칙이 작용하는 가운데 독점자본이 중소자본과 맺는 관계에서 중소기업이 인식될 수 있다. 이것은 중소기업 문제의 일반성을 강조하는 입장이다.

둘째, 그 나라 국민경제의 경제사적 배경 속에서 중소기업이 이해되어야 한다. 특히 대부분의 개발도상국은 제2차대전 이전에 그들이 경험했던 식민지 경제구조와 전후에 자본주의 범세계화 과정 속에서 그들 국민경제가 특수한 경제구조를 지니게 되었는데, 그 속에서 중소기업 문제를 인식할 필요가 있다. 이것은 중소기업 문제의 특수성을 강조하는 입장이다.

셋째, 국민경제의 방향에 대한 역사적 합목적성의 관점에서 중소기업이 이해되어야 한다. 앞의 첫째와 둘째는 중소기업 문제를 일반성과 특수성의 관점에서 자본주의 전개 과정에서 나오는 구조적 모순의 산물로 인식하는 것이다. 그리고 이에 대한 정책 인식은 이러한 구조적 모순에 대한 대응방안의 마련에 그 목적이 있다.

그런데 역사적 합목적성(또는 경제개발과정)에서 중소기업 문제를 인식하는 것은 중소기업의 역할을 적극적으로 규정하는 것이다. 개발도상국의 경우 역사적 합목적성을 자립경제의 확립 또는 근대화의 실현이라고 볼 때 이 과제를 실현하기 위한 중소기업의 능동적 역할을 살펴볼 수 있다. 이때 여러 가지 중소기업의 역할이 제시될 수 있지만 특히 우리의 관심대상이 되는 것은 중소기업의 민족자본 또는 민족자본가적 역할에 대한 인식이다.[4]

---

4) Eugene Staley and Richard Morse, *Modern Small Industry for Developing Countries,* New York: McGraw-Hill, 1965, Part 3 참조.

3. 중소기업의 민족자본가적 성향

민족자본은 식민지 또는 반半식민지 상태에 있는 후진국에서 민족해방운동의 실천적 주체를 설정하는 과정에서 정립된 개념이다. 중소기업 이론 연구에서 민족자본론은 미국의 지배 아래 있었던 1950년대 일본에서 나왔는데, 중소기업가 층의 대다수가 비독점적 비매판적 계층으로서, 종속 상태에 있던 일본의 민족혁 명에 노동자 계급과 동맹군이 되는 민족부르주아를 이룬다는 것이었다.5) 그리고 1966년의 중산층논쟁에서는 중소기업이 민족산업자본으로써 근대화의 주체가 될 수 있다는 주장을 제시하였다.

그러나 식민지하에서도 민족자본의 규정적 속성에 꼭 들어맞는 자본은 단순 재생산적인 영세자본(식민지 소부르주아, 즉 계층적으로는 식민지적 자작농 등) 이외에는 없다는 지적이 있었다. 이에 민족자본의 개념을 현실적으로 적용하기 위하여 제시된 것이 중소기업자의 '민족자본가적 성향'의 규정이다. 민족자본을 민족경제의 생산력적 기반으로 보되 중소기업 문제를 이에 관련시켜 인식하려는 것이다. 특히 해방 뒤 1970년대 중반까지 한국 자본주의의 전개 과정에서 변화된 중소기업의 특징을 분석하고 여기에서 민족자본가적 성향을 확인하였다.

1970년대 중반 민족경제론적 시각에서 중소기업을 민족자본 또는 민족자본가적 성향을 갖는 것으로 규정한 내용을 보면 다음과 같다.

중소기업 문제의 인식에서 민족자본가적 성향을 강조하는 것은 후진 저개발국에게는 중요한 뜻을 지닌다. 그것은 한 나라 국민경제에서 자주·자립을 위한 요구를 실현하는 경제적 기초가 민족자본에 있기 때문이다. 전후 경제협력이라는 이름 밑에 신생국에서 다국적 기업으로 그 명맥을 유지하고 있는 외국자본은 지난날의 식민지 시대에 못지않은 경제적 해악을 조성하고 있다. 그들은 자기 지배영역을 확대하여 후진 저개발 상태에 있는 여러 민족의 생활 기반인 민족경

---

5) 우리나라에서도 중소기업을 포함한 중산층에 진보성과 실천성을 부여하고, 이들이 이 시대의 주요 모순을 극복하는 주체가 된다는 이른바 中民理論이 전개된 바 있다.(한상진, 《중민이론의 탐색》, 문학과지성사, 1991, p.63)

제를 축소·소멸의 과정으로 내몰고 있다. 그리고 이 과정에서 중소기업은 상당 부문이 외국자본의 확대와 하청계열화와 같은 분업 관련이거나 자본지배에 의하여 독립성을 잃어가고 있다. 그러나 이 때문에 중소기업의 민족자본가적 성향이 부정되는 것은 아니다.

중소기업 문제의 인식에서 중소기업이 민족자본, 그 자체로서가 아니라 민족자본가적 성향을 가진 자본으로 여겨지는 것은 바로 이와 같은 경제적 상황을 고려한 데서 나왔다. 민족자본은, 민족경제의 사회적 생산력의 주체이고 국민경제의 일부를 구성하는 민족경제를 자기 재생산의 기반으로 한다. 따라서 민족자본은 민족경제를 잠식, 축소하는 비민족적 외국자본 및 매판자본과 대립하고, 자기 재생산의 기반을 확충하기 위해 자주적 민족경제를 추구하면서, 이를 제약하는 정치·경제·사회·문화적 여러 요인을 거부하는 것을 그 성격으로 하는 자본이다.

곧 민족자본은 자기 재생산의 기반을 국내시장 및 국산 원자재에 두는 자본이라는 것을 기본적 속성으로 하면서 자국인이 소유하는 자본이라는 것을 부차적 속성으로 한다. 이에 대하여 중소기업의 민족자본가적 성향은 비록 중소기업이 이와 같은 규정적 속성을 갖는 것은 아니지만, 외자 및 매판적 대기업과의 관계에서 경제적 잉여의 수취를 둘러싼 이해의 대립을 가지면서, 그를 기초로 민족자본가적 성향, 곧 반외자·반매판反外資·反買辦의 성향을 갖는 자본임을 뜻하는 것이다.

또한 민족자본은 한 민족이 자립하기 위한 빼놓을 수 없는 기초이자 민족경제 확립의 근본이다. 중소기업이 민족자본가적 성향을 지닌다고 할 때 중소기업을 보호하고 육성하는 문제는 바로 민족경제를 확립하는 데 중요한 전제이다.[6]

전후 새로운 국제분업체계를 구체화시킨 것은 원조와 경제협력이라는 이름 아래 이루어진 자본운동이었다. 원조-공공차관-민간차관-직·합작 투자라는 형태적 변화를 거치면서 외국자본은 한국을 포함한 후진 저개발국에서 자유로운 경

---

6) 朴玄埰, 〈中小企業問題의 認識〉, 《創作과 批評》, 1976, 여름, pp.403~404.

제활동을 전개하였다. 이러한 경제협력의 과정에서 국민경제의 주된 사회적 생산력은 외자 및 외자관련 매판자본에게 장악 당하였고, 민족자본은 경영조건이 열악한 업종과 일부 내수산업에서 부단한 생성과 소멸의 과정을 거치면서 그 명맥을 유지하게 되었다. 그리고 중소기업은 외국자본과 자본으로서 결합하거나 분업관계에서 하청계열기업이 되지 않으면 소멸과 쇠잔의 운명에 처하였다.

외국자본이 이 과정에서 지배적 경제제도가 되면서 중소기업은 종속적 경제제도의 위치에서 더욱 열악한 조건으로 잔존하고, 자본종속과 하청계열화 등으로 그 성격과 형태가 변화한다. 그러나 외국자본이나 매판자본의 지배영역 확대에 저항하고 경제잉여를 배분하는 데 이해가 상충하기 때문에, 중소기업은 민족자본 그 자체의 규정적 속성은 아니더라도 반외자·반매판자본이라는 민족자본가적 성향을 지니는 자본이 된다는 것이다. 따라서 민족자본가적 성향은 경제협력시대, 곧 해방 뒤 1970년대까지 전개된 한국자본주의 구조와 중소기업의 변화에서 인식된 중소기업 문제이다.

제2절 경제개발과 이중구조론

1. 경제 발전과 이중구조의 성격

경제 발전과 관련되어 제시되고 있는 이중구조二重構造는 산업간 발전의 불균형에 따라 한 국민경제 안에 선진 부문 또는 근대 부문(자본주의적 부문이라고도 함)과 저개발 부문(후진 부문, 전근대적 부문, 생존 부문이라고도 함)이 단층적으로 병존하고 있는 구조를 말한다. 원래 이중구조란 말은 주로 인도네시아, 일본 등의 비서구 여러 나라의 사회가 서구 제국과는 달리 전근대적 부문과 전통적 부문이라는 두 개의 이질적 부문으로 구성되어 있는 것을 나타내기 위해서 사용되었던 말이다. 이들 두 부문은 도시와 농촌, 서구적 산업과 전통적 산업, 대기업과 중소기업 등을 일컫기도 하는데, 양자가 기술, 사회 관습, 제도 차이 때문에 자본노동비율, 노동생산성, 노동의 한계생산력, 임금, 소득 등에 현저한 격차를 보인다는 것이다.[7]

일찍이 20세기 저개발국 공업화의 전제 조건으로서 그들이 극복해야 할 전근대적 사회경제체제를 논의하면서, 후진성의 원인으로 강인한 전통사회의 정체성을 강조하는 가운데 이중구조 또는 이중사회라는 말이 사용되었다. 이러한 이중구조 문제는 부케J. H. Boeke가 인도네시아에 대한 연구에서 최초로 사회적 이중구조social dualism를 주장한 데서 비롯되었다. 그는 사회적 이중구조는 수입된 사회제도imported social system와 다른 유형의 토착적 사회제도indigeuous social system의 부조화clashing라고 규정하고 대개 수입된 사회제도는 고도의 자본주의이지만 사회주

---

7) 安場保吉, 〈二重構造〉, 嘉治元郎·村上泰亮 編, 《現代経済学の展開》, 勁草書房, 1971, p.215.

의나 공산주의, 또는 양자의 혼합일수도 있다고 하였다. 이러한 이중구조는 전자
본주의적 국가 안에 자본주의적 요소가 침입함에 따라 양자가 융합되지 못하고
분리된 채 병존하고 있는 형태라는 것이다.[8] 곧 이중구조는 서구적 근대사회와
공동체적 농업사회의 병존을 의미하며 이를 사회 발전 과정이라는 측면에서 보
면, 전통사회에서 근대사회로 바뀌어 가는 동태성을 지니며 사회개발의 적극적
요소를 이중구조에서 발견할 수 있다.[9]

경제적으로 이중구조는 교환경제와 생존경제 부문 사이의 괴리dichotomy
between the exchange economy and the subsistence sector로 규정된다. 이런 의미에서 이중구
조 경제는 종래 자급자족적 전통사회가 자본주의의 침입과 국제무역으로 개방
되면서 이루어지기 시작한 것으로 보는데, 이는 이중구조 경제 형성의 역사적
연원을 설명한 것이다. 그리고 그 결과가 산업 사이의 불균형적 발전으로 나타
났다는 것이다.[10]

그렇다면 이중구조 경제dual economy는 농업과 공업 사이에서 형성될 수 있고
농업 부문, 공업 부문 내부에서도 이루어질 수 있다. 흔히 농업 부문은 후진 부
문(전통·생존 부문)이라고 하고 공업 부문을 선진 부문이라고 한다. 그러나 농업
부문도 그 안에 상대적으로 선진 부문을 포함할 수 있는 한편, 공업 부문도 후진
부문의 특성을 갖는 많은 경제활동을 포함할 수 있다. 전자의 예로 아시아의 재
식농장plantation과 아프리카 일부에 정착한 유럽인 지역의 농업을 들 수 있다. 후
자의 예로는 일본의 중소기업small scale industry을 들 수 있다.[11] 따라서 이중구조

---

8) J. H. Boeke, *Economics and Economic Policy of Dual Societies*, New York: 1953, p.4.(C. B. Higgins, "The
Dualistic Theory of Underdeveloped Areas", *Economic Development and Cultural Change*, Vol. Ⅳ. Jan., 1956,
p.100)

9) 한편 부케, 프랑켈S. H. Frankel, 퍼니발J. S. Furnival 등에 따른 이중사회dual society, 다인종사회multiracial
society, 복합사회plural society 등 후진사회에 대한 특질 규정은 이들의 주장에 약간씩의 차이가 있지만,
후진사회의 급속한 공업화가 불가능하거나 어렵다고 보는 점에서 공통점을 지닌다는 지적도 있다. 이러한
인식방법은 저개발국의 특수한 개별적 예를 일반화하거나 또는 발전적 요인을 고의로 무시함으로써 저개
발국 스스로의 공업화 가능성을 부정하고 결과적으로 저개발국에 대한 선진국의 경제적 지배를 합리화하
는 것이라고 보기도 한다.(金宗炫, 〈工業化의 諸條件과 戰略—19世紀와 20世紀〉, 《英國産業革命研究》, 서
울대학교 경제연구소, 1977, p.396)

10) H. Myint, "Dualism and the Internal Integration of the Underdeveloped Economies", *Economic Theory and
the Underdeveloped Countries*, Oxford Univ. Press, 1971, p.318.

11) D. W. Jorgenson, "Surplus Agricultural Labor and Development of a Dual Economy", *Oxford Economic*

경제는 농업과 공업 사이, 나아가 공업 부문 안에서 대기업과 중소기업 사이의 부조화와 괴리 및 그 불균형적 발전의 특성을 포함한다고 보아야 한다.

한편 정치경제학적 이해에서는 자본주의적 일반법칙이 관철되는 과정에서 형성된 구조적 모순인 중소기업 문제가 뒤늦게 경제개발을 시작한 국민경제나 식민지경제에서 특수한 성격을 지니게 된다는 인식 아래 이중구조 문제를 규정한다. 이때 이중구조라는 것은 독점자본을 정점으로 하여 이것이 주도권을 행사하는 피라미드형의 계층적 구조를 말한다. 대기업을 정점으로 하는 계층 구성이 중소자본과 영세경영을 위에서 아래로 일관되게 수탈하는 관계, 그리고 이러한 메커니즘 속에서 자본과 노동을 대상으로 잉여가치를 수탈하는 구조가 이중구조라는 것이다. 이때 후진자본주의에서는 위로부터 특권적으로 창설된 대공업의 급속한 축적을 바탕으로 자본을 축적하는 특수성 속에서 이중구조가 이루어진다. 특권적 대공업의 발전으로 형성된 독점자본은 그 기생적 성격이 더욱 강하여 전근대적 요소(중소영세기업을 포함)까지 포괄하여 자본축적의 대상으로 삼는다. 그 결과 독점자본과 이들 전근대적 요소 사이에 특수한 성격의 구조적 모순이 생겨나는데 그것이 이중구조라는 것이다.[12]

자본시장에서 대기업에 자본집중과 융자집중이 이중구조 형성의 주요 원인이라는 근대 경제학적 설명도 이중구조 형성과 그 성격의 특수성을 말해 준다. 국가가 대기업 육성 방침에 따라 대기업에 보조금 및 재정자금을 우선적으로 융자 및 출자하는 경우, 그리고 은행자본이 대기업에 집중되어 재벌 및 그 계열 중심의 융자 및 출자기구를 형성하고 외자도입이 대기업에 편중되는 경우에 자본집중 기능을 촉진한다. 한편 중소기업은 과소자본 상태와 저렴한 과잉노동력의 기반 아래서 노동집약적 기술을 채택함으로써 대기업과 생산성 격차를 발생하지 않을 수 없게 된다는 것이다.

대기업에 대한 이러한 자본(융자) 집중은 흔히 '뒤늦게 경제개발을 시작한 나

Papers(New Series), Vol. 61, Jan., 1961, p.291.

12) 長州一二, 〈二重構造の考え方〉, 川口弘·篠原三代平·長洲一二·宮沢健一·伊東光晴, 《日本經濟の基礎構造》, 春秋社, 1969, pp.124~125.

라'가 대기업 중심의 급속한 경제개발을 이루려는 역사적 배경에서 일어난다. 따라서 이중구조 문제는 그 형성 요인으로 노동시장, 생산물시장 및 자본시장을 일괄하여 종합적으로 이해하는 것이 필요한데 특히 이중구조 형성에 대한 역사적 관점이 중요하다고 보았다.13)

이중구조는 뒤늦게 경제개발을 시작한 국가의 자본주의 전개 과정에서 형성된 구조적 모순이며 국민경제적 모순이라는 지적이다. 그 형성 과정에서 자본(융자)집중의 역사적 배경 및 그 분석의 역사적 관점을 강조하는 것은 이중구조의 특수성을 인식한 결과였다.

2. 경제 발전과 이중구조론의 유형

경제 발전은 흔히 공업화를 의미한다. 단계적으로는 농업에서 공업 중심으로 경제구조가 바뀌는 과정과, 공업 부문 내에서도 산업구조가 경공업에서 중화학공업으로, 오늘날에는 지식·정보집약적으로 고도화하는 과정을 포함한다. 곧 공업화를 통한 경제 발전은 경제의 중심이 농업 부문에서 공업부문으로 바뀌는 과정을 의미하기도 하지만14) 나아가 농업이나 공업 부문 안의 후진적 요인을 근대적·선진적으로 발전시키는 과정까지를 포함하고 있다. 또한 국민경제가 개방화를 통해 공업화하는 과정에서 형성되는 산업 사이의 단층과 연관성 결여를 극복하는 문제도 경제 발전의 중요한 과제이다. 이렇게 볼 때 개발도상경제에서 전개되는 이중경제 구조는 다음과 같이 유형화할 수 있다.

첫째, 이중구조 해소를 경제 발전의 과제로 삼고 그것을 이론적으로 체계화한 사람은 루이스W. A. Lewis였다.15) 그는 농업 부문과 공업 부문 사이의 이중구조

---

13) 篠原三代平, 《産業構造論》, 筑摩書房, 1970, pp.64~73. 종합적 이해방식은 山中篤太郎의 '분리 이해방식에서 종합적 이해방식'이라는 중소기업 분석 방법론을 인용한 것이다.

14) J. C. H. Fei and G. Ranis, "Innovation, Capital Accumulation and Economic Development", *American Economic Review*, Vol. LIII. Jun, 1963, p.291.

15) W. A. Lewis, "Economic Development with Unlimited Supply of Labor", *The Manchester School*, May, 1954.

해소를 경제 발전의 일차적 과제로 삼았다. 개발도상경제는 농업 부문(전통 부문, 생존 부문, 전근대화 부문)과 공업 부문(근대 부문, 자본가 부문)의 두 부문으로 이루어져 있다고 보았다. 이들 경제에서 경제개발은 국민경제를 전자 중심에서 후자 중심으로 개편·발전시키는 것을 그 과제로 하였다. 루이스는 저개발국의 농업 부문에는 생존수준의 임금으로 무제한하게 공급될 수 있는 잠재실업이 존재한다는 것을 가정하고 있다. 낮은 임금의 이들 노동을 농업 부문에서 공업 부문으로 흡수·공급함으로써 공업 부문의 자본축적과 성장을 이루고, 농업 부문의 자본제화도 이룰 수 있다고 보았다. 즉 전근대 부문인 농업 부문의 저임금 노동을 공업 부문에서 활용하여 경제 발전을 추구하였다.

둘째, 공업 부문 안의 이중구조, 곧 대기업 부문을 근대 부문으로, 중소기업 부문을 전근대 부문으로 보고 이들 두 부문 사이에 단층과 발전의 격차가 있다고 본다. 공업 부문 안에서 후진적 요인의 해소, 곧 중소기업의 근대화를 통해 대기업과 중소기업의 이중구조를 해소하는 것을 경제 발전과 고도성장의 과제로 삼고 있다. 이것은 1950년대 후반 일본경제를 중심으로 한 연구에서 활발하게 논의되었다. 루이스의 이론체계가 일본에서의 이중구조론과 관련 있다는 점을 실증하기는 어렵다. 다만 근대 부문(독점, 대기업)이 전근대 부문(농업, 중소영세기업)을 자본축적의 기반으로 하고 있으며 그것이 저임금 노동력을 활용하고 있다는 점에서 동일한 생각이었음을 추론할 수 있다.

셋째, 전후 수입대체와 대외지향적 개발 전략을 택하는 개발도상국의 이중구조 문제는 새로운 특성을 갖고 있다. 선진국의 세계경제질서 재편성 과정, 곧 선진자본은 그 운동 형태가 원조→차관(공공차관→상업차관)→직접투자→다국적기업으로 바뀌면서 개발도상국에 진출하고 그에 상응하여 형성된 개발도상국의 이중구조는 루이스적 특성과는 다른 내용을 지닌다. 국제분업주의에 충실한 수입→생산(수입대체)→수출화라는 경제개발 유형은 수입대체산업과 전통적 국내 산업, 그리고 수출산업과 국내 산업(내수산업) 사이에 이중구조를 이루게 한다.

더욱이 수입대체산업은 대부분 개발도상국의 경제 여건에 맞지 않는 선진국

의 이식공업적 성격을 갖고 있으며 전통적 국내 산업과 상호 분업관계 속에서
발전하는 것이 아니어서 서로 경쟁적·대립적이다. 자본재 및 원자재 공급도 선
진국에 의존하기 때문에 수입대체산업이라는 엔클레이브enclave를 이룰 수 있
다.[16] 또한 국내적 생존 부문과 외국인 소유의 수출 엔클레이브로 이루어진 개
발도상경제 두 부문의 경제관계는 경직적이고 비탄력적이어서 메워지지 않는
격차와 단층이 생긴다.[17]

나아가 개발도상국의 수입대체적 공업화는 대외 종속을 깊게 하기도 한다. 국
내적으로는 근대화되고 지배적인 선진적 경제 부문과 후진적인 종속적 경제 부
문의 양극화 현상이 깊어지는 구조적 특징이 나타난다. 그리하여 국제기업과 관
련성을 갖는 선진 부문과 이에 대립하는 국내적 후진 부문 사이의 분열
disintegration과 이중구조를 심화시키면서 저개발국의 대외적 종속을 심화deepening
foreign dependence시킨다고 본다. 곧 이중구조론이 종속이론dependent theory으로 진행
한다.[18]

넷째, 경제개발이 이루어지면서 루이스적 이중구조(농업과 공업 간 이중구조)가
해소되지만, 도시 안에는 새롭게 공식 부문formal sector과 비공식 부문informal sector
사이의 격차 문제가 일어난다. 루이스적 경제개발 과정에서 도시 산업 부문의
고용흡수 능력을 뛰어넘는 대규모의 농촌 노동인구가 이동하면서 도시로 유입
된 인구 가운데 많은 수가 근대 공업 부문에 흡수되지 못한 채 완전실업상태 또
는 반실업상태로 남게 된다. 이들은 도시 주변에 집결하여 소기업 또는 영세경
영의 형태로 잠재하면서 이른바 도시 비공식 부문의 문제로서 소영세기업 문제
를 이룬다. 이것은 루이스가 제시하지 못했던 새로운 이중구조 문제가 되고 있

---

16) 수입대체산업 육성의 문제점은 D. H. Healey, "Development Policy: New Thinking about an Interpretation",
   Journal of Economic Literature, Sep., 1972. p.773 참조.
17) 수출 엔클레이브는 전적으로 해외에 그 생산물을 판매하고 투입물을 해외에서 수입하는 부문이다. 따라
   서 그것이 국내 경제의 다른 부문과 관련성이 부족하다는 특성을 지닌다.(E. P. Kindleberger& Herrick,
   Economic Development, 3rd ed., McGraw-Hill, 1977, p.186)
18) Osvaldo Sunkel, "Transnational Capitalism and National Disintegration in Latin America", *Social and
   Economic Studies*, Special No. Vol. 22, March 1973(G. M. Meier, *Leading Issues in Economic Development*,
   3rd ed. Oxford Univ. Press, Dec., 1976, pp.692~702)참조.

다. 이들은 저임금 노동력의 공급풀pool인 완전실업 또는 반실업, 즉 도시 안에 잠재실업을 이루고 있다는 의미에서 과잉노동과 이중구조적 발전의 범주에 포함된다고 볼 수 있다. 그러나 도시 비공업 부문의 문제는 루이스적 모형으로는 접근하기 어려운 특성을 갖고 있다는 견해가 지배적이다.[19]

다섯째, 소영세기업 문제는 도시 비공식 부문의 문제에 그치지 않는 좀 더 포괄적 의미를 지닌다. 경제개발이 진행되면서 정책 지원이 상위 규모 기업에 치우치는 등의 이유로 중소기업 범위 안에서 기업 규모 사이에 격차가 심해지는 등 이중구조 문제가 생기는데 바로 이것이 소영세기업 문제로 구체화된다. 중소기업 범위 안에서 규모경제의 이익과 정책 지원에 힘입은 중견규모 또는 중규모 기업의 발전이 뚜렷한 것과 달리, 여기에서 소외된 소영세기업은 정체와 전근대성을 벗어나지 못하게 된다. 계층적 총 자본 구조에서 자주적 자본으로의 위치를 확립한 중견규모 또는 중규모기업은 사회적 총자본의 운동 과정에서 오는 부담과 모순을 소영세기업에 떠넘길 수 있게 된다.

부담 전가의 최하위 계층인 소영세기업은 결국 노동착취제도sweating system의 기반으로 머물게 되고, 또는 정책 지원 대상에서도 소외되면서 정체를 면하지 못한다. 그 결과 중소기업 범위 안에 중견 및 중규모기업과 소영세기업 사이에 격차와 단층이 생겨나 이중구조가 된다.

여섯째, 식민지 지배 아래 경제에서는 지배국의 자본 또는 기업과, 피지배국의 자본 또는 기업 사이에 이중구조 문제가 제기된다. 일제의 식민지 지배 아래 막중한 비중을 차지하면서 조선경제를 지배했던 일본인 자본(기업)과 그 속에서 억압과 착취의 대상이었던 조선인 자본(기업) 사이의 갈등·대립관계가 이중구조 문제로 인식된 것이다. 민족경제론적 시각에서는 좀 더 포괄적으로 전후의 경제 사정까지를 감안하여 중소기업을 민족자본 또는 민족자본가적 성향의 자본으로 규정하면서, 이들과 생산관계 면에서 대립관계에 있는 외국자본 또는 매판자본

---

19) 윤진호, 〈도시비공식부문〉, 李大根·鄭雲暎 編, 《韓國資本主義論》, 까치, 1984, pp.251~252, ILO, *Employment, Incomes and Equality: A Strategy for Increasing Productive Employment in Kenya*, 1958.(G. M. Meier, 앞의 책, 4th ed, 1984, pp.183~187 참조)

사이에 구조적 모순이 조성되는 것으로 본다.

이때 민족자본은 민족경제의 사회적 생산력의 담당 주체이며 민족경제의 재생산 기반으로 본다. 그런데 국민경제 안에 민족경제와 경쟁·대립하는 비민족적 외국자본 및 매판자본은 끊임없이 민족경제를 잠식·축소시키기 때문에 이들은 민족자본과 대립하면서 자주적 민족경제의 발전을 제약한다. 중소기업은 민족자본 또는 민족자본적 성향을 지니고 있어서 외국자본 및 매판자본적 대기업과 경제잉여를 둘러싼 이해의 대립을 하지 않을 수 없다고 본다. 곧 중소기업은 반외자·반매판의 성향을 갖는 자본으로 외국자본 또는 매판적 대기업과 대립하게 된다. 대외개방의 국제분업주의를 추구하는 경제개발 과정에서는 후자의 영역이 늘어가는 가운데 전자의 영역이 줄어들면서 두 부문 사이의 단층과 격차 및 대립이 전개되는데 민족경제론적 시각에서는 이것을 이중구조적 측면으로 이해한다.[20]

3. 중소기업 문제의 경제 발전론적 이해: 이중구조론

1) 일본에서 이중구조론 형성의 배경

자본의 본원적 축적기에 재래산업 문제, 산업자본주의 형성 단계의 소공업 문제, 그리고 독점자본주의 형성 단계의 중소공업 문제로 전개되던 일본 중소기업 문제의 인식은 1950년대에 이중구조 문제로 이어졌다. 경제의 고도성장기였던 1950년대 후반 이후 일본에서 논의되었던 이중구조론은 중소기업 문제를 경제발전의 관점에서 이해하는 중요한 이론적 계기를 마련하였다.

여기에는 중소영세기업 부문 등을 전근대 부문으로 보고, 대기업은 근대 부문

---

20) 朴玄埰, 《民族經濟論》, 한길사, 1978, pp.147~149.

으로 규정하면서 중소기업 부문을 근대화시켜 이중구조를 시정하는 것이 국민경제를 고도성장시키도록 하는 방안이라는 정책 인식이 담겨져 있다. 더욱이 중소기업의 지위, 기능, 규모별 격차 등의 문제를 국민경제구조의 메커니즘 속에서 통합적으로 이해하고 중소기업 문제를 국민경제의 구조적 문제로 파악하려는 구조론적 시각이 이중구조론에 제시되어 있다.

루이스의 이중구조론적 접근으로 일본경제의 근대화를 과제로 하여 이중구조 해소에 관한 실증적 연구가 일본에서도 이루어진 바 있다.[21] 그러나 중소기업 문제를 경제 발전과 관련시킨 이중구조론은 1957년도에 간행된 소화昭和 32년도 《경제백서經濟白書》가 일본경제의 이중구조 문제를 제기하면서 본격화했다. 이 간행물에서 이중구조론에 대한 지적은 그 뒤 이중구조적 분석과 그에 대한 논쟁의 출발점이 되었다. 또한 이중구조의 성격과 그 해소 문제를 다루어 '구조정책으로의 중소기업 정책'과 중소기업 문제에 대한 구조론적 정책 인식의 기초를 제공하였다. 그리고 이는 중소기업 근대화론과 근대화정책으로 이어졌고 우리나라의 중소기업 문제와 정책 인식에도 크게 영향을 주었다.

이중구조론의 바탕이 되는 중소기업 문제에 대한 구조론적 인식은 일본 자본주의 전개의 특수성 속에서 이루어진 것이고 이것은 미국이나 영국 등 서구 여러 나라와는 다른 양상이었다.[22] 1930년대 초 이후 독점 지배제도인 중소기업 하청제도가 본격화하면서 초기의 간접적 수탈관계에서 직접적인 지배관계가 성립하고, 독점자본이 더욱 발전·확립하면서 중소기업 문제가 본격화하였는데, 이것은 독점자본주의 자본축적 기반을 구축하기 위한 계층적 지배구조 형성의 시발이었다.

제2차 세계대전 이후에도 이러한 중소기업 문제의식이 형식적 체계에서는 이어졌지만 이 시기의 그것은 다른 성격을 지닌 것이었다. 전후 일본 독점자본주의의 재편성과 고도성장 과정에서 새로운 구조적 모순의 산물로서 중소기업 문

21) 예컨대 大川一司·헨리·로소프스키(H. Rosovsky), 《日本の経済成長─20世紀における趨勢加速》, 東洋経済新報社, 1963; 南亮進, 《日本経済の轉換點》, 創文社, 1970 등을 들 수 있다.
22) 일본 자본주의 논쟁의 '일반성과 특수성'의 시각에서 이중구조는 일본 자본주의 전개의 특수성으로 지적된 바 있다.(末岡俊二, 《中小企業の理論的分析》, 文眞堂, 1974, pp.15~19)

제가 제기되었다. 전후 일본경제는 한편으로 산업구조의 재편성과 고도화를 이루면서 다른 한편에서는 고도성장을 이루어야 하는 두 가지 과제를 안게 되었다. 이를 뒷받침하려면 대규모 투자와 강력한 자본축적의 기반 형성 및 정책 전개가 필요했다. 이는 국가독점자본주의 정책, 즉 위로부터의 정책으로 일본경제 특유의 계층적 자본축적 기구를 통해 실현할 수 있었다.

독점자본의 축적 기반을 정비·보완하는 계획이 지속되는 가운데 계층적 구조 속에서 독점자본과 중소영세기업 사이에는 다른 선진경제보다 더 심한 지배·종속관계가 전개되었고 이를 반영하는 중소기업 문제가 형성되었다. 이에 따라 다양한 입법 조치와 중소기업 정책이 전개되었는데, 이는 일본경제가 지닌 당면 과제를 뒷받침하려는 것이었다.

계층적 축적구조 속에서 하청제도는 1차 하청에 그치지 않고 재하청, 재재하청再再下請으로 이어졌다. 2차 하청 이하에서는 중소기업은 물론 생업적 영세경영과 가내노동까지 하청 지배체제에 편입되었다. 이때 경제적 모순은 하층기업에 더욱 크게 전가되었고, 이것이 일본 독점자본의 자본축적 구조와 중소기업 문제의 특수성으로 반영되었으며 일본에서 이중구조가 형성된 배경이었다.

곧 일본 독점자본주의의 구조적 모순인 중소기업 문제가 이중구조로 파악된 것이다. 일본에서 이중구조는 독점자본과 중소영세기업 및 농업 사이의 지배·종속관계에서 발생하는 구조적 모순이며, 중소기업이 저임금으로 축적한 가치를 독점자본이 우회적으로 수취하는 관계에서 생기는 문제라는 것이 정치경제학적 해석이다.

'전후경제 최고'의 해인 1955년에 대한 평가에서 1956년도 일본《경제백서》는 지속적인 고도성장정책 방향을 제시하면서 동시에 그것을 저해할 수 있는 왜곡성을 지적하고 그 시정의 필요성을 인식하였다. 중소기업 문제, 낙후지역 문제, 노동 문제 등을 고도성장을 위해 해결해야 할 과제로 제시하였다. 곧 일본 독점자본주의가 급속히 발전하는 과정에서 필연적으로 생기는 문제를 시정하면서 성장의 기반을 마련하는 것이 지속적 성장의 과제라고 보았다.

2) 이중구조론의 발단: 《경제백서》의 내용

제2차 세계대전 이전부터 일본의 중소기업 문제는 중소기업의 비합리성과 그것이 차지하는 높은 비중, 그리고 경제 발전에 이바지하는 큰 역할을 결합시키는 국민경제의 구조론적 이해의 시각을 지니고 있었다. 그렇지만 중소(상)공업만을 분리해서 그것을 개별적으로 이해하려는 경향이 강했고, 대기업과 함께 국민경제 구조 속에서 통합적·통일적으로 이해하려는 시각은 부족했다. 이에 견주어 제2차 세계대전 이후에는 중소(상)공업만이 아니라 다른 산업까지 범위를 확대하여 국민경제적 문제로 중소기업 문제를 종합적·통일적으로 파악하려고 하였다. 많은 중소기업이 큰 비중으로 존재하는 원인을 단순히 중소기업의 존립 조건만으로 이해하지 않고, 국민경제구조의 특수성과 역사적 전개 속에서 이해하려는 견해가 강하게 나타났다. 곧 분리 이해방식에서 종합적 이해방식이 제기된 것이다.23) 이에 따라 중소기업의 지위, 기능, 규모별 격차 등의 문제를 국민경제구조의 메커니즘 속에서 통합적·통일적으로 이해하고 중소기업 문제를 국민경제의 구조적 문제로 파악·이해하려는 견해가 나왔는데 그것이 이중구조론이다.24)

일본에서 이중구조는 고도성장 과정에서 형성된 격차 문제였다. 1957년 《경제백서》25)가 격차 문제를 구체적으로 지적한 것이 발단이 되어, 1959년 이후 본격적으로 문제가 되었는데, 이것은 그 뒤 이중구조의 분석과 그에 대한 논쟁의 출발점이 되었다. 정책으로 그 해소 문제가 제기되면서 구조정책構造政策으로서 중소기업 정책, 곧 중소기업 문제에 대한 적극적인 구조론적 정책 인식의 원천을 제공하였다. 《경제백서》는 경제의 이중구조 가운데 먼저 고용구조의 특수성을 다음과 같이 지적하였다.

1956년에 일본의 완전실업자는 60만 명이었고 취업자는 4,300만 명으로 취업

23) 山中篤太郎, 《中小企業の本質と展開》, 藤田敬三·伊東垈吉 編, 《中小工業の本質》, 有斐閣, 1960, pp.10~13.
24) 중소기업 문제와 관련하여 일본에서 이중구조라는 말은 有澤廣己가 처음 사용한(1957년 3월 生産性本部 創立2周年記念講演) 이후 《1957年 經濟白書》에서 그것의 起草者인 後藤譽之助가 이중구조를 분석하면서 널리 쓰였다.(篠原三代平, 《産業構造論》, 筑摩書房, 1970, p.61)
25) 日本經濟企劃廳, 《昭和 32年度 經濟白書—速わきた擴大とその反省》, 至誠堂, 1957.

자에 대한 완전실업자의 비율은 2%밖에 되지 않는다. 선진국에서도 실업자의 비율이 3%정도면 완전고용으로 본다. 그럼에도 일본의 고용구조는 만족스러운 상태가 아니다. 일본과 같이 농업과 중소영세기업이 폭넓게 존재하는 나라에서는 저생산성과 저소득의 불완전취업이 문제가 되며 선진국에서와는 달리 완전실업자 수의 많고 적음으로 고용 상태를 측정하지 못하기 때문이다. 이러한 고용구조의 후진성은 다음과 같은 여러 현상에서 나타난다고 보았다.

첫째, 가족노동의 비중이 크다. 취업자는 고용의 성격에 따라 ① 봉급과 임금을 받고 일하는 피고용자, ② 농업 및 중소영세 상공업주와 같은 자영업자, ③ 농촌의 부녀자와 같은 가족노동자 등 세 가지로 나눌 수 있다. 이 가운데 일본경제에서는 근대적 노사관계에 기초하여 취업하는 피고용자의 비율이 43%에 지나지 않는데 이는 영국의 90%, 미국의 80%에 견주어 현격히 낮은 수치이다. 자영업자의 비율은 24%로 높으며 가족노동의 비율도 30%로 영국의 0.2%에 견주면 매우 높다.

둘째, 농업과 중소기업의 취업인구가 차지하는 비중도 특히 높은 현상을 보인다. ① 취업인구 가운데 농업인구가 차지하는 비율은 38%로서 미국의 10%, 영국의 4%에 견주어 압도적으로 높다. ② 또한 규모별 종업원 구성을 보면 일본에서 1,000명 이상의 대규모 기업의 고용은 영국, 미국, 독일에 견주어 큰 비중을 차지하지만, 100~199명의 중규모 비중은 극히 낮고 10~99명의 소규모 및 10명 이하의 극소 영세 규모의 비중이 높다.

셋째, 기업 규모별 임금 격차가 매우 크다는 것이 일본경제 특유의 현상이다. 대기업과 10~30명의 소기업의 임금은 전자를 100%로 볼 때 후자는 50% 수준에 그치고 있으며, 극소기업이나 영세기업은 40%로 그 격차가 더욱 크다. 이처럼 일본경제는 고용구조에서 '한 나라 안에 선진국과 후진국이라는 이중구조가 존재하는 것'과 같은데 이를 집약하면 다음과 같다는 것이다.

① 한편에서는 근대적 대기업, 다른 한편에서는 전근대적 노사관계에 따른 소기업 및

가내경영을 하는 영세기업과 농업이 양극에 대립하고 중간의 비중이 아주 낮다.

② 대기업을 정점으로 하는 근대적 부문에는 세계의 어떤 선진국에도 뒤지지 않는 선진적 설비가 있다. 이러한 근대 부문은 자본에 대한 노동의 필요량이 한정되어 있고 노동조합의 작용도 강하다.

③ 여기서 고용되지 못한 노동력은 자본이 부족한 농업과 소기업이 흡수하지 않으면 안 된다. 노동력이 저임금으로 저생산력을 지닌 용도로 흡수된다.

④ 그 결과 극히 생산력이 낮고 노동집약적인 생산방법을 갖는 전근대적 부문이 근대적 부문과 공존한다.

넷째, 노동시장도 이중구조적 봉쇄성을 지니고 있다. 대기업이 새로 노동력을 구할 때는 신규 졸업자 가운데 우선적으로 택하고 급히 고용을 늘릴 필요가 있는 경우에는 임시공臨時工이나 사외공社外工을 채용한다. 대기업의 노동자는 해고되면 중소기업이 채용하지만, 중소기업의 노동자가 대기업에 취업할 때는 임시공의 형태를 취한다.

다섯째, 이중구조는 무역구조에서도 나타난다. 일본의 공업 제품 가운데 일반적으로 후진국에서 선진국으로 수출하는 품목(합판, 섬유 등)은 세계의 선진국으로 가고, 선진국이 후진국에 수출하는 품목(선박, 철강 등)은 후진국을 향한다. 대기업의 자본집약성은 노동집약적인 후진국에 유리하고 노동집약적인 중소기업의 이점은 자본집약적이면서 임금이 높은 선진국에 대한 수출증대를 촉진한다.

이와 같은 경제의 불균형적 발전은 소득수준의 격차를 크게 하고, 나아가 사회적 긴장을 크게 한다는 것이다.[26]

이것이 1957년도 일본의 《경제백서》가 이중구조에 대하여 파악한 주요 내용이다. 그 파악 기법이 통일적·이론적 체계를 갖춘 것은 아니었고, 일본경제의 표면에 나타난 이중구조 현상을 병렬적으로 나열한 수준에 그쳤다. 그러나 이중구조의 내용으로 제기한 고용구조의 이중성, 생산성 격차, 임금 격차, 노동시장의

---

26) 앞의 책, pp.33~36.

이중성, 무역구조의 이중성 그리고 그에 따른 사회적 긴장의 격차 등은 뒤에 이중구조에 대한 논의에 중요한 계기를 마련하였다.

더욱이 이중구조 형성의 중요한 요인으로 저임금 노동력의 존재를 지적한 것은 의미 있는 것이다. 루이스도 농업과 공업의 이중구조를 파악하면서 자본축적과 근대화의 계기를 잠재실업潛在失業에서 찾았다. 생존 수준의 낮은 임금으로 무제한하게 공업 부문에 공급할 수 있는 농업 부문의 노동력을 근대 부문 발전의 원동력으로 보았다. 일본경제의 이중구조는 비록 일본 자본주의 전개의 특수성 때문이기는 하지만 근대화 부문(독점적 대기업)이 전근대 부문(농업 및 중소영세기업)을 자본축적의 기반으로 활용할 때, 그 원천은 저임금 노동력에 있다는 점에서 루이스적 인식과 상통한다고 볼 수 있다.

4. 이중구조의 해소와 중소기업의 근대화

이중구조 문제를 지적한 일본의 《경제백서》는 일본경제의 최종 목표를 완전고용에 두었고, 그것은 단순히 완전실업자의 수를 감소시키는 것만이 아니라 경제의 근대화와 성장을 꾀하면서 이중구조를 해소하는 것이었다. 지속적이고 빠른 속도로 늘어나는 노동인구를 흡수하기 위해서는 상당한 경제성장이 필요했고 그런 가운데 이중구조를 해소하는 방안이 강구되어야 했다. 경제의 양적 증가와 질적 개선을 동시에 이룰 수 있는 방안이 요구되었지만 그에 대한 해답이 쉬운 것은 아니었다.[27]

그들은 우선 늘어나는 노동인구를 흡수할 수 있는 경제성장의 속도를 실현하면서 이중구조를 해소하는 길을 택하였다. 이중구조라는 구조적·질적 문제를 양적인 경제 규모의 확대로 해결하려는 피상적이고 자연인구론적인 처방을 강구하였다. 결국 완전고용정책을 추구하면서 이중구조를 해소하는 데 중요한 과제

---

27) 日本經濟企劃廳, 《昭和 32年度 經濟白書》, pp.36~37.

는, 높은 경제성장률을 장기간 지속하면서 일정한 번영을 누리는 것이며, 이것이 야말로 일본의 고용 문제(고용의 이중구조)를 선진국과 공동의 기반 위에 올려놓는 것이라고 보았다. 그런데 경제의 어느 부문을 성장·발전시켜 높은 성장률과 고용흡수를 이룰 것인가에 대하여는 두 가지 방향을 제시하였다.

첫째, 대기업을 정점으로 하여 근대 부문의 급속한 성장을 꾀하고 그것을 기관차로 하여 전근대 부문을 견인하는 방법이다.

둘째, 전근대 부문 자체를 근대화하여 생산성을 높이는 방법이다. 그런데 일본의 경우처럼 농업과 중소기업의 비중이 높은 나라에서는 첫 번째 방법만으로는 오히려 이중구조의 격차를 크게 할 뿐만 아니라 고용흡수도 충분히 이룰 수 없다고 보았다. 더욱이 이중구조의 하층을 이루는 농업에서 소영세기업으로 노동인구가 옮겨감으로써 상층과 하층의 비중이 변하지 않는 것이 당시 일본 경제구조의 특성이었다. 이런 경제구조에서는 경제성장정책을 추진하되 '전근대 부문에 대한 특별한 고려'를 함으로써 이중구조를 해소할 수 있다고 보았다.[28]

이와 같은 주장은 〈국민소득 배증계획〉(1960)과 〈중소기업기본법〉(1963)에서 구체적 정책의 기본 방향으로 실현되었다. 이것이 '구조정책으로서 중소기업 정책', '이중구조 해소 방안으로서 중소기업 근대화정책'의 원천을 이루었다. 이렇게 볼 때 중소기업 정책은 완전고용을 이루기 위한 고도성장 정책의 보완 정책으로서 의미를 지닌 것이었다.

전근대 부문에 대한 특별한 고려를 강구하는 구조적 중소기업 정책으로《경제백서》가 제시한 것, 즉 두 번째 기본 방향의 구체적 내용이 중규모 경영의 근대화였다.[29]

① 이후 10년 동안 영세 규모의 경영까지 포함하여 이중구조를 해소하기에는 어려움이 있다. 따라서 이 기간에 전근대 부문의 근대화 방안으로는 일본에서 특히 그 비중이 낮은 중규모 경영의 채산성을 높여 이를 육성하는 데 중점을 둔다.

---

28) 앞의 책, pp.38~39.
29) 위의 책, pp.39~40.

② 농업의 경영 규모를 확대하여 취업인구의 적정화를 꾀하고 적지고용適地雇傭, 유축경영有畜經營을 추진하고 기계화한다.

③ 중소기업 특히 중규모 제조업의 생산력을 높이는 방안을 강구한다는 것이다.

그러면서 그 이유를 다음과 같이 설명하였다.

① 수출에서의 역할이다. 중소기업 제품은 수출원재료의 대외 의존도가 낮고 외화 가득률이 높다. 또한 중소기업 제품 수출은 선진국을 향하는 부문이 많고 외화가 득에 중요한 역할을 한다.

② 대기업과 높은 상호보완관계를 갖는다. 하청의존도를 높여 하청부품공업을 육성·강화하는 것은 대기업 자체의 발전과 근대화를 추진하는 것이 된다.

③ 중소기업은 자본 효율이 높다. 대기업에 견주어 중소기업은 생산성, 임금수준, 이윤율 등 여러 측면에서 열악하지만 자본생산성과 자본회전율은 대기업보다 높다.

④ 고용흡수력이 높다. 중소기업은 단위당 투자에 대한 고용흡수력이 대기업보다 높아서 취업인구의 반 이상을 흡수한다. 이에 견주어 대기업은 생산성이 높은 근대 설비를 설치하기 때문에 고용흡수력이 중소기업보다 높지 않다.

결국 중소기업 부문(전근대 부문)을 특별히 배려하는 구조정책으로 중소기업을 근대화하여 이중구조를 해소하는 것이 고도성장의 길이라고 보고 이것이 정책적으로는 고도성장정책—이중구조 해소정책—중소기업 근대화정책이라는 정책 체계를 이루었다. 이러한 정책 인식은 일본경제의 이중구조가 근대적인 부문과 전근대적인 부문이 공존하고 있다는 평면적이고 피상적 파악에 기초한 것이었다. 그러나 일본경제 이중구조의 특수성은 근대적인 부문(대기업, 독점자본)이 전근대적인 부문(중소영세기업과 농업)을 바탕으로 이를 지배·수취하면서 형성되고 있다는 일본 특유의 자본축적 법칙 등 구조적 특징이 그 바탕이 되고 있음을 인식할 필요가 있었다.

제3절 중화학공업화와 하청계열제도

1. 공업구조의 고도화와 중화학공업화

경제가 더욱 발전하면 산업구조의 변동이 산업 전반의 구성비뿐만 아니라 제 2차 산업, 특히 공업 내부에서 그 구성이 경공업(소비재 산업)보다는 중화학공업 (자본재 산업) 중심으로 변화된다. 이것을 인정하여 공업화 과정에 들어선 경제의 공업화 단계에 따른 구조 변화에 대한 경험법칙을 제시한 것이 호프만W. G. Hoffman의 산업구조 발전법칙이다. 그는 최초의 《공업화의 단계와 유형》30)이라 는 저서에서 영국 산업혁명이 시작된 1780년대 이후 1929년에 이르는 150년 사 이에 공업화를 행한 20개국의 자료에 기초하여 산업구조의 역사적 발전 형태를 연구하였으며, 다시 제2차 세계대전 후에 《공업의 성장》31)이라는 저서에서 새 로운 통계로 이를 보완하였다.

그는 공업을 소비재 산업(최종적으로 소비에 충당되는 재화를 생산하는 산업)과 자본재 산업(생산수단을 생산하는 산업, 따라서 정확하게는 투자재 산업)의 두 가지로 구분하였다. 그런데 공업화 과정에서 대체로 소비재 산업이 먼저 발전하지만 곧이어 자본재 산업이 급속히 발전하여 결국에는 절대액에 있어서 소비재 산업보다 크게 된다 는 것이다. 그 결과 자본재 산업의 순생산액(부가가치액)에 대한 소비재 산업의 순 생산액은 그 비율이 연속적으로 낮아지는 경향을 갖는다고 하였다.

이러한 공업구조의 변화를 지표화하였으며, 소비재의 순생산액에 대한 자본

---

30) Walther G. Hoffman, *Studien und Typen der Industrialisierung. Ein Beitrag zur quantitativen Analyse historischer Wirtschaftsprozesse*, 1931.
31) W. G. Hoffman, *The Growth of Industrial Economies*, trans. from German by W. O. Henderson and W. H. Chaloner, 1958.

재 순생산액의 비율(이를 '호프만 비율'이라고 한다)을 공업화 단계별로 표시하였다(표 1). 이에 따르면 제1단계에서는 소비재 산업의 비중이 압도적으로 높아 자본재 산업의 5배에 이른다. 제2단계에서는 자본재 산업의 발전 속도가 빨라 소비재 산업의 우위성은 2.5배까지 하락하고, 제3단계에서는 두 산업의 비율이 거의 같게 되며, 제4단계에서는 자본재 산업의 비율이 더욱 높아지게 된다.

[표-1] 호프만의 공업화의 발전단계

	$\dfrac{\text{소비재 공업}}{\text{투자재 공업}}$ 의 비율
제1단계	$5(\pm1)$
제2단계	$2.5(\pm1)$
제3단계	$1(\pm0.5)$
제4단계	2 이상

주: 괄호 안 숫자는 괄호 밖의 숫자를 기준으로 하여 상하의 폭을 표시함.

그런데 호프만은 각국이 공업화를 개시한 시기를 넷으로 구분하였는데, ① 제1기: 1770년~1820년, ② 제2기: 1821년~1860년, ③ 제3기: 1861년~1890년, ④ 제4기: 1891년 이후가 그것이다. 그리고 1920년대에 제3단계에 이른 나라는 영국, 스위스, 미국, 프랑스, 독일, 벨기에, 스웨덴 등이고, 제2단계에 이른 나라는 일본, 네덜란드, 덴마크, 헝가리, 남아연방, 호주이며, 제1단계에 머문 나라는 브라질, 칠레, 인도, 뉴질랜드 등이라고 하였다.

그리고 유사한 공업구조의 발전 과정에서도 두 부문 내 각 산업의 성장에는 차이가 있는데, 이것은 특정 국가 및 발전 단계에 따라 경제 진보와 주도적 역할을 담당한 주도산업이 다를 수 있기 때문이라는 것이다. 그러나 일반적으로 발전 단계별 주도산업을 보면, 최초의 두 발전 단계에는 식료품산업과 섬유산업이고, 제3단계에는 철강업과 기계공업인데, 어떤 나라의 경우에는 섬유공업이 제3단계 주도산업일 수도 있다고 보았다.

한편 소비재 및 투자재 산업의 구체적인 선정은 생산물의 최종 용도에 따르되, 그 산업 생산물의 75%를 기준으로 하였으며 두 산업을 구성하는 업종은 다음과 같다.

① 소비재 산업: ㉠ 식료, 음료, 담배, ㉡ 의류(섬유), ㉢ 피혁, ㉣ 가구

② 자본재 산업: ㉠ 철강, 비철금속, ㉡ 기계, ㉢ 수송용 기계, ㉣ 화학

이 결과 고무, 건설, 종이, 인쇄, 수도, 가스, 전력 등의 산업은 분류에서 제외되었는데 선정된 8개 산업의 순생산액이 전체 공업의 3분의 2를 점한다는 것이다.[32]

그런데 이러한 호프만의 경험법칙에 대하여는 호프만이 본래 의도한 부문 개념과 실제의 계측에서 사용한 개념(구체적인 업종 분류의 내용)이 서로 다르다는 문제점이 지적되고 있다. 실제 계측에서 사용한 개념은 관행적으로 흔히 쓰이고 있는 중화학공업과 경공업의 구분에 가까운데 이것은 '최종 용도별economic use approach'이라고 하는 본래의 구분 개념과 다른 것이다. 즉 그가 자본재로 분류한 업종의 생산물에는 투자로 쓰이는 생산수단이 아닌 소비에 공헌하는 내구소비재耐久消費財가 크게 포함되어 있다. 따라서 호프만의 최종 용도별(경제적 용도별) 구분에 따른 두 부문 분류의 경험법칙이라기보다는 업종별 산출액 기준industrial output approach에 따른 중화학공업화의 경험법칙으로 변질되었다는 것이다.

산업구조가 고도화되면 생산이 우회화되어 공급면에서 우회생산의 이익이 실현된다. 우회생산이란 최종적인 사용 목적을 위하여 직접 필요한 재화를 생산하는 대신, 그 준비 과정으로서 간접적인 기계 원재료 등의 생산수단 또는 생산수단을 만들어 내기 위한 생산수단의 생산을 선행하는 것을 말하며, 이것이 전반적인 생산의 효율을 높이는 것이다. 공업화 또는 중화학공업화는 생산의 우회화를 높이는 것으로, 특히 중화학공업의 생산성 상승률이 높은 것은 우회생산의

---

32) 池田勝彦, 《産業構造論》, 中央經濟社, 1973, pp.21~24.

이익 때문이라고 볼 수 있다. 이것은 해당 산업의 자본의 유기적 구성이 높아진
결과라고 하겠다.

2. 중화학공업화와 하청계열화

1) 사회적 분업의 심화와 하청·계열관계

하청·계열관계를 우리나라 실정법에서는 도급거래, 수·위탁거래 또는 상생
협력으로 규정하고 있다. 산업구조의 고도화로 발달하는 중화학공업은 생산의
우회화를 실현시키고 생산성 상승률을 높이는데 이는 우회생산의 이익 때문이
다. 생산의 우회화는 수요 측면에서 보면 중간재 수요를 확대시킨다. 생산구조
의 고도화 또는 중층화重層化에 수반하여 생산에 필요한 직접·간접의 중간재에
대한 수요가 최종재에 대한 수요보다 그 증가율이 높아지게 된다. 생산가공도
의 연장과 중간 생산과정을 길게 하여 그 과정 가운데 일부는 독립적 영역으로
발전하게 되고, 조립가공산업의 확대는 광범한 사회적 분업을 형성시키게 한
다. 즉 중화학공업 제품은 일반적으로 전후방 관련 효과가 높아서 산업 간, 기
업 간의 관련 관계를 확대시키고 그것의 중점적 성장은 국민경제의 높은 성장
을 달성하게 한다. 그 결과 중화학공업을 정점으로 하는 피라미드형의 산업체
제를 형성시키는데 그것은 중화학공업이 갖는 사회적 분업체제의 형성이 뒷받
침한다.

중화학공업의 진전은 생산의 우회도와 조립가공산업의 발달을 통하여 산업
사이에 사회적 분업이 확충하고 기업 사이에는 하청·계열관계를 양적으로 확
대시킨다. 일반적으로 소재공업에서는 규모이익scale merit이 작동하지만 조립가
공산업에서는 단위부품 수가 증가하고 생산과정이 다양화되어 대규모 경제 이
익은 일정한 한계를 나타낸다. 이에 따라 효율성이 높은 중견기업 또는 중소기

업의 조립 관련 영역이 커지고 이들은 서로 보완적 기업의 집적을 이룬다. 이러한 상호보완적 기업의 집적은 외부경제효과를 창출하고 사회적 분업을 한층 깊게 한다.

모기업과 하청계열기업 사이의 관계가 성립하는 당위성이 여기에 있는데 그 이유는 대기업과 중소기업의 양측에서 다음과 같은 요구가 있기 때문이라는 것이다. 먼저 대기업이 하청중소기업을 필요로 하는 이유는 ① 자본의 절약, ② 위험부담의 전가, ③ 저임금의 간접적 이용 등이다. 다음에 중소기업이 대기업의 하청기업이 되는 이유는 ① 안정적 시장의 확보, ② 모기업(대기업)으로부터의 원조, ③ 과당경쟁으로부터 벗어나는 것 등을 들고 있다.[33)]

대기업과 중소기업 사이의 상호관계는 하청관계 또는 계열관계의 형태를 갖게 되는데 이것은 넓은 의미에서 사회적 분업의 형태이다. 기본적으로 대기업이 하청기업의 기술을 이용할 필요가 있고 그 생산능력을 보조적으로 이용한다는 의미에서 양자는 보완적 관계에 있게 된다. 그러나 하청관계와 계열관계를 구분하여 설명하기도 한다. 하청관계는 일반적으로 불안정한 부동적浮動的·유동적 관계이기 때문에 일정의 하청관계가 지속하고 모기업의 요구에 응할 수 있는 능력을 하청기업이 지니려면 모기업이 하청기업에 대하여 자본, 경영, 기술 등의 면에서 원조를 제공하게 되고, 여기서 양자가 계열화의 관계로 된다는 것이다.

이처럼 하청관계가 계열관계로 변화하는 이유를 좀 더 설명하면 다음과 같다. 경제성장 과정에서 급격한 대기업의 생산 확대는 종래와 같은 하청기업의 이용 방법으로는 불충분하게 되는데, ① 대기업의 생산 확대는 급격한 기술 진보(기술혁신)를 필요로 하며 그 결과 정체된 낮은 기술 수준의 하청기업을 이용할 수 없게 된다. ② 생산 확대·대량생산이라는 생산 팽창에 즈음하여 양산기능의 일정한 품질을 확보할 수 있는 우수한 하청기업이 필요하게 된다. ③ 대기업이 생산하는 원료를 가공하는 형태의 중소기업에 대하여 대기업 사이의 경쟁이 격화되

---

33) 佐藤芳雄, 〈下請·系列化〉, 加藤誠一 編, 《中小企業問題入門》, 有斐閣, 1976, pp.75~77.

고, 대기업이 자기제품의 판매시장을 확보하기 위하여 가공중소기업을 새로 조직할 필요가 있게 된다. ④ 대기업의 경쟁은 판매 경로의 조직화도 필요하여 도소매업의 계열화와 함께 원재료계열, 생산계열, 판매계열의 형태로 나타난다[34]는 것이다.

그 결과 계열관계는 부동적인 모기업의 하청이용보다 자본, 설비, 기술, 경영관리 및 경영관리자의 여러 측면에서 양자의 결합을 밀접하게 하고 자금대여, 알선 및 자본투자, 설비, 기술의 대여 및 지도, 임원의 파견 등 모기업의 생산계열에 하청기업이 더욱 깊이 결합되는 것을 말한다.

하청관계와 계열관계는 다 같이 상위자본(기업)과 하위자본(기업)이 맺는 중소기업의 존립 형태인데 역사적으로는 선대(객주)제도에 그 뿌리를 두고 있다. 지배자인 상위자본이 상업자본의 성격을 가졌을 때 선대(객주)제도로 규정되는 데 대하여 지배자가 대공업 또는 공업자본인 경우에는 하청제도(하청제 공업)로 보았다. 결국 모기업과 맺는 중소기업의 존립 형태는 선대(객주)제도에서 하청제도로, 다시 기업계열제도(계열화)의 형태로 전개되었음을 알 수 있다.

그런데 하청·계열관계는 '상호의존 속의 대립관계' 또는 '대립 속의 상호의존관계'[35]를 그 본질로 하며 이것이 하청·계열관계가 성립하는 이유이기도 하다. 모기업과 하청계열기업 사이에는 상호의존하여 생산력을 향상시키는 측면이 있는가 하면, 서로 이해가 대립되는 지배·종속의 관계가 있기도 하다. 경영의 측면에서는 상호의존관계가 성립하지만 그 속에는 자본의 논리가 작용하여 상호 대립하며 부등가교환에 따른 착취관계가 작용하기도 한다. 이것이 우리가 하청·계열관계, 대기업과 중소기업의 관계를 관찰함에 있어서 항상 유의할 점이고, 진취적으로는 지배·종속관계를 극복하고 상호의존관계를 높이는 방향으로의 노력이 그 과제라고 할 수 있다.

---

34) 앞의 글, 앞의 책, pp.80~81.
35) 末岡俊二, 《中小企業の理論的分析》, 文眞堂, 1974, p.11.

3. 하청계열화와 산업조직

1) 하청·계열화와 준수직적 통합

기업 사이의 관련관계의 한 가지 형태인 하청·계열화는 중소기업을 산업조직으로 이해할 수 있는 중요한 내용이다. 중소기업은 생산활동을 하면서 여러 가지 형태로 다른 기업과 관계를 맺는데 하청·계열화도 그 가운데 한 가지다. 그리고 건전한 하청계열관계를 발전시키는 것은 산업체제 및 산업조직의 효율성을 높이고, 나아가 국민경제의 생산력을 늘리는데 크게 기여한다. 경제는 경쟁으로만 발전하거나 효율성을 유지하는 것이 아니며, 상호보완적 협력이 경쟁력을 높이는 유력한 수단이 되기도 하기 때문이다.

기업은 생산활동을 하면서 기업 내부적으로 또는 기업 외적으로 규모의 경제성을 실현하기 위하여 노력한다. 일찍이 마셜은 이것을 통합화integration와 분화differentiation의 경향에 따른 외부경제external economy와 내부경제internal economy로 표현한 바 있다.[36] 경제가 발달하고 산업구조가 고도화되면서 기업의 경제성 제고를 위한 노력은 기업 내부의 기술개발, 전문성 증진과 함께 기업 외적 관계, 즉 기업 사이의 분업을 촉진하는 경향으로 나타난다. 특히 조립공업이 발달하면서 이러한 경향은 심화된다. 대기업과 중소기업, 또는 중소기업 상호 간의 관계가 더욱 긴밀하게 맺어지면서, 상호의존적인 산업체제가 발전하게 된다.

이때 기업은 생산활동에 필요한 물품을 자기 기업체 내부에서 생산할 것인지(make), 또는 기업 외부에서 조달할 것인지(buy)를 결정하는 것이 경영의 효율성 제고를 위하여 매우 중요한 과제가 된다. 전자의 경우를 흔히 수직적 통합이라고 하고, 후자를 사회적 분업이라고 한다. 생산활동에 필요한 제품을 내부에서 생산하는 경우 즉, 수직적 통합[內製]은 어느 기업이 같은 산업 내의 후방 또는

---

36) 여기서 분화는 산업내부에서 분업과 전문기술, 지식 및 기계의 발달과 같은 형태로 나타나고, 기능의 세분화가 증가된 것increased subdivision of function을 말하며, 통합화는 사회간접자본 등의 발달로 산업기구 industrial organism의 분화된 제 분야간에 관련성이 견고해지고 밀접해지는 것을 말한다.(A. Marshall, *Principles of Economics*, Macmillan, Rep.1959, p.201)

전방관련 부문을 직접적으로 소유함으로써 통합하는 것이고, 이로써 기업은 이들 부문에 대한 직접적인 통제를 하게 된다.

이에 대하여, 외부에서 조달하는 경우 즉, 사회적 분업(넓은 의미)은 독립기업이 시장을 매개로 하여 관계를 맺든지, 또는 수직적 통합과 사회적 분업의 중간분야(영역)를 갖게 되는데, 후자를 준수직적 통합quasi-vertical integration이라고도 한다.[37]

준수직적 통합은 시장 가운데 모기업의 조정 정책의 대상영역이며 그 조정 및 통제의 정도의 폭도 광범위한데, 바로 하청·계열화가 주된 분야이며 산업조직론의 중요한 연구대상이 되고 있다.

2) 하청계열제도의 성격과 그 변화

하청 제도subcontracting system는 해당 기업보다 자본금이 큰 기업 또는 종업원 수가 많은 기업(모기업이라고 한다)에서 위탁을 받아

① 이들 모기업의 제품에 사용되는 부문품, 원재료 등을 제조하거나

② 이들 모기업이 제품 제조를 위하여 사용하는 설비, 기구, 공구 등을 제조 또는 수리하는 것을 말한다.

③ 따라서 하청은 해당 기업이 일반적으로 시장에서 판매하고 있는 제품을 다른 기업이 일반 유통과정을 통하여 구입하는 경우를 포함하지 않으며

④ 모기업이 해당 기업에 직접 주문하고, 그때 규격, 품질, 성능, 형상, 디자인 등을 지정하는 행위가 수반된다.

⑤ 따라서 엄밀한 의미에서 하청 제도는 모기업과 하청기업의 생산공정상의 관계를 말한다.

---

37) 中村精, 《中小企業と大企業》(日本の産業發展と準垂直的統合), 東洋經濟新報社, 1983, p.8.

한편 계열화articulation는 모기업과 하청기업의 관계가 더욱 긴밀해지는 경우를 말하며 구체적으로 출자, 융자, 중역파견 등이 이루어지는 경우가 이에 해당한다.[38] 하청계열화는 부품 또는 제품의 생산 가공에 관련하여 우위기업(모기업)과 열위기업(하청·계열기업) 사이의 거래형태이기 때문에, 서로 지배·종속관계를 수반하는 것이 보통이다.[39]

기업이 물품을 외부에서 조달할 때(넓은 의미의 사회적 분업), 시장에서 구매하든지(좁은 의미의 사회적 분업) 다른 기업에 발주하더라도外注 대기업과 전문기업, 대기업 상호 간 또는 중소기업 상호 간에 이루어지는 거래의 경우에는 지배 종속이 아닌 '대등한 거래'가 이루어질 수 있다.

기업이 생산 활동에 필요한 물품을 다른 기업에 발주하는 것을 흔히 외주外注라고 하는데(넓은 의미), 이 가운데 하청계열관계에 있는 기업에 위탁하는 것으로 한정하여(좁은 의미) 외주라고 하는 견해도 있다. 이에 대하여, 독립적인 구매대상(주로 시장)에서 조달하는 경우를 구매라고 하여 이를 외주와 구별하기도 한다.

그러나 외주는 다른 기업에 발주한다는 포괄적 의미를 지니고 있기 때문에 여기에는 일부 독립적 구매대상도 포함하는 것으로 보아야 할 것이다. 따라서 외주가 모두 지배종속관계를 그 특성으로 한다고 보기는 어렵고, 외주 가운데 상호보완적인 대등한 거래관계가 형성되는 경우도 포함한다고 볼 수 있다.

외주를 좁은 의미로 해석하는 입장에서는 어떤 기업이 필요한 물품을 자기 기업에서 생산하지 않고, 외부에 위탁·조달할 때 그 위탁대상을 자기의 지배 또는

---

38) 앞의 책, pp.28, 50.

39) 하청계열제도의 성격에 대해서는 일본에서 논쟁이 있었다. 특히, 하청 논쟁에서는 이를 생산공정에서의 유기적 결합이라는 견해(小宮山琢二)와 상업자본적 공업지배(藤田敬三)라는 견해가 대립되었다. 전자에서는 모기업이 하청기업을 지배하되, 수직적 통합에 준하는 정보파악과 지도 연락을 통하여 기술진보, 생산성 및 품질향상, 비용절감을 하는 등의 방법으로 생산력을 높인다고 보았는데, 이는 바로 수직적 통합의 장점을 말하는 것이다. 또한 하청 제도에서는 하청기업 간의 경쟁과 모기업이 제품을 자체생산(內製化)한다는 위협을 통해 조달제품의 가격을 절하하는 것도 가능한데, 후자는 하청 제도의 이러한 측면을 지적하고 있다. 하청 제도는 조직의 유연성, 규모의 경제성, 자본절약, 임금 격차의 이용 등 사회적 분업의 장점도 가지고 있다. 결국 하청제도를 통합과 시장의 중간 영역에 속하는 준통합으로 보거나(J. Houssiaux), 수직적 통합과 사회적 분업의 중간 영역으로 보는 입장에서는, 하청 제도가 수직적 통합과 사회적 분업의 장점을 지닌 효율적 제도라는 것이다. 이는 산업조직론적 관점에서 본 하청 제도에 대한 긍정적 평가이기도 하다.(中村精, 위의 책, pp.49, 52)

계열화관계에 있는 외주·하청가공업체로 할 것인지, 아니면 독립적인 구매대상 (주로 시장 구입)으로 할 것인지를 정한다고 본다. 전자를 외주·하청가공subcontracting 이라고 하고, 후자를 구매purchasing라고 구분하기도 한다. 이때 외주·하청가공은 모기업체와 수탁 기업체 사이에 지배·종속적인 하청제의 특징을 지니는 데 반해, 구매의 경우 서로 의존적인 보완관계가 형성되어 독립성이 유지된다.

일본 기계공업에서는 전자(외주 하청가공)의 개념이 지배적인데 견주어, 미국의 경우에는 후자(구매)가 지배적이라고 보고 있다. 이것은 미국에서는 기업활동에 필요한 물품을 시장거래를 매개로 하여 이루어지는 시장구입의 비중이 높고, 따라서 대등한 거래조건으로 독립적 기업 사이에 이루어지는 데 비해, 일본에서는 지배종속의 관계를 갖는 하청계열 업체로부터 주로 조달하기 때문이다.[40]

한편, 산업구조가 고도화되어 중화학공업화가 진전되면 생산우회도가 심화되고, 조립가공산업이 발달하면서 하청계열관계를 양적으로 확대시키지만 질적으로 변화시켜, 하청계열관계에 변화를 가져온다는 주장이 있다.[41]

첫째, 그것은 사회적 분업의존체제가 확립되기 때문이다. 조립가공산업의 확대는 산업 간 분업체제를 심화시키고, 하청기업에 의존도를 높인다.

둘째, 하청계열기업이 전문화되고 거래처가 확대된다. 사회적 분업체제의 확립은 단위부품 및 반제품 생산에서 하청기업의 생산력을 발전하도록 한다. 조립 기술의 축적과 신종 기계설비의 보급은 하청기업의 노동수단을 발전시키고 제품의 선택, 마케팅 능력 등의 경영자원을 축적도록 한다.

셋째, 거래가격의 형성조건을 변화시킨다. 대기업의 수요독점과 하청기업들의 경쟁이라는 종래의 하청계열관계의 특징이 중화학공업의 진전에 따라 점차 변화한다. 독과점적 모기업의 수요독점 상태가 약화되고 전문기업이 형성되면서 하청기업들의 경쟁상태도 완화됨으로써, 거래가격 조건은 하청기업에 유리한 방향

---

40) 佐藤芳雄, 《低成長期における外注·下請管理》, 中央経済社, 1980, pp.136~137, 157. 원래 미국에서 하청 또는 하청계약subcontracts은 정부조달에서 직접 수주계약을 맺은 주계약자prime contractor와 맺은 재수주 계약을 의미한다. 따라서 이것은 계약개념이며, '지배종속관계'의 의미가 포함되어 있지 않으며 반드시 기업규모와 관계가 있는 것도 아니다.

41) 淸成忠南, 《現代中小企業の新展開》, 日本經濟新聞社, 1972, pp.128~137.

으로 달라진다. 즉 전문화의 진전은 모기업과 하청기업 사이의 상호관계를 대등하게 하는 계기가 되고, 따라서 가격형성 조건도 하청기업에 유리하게 전개된다.

4. 하청계열화의 경제적 역할

대기업과 중소기업의 하청관계 또는 계열관계는 사회적 분업관계의 한 가지 형태이지만 두 가지는 그 개념이 구분되기도 한다. 기본적으로 대기업이 하청기업 또는 계열기업의 기술을 이용할 필요가 있고 생산능력을 보조적으로 이용한다는 의미에서 양자는 보완관계 또 보충적 관계에 있는 반면에 상호 대립관계의 측면도 있다. 자본주의 경제가 발전하면서 하청관계는 계열화라는 형태로 기업관계가 변화하게 된다. 하청관계는 일반적으로 불안정한 부동적浮動的·유동적 관계이다. 그런데 일정의 하청관계가 지속하고 모기업인 대기업의 기대와 필요에 응할 수 있는 능력을 하청기업이 지니도록 하려면 모기업이 하청기업에 대해 자본·경영·기술 등의 면에서 원조를 제공하게 된다. 여기서 양자가 계열화의 관계로 된다는 것이다.[42] 즉, 계열화는 부동적인 모기업의 하청 이용이 자본·설비·기술·경영관리 및 경영관리자의 여러 측면에서 결합이 밀접하게 되고 자금 대여, 알선 및 자본 투하, 설비·기술의 대여 및 지도, 인원의 파견 등 모기업의 생산계열에 하청기업이 더욱 깊이 결합되는 것을 말한다.

하청·계열관계의 조성은 그것이 다음과 같은 경제적 역할을 하기 때문에 국

---

42) 佐藤芳雄, 〈下請·系列化〉, 加藤誠一 編, 《中小企業問題入門》, 有斐閣, 1976, p.75. 우리나라 실정법에서는 하청제도를 계열화와 구분해서 사용하지 않고 계열화의 개념에 포함시켜 규정하고 있다. 예컨대 〈중소기업기본법〉에서는 하청제도에 대한 규정 없이 '전문화 및 계열화의 조성'에 대한 것만을 규정하고 있다. 또한, 〈중소기업 계열화 촉진법〉(1975년에 제정된 이 법은 1995년에 제정된 〈중소기업의 사업영역보호 및 기업 간 협력증진에 관한 법률〉에 통합됨)은 계열화라 함은 제조업자, 가공업자, 판매업자 또는 수리업자가 물품, 부품, 반제품, 부속품 및 원료의 제조·가공·수리를 중소기업자에게 위탁하고, 이를 위탁받은 중소기업자가 전문적으로 물품 등을 제조하는 상호분업적 협력관계를 이루는 것을 말한다고 되어 있다. (제2조 1항) 이러한 계열화의 개념은 하청관계를 포함하는 것으로서 두 가지를 구분하는 이론적 설명과는 차이가 있다. 또한 계열관계의 모기업체(위탁기업체) 업종에는 제조업뿐만 아니라 판매업자인 유통업까지 포함하고 있음도 유의할 필요가 있다. 2006년에 제정된 〈대·중소기업 상생협력촉진에 관한 법률〉에서는 〈상생협력〉이라고 포괄하여 규정하였다.

민경제적 요구에 부응하는 것이다.

첫째, 대기업과 중소기업 사이에 공존체제를 확립한다. 일반적으로 대규모의 생산자가 모든 부품이나 그 공정을 자기 공장에서 제작·운영하는 것도 가능하지만, 그것이 경제적이라고 할 수는 없다. 비교적 간단한 부문품의 가공 및 제작은 중소기업이 보유하고 있는 설비와 기술로써 제조할 수도 있다. 그런데 중소기업의 조직은 소규모이고 그 관리비도 저렴하며 임금수준도 대기업보다 낮아서 생산비도 낮다. 따라서 어느 정도 대량생산되는 부문품은 중소기업의 시설과 기술로 생산하는 것이 기술적으로 가능하고 또한 경제적이다. 그런데 하청·계열화가 형성되지 못하면 중소기업은 대기업과 격리되어 그 유지·발전이 어렵고 대기업 측에서는 불필요한 시설투자를 하지 않을 수 없기 때문에 비능률과 자원의 낭비가 초래된다. 결국 하청·계열화의 진전은 대기업과 중소기업이 각자의 영역을 확보하여 상호보완관계를 유지하고 기업 사이의 지나친 경쟁으로 일어나는 기업 도산의 위험을 방지한다. 또한 전문화 및 표준화로 질적 및 적정규모 생산을 실현하여 대기업과 중소기업의 균형 있는 발전과 나아가 국민경제의 국제경쟁력을 배양하게 한다.

둘째, 규모의 경제를 실현하게 한다. 하청·계열화는 능률적인 생산 단위 및 경영 단위에 입각한 사회적 분업의 이익을 촉진하기 때문에 그 경제적 효과가 높다. 대체로 중소기업은 원가 면에서 유리하여 대기업과의 직접적 경쟁을 피하면서 대기업을 보완하고 경우에 따라서는 대기업과 효과적으로 경쟁할 수 있는 생산 분야를 모색하면서 대기업과 경쟁적 공존을 하기도 한다. 또한 중소기업은 대기업이 생산하는 표준화된 대량생산 품목 사이의 간격을 메우거나 대기업보다 경쟁에 유리한 분야에 진출해서 대기업과 공존하기도 한다. 이때 중소기업이 경쟁에서 유리한 점은 분산된 원료의 가공, 지방시장을 대상으로 하고 수송비가 비교적 높은 제품, 서비스업, 공정을 분리할 수 있는 생산 분야, 기예적技藝的이거나 정밀한 수작업, 대규모 경제의 이익이 적은 특수 제품 및 시장 규모가 작은 업종에서 존립하면서 규모의 경제를 실현한다.

셋째, 전문화를 진전시킨다. 기업체당 생산 품목 수가 많고 생산 규모는 작은 다품종 소량생산체제는 일시적·단기적으로는 기업 유지에 도움이 되지만 장기적으로는 기업 경영을 어렵게 하고 나아가 기술 수준의 향상이나 품질 및 성능의 개선을 불가능하게 하여 대외경쟁력을 저하시킨다. 여기서 전문화의 필요성이 있게 되는데 하청·계열화가 이러한 전문화체제를 확립시켜 준다. 기계공업의 예에서 보면 대기업인 모기업과 중소기업인 수급기업受給企業이 상호보완관계적 분업체제를 이룰 때 수급기업은 몇 개의 제한된 품목을 전문적으로 생산하여 생산능률을 높인다. 그리고 모기업은 이를 구입·조립하여 완성품을 생산함으로써 능률적 생산이 가능하게 된다.

넷째, 기술 수준을 향상시킨다. 하청·계열화는 낮은 기술 수준을 극복하고 기술혁신을 이루게 하는 원동력이 된다. 하청·계열화가 심화되면 모기업은 부품의 생산을 하청·계열기업에 담당시키고 그 품질 향상을 위해 실험 연구·검사 및 신제품의 개발에 전념하도록 하기 때문에 기술 수준이 높아지고 기술혁신도 이룰 수 있게 된다. 이때 중소기업이 스스로의 힘으로 기술혁신이 어려울 경우 대기업이 필요한 기술 및 경영 지도를 실시할 수도 있기 때문에 타율적이기는 하지만 이것이 중소기업의 기술 향상에 도움을 줄 수 있다.

다섯째, 자금 부담을 감소시킬 수 있다. 모기업이 수급기업의 기존 시설을 활용하기 때문에 모기업의 설비 투하 자금의 부담을 경감시킬 뿐만 아니라 국민경제적으로는 가용 시설을 활용하는 이득이 있게 된다. 더욱이 모기업이 기업경영에 필요한 자금 조달 능력이 부족할 때, 주요 부분에선 직접투자를 하고 보조 부분은 수급기업에 위임함으로써 자금 부담을 줄일 수 있다. 또한 모기업은 수급기업에게 기계설비의 대여, 중고 기계설비의 불하 또는 설비 투자금융의 융자 알선의 편의를 제공하여 수급기업의 설비근대화를 촉진하기도 한다. 그 결과 모기업이 직접 자기 공장을 확보하는 것보다 적은 자금으로 기업 경영을 할 수 있게 된다. 그리고 노임 부담의 경감으로 자금 부담을 줄일 수 있는데 이것은 대기업이 중소기업과의 규모별 임금 격차를 활용함을 뜻한다. 곧 모기업은 자기 회

사의 노동자에게 지불하는 것보다 낮은 수준의 수급기업 노동자를 간접적으로
활용하여 일정한 생산량을 확보할 수 있게 된다.

여섯째, 산업구조의 합리화에 이바지한다. 하청·계열화는 국민경제적으로 볼
때 산업구조의 합리화를 가져오게 하는데 이것은 공업구조의 고도화와 생산력
의 발전이 생산의 분업화와 우회화로 이루어질 수 있다는 것을 의미한다. 즉 하
청·계열화는 생산의 분업화와 우회화를 촉진시키고 산업 사이의 최적 상관관계
를 조성하며 합리화된 산업구조를 구축할 수 있게 한다.[43]

한편 국민경제적 효과 면에서 하청·계열화의 기능을 다음과 같이 집약하여
설명하기도 한다.

① 사회적 분업을 촉진하여 산업구조의 근대화를 통한 공업의 내포적 발전을 이루
　게 한다.

② 모기업과 수급기업, 대기업과 중소기업의 균형적인 발전을 이루게 한다.

③ 모기업의 신규 투자를 억제하고 수급기업의 기존 시설을 이용함으로써 국내 가
　용 자원의 종합적 이용을 가능하게 한다.

④ 전후방 연관관계의 형성에 따라 산업연관을 높이고 고용 및 소득효과를 유발시
　킨다.

⑤ 국내 기업 사이의 과도한 경쟁에서 오는 기업 도산의 위험을 방지하고 전문화·
　표준화·단순화로 질적·양적 생산이 가능하게 되어 국제시장에서 경쟁력을 배양
　한다.[44]

⑥ 기업 혁신의 터전을 마련하여 국내 산업의 발전을 촉진시킨다.[45]

---

43) 중소기업은행 조사부, 《주요업종의 하청실태》, 1970.12, 14~18쪽 참조.
44) 중소기업은행, 〈산업계열화 조성의 현황과 문제점─기계공업의 하청실태를 중심으로〉, 《중소기업논집》(제
　1집), 1976.12, p.349.
45) 하청·계열화가 성립하는 이유에 대하여 대기업과 중소기업의 양측으로 나누어 설명하기도 한다. 먼저 대
　기업이 하청 중소기업을 필요로 하는 이유로서 ① 자본의 절약, ② 위험부담의 전가, ③ 저임금의 간접적
　이용 등을 들고 있다. 다음에 중소기업이 대기업의 하청기업이 되는 이유로서는 ① 안정된 시장 확보, ②
　모기업으로부터의 지원, ③ 과당경쟁으로부터의 도피 등을 들고 있다.(佐藤芳雄, 앞의 글, 加藤誠一 編, 앞
　의 책, pp.75~77)

제8장
경제 발전과 중소기업 문제(Ⅱ)

제1절 지식집약화와 벤처 비즈니스

1. 지식산업화와 산업구조의 전환

1) 지식의 역할과 지식산업

마셜A. Marshall은 일찍이 19세기 말에 산업발전에서 지식knowledge의 역할을 강조하였다. 지식은 생산의 가장 강력한 엔진most powerful engine of production인데, 그것은 자연을 극복하여 우리의 욕망을 채워 준다. 그런데 조직organization은 지식을 돕는다고 하였다.[1] 곧 인간이 자연에 대한 지배력을 발휘하는 데 가장 강력한 힘이 지식에서 오는데, 인간이 지닌 지식이라는 기동력을 최대한으로 높여 주고 구체화하여 주는 것이 조직이라고 보았다.

마셜은 인간의 지식이 개선된 조직의 도움을 받아 자연에 작용하여 수확 체증Increasing Return의 경향을 나타내게 하고, 나아가 노동과 자본의 생산능률을 늘려 산업 진보를 가져온다고 하였다. 경제사회가 발전하면서 인간성의 합리성과 지적 능력이 올라가고, 이것은 조직을 개선하여 고도로 발달한 산업조직을 위한 편의를 제공하며, 자본과 노동의 능률 향상에 도움을 주어 산업발전을 가져온다. 즉 지식의 발달과 조직의 개선이 상승적으로 작용함으로써 산업사회의 진보를 촉진한다고 보았다.

지식이 산업사회의 진보에 작용하는 역할에 대한 마셜의 소박한 지적은 1960년대 초에 지식산업knowledge industry이라는 개념이 제기되면서 새롭게 조명되었

---

1) A. Marshall, *Principles of Economics*, London: Macmillian & Co., 8th ed. 1890, 8th ed. 1920, Rep. 1959, p.115.

다. 여기서 지식산업은 물적 생산, 물적 유통을 주된 임무로 하는 산업과 달리 지식, 정보, 기술 등의 생산과 유통에 종사하는 산업이라고 보았다.

그리고 지식산업으로 ① 연구개발, ② 교육, ③ 언론 보도기관mass communication media, ④ 정보서비스, ⑤ 정보기기 등 다섯 분야를 들었다. 이를 바탕으로 1958년의 미국 지식산업을 실증적으로 연구하였다.[2] 노동과 자본이라는 전통적 두 생산요소 이외에 지식과 정보를 제3의 독립적 생산요소로 보고 이것이 중요한 역할을 하는 산업의 특성을 규정·구분한 것이다.

이러한 지식산업론은 중화학공업화가 성숙한 뒤 탈공업사회의 전개와 함께 그 산업의 구조 분석 방법으로 더욱 적극적 의의를 지니게 되었다. 탈공업사회는 지식·정보집약산업을 중심으로 하는 사회이고 여기서는 지식산업과 정보산업의 전개가 그 기본 특징이라고 할 수 있다.

2) 지식집약화의 의의와 산업구조의 전환

탈공업사회의 중추적 산업인 지식·정보집약산업에서는 산업활동을 하는 데 지식과 정보의 역할이 상대적으로 중대하며 이를 주축으로 산업구조의 변화가 진행된다.

지식집약화는 산업활동에서 인간에 체화된 지식의 작용 또는 지식으로 체화된 인간의 역할이 상대적으로 늘어나는 것을 의미한다. 마셜도 인간성의 합리성과 지적인 향상을 바탕으로 하는 인간의 산업활동에서 지식의 작용과 역할을 산업 진보의 강력한 엔진이라고 보았다. 그러나 오늘날의 지식집약화는 마셜 시대의 그것과는 다른 성격을 지니고 있다. 현대의 지식집약화는 정보혁명에 기초를 둔, 지식으로 체화된 인간(노동)의 역할이 늘어나는 것을 의미한다. 즉, 지식·정보집약적인 인간(노동)의 작용이 관심의 중요 대상이다.

좀 더 설명하면 지식집약화란 산업활동과 경영활동의 여러 측면에서 지식노

---

2) E. Machlup, *The Production and Distribution of Knowledge in the United States*, Princeton Univ. Press, 1962.

동의 투입도投入度가 확대되는 것이다. 지식노동은 객관화된 지식을 의식적으로 활용하는 유형의 노동이다. 이때 객관화된 지식을 가지고 새로운 지식을 창조하는 것도 지식노동의 하나의 특징이다.

그런데 객관화된 지식에는 두 가지가 있다. 하나는 과학적 지식이며, 다른 하나는 경험적 사실을 정리하여 형성된 법칙적 지식이다. 따라서 지식집약화는 크게 보면 산업활동이나 경영활동에 한정된 개념이 아니며 또한 현 시점에만 그치는 것도 아닌 연속성을 갖는 개념이다.

지식노동과 대비되는 개념으로 기능노동과 단순노동이 있다. 기능노동은 숙련노동을, 단순노동은 숙련을 필요로 하지 않는 육체적 작업노동을 말한다. 공업화가 이루어지면서 노동력 부족이 심화되고 기능이 기술로 변화하면서 이들 노동도 서서히 지식노동으로 바뀌고 있다. 결국 지식산업화가 가속화되는 것이다.

지식집약화는 공업화와 함께 이루어졌고 특히 중화학공업화 과정에서 촉진되었다. 중화학공업화는 자본집약화론의 근거가 된다. 그러나 지식집약화를 수반하지 않는 기능노동 집약적 또는 단순노동 집약적 중화학공업화는 경쟁력을 잃고 있다. 오히려 지식집약적이면서도 노동집약적인 중화학공업이 국제경쟁력을 확보하고 있다.

이처럼 공업화 과정에서, 특히 중화학공업화의 진전과 함께 지식집약화는 가속화되었다. 그런데 현 시점에서 지식집약화의 필요성을 제기하는 것은 단순히 '지식노동의 투입도의 확대' 이상의 의미를 지닌다. 중화학공업화의 성숙이 지식의 축적과 지식집약화를 가속화하는 바탕이 되었다. 그러나 중화학공업화는 여러 가지 문제를 가져왔다.

중화학공업화가 가져온 문제점을 해결하기 위하여 축적된 지식을 창조적으로 사용하는 데 오늘날 지식집약화의 의의가 있다. 이런 점에서 지식집약화는 과거의 지식집약화와 단절되면서 기존 산업체제의 전환을 추구하는, 말하자면 지식집약화의 불연속성을 지닌 것이다.

중화학공업화가 가져온 문제를 해결하려고 지식집약화를 추구하였기 때문에 중화학공업화의 성숙과 동시에, 불연속적 형태로 지식집약화가 이루어진다. 이런 불연속성은 '지식노동 투입도의 확대'라는 평면적 의미 이외에 정보혁명 과정에서 발달한 정보기술(Information technology: IT)과 정보지식에 기초를 둔 지식으로 체화된 노동의 확대라는 의미를 지니고 있다. 즉 종래의 지식노동이 아닌 지식·정보집약적인 전문적 노동의 투입인 것이다.

'지식·정보집약적 노동의 투입도의 확대'라는 의미의 지식집약화에서 지식노동은 '노동의 한 측면'에 지나지 않는다. 산업 및 경영활동에서 자본이 아닌 노동에 중점을 두는 개념이다. 노동의 주체는 인간이고, 따라서 지식노동의 주체도 인간이다. 새로운 지식집약 분야에서는 지식노동자가 주된 계층이 되고 이들을 이끄는 기업가가 필요하다.

지식집약화를 위해서는 지식노동의 질을 높이고 양을 늘리는 것, 말하자면 인적 경영자원의 축적이 필요하다. 인적 경영자원을 활용하기 위해서는 조직화가 필요하다. 그러나 조직은 지식노동의 활동을 도울 뿐이며 조직이 지식집약화를 담당하는 것은 아니다. 그 담당자는 어디까지나 지식노동의 주체인 개인(인간)이다. 개인(인간)이 지배하는 조직(지식노동을 돕는 조직)이 필요하다. 기업가적 경영은 이를 바탕으로 전개된다.[3]

이때 지식집약화와 기업규모의 관계를 획일적으로 말하기는 어렵다. 대기업에 유리한 것도 아니며 그렇다고 중소기업이 유리한 것도 아니다. 그러나 기업가정신을 발휘하는 고도의 지식집약적 기업의 규모는 반드시 대기업은 아니며 오히려 중소 규모의 새로운 기업이 많다고 볼 수 있다.

지식집약화란 중화학공업화가 성숙하면서 이루어진 산업구조의 변화라는 점에서는 산업구조의 전환을 수반한다. 지식집약화로 산업구조를 전환하는 것이 계획적 정책적 유도 대상이 되는데 그 이유는 다음과 같다.

① 산업구조의 지식집약화는 자본집약적, 대량생산 지향적 중화학공업화가 가져온

---

3) 淸成忠南, 《知識集約産業》(省資源時代の企業經營), 日本經濟新聞社, 1974, pp.37~40·pp.86~88참조.

문제점(자원 과다소비, 공해 발생 등)을 해소하는 방향이기 때문이다.

② 지식집약화는 산업의 국제경쟁력을 높여 준다. 따라서 선진경제를 따라잡는 방향이기도 하다.

③ 자본 중심의 수직적, 중층적 산업조직의 경직성을 완화해 준다.

이러한 이유 때문에 지식집약화의 방향으로 산업구조를 전환하는 것에 대한 적극적 평가를 하면서 나온 것이 산업구조론에서의 이론적 전환의 문제에 대한 검토이다. 지식·정보집약산업 또는 지식산업이라는 산업부문 개념은 클라크C. Clark가 확립한 페티W. Petty의 법칙이나 호프만W. Hoffman의 중화학공업화의 경험법칙에서 이루어졌던 산업 분류의 틀에 대하여 재검토를 요구하게 하였다.

종래의 산업 개념은 주로 '생산과정의 유사성'을 기준으로 한 것이었다. 상품의 생산과정에 따른 전통적 산업 개념은 '활동의 단위'라는 관점을 제시하는 것이었다. 산업을 어느 공통의 시장에서 경쟁하는 기업의 집단으로 규정한 것은 산업을 시장과 긴밀한 관련을 갖는 분석의 단위로 보는 것이었다.

이에 견주어 새로운 산업 개념은 명확한 '단위의 개념'을 제시하지 않는다. 새로운 산업은 시스템system산업이라는 목적기능적 산업 개념을 등장하게 한다. 곧 '기능 중심'의 산업개념이 필요하다. 공통의 시장이 아닌 여러 부문을 복합적으로 포괄하기 때문에 그것은 오히려 '활동의 형태'로 하나의 새로운 특징을 부여한다.

따라서 종래의 산업과 새로운 산업의 개념은 대체적 개념이 아니며 이질적 차원의 개념이다. 새로운 산업은 새로운 활동의 형태를 발생시킨다.

2. 지식집약화와 중소기업

1) 지식집약화와 지식집약형 산업

지식집약화란 지식노동의 투입도를 확대하는 것을 말한다. 기업경영이 가능한 대로 지혜와 두뇌를 사용하는 등 지적 행동의 집약도를 높이는 방향으로 이 행하는 것이 지식집약화이다. 좀 더 구체적으로 설명하면 연구개발, 디자인, 전 문적 판단, 각종 경영활동에서 고도의 경험적 지식을 뒷받침 받아 기능을 발휘 하는 것을 포함하여 경제·경영활동에 인간의 지적능력의 행사를 지향하는 것을 지식집약화라고 할 수 있다.

한편 지식집약형 산업구조란 지적 활동의 집약도가 높은 산업(지식집약형 산업) 을 중심으로 이것을 뒷받침하는 기초산업에서는 물론, 다른 산업에서도 가능한 대로 지식집약도를 높이는 산업구조의 모습을 의미한다.[4] 이에 따라 1970년대 초에 일본에서는 지식집약형 산업으로는 다음과 같은 유형을 제시하였다.[5]

① 연구개발 집약 산업

연구개발 부문의 비중이 질적·양적으로 높고 연구개발의 성과 여부가 그 산업의 발 달에 적극적인 역할을 하는 산업이다. 구체적으로는 전자계산기, 항공기, 전기자동 차, 산업로봇, 집적회로, 합성화학, 특수도자기, 해양개발 등이다.

② 고도 조립 산업

제품이 다수의 부분 재료의 복잡한 조립으로 만들어지고 제품의 제조 과정이 고도 의 기술 및 기능에 의존하는 비율이 높은 산업이다. 구체적으로는 통신기계, 사무기 계, 수치제어NC, 공작기계, 공해방지기기, 가정용 대형냉난방기구, 교육기기, 공업 생산주택, 대형건설기계, 고급플랜트 등이다.

③ 패션형 산업

제품은 고도의 다양한 소비자 욕구를 충족시키는 것이기 때문에 그 상품의 개발 및 제조과정에 디자인, 고안, 색채배합 등의 창안이 결정적 역할을 하는 산업이다. 구 체적으로는 고급의류, 고급가구, 주택용 조리용품, 전기음향기구, 전기악기 등이다.

---

4) 日本中小企業廳 編, 《70年代の中小企業像》(中小企業政策審議會意見具申の內容と解說), 通商産業調査會, 1972, p.61.
5) 위의 책 pp.58~59.

④ 지식산업

경제사회 전반에 걸친 지식·정보의 효율과 수요의 증대에 따라 지식·정보를 생산하고 제공하는 산업이다. 구체적으로는 정보처리 서비스, 정보제공 서비스, 비디오 산업 등 교육관련, 소프트웨어, 컨설팅, 시스템 작성system ensuring 등이다.

한편 중소기업이 지식집약형 산업으로 발전하고 지식집약화하여 그 중심이 되는 산업으로 발전할 가능성이 있는지를 검토하는 문제를 제기하기에 이르렀다. 지식집약적 산업의 발전은 중화학공업화 과정에서 전형적으로 이루어진 대형설비의 균질적 대량생산을 통한 비용 절하와 이윤 추구에는 한계가 있으며, 또한 중화학공업화가 가져온 문제점을 극복하려는 데서 출발하였다. 따라서 지식집약형 산업은 기업 활동의 규모라는 점에서는 중소 규모에 적합한 분야를 많이 제공하고 있으며 그것이 중소기업 분야에서 현실화되었다.

위에 제시한 지식집약형 산업에 해당하는 중핵산업中核産業 분야에서 뿐만 아니라 그것을 뒷받침하는 관련 중소기업인 주변산업周邊産業에서도 지식집약화의 적응성은 확인되고 있다. 물론 중소기업의 지식집약화가 위에 제시한 신산업新産業 분야에 한정되는 것은 아니다. 기존의 중소기업 분야에서도 기업 경영이 가능한 대로 지혜와 두뇌를 이용하는 방향으로 이행하는, 곧 지적능력을 사용하여 변화하는 경영 환경에 적절히 대응하는 것도 지식집약화인 것이다.

중소기업이 지식집약화를 지향하는 경우, 기업 경영의 방향으로 중점적으로 살펴야 할 점은 다음과 같다.6)

① 수요의 다양화, 개성화, 고급화와 이에 뒤따르는 상품 수명의 단축화 경향에 적응하도록 마케팅 노력을 포함하여 시장의 동향에 민감할 것.
② 변화하는 시장 동향에 적합한 상품을, 좋은 자연환경과 노동환경을 확보하는 데 맞추어 개발하고 공급하도록 연구와 기술개발에 중점을 둘 것.

---

6) 앞의 책, P.61.

③ 앞으로 상품개발은 소재, 제조과정, 제조기술 등에서 점차 시스템화의 방향으로 나아갈 것이기 때문에 다른 산업 부문 및 상품분야의 연구와 기술개발 동향에도 민감할 것.

2) 지식집약형 산업을 담당할 기업

산업구조 전환의 중심적 역할을 할 새로운 산업, 즉 지식집약형 산업은 주로 어떤 기업이 담당할 것인가를 검토할 필요가 있다.

슘페터J. Schumpeter는 새로운 산업을 담당하는 자로서 '신기업과 신인新人의 가설The hypothesis of New Firms and New Men'을 제시했다.[7] 새로운 산업으로 진출하는 것은 기존의 기업이 아니라, 새로운 사람이 새로운 기업을 일으켜 진입한다는 것이다. 물론 그는 새로운 사람이 기존의 기업을 변혁하여 신산업에 진출할 가능성도 부인하지는 않았다. 그러면서도 특히 대기업을 혁신innovation의 담당자로 높이 평가하였다.

결국 슘페터 가설은 기본적으로 산업 교체는 기업 교체와 관련성을 갖지만, 혁신의 담당자인 신인을 확보하는 대기업은 기업 교체에서 예외적이라고 보았다. 이를 전제로 하여 슘페터는 거대기업을 '그 안에서 끊임없이 변화하는 사람이 혁신에서 혁신으로 옮겨가는 것의 외각'이라고 하였다.[8] 그 뒤 그는 거대기업을 '혁신을 일상 업무로 하는 존재'[9]라고 평가하기에 이른다.

이런 견해를 갤브레이스J. K. Galbraith가 이어받아[10] 대기업만을 혁신의 담당자로 보는 '슘페터-갤브레이스 가설'에 이르게 된다.

새로운 산업에 진출하는 것은 어느 정도 혁신을 수반한다. 대기업이 슘페터가 지적한 바와 같은 존재라면 대기업이 새로운 지식집약형 산업의 주요한 담당자

---

7) J. Schumpeter, *Business Cycle*, 1939, Chap. Ⅱ.
8) 위의 책, p.70.
9) J. Schumpeter, *Capitalism, Socialism and Democracy*, London: Unwin, 1943, 13th ed., 1974.
10) J. K. Galbraith, *The New Industrial State*, Boston: Houghton, Mifflin, 1967.

가 될 것이다. 이것은 지식집약형 산업의 새로운 담당 계층이 형성될 여지가 적음을 말하여 준다.

그러나 현대의 많은 대기업은 관료적bureaucratic이므로 '그 안에서 끊임없이 변화하는 사람이 혁신에서 혁신으로 이행하는 외곽'과는 거리가 먼 존재이다. 따라서 대기업만을 혁신의 담당자로 기대할 수는 없다. 대기업은 명령 계통이 장애물로 작용하기 때문에 아이디어를 받아들여 혁신하는 비율이 상대적으로 낮다. 대기업의 규모나 조직구조는 그 특유의 힘이 새로운 아이디어를 현실화하지 못하도록 하는 경향도 있기 때문이다.

결국 회사의 규모가 클수록 새로운 업무보다는 규칙화된 업무 중심으로 조직을 형성하고 운영한다. 이 때문에 대기업의 중심적 업무에 반하는 활동은 규제된다. 그 결과 대기업은 막대한 기동력과 능률을 가지고 있으면서도 현상의 업무를 지속하는 데 그치기 쉬우며 새로운 사업을 시작하기는 어렵다.

대기업은 그 조직구조에 바탕을 둔 이점이 있는 만큼 기업가 정신은 희생당하고 만다. 어느 정도 혁신이 움틀 수 있지만 조직의 특성 때문에 현실화하지 못한다. 지위가 확고한 대기업은 오히려 새로운 중소기업이 모험성이 큰 획기적 혁신을 하기를 기대한다. 대기업은 신제품 개발업무에 자신감이 없다. 그 결과 신제품의 개발업무는 소규모의 역사가 짧은 회사가 담당한다는 것이다.[11]

이는 기업가 정신이 없는 대기업뿐만 아니라 기존의 중소기업도 마찬가지이다. 모험을 수반하는 새로운 산업을 담당하는 계층은 모험을 감수하는 다음과 같은 기업가여야만 한다.

① 기업가는 개혁적인 창업자인 동시에 경영자이기 때문에 적극적으로 모험을 할 수 있다.

② 그는 성취 동기가 높고 능력을 발휘하며 자아실현을 꾀하기 때문에 기존의 조직을 떠나 스스로 기업을 창업하는 과정을 걷는다.

---

11) T. Levitt, *Marketing Mode*, 1969, p.84.

③ 기업가에게는 끊임없이 사고하고 변화를 관찰하면서 자기발전의 기회를 기민하
게 찾는 능력이 필요하다.

④ 여기서는 무엇인가 창조력을 갖고 그 창조력을 경영으로 펼쳐나갈 능력이 필요
하다.

⑤ 기업가는 창조적이면서도 현실적이어야 한다.

이러한 기업가가 새로운 산업에서 새로운 기업을 이끈다. 이들은 소수파지만
기타의 다수파에 영향을 준다. 산업구조 전환에는 이러한 기업가의 활발한 등장
이 필요하며 이들은 기존 기업에 큰 충격을 준다는 것이다.[12]

3) 지식집약형 산업과 기업 규모: 중소기업의 적합성

(1) 지식집약화와 기업규모

양산체제지향적, 모방적, 생산제일주의적 중화학공업에서 능력을 발휘하던
대기업은 위에서 본 것처럼 관료적 조직구조에서 오는 경직성이 있다. 그래서
지식집약형 산업에서 창조적 기업활동을 하는 기업이 되기 어려울 수 있다. 중
화학공업화 시대에 대기업은 효율적인 기업이었으며 중화학공업 시대에 적합한
기업 규모였다. 그러나 탈공업화 시대에 이러한 대기업 규모는 다음과 같은 점
에서 한계를 지닐 수 있다.

첫째, 점차 지식이 경영자원화하면서 지식의 생산과 유통에서 규모이익이 반
드시 작용하지는 않는다. 대기업이 많은 정보와 우수한 기술자를 갖고 있고 많
은 자금도 있다. 그 결과 강력한 마케팅 능력과 연구개발력을 갖는 것으로 보기
쉽다. 그러나 이러한 것은 잠재적 능력에 지나지 않는다. 이것을 실현하는 데는
경직화된 조직이 장애가 되고, 결과적으로 대기업은 대량의 인재와 자금을 낭비

---

12) 淸成忠男, 앞의 책, pp 75~78.

하기 쉽다. 대조직은 지속적 업무를 대량으로 처리하는 대량생산과 대량유통에는 효율적이지만 연성기능軟性機能에는 한계가 있다.

둘째, 연구개발은 조직이 아닌 개인의 창조력에 따라 성패가 좌우된다. 오히려 조직은 개인의 창의력 발휘를 방해하기도 한다. 특히 경직된 대조직은 새로운 것의 창조를 우려하여 개인의 창의력 발휘를 억압하기도 한다. 실험 설비와 자금은 어디까지나 연구개발의 수단일 뿐이며 그것만으로 연구개발이 이루어지는 것은 아니다.

셋째, 마케팅 측면에서도 대량 생산, 대량 유통의 시대에는 종래 대기업의 대규모 마케팅이 효율적일 수 있다. 그러나 마케팅이 질적으로 변하는 경우에는 대기업의 시장 장악력이 반드시 강력한 것은 아니다. 대기업이 갖고 있는 많은 정보가 반드시 의사결정에 적극적인 역할을 하지는 않는다. 대기업은 변화에 기민하게 반응하지 않기 때문이다. 만약 정확한 정보를 가지고 있어도 대조직의 특성이 조직 안에서 정보의 원활한 전달을 어렵게 만들기도 한다.

넷째, 대기업 중심의 산업사회는 '피라미드형의 수직적 체계를 축으로 하는 능력주의' 사회이다. 능력주의 산업사회의 기능을 활성화하기 위하여 계층적 시스템을 강화하고 결국 거대한 통합적이고 계층적인 사회를 만든다. 이러한 산업제도는 개인의 독창적, 독립적 능력 발휘를 억제하면서 오히려 능력을 빼앗기도 한다. 따라서 이 속에서 성장한 개인의 능력이 스스로 해방하여 자기를 회복하려는 의식을 이룬다.

대기업 중심의 산업사회에서 성장한 개인은 그 제도의 심한 모순을 의식하고 자기 스스로를 위하여 독립하려는 욕구가 높아진다. 그러면서 대기업 경영자와는 다른 기업가가 탄생하는데 이들이 지식집약형 사회의 기업가 유형(벤처기업가)이다. 이들은 경영자일 뿐만 아니라 기업가이다. 대기업 중심의 산업사회에서 성장하였지만 대기업체제가 지닌 모순을 극복하면서 자아실현을 추구하는 기업가이다. 이들의 모순 극복과 자아실현의 형태가 바로 이직(離職, spin off)이다.[13]

---

13) 淸成忠南, 《ベンチア·キアビダル》, 新時代社, 1972, pp.33~40.

(2) 연구개발과 기업규모

지식집약형 산업사회에서 연구개발의 추진 주체가 대기업인지 또는 중소기업인지에 대하여는 견해가 대립하고 있다. 이것은 연구개발의 성격에 따라 대기업이 유리한 경우도 있고, 중소기업이 유리한 경우도 있기 때문이다.

연구개발의 주요한 담당 주체를 대기업에서 구하는 견해를 대표하는 것이 앞서 살펴본 '슘페터-갤브레이스 가설'이다. 이에 반해 선진국에서의 경험적 조사 결과를 바탕으로 하여 중소기업이 연구개발의 주체로 유리하다는 견해가 제시되었는데 그것을 여기에 소개하기로 한다.

첫째, 연구개발은 무엇보다도 개인의 창의력에 의존하며 기업규모의 크기와는 관계없다. 현실적으로 대기업이 자금력과 우수한 연구 인력을 갖고 있지만, 조직의 경직성과 수요 변화에 유연하지 못한 자세 때문에 그만큼 연구개발이 어렵다. 한편 참신한 중소기업은 개인의 창의력 발휘에 필요한 자금은 부족하지만 연구개발, 더욱이 새로운 발명을 적극적으로 하는 경향이 있다.

둘째, 발명은 기업규모와 관련하여 말하기는 어렵다. 그러나 발명의 성공 가능성은 대량의 자원이 배분된다고 해서 그만큼 현저히 증가하는 것은 아니다. 발명이라는 창조 과정에서는 연구소의 규모보다 개인이 중요하다. 수많은 연구원과 많은 자원, 좋은 설비, 조직적 연구를 하는 대기업에도 이점은 있다. 그러나 이와 대조적으로 중소기업은 유연성, 소수 정예, 강력한 동기가 있으며, 특히 소기업은 새로운 아이디어에 저항감이 없고 젊은 기업이라는 이점을 가지고 있다.

셋째, 대규모 조직에서는 조직이 개인을 지배한다. 이와 달리 중소기업에서는 개인이 조직을 지배한다. 따라서 개인의 능력 발휘는 이러한 중소기업에서 쉽게 이루어진다. 연구개발은 개인의 창의력에 의존하며 조직 그 자체가 연구개발을 하는 것은 아니다. 연구개발의 성공여부는 기업규모의 대소와 관계가 있는 것은 아니지만, 개인의 창의력 발휘의 가능성이라는 점에서는 중소기업이 유리하다.

넷째, 중소기업에서는 조직이 단순하여 기업 안에서 정보의 유통이 원활하고

정보 전달의 속도가 빠르다. 그 결과 연구개발도 연구→개발→제품 기획→설계
→실험→재설계라는 과정이 원활하게 기능한다. 동시에 중소기업에서는 연구개
발과 마케팅의 재점검 과정도 순조롭게 작용한다. 따라서 연구개발의 속도도 빠
르고 그 결과 비용도 낮으며 정확하게 진행된다. 연구개발을 원활히 하려면 창
(創, 개발), 조(造, ensuring), 작(作, 생산)이라는 연성軟性 및 경성硬性 순환이 필요한데
이러한 순환은 참신한 중소기업에서 원활하게 진행될 수 있다. 특히 개발 단계
에서는 '기업가가 존재하는' 중소기업이 유리하다.

다섯째, 중소기업의 연구개발 담당자는 원가의식原價意識이 철저하다. 대기업
의 기술자는 연구개발의 성패가 자신의 승진에 주는 영향이 적으므로 적극성이
없다. 이에 견주어 중소기업에서는 기술자가 활기 있게 모험성을 갖고 적극적
자세를 취한다. 그 결과 혁신은 대기업보다는 중소기업에서 많이 이루어진다.

여섯째, 모방imitation에서는 대기업이 위력을 발휘한다. 그러나 이것은 연구개
발과는 다르다. 일상적 업무를 대량으로 처리하는 데는 대기업이 효율적이다. 그
러나 이러한 대기업의 조직력은 연구개발과는 관계가 없다. 더구나 대량생산이
한계에 이른 단계에서 대기업의 조직력 발휘 여지는 줄어들고 그만큼 유통 과정
에서의 영향력도 줄어들고 있다.

결국 연구개발 집약산업의 주요 담당자로는 참신한 중소기업과 일부 중견기
업이 적합하다. 그런데 여기서 연구개발의 담당자는 주로 대기업 내지 중견기업
에서 이직하여 이탈한 기술자들이다.14)

3. 벤처 비즈니스와 중소기업

1) 벤처 비즈니스의 개념과 어원

---

14) 淸成忠男, 《知識集約産業》, pp.201~204.

벤처 비즈니스는 영세기업(또는 소영세기업), 중견기업, 주변기업 등과 함께 중소기업의 유사 개념에 속한다. 중소기업의 한 가지 유형이며 중소기업 분야의 범주에 속하지만 일반의 중소기업과 질적으로 차이가 있기 때문에 양적 기준의 중소기업 범위로는 측정할 수 없다.[15] 따라서 새로운 개념의 중소기업을 연구하는 대상이 된다.

현실에서는 기술력, 인재, 경영 노하우, 마케팅, 자금력 등 총체적으로 경영자원을 축적하면서 적극적으로 발전하는 분야에 진출하는 중소기업이 있다. 이와 달리 불황을 계기로 대기업의 모순을 떠안거나 또는 구조 변화에도 적응하지 못하면서 정체, 도산, 휴·폐업에 들어가는 중소기업도 있는 등 중소기업의 존립 형태는 다양하다. 중소기업은 이처럼 두 가지의 극단적 유형을 포함하고 있지만 그것은 다 같이 산업구조에서 중요한 역할을 하고 있다.

이때 전자, 즉 발전하는 중소기업의 대표적 유형으로 제시될 수 있는 것이 중견기업과 벤처 비즈니스이다. 이들은 독자적으로 우월한 기술과 경영 노하우를 무기로 적극적으로 경영을 확대하며 기업가 정신도 왕성한 자주 독립의 기업 유형이다.

벤처 비즈니스는 흔히 '연구개발 집약적 또는 디자인개발 집약적 능력 발휘형의 창조적 신규기업'이라고 정의한다. 그러나 이러한 개념은 조금 불명확하다는 지적이 있기 때문에 다양하게 제시되는 벤처 비즈니스의 개념을 여기서 정리하면 다음과 같다.

첫째, 최근에 등장하는 새로운 유형의 중소기업을 벤처 비즈니스라고 부르는데, 신기술을 기업화하고 전문지식에 기초하여 새롭게 독자적 영업 방법을 개발하는 등 다른 기업에 앞장서서 창조적으로 활동하는 개척자적 기업pioneer을 말한다. 이는 단순히 투기적이 아니며 혁신적 기업innovator이다.[16]

둘째, 벤처 비즈니스는 현대적이고 혁신적이다. 그것은 신기술을 기업화하고

---

15) 內藤英憲·池田光男 著, 《現代の中小企業》(本質論からベンチア―ビジネス論まて), 中小企業リサーチセンタ, 1994, p.104.
16) 國民金融工庫總合硏究所, 《都市型新規開業實態調査》, 1970(위의 책, p.158 참조).

새로운 경영 방법을 개발하여 기존의 기업에 도전하는 창조적 기업이다. 그렇지만 벤처 비즈니스는 자본주의 역사에 나오는 낡은 혁신적 기업 일반이 아니고, 지식집약적인 현대적 비즈니스로서 혁신적 기업이다. 높은 전문지식에 의존하는 창의력을 비즈니스로 전개하고 모험을 부담하는 기업가가 추진하는 기업이다.[17]

셋째, 벤처 비즈니스는 연구개발 집약적 또는 디자인개발 집약적인 능력 발휘형의 신규 개업 기업을 말한다. 그것은 소기업으로 출발하지만 종래의 신규 소기업과는 다르다. 독자적 존재 이유를 갖고, 경영자 자신이 고도의 전문 능력과 재능을 가진 창조적 인재를 모아 매력 있는 사업을 조직할 수 있는 기업가 정신을 갖고 있으며 사업의 수익성도 높다. 그래서 급성장하는 기업이 많이 나타난다.[18]

넷째, 벤처 비즈니스는 연구개발형·디자인개발형의 신기업이며 기존 기업으로는 채워지지 않는 새로운 수요, 새로운 사업 기회를 붙잡는 새로운 기업이다. 그래서 그 가운데는 고수익 사업, 고성장 사업이 많고 경영자에게는 단순한 이윤 동기만으로는 설명할 수 없는 다양한 성취동기가 있다.[19]

다섯째, 벤처 비즈니스는 새로운 기술, 디자인 등 개발 능력의 집약적 발휘를 지향하는 창조적인 신규개업 기업이라는 설명도 있다.[20] 벤처 비즈니스는 1970년대에 와서 등장한 개념으로 일본의 나카무라中村秀一郎와 기요나리清成忠南 교수가 만들어 냈는데 그 기원은 미국의 연구개발·디자인개발형의 소기업이라는 해설도 있다.[21]

여섯째, 벤처 비즈니스의 벤처venture는 '위험한 것으로 생각하는 것을 감행한다.'는 의미와 '투기·투기적 사업'이라는 의미가 있는데 여기서는 모험을 수반하는 혁신 기업을 말하는 전자에 해당한다.[22]

공통성이 많은 여러 개념을 여기에 제시하는 것은 이것들이 거의 동일한 사

---

17) 清成忠南, 《ベンチア·キアビタル》, p.15.
18) 清成忠南·中村秀一郎·平尾光司, 《新版ベンチアービジネス》, 日本經濟新聞社, 1973, p.12.
19) 中村秀一郎·清成忠南·太田一郎 編, 《中小企業の知識集約化戰略》(大企業に勝つ第三の經營ビジョン), 日本經營出版會, 1973, pp.28~29.
20) 日本研究社, 《New English Japanese Dictionary》, 第五版, 1980.11
21) 自由國民社, 《現代用語の基本知識》, 1994年版.
22) 內藤英憲·池田光男, 앞의 책, pp.155~156.

람들이 규정한 것이면서도 그 내용이 조금씩 다른 특성을 포함하고 있기 때문이다. 그것들은 뒤에 설명하는 벤처 비즈니스의 경영자 및 경영적 특징에서 정리할 것이다.

벤처 비즈니스라는 말은 1970년대 초에 일본에서 만들어졌다. 구미에서 다양하게 부르고 있는 지식집약형의 신기업[23])을 벤처 비즈니스라고 정의한 것으로서 법률·행정상의 정의와는 관계없이 새로운 시대의 이상적인 기업 유형으로 제시된 것이다.[24]) 구체적으로 이 용어는 1970년에 일본에서 간행된 《도시형 신규개업 실태조사都市型新規開業實態調査》의 해설에 처음으로 등장하였다. 즉 최근에 출현한 중소기업에 벤처 비즈니스라는 이름을 붙이고 그 특징을 설명하였는데 이때 나카무라中村와 기요나리淸成 교수가 이 조사에서 주도적 역할을 하였다.[25])

벤처 비즈니스를 우리나라에서는 흔히 벤처기업이라고 부른다.[26]) 일본에서도 벤처형 기업 또는 벤처기업이라고 하기도 한다.[27]) 더욱이 우리나라는 1997년에 〈벤처기업 육성에 관한 특별조치법〉을 제정하였다. 이 법은 기존 기업의 벤처기업으로의 전환과 벤처기업 창업을 촉진하여 산업의 구조조정과 경쟁력 제고에 이바지할 목적으로 만들어졌는데 2007년까지의 시한법이었다. 이 법이 정한 벤처기업은 다음과 같다.

① 〈중소기업기본법〉 제 2조의 규정에 따른 중소기업으로서

② 〈중소기업 창업 지원법〉에 따른 중소기업 창업투자회사 및 중소기업 창업 투자

---

23) small technology firm, new technology based firm, small business venture, new research based enterprise, new venture, small and high technology business, start-up business 등이다.(趙觀行 著, 《現代中小企業論》(全訂版), 에코노미아, 1987, p.170)

24) 中村秀一郎·淸成忠南·太田一郎 編著, 앞의 책, p.28. 최초로 이 용어가 일본에 소개된 것은 1970년 5월에 벤처 비즈니스에 대한 제2회 보스턴 대학 경영세미나(Boston College Management Seminar)에 참가한 通産省의 佃近雄에 의한 것이며 淸成忠南 등이 그 특징을 받아, 그것의 사회경제적 의의를 적극적으로 평가한 것은 1970년 말에서 1971년에 이르러서였다는 것이다.(淸成忠南·太田一郎·平尾光司, 앞의 책, p.9)

25) 일본에서 만들어진 영어(和製英語)이기 때문에 영문으로 venture business라는 표기 자체를 반대하는 견해도 있다.(趙觀行, 앞의 책, p.170) 그러나 반드시 그렇게 생각할 필요는 없다. 이 용어를 만든 사람들도 그렇게 표기하고 있지 않는가.(淸成忠南·中村秀一郎·平尾光司, 앞의 책, p.9)

26) 예컨대 趙觀行, 앞의 책, p.169.

27) 淸成忠南·田中利見·港徹雄, 《中小企業論》, 有斐閣, 1998, p.215.

조합의 투자기업

③ 〈여신전문 금융법〉에 따른 신기술사업, 금융업자 및 신기술 사업투자 조합의 투자기업[28]

④ 특허권, 실용신안권, 또는 의장권意匠權등의 권리와 기술을 주된 부문으로 사업화하는 기업

⑤ 〈공업 발전법〉으로 기술개발 성과를 사업화하거나 신기술을 사용 또는 지식을 집약화하는 사업 등

⑥ 제4조의 3에 따라 설립된 한국벤처투자조합

⑦ 제4조의 8에 따라 설립된 〈전담회사〉

⑧ 중소기업에 대한 기술평가 및 투자를 하는 금융기관으로서 대통령령으로 정하는 기관

⑨ 투자실적, 경력, 자격요건 등 대통령령으로 정하는 기준을 충족하는 개인 등

2) 벤처 비즈니스의 등장과 그 경영자 및 경영의 특징

(1) 벤처 비즈니스의 등장

새로운 기술과 제품을 개발하고 새로운 경영기법을 택하는 등 창조적 활동을 하는 지식집약적인 새로운 유형의 중소기업은 1950년대 이래 미국에서, 그리고 그 뒤 영국이나 일본 등 선진국에서도 꾸준히 발전하였다. 그 산업적 배경은 중화학공업화의 성숙이며 그 결과 새로운 혁신형의 중소기업이 나타났다. 여기서 일본의 실태를 보면 다음과 같다.

1965년 이후 고도경제성장에 따라 여러 분야에 많은 소기업이 신설되었는데, 이러한 소기업의 급증 현상에 대하여는 두 가지 견해가 나왔다. 하나는 소기업

---

28) 우리나라의 벤처 캐피털venture capital은 중소기업 창업지원회사(및 조합)와 신기술사업 금융회사(또는 투자조합)로 이원화되고 있었다.

의 뚜렷한 증가는 저임금 노동에 의존하는 전근대적 기업의 증가이며, 대기업과 중소기업 사이의 부가가치 생산성과 임금 격차를 나타내고 이중구조가 더욱 확대·강화된 것이라는 견해이다. 다른 하나는 노동력 부족으로 말미암아 고임금경제로 이행하는 과정에서, 이중구조가 해소된 것은 아니지만, 이런 상황에서 소기업의 증가는 지금까지와 다른 유형의 기업 발생이라고 보는 견해이다.

후자의 견해를 뒷받침하기 위해 실태조사를 한 결과 새로 개업하는 기업의 많은 수는 높은 생산성을 이루고 높은 임금을 지불하는 기업이며, 이전에 낮은 생산성과 낮은 임금에 바탕을 둔 소기업과는 전혀 다른 기업군이었다. 새로운 도시형都市型 산업에서는 연구 개발, 디자인 개발 등의 새로운 기업이 생겨나고 있다. 그들 경영자의 많은 수는 대기업에서 이직한 높은 학력의 소유자이며, 대기업에서 경험한 고도의 전문 능력을 발휘하기 위하여 주체적인 길을 택한 사람이라는 사실을 1970년의 실태조사에서 확인하였다. 더욱이 1960년대 후반부터 소규모기업의 신생·증대 현상 속에서 신구기업이 교체되면서 중소기업 분야의 사회적 대류현상對流現象[29]의 문제로 이것을 논의하기 시작하였는데,[30] 이들을 벤처 비즈니스라고 규정하였다.[31]

이러한 벤처 비즈니스의 등장은 바로 중화학공업화의 성숙을 산업적 배경으로 한 것이었다. 수요의 다양화에 따른 시장의 세분화, 공급 면에서 기술의 전문화와 그것의 종합화 그리고 연성기술에 대한 사회적 수요의 증가, 사회적 분업의 심화와 외부경제 효과의 축적 등 산업사회의 변동은 벤처 비즈니스의 신설을 가능하게 한 배경이 되었다.

(2) 벤처 비즈니스 경영자의 특징

첫째, 벤처 비즈니스는 무엇보다도 그 주체가 경영자이면서 기업가이다. 기업

---

29) 清成忠南, 《日本中小企業の構造變動》, 新評論, 1970, pp.26~29.
30) 清成忠南, 《現代中小企業の新展開》, 日本經濟新聞社, 1972, pp.65~94.
31) 內藤英憲·池田光男, 앞의 책, pp.157~158.

가로서 사회적 변동에 도전하고 적극적으로 모험성을 가지며, 변동에 대한 예견력과 창조력을 갖는다. 그리고 창조력을 현대적 경영으로 이루어가는 능력을 지닌다.

둘째, 일반적으로 높은 학력을 갖는다. 그들의 학력은 높은 편이고 대학 졸업자가 많으며, 유럽이나 미국에서는 대학원 졸업자도 적지 않다. 현대적인 혁신적 기업의 경영자는 고도로 지식집약적이기 때문에 스스로 높은 학력을 지니는 것이 일반적이다.

셋째, 대기업에서 이직한 자가 많다. 이들은 대기업 안에서 일류제품 생산자 product champion로 활약했던 자들이다. 모험에 매력을 느끼고 활력이 넘쳐 기존 조직에 도전하려는 사람들이 자유로이 창조력을 발휘하려고 독립한다.

넷째, 비교적 젊은 계층이다. 창업할 때 나이는 일본과 유럽이나 미국에서 보면 30대가 압도적이다. 일정한 전문지식과 경영 능력을 갖고 활기가 넘치는 30대의 전문기술자 계층technostructure이 독립한 것이다.

다섯째, 새로운 기업관과 산업사회관을 지닌다. 그들은 대기업체제의 모순을 충분히 의식하고, 거기서 벗어났기 때문에 이를 극복하는 데서부터 출발한다. 그래서 종업원이 창의력을 발휘하도록 하고 공공성을 존중하며 수요자 및 제휴하는 기업의 이익도 배려하는 새로운 사고를 갖는다. 자본을 가지고 다른 기업을 지배하지 않는 점에서 그 행동은 대기업과 결정적으로 다르다.

(3) 벤처 비즈니스의 경영적 특징

첫째, 독자적인 기업 특성을 갖는다. 벤처 비즈니스는 혁신적 기업으로서 기존의 기업에 도전하는 등 독자적 기업 특성을 갖고 산업사회에서 합리적 존립 기반을 확보한다. 또한 개성 있는 전문기업이다.

둘째, 시장지향적이다. 수요의 변화에 적극적으로 적응하는 자세를 갖는다는 점에서 수요를 계획하고 유도하는 기존의 대기업과 대조적이다. 그들은 어디까지나 수요자의 입장에서 마케팅을 한다. 일반적으로 신기술이 기업화하는 과정은 마케팅 지향형과 기술개발 지향형이 있다. 전자는 시장의 수요에 맞추어 고급기술의 개발을 추진하는 유형이다. 후자는 기술적 관점에서 개발을 추진하여 결과적으로 시장의 수요를 이에 맞추는 유형이다. 벤처 비즈니스는 전자의 경우가 압도적이다.

셋째, 고도로 지식집약적이며, 특히 연구개발 집약적 또는 디자인개발 집약적이다. 벤처 비즈니스는 고도의 전문지식을 집약하여 연구개발 및 디자인개발 등을 바탕으로 창조성을 발휘한다. 시장의 수요를 정확하게 파악하여 둘 이상의 고급 기술 및 전문 기능을 결합한다. 그래서 연성기능이 강하다.

넷째, 인적 경영자원이 축적된다. 창조성이 풍부한 전문가 집단이 바로 벤처 비즈니스이다.

다섯째, 동태적 조직을 가진다. 벤처 비즈니스는 각 개인이 충분히 창조력을 발휘할 수 있는 동태적 조직을 갖추려고 한다. 대기업 조직처럼 조직이 개인을 지배하는 것이 아니고 개인이 조직을 지배한다. 주체성을 가진 개인을 우선하는 조직이다.

여섯째, 시스템적 사고를 갖는다. 벤처 비즈니스는 외부경제 의존형 기업으로서 사회적 분업을 활용한다. 모든 기능을 자기완결적으로 지니는 것이 아니고 외부의 전문기업을 네트워크로 엮는다. 상호보완적인 많은 기업이 모여서 이른바 시스템을 이룬다. 개별 기업은 전문 기능을 판매하고 그 결과 전문 기능이 여러 산업에 걸치면서 퍼진다.

이러한 벤처 비즈니스에서는 성취 욕구가 강하여 기업행동도 신속하다. 더구나 소규모이기 때문에 연구개발에서 연구→개발→설계→실험 제작→실험→재설계라는 재점검 과정이 원활하게 순환한다. 동시에 연구개발과 마케팅의 연관성 검토 과정도 원활하다. 그 결과 대기업보다도 개발 속도가 빠르고 개발 비용도 낮아서 일반적으로 생각하는 만큼 모험성이 큰 것도 아니다.[32]

---

32) 淸成忠南,〈ベンチアービジネス論〉, 越俊和典 編,《産業組織論》, 有斐閣, 1973, pp.240~241.

제2절 중소기업의 도산과 신구기업의 교체

1. 중소기업의 도산과 그 원인

중소기업의 구조 변화를 살피는 데, 도산과 신설의 문제를 분석하는 것은 중요한 과제가 된다. 대기업보다 도산율과 신설률이 높다는 것은 중소기업의 특징이며, 경제 발전이 진행되면서 낡은 중소기업이 도산하고 새로운 중소기업이 신설되는 것은 경제구조 변화의 요인으로 작용한다. 일찍이 슈타인들J. Steindl은 마셜A. Marshall의 소기업 성장(연속)론을 비판하면서 소기업은 대기업보다도 손실이 빈번하고 많아서 사실상 그 사망률이 높다고 지적한 바 있다. 현실적으로 소기업은 대기업으로 성장할 수 있는 시간을 얻기 전에 쇠퇴할 가능성이 높고 이러한 소기업의 쇠퇴는 새로운 기업이 보완하면서 대체된다고 보았다. 그 결과 소기업의 공급도 탄력적이라고 지적하였다.[33]

이것은 뒷날 사회적 대류현상으로 설명되었다. 중소기업의 생성·발전의 특징은 그 다산다사와 사회적 대류현상으로 지적될 수 있다는 것이다. 장기적으로는 중소기업은 신생·발전과 분해·소멸을 반복하면서 하나의 계층을 형성하되, 이 계층 전체는 확대재생산 된다. 중산적 생산자층의 성립기, 매뉴팩처(공장제 수공업)시기, 산업혁명 이후 산업자본 단계, 고전적 독점자본 단계와 현대 자본주의에 이르는 경제사의 흐름 속에서 중소기업은 일관되게 다산다사와 사회적 대류현상을 반복하면서 전개되었다.[34] 그러나 각 단계마다의 양상은

---

33) J. Steindl, *Small and Big Business: Economic Problems of the Size of Firm*, Oxford, Basil Blackwell, 1947, 米田淸貴·加藤誠一 譯, 《小企業と大企業－企業規模の經濟的問題》, 嚴松堂, 1966, pp.11~23.

다르게 나타났다고 보았고, 국민경제의 경제사적 특수성에 따라서도 다른 모습을 보였다.

한국경제에서도 경제개발과 함께 전체적으로 중소기업은 성장 추세를 보였지만 모든 중소기업이 그런 것은 아니었으며, 개발 경기에 따라 많은 중소기업이 신설되었지만 이와 함께 기존 중소기업의 폐업(도산)이 병행하면서 진행되었다. 곧 경제성장 속에서 중소기업은 높은 신설률을 보였지만 그 이면에는 급격한 여건 변동에 따른 폐업이라는 부정적 측면이 수반되었던 것이다.

기업의 도산은 생산 단위인 개별 기업의 재생산이 경영자의 의도와 달리 타율적으로 중단되고 자본가치의 대폭적인 감가에 따라 회복의 전망이 없게 되는 경우를 뜻한다.[35] 중소기업의 도산 문제가 특히 논의의 초점이 되는 것은 중소기업이 경영 내외적 요인으로 말미암아 도산의 빈도가 높기 때문인데 그 원인을 살펴보면 다음과 같다.

첫째, 구조적構造的요인이다. 이는 자본축적, 산업구조의 고도화를 중심으로 하는 경제구조 변화에 기인하는 것이다. 여기에는 생산력의 발전과 이를 바탕으로 하는 제도적인 여러 경제관계를 포함한다. 구체적으로 ① 대기업의 진출, ② 기술 진보 및 최저 필요자본의 증가, ③ 대체품의 출현, ④ 소비성향의 변화(소득 수준의 상승에 따른 소비 수요의 변화), ⑤ 하청·계열관계의 재편성, ⑥ 모기업의 압박 (하청대금의 지불 지연 등), ⑦ 유통구조의 변화, ⑧ 노동력의 부족, ⑨ 무역 및 자본 자유화에 따른 외국 제품과의 경쟁 등이다.

둘째, 경기변동 요인이다. 경기 하강기에 ① 수요의 감소, ② 일시적인 판매대금 회수의 악화, ③ 금융시장의 악화 등이다.

셋째, 기업 내적企業內的인 요인이다. 여기에는 ① 기업가의 능력 및 경험부족,

---

34) 사회적 대류현상의 기원은 자본주의 성립기에 중산적 생산자층(中産的 生産者層)의 양극분해 과정에서 나타난 특징에 있다. 곧 중산적 생산자층이 산업자본가와 임금노동자로 분해되지만, 한편에서 임금노동자는 다시 독립 소생산자로 재생·상승할 가능성이 남아 있으며, 다른 한편에서는 산업자본가로 상승한 사람도 영속하는 것은 아니고 임금노동자로 하강하는 등 재분해의 과정 속에서 중산적 생산자층의 양극분해가 진행된다고 보았다. 이런 특징을 사회적 대류현상이라고 하였다.(大塚久雄,《大塚久雄著作集》, 第四卷, 資本主義社會の形成 1, 岩波書店, 1969, p.241)

35) 中村秀一郎·壹岐晃才 著,《倒産の經濟學》, 日本經濟新聞社, 1963, p.16.

② 경영자 사이의 내분, ③ 사업계획의 실패 등이 포함된다.[36)]

이들 여러 요인이 작용하여 결국은 경영이 악화되고, 기업은 도산에 이르게 된다. 그런데 기업 내적 요인이나 경기변동 요인도 대기업보다 중소기업에 더욱 심한 영향을 주지만, 그렇다고 중소기업에만 고유한 것은 아니다. 그렇기 때문에 우리는 구조적 요인에 따른 중소기업의 도산 메커니즘을 주의 깊게 살펴볼 필요가 있다. 결국 구조 변화기에 중소기업이 갖는 경영의 불안정은 경영 외적 요인의 변화에서 오는 것이 더욱 심각하다. 그것은 대부분 상호보완관계 또는 경쟁관계에 있는 대기업이나 독과점 기업과 이해 상충에서 발생하는 경우가 많기 때문이다. 이 경우 중소기업을 둘러싼 지배적 경제제도인 독과점 대기업과의 관계 속에서 중소기업 도산의 원인을 규명할 필요가 있다.

이때 중소기업 도산의 원인은 국민경제의 재생산구조의 특성을 반영하게 된다. 한국경제의 재생산구조는 개방경제체제 아래 외연적 확대 기조 속에서 형성되었고, 그것은 양산체제를 지향하는 가운데 독과점 대기업 중심의 자본축적 과정이었으며, 국가주도적 개발이 이를 이끌었다고 특징지을 수 있다. 능률성을 위주로 하는 대기업 편중정책 아래에서 독과점기업은 그들의 자본력을 바탕으로 무분별하게 중소기업 분야를 침투하면서 국내시장을 확보하였고, 기존의 토착 중소기업 분야를 잠식하였다. 그 과정에서 전통적 생산방법과 낮은 자본장비를 가진 중소기업은 도산의 빈도가 높지 않을 수 없었고, 더욱이 지방시장권地方市場圈에 그 수요 기반을 둔 중소기업은 그 존립 기반을 잠식당하였다.

1960년대 말에 발표된 통계조사 결과[37)]에 따르면 중소기업 도산의 주된 원인은 과당경쟁, 자금조달의 곤란, 수요구조의 변화 등의 순으로 나타났다. 또 1960 ~1970년대에 걸친 다른 조사 결과[38)]에서는 과당경쟁이 제품 판매 부문에서 가장 심하며 그 원인은 중소기업체의 난립과 대기업의 중소기업 분야 진출이라고 지적되고 있는데, 특히 후자의 비중이 높아지는 추세로 나와 있다.

---

36) 藤井寬,〈倒産問題〉, 市川弘勝 編著,《現代日本の中小企業》, 新評論, 1969, pp.275~276.

37) 중소기업은행,《中小企業出死亡實態調査報告》, 1968.

38) 商工部·中小企業銀行,《中小企業實態調査結果報告》.

이러한 결과는 중소기업 도산의 주된 원인이 되고 있는 과당경쟁이 대기업의
중소기업 분야 침투로 심각하게 된 것임을 말해 준다. 곧 외국자본과 정책적 특
혜를 받은 높은 생산성의 독과점 대기업이 낮은 생산성으로 완전경쟁의 시장구
조 속에서 존립하는 중소기업 분야에 침투함으로써 과당경쟁이 유발된 것이다.
자본의 집적·집중 과정에서 대자본의 소자본 분야 진출은 대자본과 소자본 사
이의 경쟁을 일으키는 것이 아니고, 소자본끼리의 경쟁을 격화시킨다. 중소기업
분야는 시장구조가 완전경쟁에 가깝기 때문에 진입장벽이 낮아서 소자본으로도
진입하기 쉽다. 그렇기 때문에 대기업 침투로 기존 시장을 잠식당한 중소기업은
다른 중소기업 분야에 진출함으로써 이 분야에서 중소기업 사이의 경쟁을 격화
시킨다.

중소기업 사이의 과당경쟁은 판로販路, 원재료 구입, 노동력 확보, 기술
확보 등의 분야에서 경쟁 형태를 가지며 그 결과는 제품의 외상판매 대금
회수 기간의 장기화, 판매 대금 어음 결제 기간의 장기화, 원료 구입 대금의
현금화 또는 선금화先金化, 원재료 구입 조건의 악화, 기술노동 확보의 어려
움, 판매 부진에서 오는 할인판매를 어쩔 수 없이 만든다. 여기에 시장구조에
서 오는 낮은 이윤(가치 실현력의 취약)이 겹쳐 결국 도산으로 이어지게 된다(그
림-1).

[그림-1] 중소기업 도산 요인 관련도

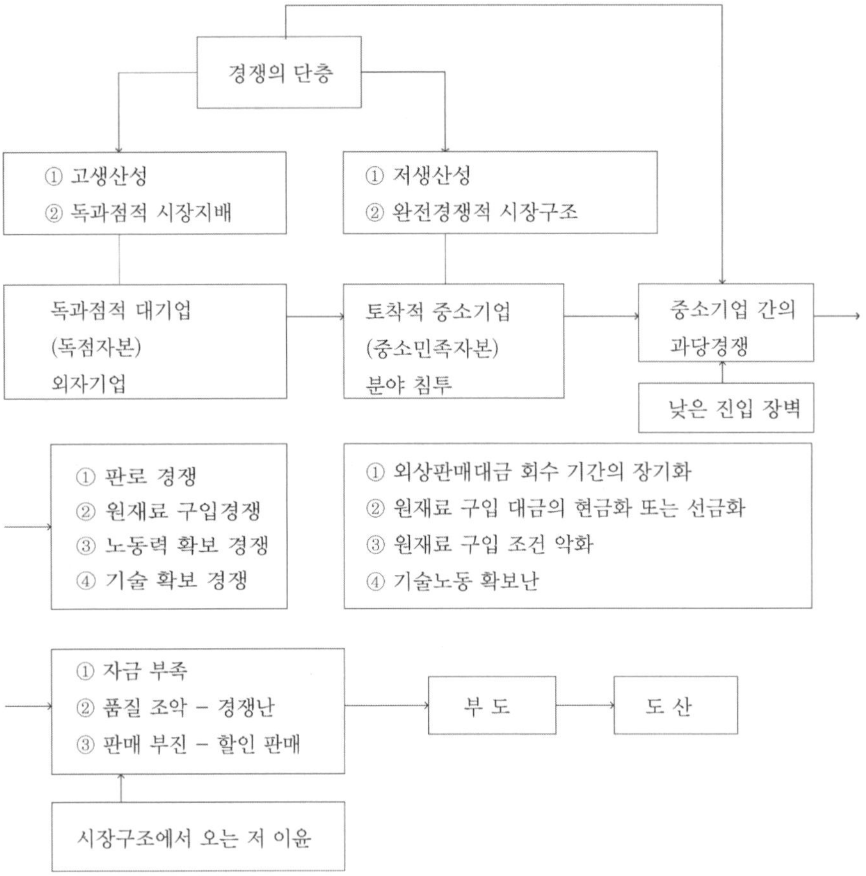

```
                    ┌──────────────────┐
            ┌───────│    경쟁의 단층    │───────────────────────┐
            │       └──────────────────┘                        │
            │                    │                              │
    ┌───────────────┐    ┌───────────────────┐                 │
    │ ① 고생산성    │    │ ① 저생산성        │                 │
    │ ② 독과점적    │    │ ② 완전경쟁적      │                 │
    │   시장지배    │    │   시장구조        │                 │
    └───────────────┘    └───────────────────┘                 │
            │                    │                              │
    ┌───────────────┐    ┌───────────────────┐    ┌──────────────────┐
    │ 독과점적 대기업│───│ 토착적 중소기업   │───│ 중소기업 간의    │──→
    │ (독점자본)    │    │ (중소민족자본)    │    │ 과당경쟁         │
    │ 외자기업      │    │ 분야 침투         │    └──────────────────┘
    └───────────────┘    └───────────────────┘          │
                                                  ┌──────────────┐
                                                  │ 낮은 진입 장벽│
                                                  └──────────────┘
```

① 고생산성
② 독과점적 시장지배

① 저생산성
② 완전경쟁적 시장구조

독과점적 대기업
(독점자본)
외자기업

토착적 중소기업
(중소민족자본)
분야 침투

중소기업 간의
과당경쟁

낮은 진입 장벽

① 판로 경쟁
② 원재료 구입경쟁
③ 노동력 확보 경쟁
④ 기술 확보 경쟁

① 외상판매대금 회수 기간의 장기화
② 원재료 구입 대금의 현금화 또는 선금화
③ 원재료 구입 조건 악화
④ 기술노동 확보난

① 자금 부족
② 품질 조악 – 경쟁난
③ 판매 부진 – 할인 판매

부 도

도 산

시장구조에서 오는 저 이윤

도산한 중소기업은 새로운 분야에서 신설의 기회를 찾지만 항상 대기업 침투의 가능성이 있으므로 존립이 불안정하다. 나아가 산업예비군이 주로 취업하는 소영세기업 분야에서 자기노동이나 저임금을 기반으로 존립하는 형태로 하향분해下向分解된다. 이러한 과정 속에서 독과점 대기업은 도산한 중소기업에서 배출하는 과잉노동력을 기초로 하여 낮은 임금으로 자본축적을 지속하게 된다.

2. 사회적 대류현상과 신구기업의 교체

1) 신구기업의 교체와 사회적 대류현상

마셜의 '소기업 성장론'과 그에 대한 슈타인들의 비판, 즉 '소기업 성장 단층론'은 개별 기업의 상향적 운동에 대한 주장과 비판 등 미시적·동태적 분석이었다. 이에 반해 중소기업을 전체로 그 움직임을 본 거시적·동태적 분석의 견해가 있는데, 그것이 〈사회적 대류현상론社會的對流現象論〉이다. 중소기업은 출생과 사망, 즉 신설과 도산이 많다는 것을 그 특징으로 하되 전체적으로는 꾸준히 성장하는 기업집단이라고 보고 이러한 문제를 다룬 견해가 바로 그것이다.

경제의 성장 및 발전과 함께 특히 고도성장 과정에서는 수요와 기술 면에 큰 변화와 다양화가 이루어지고, 산업구조의 고도화에 따라 지식집약화와 시스템화가 진행된다. 그런 가운데 새로운 기업 유형이 전개되는가 하면 낡은 기업이 도태되는 신구기업의 급속한 교체가 이루어진다. 이에 따라 중소기업은 생성과 발전, 도태와 정체도 끊임없이, 그리고 뚜렷하게 진행되는 동태적 경향을 보인다. 곧, 많은 중소기업이 생성, 발전하면서도 다른 한편에서는 많은 중소기업이 소멸, 도태하는 경향을 볼 수 있다.

중소기업의 이 같은 동태적 현상을 구조적으로 파악하고 경제사적으로 이해하여 통일적으로 설명하려는 견해가 이른바 '사회적 대류현상론'이다. 더욱이 이 견해는 자본주의의 역사적 발전 과정에서 중소기업이 어떻게 존립하고 발전하면서 순환되는지를 설명하려는 관점을 지니고 있다. 즉, 경제의 성장 발전 과정에서 중소기업의 생성, 소멸과 존립, 발전의 법칙을 제시한다.

여기서 고도성장 과정에서 중소기업의 다산다사 현상을 사회적 대류현상으로 해석한다. 장기적으로 중소기업은 끊임없이 신생·발전·분해·소멸을 반복하면서 하나의 계층을 형성하되, 계층 전체로서는 확대 재생산되고 있다. 산업적 중산자층의 성립기, 매뉴팩처기, 산업혁명을 기점으로 하는 산업자본주의 단계와 독점자본을 거쳐, 현대자본주의라는 역사의 흐름을 통하여 중소기업은 일관되게 다산다사 현상 속에서 사회적 대류현상을 반복하며 존립 전개되고 있다.

2) 사회적 대류현상의 경제사적 전개

이러한 중소기업의 다산다사와 사회적 대류현상은 경제 발전 단계에 따라 서로 다른 특징을 나타내고 있다는 것이 이 견해의 특징이다.

첫째, 자본주의 성립기〔本源的 蓄積期〕에는 다음과 같은 특징이 있었다. 우선 사회적 대류라고 할 수 있는 현상이 있었다. 다시 말하면 중산적 생산자층이라는 모태에서 양극분해를 일으켜 끊임없이 산업자본가와 임금노동자가 발생한다. 산업자본가로 올라선 사람도 그대로 영속하는 것은 아니고, 또한 임금노동자도 아직은 어느 정도까지 독립소생산자로 재생할 수 있는 가능성이 남아있다. 즉, 양극분해의 결과는 사회적으로 고정된 것이 아니며, 끊임없이 재분해가 반복되는 가운데 총체적으로는 중산적 생산자층의 양극분해가 진행된다.

둘째, 중산적 생산자층의 양극분해를 나타내는 이러한 현상이 사회적 대류현상으로 규정되었거니와, 산업혁명기에는 이것이 더욱 발전하여 진행되었다. 이 단계에서 근대적 대경영은 아직 존재하지 않았고, 성립한 매뉴팩처도 대개 한 세대에 그쳤으며, 2~3대까지 지속하지 못하여 기업의 계속성이 이루어지지 않았다.[39]

셋째, 본격적인 산업자본주의 단계에서도 사회적 대류현상은 계속 이루어졌다. 이를 의식한 것이 마셜이었고 그는 19세기 말 영국경제를 대상으로 '소기업 성장론'을 주장하였지만, 동시에 생물학적 수명론, 즉 기업가 능력의 쇠퇴를 지적하였다. 결국 마셜 시대에도 소기업가의 신규 창업과 상승운동이 활발하였고,

---

39) 大塚久雄,《大塚久雄 著作集》第4卷,《資本主義社會の形成》, 岩波書店, 1969, pp.241~242. 중산적 생산자층은 독립자영농민층yeomanry과 소장인(小匠人, small master)으로 구성되었다. 전자는 봉건적 해체기(주로 15세기 후반~16세기 초)에 나타난 농민층으로서 자유경작농민을 말한다. 후자는 길드guild의 규제를 피하여 농촌에 이주한 직인職人으로서 반농반공半農半工의 생산자층이다. 이들은 농촌공업(모직물공업) 경영의 주체였고, 양극분해 뒤에는 산업자본화의 기반이었다. 즉 여기서 지적한 사회적 대류현상은 본원적 축적기의 현상이었다.

그런 가운데 신구기업의 교체가 뚜렷하여 소기업의 발생·상승·하강·교체현상이 지속되었음을 알 수 있다.

넷째, 독점자본 단계에서도 중소기업의 수는 줄어들기보다는 오히려 늘어나는 현상을 보였는데, 이런 증가 경향은 심한 기업교체 속에서 이루어졌다. 마르크스경제학에서 베른슈타인E. Bernstein과 카우츠키K. Kautsky 사이의 수정자본주의 논쟁修正資本主義 論爭에서 나타난 소기업의 구축과 존속에 대한 견해는 초기 독점자본 단계에서의 이런 현상을 말해주고 있다.

다섯째, 독점구조가 정착되어 자본주의의 장기정체와 공황, 실업이 확대되는 국면에서도 중소기업의 사회적 대류현상은 새로운 특징을 지니면서 이루어졌다. 이 시기에 슈타인들은 소기업 비합리성론에 근거하여 '소기업 성장론'을 비판, '소기업 성장 단층론'을 주장하여 소기업의 상향운동을 완전히 비현실적이라고 설명하였다. 아래에서 위로의 폭넓은 이동은 불가능할 뿐만 아니라, 대부분의 소기업은 성장하기 위한 충분한 시간을 얻기도 전에 사멸한다는 것이다. 그러나 이러한 수많은 사멸은 이에 상응한 새로운 기업의 진입으로 보충된다. 극히 높은 기업의 교체가 있고 이에 따라 소기업가의 공급은 탄력적이지만, 반대로 대기업가의 공급은 비탄력적이라고 슈타인들은 지적하였다.[40]

이것은 당시 발전한 독과점적 대기업의 존재가 중소기업의 상승을 억압하여 하강시키면서 이들과 새롭게 신설되는 잠재실업적 중소기업들이 서로 기업교체를 하는 사회적 대류현상이 일어난 것을 반영한다. 경제가 정체하고 노동력이 과잉된 상태에서 중소기업 분야에 과다경쟁이 일어나면서 중소기업의 사멸률rate of mortality이 높아지고 동시에 이것을 보충하는 신규진입이 이루어지는 기업교체가 활발하게 진행된 것이다. 일단 도산한 기업도 상당수가 다시 진입하는 등 노동력 과잉과 저성장 경제에서의 전형적 기업교체가 이루어진 것이다.

여섯째, 고도성장이 이루어지고 완전고용 정책으로 노동력이 부족한 경제에서 중소기업은 새로운 유형으로 바뀌면서 사회적 대류현상을 확대한다. 경제의

---

40) J. Steindl, 앞의 책, 米田清貴·加藤城一 譯, 앞의 책, p.19.

동태적 발전과 그에 따른 구조변화에 적응하는 과정에서 기업교체가 이루어진다. 기술진보와 소득수준의 향상을 반영하여 수요가 다양해지고 유동화하면서 사회적 분업이 발달하고, 그것이 새로운 중소기업 분야를 만들어 중소기업의 신규진입이 늘어난다. 이러한 분야는 대기업의 지배가 확립되지 않은 경우가 많고 이윤율도 높으며 자본축적도 뚜렷하다.

한편 사양화되는 분야, 대기업으로 이행하는 분야, 그리고 중소기업 분야이지만 기존의 기술이 진부한 경우에는 기업 소멸이 대량으로 일어난다. 경제의 구조변화가 심할수록 다산다사의 현상이 확대되고 사회적 대류현상은 뚜렷하게 진행된다.

3) 현대자본주의에서 사회적 대류현상의 인식

현대자본주의에서의 중소기업 문제는 중소기업 소멸론과 함께 새로운 중소기업 형성과 발전을 통일적으로 이해하는 관점에서 인식할 필요가 있다. 경제성장은 대기업에 의한 중소기업의 구축을 일방적으로 촉진하는 것이 아니고 오히려 새로운 중소기업 분야를 창출한다. 이 경우 독과점적 대기업의 지배가 일방적으로 강화되는 것만은 아니다. 경제성장률이 높을수록 중소기업의 수는 증가하지만, 내부에서 새로운 중소기업과 낡은 중소기업의 격렬한 교체가 진행되면서, 전체적인 중소기업의 수는 증가한다.

첫째, 새로 들어오는 중소기업은 새로운 기술과 경영 감각을 지닌 젊은층이며, 소멸하는 중소기업의 중심은 노년층이어서 이러한 신구기업의 교체는 경영자의 세대교체를 수반한다. 결국 현대의 동태적 경제the modern dynamic economy는 생산과 유통과정에서 차별화하려는 확산적이고 지속적인 힘pervasive and persistent forces을 움직이게 하고, 그것은 계속해서 중소기업을 위한 새로운 기회를 만든다.

진보한 기술이 경제에 침투하면서 생산성과 생활수준을 높이고, 생산물 시장과 서비스 시장을 확대시킨다. 기술이 발전하고 시장이 늘어날수록 전문화의 기

회the opportunities of specialization는 늘어난다.[41]

둘째, 성장하는 시장과 변화하는 기술은 한층 더 전문화된 경제를 위하여 새로운 기회를 창출하며, 생산은 새로운 세대의 소기업에 분할된다.[42] 시장과 변화하는 기술의 상호작용은 경제 자원과 거대 기업에 경제력이 집중됨에도 불구하고, 대량생산과 대량유통경제의 틈새interstices에서 소기업을 위한 기회를 창출한다.[43]

셋째, 생산 유통 및 마케팅 기술이 발달하는 반면에, 시장이 계속해서 성장하는 한, 통합과 차별화integrating and differentiating 요인의 상호작용은 소기업을 위한 기회를 계속해서 창출한다고 기대할 수 있다. 통합 요인은 중규모와 대규모 기업의 소기업 침식을 더욱 일으키지만, 차별화 요인은 소기업이 경쟁할 수 있을 뿐만 아니라, 전문화로부터 일어나는 규모의 외부경제external economies of scale가 서로 보강할 수 있는 틈새가 있는 시장interstitial markets을 계속 제공한다.[44]

그리하여 동태적으로 경제 발전을 하는 가운데 끊임없이 기업교체가 진전된다. 경제가 고도성장하고 산업화가 급속히 진행될수록 기업의 교체와 사회적 대류현상은 더욱 활발해지면서 중소기업의 수도 늘어난다. 특히 사회적 대류현상의 상향이동이 활발해지면서 소기업이 중기업으로, 나아가 대기업으로 성장하는 기업도 생겨난다는 것이다.[45]

개별 기업의 측면에서는 기업의 교체가 꾸준히 이루어지지만, 전체적으로 중소기업 분야는 언제나 존속할 뿐만 아니라 고도성장 과정에서는 오히려 그것이 상향 확대되는 경향을 보인다는 것이 '사회적 대류현상론'의 설명이다. 새로운

---

41) Edward D. Hollander and Others, *The Future of Small Business*, New York, Fredrick, A. Prager, 1967, p.1.
42) 위의 책, p.2.
43) 위의 책, p.3.
44) 위의 책, p.4.
45) 清成忠男, 《日本中小企業の構造變動》, 新評論, 1972, pp.26~32. 여기서는 마셜의 소기업 성장론을 시인하는 견해를 제시하였다. 淸成忠男은 사회적 대류현상을 반복하면서, 노동자가 소기업가로, 소기업가가 대기업가로 폭넓게 이동하고 기업교체가 이루어진다는 마셜의 견해가 오늘날 상당히 타당성을 지니고 있다고 보았다.(같은 글, p.3) 또 부분적이기는 하지만 고도성장 과정에서 성장률이 급속한 산업에서는 중소기업이 대기업까지 성장한 예가 있다는 실증적 연구도 있다.(瀧澤菊太郎, 《高度成長と企業成長》, 東洋經濟新報社, 1973) 우리나라도 이와 비슷한 연구보고가 있다.(중소기업은행 조사부, 《企業規模移動調査》, 1972)

기술이 등장하면서 뒤떨어진 기술을 지닌 중소기업은 도태되지만, 산업구조가 고도화되면서 새로운 기술을 적극적으로 받아들이는 단계에서는 이것을 받아들인 새로운 유형의 중소기업이 늘어나는 경향을 보이면서, 새로운 중소기업 분야가 만들어진다는 것을 역사적 경험으로 알 수 있다.

제9장
중소기업 문제와 중소기업 정책

제1절 정책의 형성과 다양성

1. 문제의 성립과 정책의 형성

정책Policy이란 주어진 목표를 지향하는 수단의 총화를 의미하는데, 정책을 경정하기 위해서는 세 가지, 곧 ① 목표, ② 수단, ③ 정책의 주체를 결정해야 한다. 정책목표 설정에 주관적 가치를 배격하는 주장은 '과학은 목표보다 수단에 관련된다'고 보아 목표는 주어진 것으로 간주한다. 그러나 정책목표에 대한 객관적 가치판단의 가능성을 주장하는 쪽은 목표 설정에 대하여도 긍정적이다.

결국 경제정책은 정책의 주체(국가 또는 공공단체)가 소극적으로는 경제사회가 지닌 문제점 또는 구조적 모순의 완화·해소를 대상으로 하면서, 적극적으로는 경제적 복지(추상적 정책 목표)를 실현하는 방안이다. 따라서 경제구조와 모순의 내용은 경제정책을 규정한다.

경제구조는 자본주의를 그 기본으로 하고 있고 오늘날에는 독점자본주의가 그 바탕이 되고 있다. 경제정책은 이러한 자본주의 안정과 그 유지 및 발전을 목적으로 한다.

자본주의 발전에는 자본주의적 모순과 문제점의 형성·발전, 그것의 지양止揚과 해결 그리고 새로운 모순의 발생이라는 과정이 수반되는데, 이것은 자본주의적 경제법칙의 전개 과정이기도 하다. 자본주의적 모순은 새로운 모순을 발생시키는 가운데 해소되는 것이므로, 모순의 지양 또는 해소는 새로운 문제가 만들어지는 것을 전제로 한다. 따라서 자본주의적 경제정책은 모순의 지양정책이며 해소정책인 동시에 새로운 문제를 만들어내는 것이기도 하다.

경제정책은 '자본주의 경제가 모순의 형성·발전·해소 그리고 새로운 모순의 발생이라는 변증법적 과정을 통해 발전한다'는 경제법칙 속에서 성립한다. 이때 경제정책이 이루어 내는 모순의 지양이란 문제의 완화·해소라는 소극적 의미를 넘어 경제가 발전하게 되는 요인과 힘이 그 속에서 작용한다는 적극적 의미를 지니고 있다.

자본주의 발전법칙이 전개되는 과정에서 많은 문제점과 여러 가지 모순이 형성된다. 현실적으로 경제정책은 이러한 여러 문제의 형성에 대응하여 성립되고 전개되기 때문에 다양한 형태를 갖는다. 모순에는 기본적 모순이 있고 또 여러 가지 부차적 모순 또는 종속적 모순이 있다. 경제정책이 추구하는 모순의 지양·해소는 기본직 모순을 별개의 부차적 모순으로 전환하는 가운데 실현되기도 한다. 이것은 일반 경제정책과 별도 경제정책(특수 경제정책)의 관련성을 말해 준다. 결국 다양한 경제정책이 상호보완적 관련성을 맺으면서 성립하게 된다.

중소기업 정책은 특수부분 경제정책이며, 일반 경제정책과 관련을 맺는 가운데 필연적으로 성립한다. 중소기업 정책은 자본주의 발전 과정에서 전개되는 여러 모순 가운데 한 가지인 중소기업 문제를 완화·해소하고 그 역할을 증진하려는 별도의 특수 경제정책이다. 이때 중소기업 정책은 국가의 일반 경제정책이 추구하는 정책 목표의 실현과 유기적·보완적 관련성을 갖는다. 이것은 경제정책이 추구하는 모순의 지양·해소에 중소기업 문제를 완화·해소하는 중소기업 정책이 기여한다는 것을 뜻한다. 즉, 국가의 경제정책에서 자본주의적 모순을 중소기업에 전환하여 해소하려는 구체적이고 현실적인 정책이 곧 중소기업 정책이라고 할 수 있는 것이다.

경제정책은 자본주의의 문제를 해결하기 위한 방안이며, 자본주의의 문제는 자본주의 발전 과정에서 다양하게 발생한다. 일반 경제정책만으로는 이와 같은 문제를 완화·해소하기 어려우며, 별도의 경제정책과 유기적·보완적 기능을 통하여 수행 가능하다. 오늘날 중소기업 문제는 독점자본주의 구조적 모순의 한 가지 형태(부차적 모순)인데, 이것을 해결하기 위한 방안이 중소기업 정책이다. 이런 점에서 일반 경제정책과 중소기업 정책은 유기적·보완적 관련이 있으며, 이 것이 곧 중소기업 정책 성립의 근거가 된다.

2. 중소기업 문제 및 정책의 다양성과 그 유형화

중소기업 정책은 ① 자본주의 경제구조와 중소기업 문제 발생(경제적 사실)→ ② 중소기업 문제의 성립(논리적·이론적인 문제 인식 또는 문제 인식의 체계화)→③ 중소 기업 정책 목표의 형성(목적의식의 성립)→④ 중소기업 정책의 형성(목적의식과 수단 의 현실화)이라는 네 가지 과정을 통하여 성립된다. 각 과정에서 다양성이 형성될 수 있기 때문에 중소기업 정책은 다음과 같이 여러 가지 형태를 띠게 된다.

첫째, 중소기업 정책은 경제구조의 변동에 따라 변화한다. 중소기업 정책은 중소기업 문제의 해결 방안인데, 중소기업 문제는 자본주의의 구조적 모순의 한 가지 형태이기 때문에 자본주의 경제구조의 변화에 따라 달라진다. 중소기업 문 제는 자본주의의 역사적 발전 과정에 따라(일반성의 문제) 변화한다. 또한 중소기 업 문제는 그 나라 자본주의의 발전 정도(특수성의 문제)와 그것이 직면하고 있는 국내외의 여러 조건(국제성의 문제)의 변화에 따라 규정된다.

둘째, 문제를 제기하는 대상인 중소기업이 다양한 성격을 지닌다.

① 중소기업은 이질·다원적異質多元的 성격을 가지고 있다. 중소기업은 그 존립 분 야가 다양하고, 중소기업 범위 안에서도 중기업, 소기업, 영세기업, 가내공업 및 가내노동 등 다원적 계층을 볼 수 있으며, 이들의 경제적 특성 또한 여러 가지 모습이다.

② 문제의 대상인 중소기업이 끊임없이 변화한다. 문제가 되는 많은 중소기업이 시 장에서 한계수익 기업으로 존립하기 때문에 경기변동의 영향을 받아 그 신설률 과 도산율이 높아 다산다사多産多死의 경향을 지니고 있다. 또한 경제구조의 변화

에 따라 사회적 대류현상이 진행되면서 낡은 기업과 새로운 기업의 교체가 활발한 것도 중소기업 분야이다. 즉, 중소기업 분야의 동태성이 문제의 내용을 다양하게 만든다.

셋째, 적극적이고 능동적인 관점에서 보면 중소기업의 역할이 여러 가지라는 사실이 중소기업에 대한 문제의식과 정책을 다양하게 만든다. 일찍이 마셜A. Marshall은, 중소기업은 경제 발전의 원천이며 그들이 제공하는 힘과 탄력성은 영국경제 전체에 걸쳐 일어나고 있다고 했다. 그 뒤 중소기업은 자본주의 발전 과정에서 부의 창출과 자본축적 기반 그리고 자원의 효율적 배분에 다양한 역할을 했다. 생산·고용창출의 기능, 선진경제에서 활력 있는 다수와 경쟁적 시장의 담당자, 창조와 활력의 모체 등 여러 가지 역할을 담당하고 있다. 이런 역할과 능력을 높여주는 것이 중소기업 정책의 주요한 과제이다.

넷째, 중소기업 문제에 대한 문제의식의 차이에 따라 중소기업 정책은 변화할 수 있다. 중소기업 정책을 성립시키는 중소기업 문제는 엄밀히 말해서 경제적 사실 그 자체가 아니고 경제적 사실에 대한 문제의식이다. 경제적 사실은 정책 대상이 되는 중소기업 문제의 바탕이 되는 것이며, 이에 대한 특정한 문제의식이 중소기업 문제를 구체화한다. 경제구조에서 중소기업이 특정한 상태에 있을 때 경제적 사실로서 중소기업 문제가 형성되지만, 문제의식, 즉 문제를 보는 시각에 따라 중소기업 문제의 성격이 달라지고 정책도 변화한다.

다섯째, 이러한 문제의식에 따라 정책적 목적의식을 구체화·현실화하면서 정책수단이 선정되고 정책이 형성된다. 중소기업 정책이 모든 중소기업 문제를 대상으로 구체화하는 것은 아니다. 어떤 의미에서 해결이 요구되는 문제에 대해서만 책정된다. 이때 목적의식(정책 목표)은 중소기업 정책의 유형을 결정한다.

여기서 유의해야 할 점은 문제의식의 논리 구조 및 이론적 체계와 목적의식(정책 목표)의 성립 과정은 바로 정책의 객관성 문제와 직결된다는 것이다. 따라서 본질적 동향론[1]에 따르면, 본질적 동향에 바탕을 둔 사회적 가치 개념에 따라 이것들이 형성되어야 정책의 객관성과 과학성이 확보될 수 있는 것이다.

이와 관련하여 검토해야 할 것이 중소기업 문제에 대한 여러 가지 시각이다. 이질적이며 다원적 요인으로 이루어진 중소기업이 '중소기업일체'라고 하는 '일체성一體性'을 가질 수 있는 것은 그것이 대기업 또는 독점자본의 발전에 따라 만들어진 '일정의 산업군'이기 때문인데, 이것이 중소기업 문제 인식과 그에 대한 시각의 출발점이다. 중소기업이라는 명칭은 대기업 또는 독점자본의 발전에 따라 발생한 것이다. 따라서 대기업 또는 독점자본과는 상대적이며, 그것들과 관계하는 가운데 그 일체성과 본질을 파악할 수 있다. 다양한 중소기업 문제도 기본적으로는 대기업 또는 독점자본과 갖는 관계 속에서 형성되는데, 이에 대한 시각을 정리하면 다음과 같다.

첫째, 중소기업은 대기업과 경쟁으로 '도태 구축'이 되는 집단이라는 것이 초기 중소기업 문제의 성격이었다. 그러나 자본주의가 점차 고도화하면서 중소기업은 도태 구축과 함께 대기업 또는 지배적 자본이 '잔존·이용'하는 위치로 존재하게 되었다. 이것은 중소기업을 피수탈자의 위치로 보는 중소기업 문제의 소극적 규정이다. 그런데 현대자본주의에서 중소기업은 적합한 경제 분야에서 적극적인 역할을 하고 있으며 대기업과 상호보완적인 관계를 맺으며 존립하고 있다. 이것은 중소기업 문제를 그 역할의 관점에서 보는 적극적 규정이다.[2]

둘째, 중소기업 문제는 중소기업이 갖는 이원적 성격 때문에 두 가지 측면을 갖는다. 중소기업은 중소기업 노동자와 관계에서는 지배적 위치에 있으면서도 지배적 자본과 관계에서는 피지배적 위치에 선다는 것이 정치경제학적 성격 규정이다. 즉, 중소기업은 자본가로서 노동자로부터 잉여가치를 수취하는 위치이기도 하지만, 동시에 이것을 지배적 자본(대기업 또는 독점자본)에게 수취당하는 종속적 위치이기도 한 것이다. 전자는 기본적 모순을 말하고, 후자는 종속적 모순을 말한다. 따라서 중소기업 문제는 기본적 모순과 종속적 모순을 포함하는 이원적 성격을 갖는다.

---

1) 본질적 동향론에 대한 상세한 내용은 이경의, 《중소기업정책론》, 지식산업사, 2006, 제1장 참조.
2) 정치경제학에서 중소기업 문제를 민족경제의 생산력 기반이나 민족자본론적 시각에서 살피는 것도 그 적극적 성격을 규정하기 위한 것이다.

셋째, 중소기업이 지배적 자본과 맺는 관계는 두 가지 시각에서 분석될 수 있으며, 따라서 중소기업 문제도 두 가지 측면을 갖는다. 먼저 생산력적 시각은 양자를 상호협동관계(상호의존관계)로 보는 것이다. 다음으로 생산관계적 시각은 중소기업과 지배적 자본이 지배·종속관계(착취·대립관계)를 맺는다고 보는 것이다. 결국 중소기업은 지배적 자본과 대립관계를 맺으면서도 상호의존성을 지닌다. 따라서 '대립관계 속의 상호의존성'을 지향하는 것, 곧 대립관계를 완화·해소하면서 상호의존성을 높여 양자를 통일하는 것이 오늘날 중소기업 문제의 본질이다.

넷째, 중소기업 문제의 해명에서 제기된 일반성과 특수성의 문제가 있다. 사회가 안고 있는 모순관계를 해명하려는 이 두 가지 시각은 사회과학의 연구 대상인 중소기업 문제의 분석에도 적용된다고 볼 수 있다. 그 결과 중소기업 문제는 자본주의 경제의 보편적 발전단계에 따라 변화할 뿐만 아니라, 국민경제의 특수성에 따라 달라질 수 있다고 보게 되는 것이다.

중소기업 문제의 인식과 정책 목표의 성립에는 이와 같은 시각들이 작용한다. 그러나 그것이 과학적인 중소기업 정책론의 성립을 전제로 하는 경우에는 직관이 아닌 경험과학적 관찰과 실증적 분석에 바탕을 두어야 한다. 즉, 관찰과 실증에 기초를 둔 시각으로 문제의식과 목적의식이 성립되어야 한다.

이런 여러 가지 이유로 중소기업 문제와 중소기업 정책은 다양한 모습을 보이게 된다. 즉, 경제 문제 및 문제의식의 가변성과 다양성은 여러 가지 정책을 성립시킨다. 그런데 문제의 완화·해소와 경제적 역할의 제고라는 정책목표를 달성하는 데는 그 유형화가 필요하다. 정책의 유형화에서는 문제에 대하여 효율적으로 대응하면서 동시에 정책목표를 과학적으로 정립하기 위한 방향을 대상으로 하는 것이 요구된다.

제2절 산업 정책과 중소기업 정책

1. 산업구조와 산업조직

산업정책은 경제정책의 한 분야로서 여러 산업을 직접 대상으로 하는 정책이다. 내용 면에서는 여러 산업 사이의 구조와 그 안의 시장구조·시장행동·시장성과의 개선 및 유지를 목적으로 하는 정책이다. 산업에는 재화와 용역을 공급하는 모든 산업의 활동이 포함되고, 산업정책은 이러한 산업을 대상으로 하는 정책이기 때문에 중소기업 정책도 그 한 분야가 된다.

먼저 산업을 설명하기로 한다. 국민경제를 이해하는 데 산업을 등장시킨 사람은 비교적 많다. 그러나 오늘날에는 산업을 다음과 같이 규정하고 있다.

거시적 측면에서는, 국민경제를 일정한 기준에 따라 몇 개의 활동 부문으로 분할하여 그 구성단위를 산업이라고 한다. 미시적 측면에서는, 여러 기업을 일정한 기준에 따라 하나로 통합하여 그 기업집단의 단위를 산업이라고 한다. 전자의 분류 기준은 재화의 생산기술상의 유사성인데, 이것은 공급의 측면에서 본 것이다. 후자의 분류 기준은 여러 상품 사이의 대체보완관계인데, 이것은 수요의 측면을 따른 것이다. 전자는 산업구조론적 산업 개념이며, 후자는 산업조직론적 산업 개념이라고 볼 수 있다.

산업 개념을 이처럼 두 가지 측면에서 규정하지 않을 수 없는 것은, 산업이 국민경제 전체라고 하는 거시적 경제단위와 개개의 기업이라고 하는 미시적 경제단위의 중간 단위에 위치하고 있기 때문이다. 산업활동의 특성을 다소 동태적으로 설명하면 미시적 경제단위인 기업의 행동결과는 산업이라는 중간 단위의 형태로 집계된다. 다시 산업은 거시경제 단위인 국민경제의 구성요소로 되는데, 여기서 거시경제의 구성형태(산업구조)와 그 변화를 알 수 있다. 산업활동을 통해 ① 산업 내부에서 기업 사이의 관련을 알 수 있고, ② 개별 산업의 특성과 그 구성을 분석할 수 있으며, ③ 나아가 국민경제의 구조적 특징을 이해할 수 있다.

여기서 우리는 산업의 특성인 산업구조industrial structure와 산업조직industrial organization의 두 가지 측면을 파악할 수 있다.

산업구조는 흔히 산업 부문별 구성과 같은 의미로 사용된다. 이는 산업구조 고도화 등의 경우에서처럼 공업화 또는 중화학공업화와 관련되어 쓰이는데, 이때는 생산력의 관점에서 규정한 것이다. 즉, '산업 간' 자원배분 상태와 그 특징을 표현하는 것이다. 산업구조의 중화학공업화란 어느 나라의 산업 간 자원배분이 중화학공업이라는 산업단체에 치우친 상태임을 의미한다. 또한 산업구조를 한 나라 국민경제의 기초가 되는 여러 생산 부문의 결합으로 보되 이것을 여러 종류의 '특수한 생산관계'의 종합물로 규정하기도 한다. 이때 산업구조는 자본이 그것을 통하여 운동하는 구조라고 보는데 이는 산업구조를 생산관계의 관점에서 해석한 것이다.

산업조직은 흔히 '산업 내부'에서 판매자인 기업 사이에 맺는 시장적 관계를 말한다. 시장은 판매자와 구매자로 이루어져 있는데, 시장에서 경쟁적 관계에 있는 판매자 집단(기업집단)을 산업이라고 한다. 따라서 산업조직에는 완전경쟁·불완전경쟁·과점·독점 등의 유형이 있다. 산업조직은 산업 내부에서 기업 간 자원의 배분상태와 그 특징을 포괄적으로 표현하는 것이기도 하다. 예컨대 과점이라는 산업조직의 상태는 어느 산업에서 자원배분이 소수 기업에 집중되어 있는 상태를 의미한다.

한편 산업은 사회에 필요한 각종 생산물과 용역을 산출하는 사회적·경제적 활동 부문이며, 동시에 각 활동 부문의 사회적·경제적 관련 체계라고 불리기도 한다. 즉, 산업은 생산의 사회적 분할이면서 동시에 분할된 각 부문 사이의 관련 체계라는 두 가지 의미를 포함하고 있는 것이다.

이러한 의미의 산업은 그 실체에서 국민경제의 생산력 수준과 생산관계 측면의 상호작용을 반영한다. 그리고 그것은 대기업·중기업·소기업·영세기업 등의 기업 규모로 이루어져 있다.

2. 산업구조 정책과 중소기업 정책

자본주의 경제가 발전하면서 나타난 산업활동의 결과 본격적으로 구조적 문제가 드러났다. 산업정책은 이에 대한 방안이었다. 따라서 산업정책은 국민경제의 생산력 수준과 생산관계의 상호작용, 그리고 기업 사이의 관계에서 만들어지는 경제적 문제를 완화·해소하여 산업활동을 증진시키는 데 그 목적이 있다.

산업정책은 그 정책목표를 어디에 두느냐에 따라 효율성 및 공정성 추구형과 성장 촉진형의 두 가지로 나뉜다. 전자는 효율성과 공정성을 실현하려는 것이므로, 주로 〈독점금지법〉을 철저하게 합리적으로 운영하고자 하는 질서정책[3]이다. 특정의 시장행동 및 시장구조를 규제하여 일정의 시장성과를 확보하려는 산업조직 정책이 그것이며, 이는 질적 정책[4]의 성격을 갖는다. 중소기업 정책 가운데 일부도 이 범주의 정책에 포함된다.

이에 대하여 성장촉진형 산업정책은 산업구조 정책(흔히 과정정책[5] 또는 양적 정책[6]의 성격)과 밀접한 관련을 갖는다. 예컨대 유치산업보호 등과 관련하여 산업구조 정책을 전개하는 경제에서는 생산력주의의 관점이 우선한다. 그 결과 독점금지정책 등 질서정책은 하위정책이 되기도 한다. 그러나 당해 산업의 성장촉진이

---

3) 질서 정책은 사회에 대한 구조 또는 질서를 설정하고 이를 유지하기 위한 정책이며, 그 테두리 안에서 경제 과정은 그 자체의 목적을 추구한다.

4) 질적 정책은 틴베르헌J. Tinbergen이 정책유형 구분에서 제시한 개념이다. 사회조직에 대한 요소의 결합이라고 규정되는 구조를 기반의 테두리 안에서 변경시키는 것을 목적으로 하는 정책으로, 여기에는 반독점과 조세체계의 변화를 추구하는 정책 등이 포함된다.

5) 과정정책은 정부정책에 따라 경제 과정이 직접 목표로 하는 정책, 즉 높은 성장률과 높은 고용수준의 실현 등을 의도하는 정책이다.

6) 양적 정책은 구조와 기반을 기초로 그 테두리 안에서 바라는 목적을 실현하기 위하여 여러 현상을 규제하는 정책을 말하며, 재정·무역·금융정책 등이 여기에 속한다.

우선이기 때문에 이것과 다른 산업 사이에 자원배분의 공평성 문제가 제기되기도 한다.

산업구조는 생산에 관계되는 산업 부문의 구성과 상호관계로 표현될 수 있다. 이러한 산업구조가 성장촉진의 목적에 합치되지 않을 때 산업구조 문제가 발생하는데, 이를 완화·해소하려는 것이 산업구조 정책이다. 산업구조에는 자본과 노동, 자본재 요소와 비자본재 요소, 자본 내부에서도 상업자본·금융자본·산업자본, 산업자본 안에서도 생산재와 소비재 부문의 자본, 자본 일반에서도 독점자본과 비독점 중소자본, 외국자본과 민족자본 등 여러 요소가 결합하여 발전 요인을 구성한다. 곧, 산업구조는 이들 실체적 요인이 그 안에서 움직이는 구조이고 이들이 상호작용하기 때문에 동태적 성격을 갖는다.

산업구조 안에서 실체적 요인의 상호작용은 산업구조상의 모순, 즉 산업구조 문제를 일으키는데, 이것이 바로 산업구조 정책의 대상이 된다. 산업구조의 후진성이나 제국경제帝國經濟의 외압에 따른 왜곡에서 발생하는 근대화와 자립적 산업구조의 과제도 이로부터 일어난다.

산업구조상의 한 가지 모순인 중소기업 문제도 산업구조 안의 실체적 요인이 작용한 결과이다. 중소기업 정책이란 산업구조 상의 한 가지 모순인 중소기업 문제를 완화·해소하여 중소기업의 역할을 높이려는 것이기 때문에 산업구조 정책의 일환이 된다.

1) 성장촉진형 산업구조 정책적 중소기업 정책

성장촉진형 산업구조 정책에 포함되는 중소기업 정책으로는, 우선 성장 내지 발전전략 부문에 대한 정책을 들 수 있다. 국민경제의 고도성장을 위하여 산업구조의 고도화를 기하고 경제개발에 기여할 수 있는 다음과 같은 중소기업 부문에 대한 여러 정책이 여기에 포함된다.

① 경쟁력을 갖추어 비교 우위가 있는 부문

② 산업구조 고도화 정책에 따라 중화학공업화에 기여하는 부문

③ 수출주도형 개발정책에 부응한 수출 중소기업 부문

④ 국민경제의 유기적 관련성과 상호보완성을 높이기 위한 하청 계열화 부문

⑤ 지식·정보집약적 산업구조의 실현을 위한 지식·정보집약적 중소기업 등

이들 부문에 대한 정책은 산업구조 정책의 적극적 측면을 반영한다.

2) 전근대 부문에 대한 산업구조 정책적 중소기업 정책

이에 대하여 전근대 부문에 대한 산업구조 정책적 중소기업 정책은 산업구조 정책이 소극적으로 낙후된 산업 부문과 전근대 부문에 대한 개발을 대상으로 하는 가운데 그러한 중소기업을 정책대상으로 한다. 예컨대 이중구조의 해소와 중소기업의 근대화정책에서 볼 수 있듯이 중소기업에 대한 '특별한 배려의 원칙'을 정책적으로 실시하는 것이다. 개발이 뒤떨어진 부문에 대한 집중적인 정책지원을 추진하되 유치산업, 즉 장래 부가가치 생산성이 높아지고 경쟁력이 배양될 수 있는 부문을 육성한다. 반면 동태적 비교 우위 가능성이 없는 부문은 도산시킨다. 즉 '신설과 도산' 과정에서 사회적 대류현상이 진행되고 그 속에서 중소기업은 구조고도화를 실현한다.

이것은 단기적으로는 효율성과 공정성의 기준을 소홀히 할 수도 있지만, 장기적으로는 구조개선 정책으로 중소기업의 고도화와 근대화가 실현되어 산업구조 고도화라는 국민경제적 목표에 기여할 수 있다.

3) 보호주의적 산업구조 정책으로서 중소기업 정책

다음으로 보호주의적 구조정책이 중소기업 정책으로 실시될 수 있다. 이는 단순히 낮은 생산성의 중소기업을 보호하는 것이 아니라, 유치산업의 성격을 가진 중소기업을 단기적으로 보호해 주는 것이다. 아울러 저임금 노동력을 지속적으

로 유지하고 산업예비군의 저장소를 마련해 자본축적의 기반을 조성한다는 의미에서 육성적 보호정책이 구조정책적 중소기업 정책으로 실시되기도 한다.

그런데 산업구조 정책 실시의 타당성 여부에 대한 지적도 있다. 시장기구가 기본인 경제에서 산업구조는 무수한 기업행동의 결과이기 때문에 계획적 자원배분을 정책적으로 유도하는 것은 오히려 자원배분을 왜곡시킬 수 있다는 것이다. 산업구조는 가격기구의 자원배분 기능에 따라 만들어지는 것이며 기업 간 경쟁의 결과이기 때문에 산업구조를 전환하는 주체도 기업의 행동이라는 것이다. 이것은 산업조직론을 연구하는 사람들의 주장이다.

이에 대하여 산업구조론자들의 반론도 있다. 개량적 길에 따라 자본주의로 이행한 국민경제와 개발도상경제에서는 대체로 시장기능이 경쟁력과 효율성을 높이는 방향으로 작용하고 있지 않다는 것이다. 농업에서 공업, 그리고 경공업에서 중화학공업을 거쳐 기술·지식집약적 산업으로 이어지는 산업구조의 고도화와 그 전환 그리고 이를 위한 자본축적 기능을 시장 기능과 자율적 기업행동에만 의존해서는 산업구조의 효율성을 기할 수 없으며 선진경제를 따라잡을 수 없다는 것이다. 산업구조의 정책적 유도와 산업구조 정책의 불가피성이 여기에 있다.

3. 산업조직 정책과 중소기업 정책

1) 산업조직 정책의 유형과 성격

시장을 중심으로 하는 기업군의 집합을 산업이라고 할 때, 산업조직은 산업의 내부에서 여러 기업 사이에 맺는 시장적 관련을 뜻한다. 산업 내부에서 기업 사이에 맺는 시장적 관계는 경쟁과 협조라는 두 가지 측면을 갖는다. 경쟁이 지나칠 때는 과당경쟁excessive competition이 일어나고 협조가 지나치면 독점monopoly 문제가 생긴다.

산업조직에 대한 실천적 의미는 시장구조·시장행동·시장성과를 기준으로 하여 지나친 독점을 규제하거나 과당경쟁을 완화하는 데 있다. 따라서 구체적인 산업조직정책에는 경쟁 촉진to promote competition과 독점규제, 그리고 경쟁 제한to restrict competition 정책의 두 가지 유형이 있다.

오늘날 독점자본주의 단계에서는 독점이 심화하여 그것이 시장질서를 위협하기 때문에 경쟁 제한보다는 경쟁 촉진, 즉 반反독점 정책이 산업조직 정책의 중심과제가 되고 있다. 그러나 중소기업이 지니는 과당경쟁적 성격 때문에 경쟁 제한적 과제도 중요하다.

이러한 산업조직 정책은 다음과 같은 성격을 갖는다.

① 산업조직 정책은 산업 전체보다는 산업 내부의 기업 간 상호관계에서 발생하는 문제에 치중하는 미시적 성격을 갖는다.

② 기업의 상호작용 안에 담긴 실체성의 인식은 무시하고 기계론적으로 산업조직을 바라본다.

③ 그리고 경쟁적 시장질서에 대하여 가능한 한 현상유지를 목적으로 하기 때문에 질서유지의 성격을 갖는다. 즉 독과점의 심화가 가져올 수 있는 시장질서의 파괴를 개선하려는 노력인 것이다. 유효경쟁workable competition의 개념도 마찬가지이다.

④ 그래서 반독점 등 독점의 문제를 다루고 있지만, 이는 어느 정도 독과점의 필연성을 인정하면서 독과점이 가져오는 파멸적 결과만을 규제하는 유효경쟁질서의 개념이다.

자본주의적 시장경제 질서에서 산업조직 정책은 경쟁 촉진적 유형과 경쟁 제한적 유형 두 가지가 있다.[7] 이 두 가지 유형과 중소기업 정책의 관련성을 살펴보기로 한다.

---

7) 산업조직이론의 흐름에서 보면, 전자가 주류를 이루고 후자는 부차적인 것으로 간주된다.

2) 경쟁 촉진적 유형과 중소기업 정책

경쟁 촉진적 산업조직 정책은 시장에서 독과점의 완화·금지를 중심적 과제로 하는 산업조직에 대한 경제정책이다. 진보와 효율화라는 산업조직 정책의 포괄적 목적에 따라 당해 산업에서 독과점의 비능률성을 규제하여 가능한 한 최고의 시장성과를 실현하려는 것이 이 정책의 목적이다. 그러기 위해서 독과점의 폐해를 가져올 수 있는 시장구조와 시장행동을 규제하는 등 정책이 적극적으로 시행된다.

이 정책의 목적을 실현하기 위한 법제도적 장치가 독점금지법[8]이다. 공정하고 자유로운 경쟁을 촉진하고 부당한 시장독점과 불공정한 거래를 배제하여 사업자의 창의를 발휘하도록 하고 활발한 기업활동을 하게 하는 것이 이 법의 주된 목적이다. 따라서 독점금지 정책이 중소기업을 특히 보호의 대상으로 하는 정책은 아니다. 중소기업에 대해서도 부당한 시장독점과 경제질서의 부당한 교란행위를 금지하고 있기 때문이다.

그러나 독과점 심화에서 오는 시장질서의 경직화를 막기 위하여 경쟁원리를 도입하고 경쟁의 공정화를 추진하는 이 정책의 경제적 의의는, 대기업 또는 독과점 기업의 시장독점으로부터 경제적으로 약한 위치에 있는 자의 이익이 부당하게 침해받는 것을 막는 것이다. 이는 경제적 약자인 중소기업·농업·일반 소비자의 이익을 보호한다. 그리고 현실적으로 부당한 시장독점은 흔히 대기업이 하고 중소기업은 그 피해자가 되는 경우가 많기 때문에 독점금지법은 중소기업에 대한 보호 또는 불리시정정책不利是正政策의 법적 기초로서 중요하다.

중소기업이 직면하는 어려움이 대기업의 부당한 압박에서 오는 것일 때, 독점금지법은 중소기업이 당면한 불이익을 제거해준다. 독점금지법은 자유로운 사기업체제와 경쟁질서의 유지를 통하여 중소기업의 건전한 발전을 촉진한다. 반면에 경쟁적 시장경제의 담당자인 중소기업의 건전한 발전은 경쟁원리의 촉진을

---

8) 우리나라에서는 1976년에 제정된 〈물가안정 및 공정거래에 관한 법률〉(물가안정법)에서 시작해, 그 뒤 1980년에 제정된 〈독점규제 및 공정거래에 관한 법률〉(독점금지법)이 있다.

목적으로 하는 독과점 규제 원칙의 기반을 다져줌으로써 경제정책의 이념을 서로 보완하면서 경쟁질서를 새롭게 만들어낸다.

독점금지법이 대기업의 압박으로부터 중소기업을 보호해 주는 방법은 구체적으로 다음과 같다.9)

① 부당한 시장독점(카르텔 및 트러스트)의 배제
② 시장지배력의 남용방지: 대기업과 중소기업의 거래에서 대기업이 우월한 지위를 남용하여 중소기업의 사업활동 등에 제약을 가하는 행위를 규제하는 것
    ㉠ 차별적 거래의 금지
    ㉡ 배타적 조건의 거래 금지
    ㉢ 부당한 제약조건의 거래 금지
③ 경쟁질서를 교란하는 경쟁방법의 금지(부당한 고객유인 행위, 부당한 경품행위, 부당한 광고와 표시의 방지 등)
④ 하청거래 등에서 지배력 남용(하청대금의 지불지연 등)의 금지 등

3) 경쟁 제한적 유형과 중소기업 정책

진보와 효율화를 추구하는 산업조직 정책의 또 하나의 유형은 경쟁을 제한하고 기업들 사이의 협조와 독점을 촉진하는 정책이다.

선진경제에서는 이들 정책이 예외적이지만, 개발도상경제에서는 상당히 중요한 의미를 지닌다. 개발도상경제는 국민경제의 생산력 기반이 취약하고 기업규모가 영세하여 낮은 생산효율이 일반화해 있다. 또한 기업 간 과당경쟁 때문에 비능률과 경제적 낭비가 심하게 나타나고 있다. 따라서 자유로운 기업활동에만 의존하면 진보와 효율화에 바람직하지 않은 산업 분야가 발생한다. 이들 분야에 독점금지규정을 적용하지 않거나, 정책이 경쟁을 직접 제한하고 오히려 독점을

---

9) 加藤誠一 編,《中小企業問題入門》, 有斐閣, 1976, pp.137~146.

보호·조장하기도 한다.

이러한 정책 대상의 산업 분야는 ① 공공사업과 ② 원자상적 시장구조의 산업 분야로 나눌 수 있다. 이때 중소기업 정책과 관련이 있는 것은 후자이다.

원자상적 산업atomistic industry에 대해서는 경쟁 제한적 정책을 실시하여 산업활동의 진보와 효율화를 추구한다. 상대적으로 소규모기업이 다수 존재하고 시장집중도가 낮아 원자상적 시장구조atomistic market structure를 갖는 분야로는 제조업 가운데 중소영세기업과 농업·판매업·서비스업 등을 들 수 있다.

이들 산업 분야에서는 경쟁원리가 오히려 과당경쟁을 일으키고 규모의 경제성에 이르지 못하여 바람직한 시장성과를 이루지 못한다. 이러한 시장구조, 즉 과도하고 파멸적인 경쟁 때문에 양호한 성과에서 벗어나는 유형을 살펴보면 다음과 같다.[10]

① 소기업의 높은 도산율과 만성적인 과소소득은, 판매자 집중이 증가함에 따라 대기업이 소기업을 구축하면서 그 분야에 구조적 변화가 일어나는 과정에서 이루어진다.

② 어느 산업에서는 기업 및 노동자에 과소소득이 일어나는데, 이것은 수요에 견주어 설비 능력과 노동력이 만성적으로 과잉상태인 데서 오는 파멸적 경쟁의 결과이다.

③ 소홀한 자원의 보존을 들 수 있다. 이것은 무수한 소기업이 공공의 자원을 경쟁적으로 채굴하거나, 또한 적절한 자원보존을 유지할 만큼 기업소득이 충분하지 못하기 때문이다.

즉, 과당경쟁은 수요에 견주어 설비 능력 및 노동자가 만성적 과잉상태인 데서 오는 것으로, 이 때문에 기업과 노동자의 만성적 과소소득이 발생한다. 그리고 대기업이 중소기업을 구축하는 것과 같은 산업 안의 구조적 변화, 중소기업

---

10) J. Bain, *Industrial Organization*, John Wiley & Sons, 1967, pp.469~470.

의 높은 도산율 및 만성적 과소소득, 자원보존의 소홀한 관리 등으로 시장 성과
를 낮게 한다. 이러한 분야에서 경쟁 제한적 정책이 필요하다는 것이다.

이에 대한 정책수단으로 농산물 가격 지지 및 소득 지지 정책이 있다. 중소기
업 부문에서는 하청계열화 및 기업합병, 그리고 각종 협업화(조직화)촉진 정책이
제시된다.

경쟁질서의 유지 및 확립보다는 규모의 경제성 실현과 생산력 제고가 우선
적 과제인 국민경제에서는 경쟁 제한적 정책이 중요한 의미를 지닌다. 개발도
상국에서는 국민경제의 생산력을 증강하는 방향으로 산업조직을 택하기 때문
이다. 특히 개발경제에서는 국제경쟁력 기준이 경제 발전에 중요하기 때문에
국내시장이 소규모일수록 경쟁 제한적 정책의 경향이 강하게 나타난다. 따라서
이 정책은 소비자나 중소기업보다, 생산자 또는 대기업을 보호·육성하려는 성
격이 강하다. 산업정책의 목표로 효율성과 공정성보다는 성장의 추구를 우선하
기 때문이다.

제3절 중소기업 정책의 유형과 관련성

1. 중소기업 정책의 유형

중소기업 문제를 완화·해소하고 그 역할을 높이는 것을 직접적 과제로 하는 국가(또는 공공기관)의 정책이 중소기업 정책이다. 그러나 그 성격과 유형은 경제발전 단계나 국민경제의 특성에 따라 다양하다. 또 정책 인식과 정책목표의 바탕인 중소기업 문제가 다양한 내용을 갖고 있기 때문에 그에 따라 정책유형과 정책목표 역시 여러 가지가 된다.

흔히 정책목표를 달성하기 위하여 정책유형을 선택하는데, 이때 여러 정책목표와 정책유형이 서로 마찰 없이 동시에 추구될 수도 있다. 그러나 한 가지 목표를 이루기 위해서 다른 목표를 희생하지 않으면 안 되는 경우도 있으며, 정책유형과 수단의 경우도 마찬가지이다. 이때는 선택의 문제가 제기되는데, 바로 사회적 선택을 해야 한다는 것이다.11)

뮈르달G. Myrdal이 지적하기를, 정책의 효과판단에서 사회계층의 이해관계가 평행인 경우에는 정책이 보편타당성을 갖지만, 서로 교차할 때는 일부 계층에 유리한 선택적 정책이 된다고 했다. 정책을 선택할 때 객관적으로 판단하는 기준으로 제시된 사회적 선택은 경험과학적인 관찰과 분석 그리고 본질적 동향에 바탕을 둔, 사회적 가치 개념에 따른 판단으로 행해져야 할 것이다.

중소기업 문제와 정책 목표 및 정책 유형이 다양할 수밖에 없다는 점은 이미

---

11) K. E. Boulding, *Principles of Economic Policy*, Prentice-Hall, 1958, p.19.

설명했다. 모든 목표를 달성할 수 있는 획일적이고 유효한 정책을 찾기란 어렵다는 의미이기도 하다.

중소기업 정책의 유형은 세 가지로 나누어 설명하는데, 보호정책과 적응정책 그리고 불리시정정책이 그것이다. 이런 유형으로 구분하는 것은 흔히 독일이나 일본에서 이루어진 것임을 유의할 필요가 있다.

우리는 앞에서 산업정책과 관련하여 산업구조 정책적 중소기업 정책과 산업조직 정책적 중소기업 정책의 두 가지 유형을 논의했다. 적응정책은 전자에, 그리고 불리시정정책은 후자에 해당한다. 사회적으로 볼 때 중소기업은 중산계급으로 규정되기도 하는데, 이러한 중소기업의 특성을 반영하여 사회정책적인 보호정책이 정책유형으로 추가되었다.

1) 보호정책

보호정책Schutzpolitik은 계층으로서 중소기업이 시장에서 도태되는 것을 방지하고 보호하는 정책이다. 유럽의 여러 나라, 특히 독일에서는 이 정책을 중산계급정책Mittelstandpolitik으로 전개했는데, 사회정책Sozialpolitik의 일부로 해석하기도 한다. 구중간계급과 소상품생산자의 도태 방지와 사회적 불안 해소를 위한 보호를 궁극적 정책 목표로 한다. 따라서 경제적으로는 소극적 정책이라고 할 수 있다.

이 정책은 경제 전체의 이익보다는 특정집단의 이익을 보호하려는 것이다. 존재하는 것은 모두 소멸되어서는 안 된다는 보수적 정책 인식과 목적을 지닌 것이 바로 이 정책이다. 따라서 보호정책은 극단적인 경우 경제적 자연보호지대wirtschaftlicher Naturschutzgebiet의 창출을 뜻하기도 한다.

보호정책은 생산성이 낮은 기업을 보존하고 지불능력이 한계에 이른 기업경영을 존속시켜 선진공업과 후진공업 사이의 임금 격차 시정을 어렵게 만들기도 한다. 나아가 광범위한 사회적 분업에 의존하는 대기업의 발전을 저해할 수도 있기 때문에 근대화론자들의 비판의 대상이 되기도 한다.

그러나 보호정책이라고 해서 경제적으로 적극적 의미가 전혀 없는 것은 아니다. 보호정책에는 단순히 구제적 보호정책만이 아니라 육성적 보호정책도 있다. 유치산업의 성격을 가진 특정산업의 중소기업 경쟁력을 강화시켜 주고자 과도적으로 이들을 보호해주는 것이 후자의 경우이다. 이러한 보호정책은 경제정책의 성격을 지니기도 한다.

또한 전자, 즉 구제적 보호정책도 적극적이고 긍정적 평가를 받을 수 있다. 곧 중소기업의 경제적 기능보다 사회적 역할을 강조하는 시각인데, 이런 의미의 중소기업 정책기조는 경제적 영역보다 경제 이전以前의 영역에 해당한다고 볼 수 있다.

그러나 보호정책은 저임금기반을 지속적으로 조성하여 자본축적 기능을 하게 하고, 산업예비군의 저장소를 마련해준다. 이런 점에서 보면, 반드시 경제이전적인metaokonomischen 것으로만 규정할 수는 없는 적극적 측면이 있다고 하겠다.

2) 적응정책

적응정책Anpassungpolitik은 동태적으로 변화하는 시장경제에 적응할 수 있는 중소기업을 조성해주는 정책이다. 따라서 적응정책은 중소기업의 경쟁력을 적극적으로 높여서 전체 경제의 생산력 수준에 적응시키는 것을 목적으로 한다. 이런 의미에서 구조정책Strukturpolitik이며, 근대화와 합리화를 위한 정책이다.

이 정책의 특징은 적극적으로 경쟁력 강화에 중점을 둔다는 점이다. 이 경우 원칙적으로 시장경제의 원리가 적용되지만, 때에 따라서는 거시적 또는 미시적 차원의 계획화 원리가 도입되기도 한다. 최근에 산업구조 정책적 관점에서 중소기업 정책(특히 근대화 또는 합리화 정책)을 추진하는 것이 바로 그렇다.

적응정책의 목표는 구체적으로 경제적·사회적 변화에 따라 일어나는 여러 조건에 중소기업을 적응시키는 것이다. 개별 기업이나 업종별로 적응 과정을 지도하고 촉진하며 경제적 기술진보에 중소기업이 원활하게 적응하도록 한다. 따라서 적응정책이란 중소기업의 경쟁력을 높여 선진 부문과 후진 부문 사이의 생산성과 소득 그리고 임금 격차를 해소하는 산업구조 정책이며, 중소기업 근대화정책이다.

보호정책이 기본적으로 현상유지를 추구하는 데 반해, 적응정책은 생산성을 향상하고 경쟁력을 강화하여 시장경제 속에서 대항력을 창출하고 유지하려는 정책이다. 일본의 경우 이 정책은 이중구조론·적정규모론·중견기업론 등 중소기업근대화론을 정책적으로 실현하면서 구체화했다. 그 결과 중소기업의 합리화와 근대화를 강력히 추구하는 반면, 전통적·전근대적인 중소기업의 도산을 촉진했기 때문에 사회적 대류현상이 활발했다.

그런데 독일에서는 적응정책이 중소기업 경영자에게 경영 문제와 시장 문제를 쉽게 이해시켜 적응의 출발점을 밝혀주고, 서서히 시장경제의 원칙(사회적 시장경제의 틀)에 맞추어 행동하도록 지도하는 것을 목적으로 했다. 이른바 자조自助의 원칙에 따라 '적응을 조성'해 주는 방향으로 시행되었다. 이때 적응정책은 중소기업만을 위한 독점적인 시장대항력의 창출 유지와 경제적 특권의 부여를 목적으로 한 것이 아니었다. 어디까지나 시장경제를 전제로 중소기업의 취약부분을 강화해 주려는 것이 독일 적응정책의 초기 특징이었다.

중소기업이 새로운 경제 환경, 즉 독점자본의 확충과 산업구조의 고도화 그리고 국제화 진전에 따른 개방경제의 지향 등 경제 여건의 변화에 적응하는 것은 결코 쉽지 않다. 따라서 이에 적응하여 새로운 균형에 도달하는 것, 즉 원활하게 적응하는 것은 가장 중요한 중소기업 정책의 과제이다. 이는 무엇보다도 중소기업의 생산성을 높이고 경쟁력을 강화하는 등 구조변화를 통하여 해결하고 실현할 수 있다. 결국 적응정책은 새로운 균형에 도달하기 위한 적극적·동태적 구조정책이며, 소극적 방위정책이 아니다.

3) 불리시정정책

불리시정정책은 질서정책인데, 시장에서 중소기업의 불리不利를 시정是正한다는, 즉 대기업과 평등한 조건 창출을 목적으로 하는 산업조직 정책의 특징을 갖는다. 모두 시장경제를 전제로 하고 있지만, 적응정책이 동태적 정책인데 반해, 불리시정정책은 정태적 질서정책이다. 시장에서 적극적으로 중소기업의 적응을 목적으로 경쟁력 강화를 도모하는 적응정책과는 달리, 이 정책은 시장질서 자체의 변화를 통하여 중소기업의 소극적 적응을 목적으로 하기 때문에 질서정책의 성격을 갖는다.

적응정책은 적극적인 경쟁력 상화성책이지만, 불리시정정책은 소극적인 경쟁조건 정비 정책이다. 경쟁의 출발점을 평등하게 해주어 중소기업에 적절한 경쟁조건을 만들어주는 것이 불리시정정책의 목적이다.

불리를 시정하는 방법에는 두 가지가 있다. 하나는 중소기업에 대한 대기업의 경쟁 제한적 행동을 금지하는 것이고, 다른 하나는 중소기업을 단결시켜 대기업에 대한 대항력을 갖게 하는 것이다.

이때 후자는 대기업과 중소기업 양쪽에 독점이나 과점을 발생시켜 산업조직 정책의 본래 목표인 경쟁조건의 창출과 그 지속을 어렵게 할 수도 있다. 극단적인 경우에는 중소기업이 시장에서 불리한 상태에 있다는 당면한 문제를 보완하는 대응적 성격을 갖게 되어, 오히려 보호정책의 경향을 띨 수도 있다.

결국 이 정책은 중소기업의 군비확장이나 재군비가 아니고, 대기업의 시장지배력 축소, 즉 대기업의 군비축소 또는 무장해제에 그 바탕을 두고 있다.

2. 중소기업 정책의 관련성

보호정책·적응정책·불리시정정책, 이 세 가지 중소기업 정책 가운데 현실적

으로 중소기업 정책의 결정 및 실시는 흔히 앞의 두 가지, 즉 보호정책(특히 구제
적 보호정책)과 적응정책의 대항관계 및 관련성에 따라 규정된다. 이것은 두 정책
의 성격에 차이가 있기 때문이다.

국민경제적 관점에서 보면, 구제적 보호정책은 소극적이고 적응정책은 적극
적이다. 보호정책은 현상 유지의 성격을 갖기 때문에 그 정책 대상이 되는 중소
기업을 '경제적 자연보호지대'로 만들 수도 있다. 또한 이것은 발전과 변화를 지
향하는 경제정책의 방향에 반할 수도 있다. 한편, 시장적합적인 중소기업 정책,
즉 적응정책도 일정한 한계를 가질 수 있다. 중소기업의 경제적·사회적 성격에
비추어 적응정책이 국민경제 전체의 이해와 일치하지 않을 수도 있으며 또한 전
통적·전근대적 중소기업 등의 저항을 일으킬 수도 있다.

따라서 현실의 중소기업 정책은 국민경제와 조화를 이루는 것 그리고 두
가지 정책목표 사이의 타협점을 도출하여 실시해야 한다. 어느 쪽의 요소가
강하게 작용하느냐에 따라 중소기업 정책의 방향이 결정된다. 현상 유지적인
보호정책을 강하게 시행하면 적응정책의 효과는 줄어들고, 적응정책을 강화
하면 약소기업이 도태될 것이다. 이처럼 두 정책은 그 원리부터 다른 것이므
로 현실적으로는 여러 경제계층의 이해·대립과 힘의 관계에 따라 결정될 수
밖에 없다.

두 가지 정책의 대항관계는 복잡하기 때문에 정책 선택은 경제 발전의 단계
와 국민경제의 특수성을 고려하여 이루어져야 한다. 선택된 정책이 보편타당성
을 가지려면 본질적 동향을 반영하는 사회적 가치판단의 기준이 고려되어야 할
것이다. 흔히 보호정책은 사회정책적 성격을 지닌 소극적 정책으로 본다. 그러나
후진자본주의의 어느 단계에서는 중소기업을 의도적으로 보존·이용함으로써(이
른바 이중구조의 이용) 대기업의 자본축적에 도움을 주기도 한다. 이런 의미에서 보
호정책이 반드시 소극적·보수적 의미를 갖는 것은 아니다.

선진경제 역시 반독점 정책의 일환으로서 중소기업의 보호정책을 주장하기
도 한다. 중소기업이 갖는 경쟁 촉진적 역할을 높이 평가하기 때문이다. 이처

럼 보호정책도 경우에 따라서는 경제적으로 적극적 역할을 한다. 따라서 보호
정책을 두고 경쟁력이 낮은 중소기업을 보호하는 소극적 성격의 정책이라거
나, 현대의 중소기업 정책으로서는 뒤떨어진 정책이라거나, 사회정책의 일부
라고 획일화해 볼 수만은 없다. 보호정책은 경제정책의 성격을 지니기도 하기
때문이다.

보호정책이 지닌 이와 같은 경제정책적 성격에도 불구하고 그것이 주로 성장
력이 약한 중소기업을 대상으로 한다는 기본 흐름이 달라지는 것은 아니다. 이
에 대하여 적응정책은 주로 성장력이 있는 중소기업을 대상으로 한다.

결국 중소기업 정책에서는 보호정책(사회정책적 흐름)과 적응정책(경제정책적
흐름)의 상호작용이 결정과 실시에 중요한 변수가 된다. 그리고 이 두 가지
정책성격의 상호규정적 대항관계는 경제 발전 과정에서도 중요한 의미를
지닌다.

한편 정책의 관련성을 기업의 규모 및 산업의 성격이라는 관점에서 보기로
한다. 정책이 대상으로 하는 중소기업은 이질다원적이다. 중소기업이라는 기업
군에는 중소자본과 영세경영이 있고, 중소자본에는 중기업과 소기업이 포함되
며, 중견기업이라는 별도의 범위가 정해지기도 한다.

이러한 중소기업의 다양한 구성을 기준으로 흔히 보호정책은 소영세 계층을
대상으로 하고, 적응정책은 상위 규모의 중소기업을 대상으로 한다고 이해하기
도 한다. 보호정책은 보호와 구제를 필요로 하는 하층 규모를 대상으로 하고, 적
응정책은 성장성이 높은 중기업 등을 대상으로 하는 정책이라고 생각하기 때문
이다.

그러나 기업규모의 대소와 기업의 능률성 및 성장성이 반드시 일치하는 것은
아니다. 따라서 기업 규모와 계층 구분에 따라 정책유형이 획일적으로 규정될
수는 없다. 오늘날의 지식·정보집약적 산업구조 아래에서 그러한 구분은 더욱
의미가 없어졌다.

오히려 기업 규모라는 횡적 시각으로부터 산업정책의 업종별 정책에 대한 시

각으로 바꾸어보는 것이 필요하다. 즉, 전략적 산업과 사양화 산업이라는 구분을
제기할 수 있다. 이때 전자는 성장력 있는 산업(기업)으로서 적응정책의 대상이
되고, 후자는 성장력 없는 산업(기업)으로서 구체적 보호정책의 대상이 된다고
볼 수 있다.

제4절 정책 유형의 경제 발전 단계에 따른 전개

1. 자본주의 전개와 중소기업 정책유형

1) 산업자본주의 단계의 중소기업 정책

현실의 중소기업 정책은 어느 나라에서나 대체로 보호정책과 적응정책이라는 두 정책 사이를 오가면서 전개된다. 다만 그 나라의 경제 발전 단계에 따라 선택될 뿐이다. 자본주의 전개 과정에서도 두 정책은 서로 대항관계를 이루면서 실시되었다. 대항관계는 중소기업 정책을 현실적으로 적용하는 데 문제점으로 제기되었지만, 중소기업 정책 유형의 성격을 부각시키는 것이기도 했다.

자유경쟁이 지배적이었던 산업자본주의 단계에서는 중소기업의 도태를 촉진하는 적응정책의 경향이 강하게 나타났는데, 이것은 경쟁과 영업의 자유가 보장되었기 때문이다. 특히 소영세기업의 도태가 모순현상으로 인식되는 가운데 적응정책의 흐름이 뚜렷했다. 바로 '경쟁 도태'의 적응정책인 것이다.

그러나 이 단계에서도 다른 한편에서는 보호정책의 경향이 나타났다. 소극적으로는 소영세기업의 도태가 경제적·사회적 문제로 될 뿐만 아니라, 적극적으로는 기계제 대공업의 발달로 상대적 과잉인구가 창출되고 이것이 소영세기업의 존속기반을 마련해주었기 때문이다.

보호정책의 경향은 개발 초기의 후진자본주의에서도 동일하게 나타났다. 소영세기업이 분해되지 않고 광범위하게 존속하는 상태에서 선진경제를 따라잡기 위해서는, 이것의 일방적 도태보다는 유지·온존시켜 그 능동적 역할을 활용하는 것이 필요했기 때문이다. 그 결과 육성적 보호정책이 시행되었다.

2) 고전적 독점자본주의 단계의 중소기업 정책

고전적 독점자본주의 단계에 들어서면서 그 초기에 보호정책이 전면으로 부각되었는데, 이는 상대적 과잉인구라는 경제기반 때문이었다. 중소기업은 상대적 과잉인구를 흡수하는 역할을 하고 또 상대적 과잉인구를 기반으로 저임금 노동을 이용하여 존속한다는 점이 긍정적으로 평가되었다. 그리고 자원의 효율적 이용이라는 점에서도 노동집약적 생산 방법을 택하는 중소기업의 역할이 적극적으로 인정된 것이다. 결국 저임금 노동력을 활용하는 방향인데, 이것은 중소기업을 전적으로 도태시키는 것보다는 보호·온존·유지시키는 가운데 그 성과를 거둘 수 있다는 생각에 바탕을 두고 있다.

독점자본 단계에 이른 후진자본주의에서도 동일한 흐름의 보호정책이 나타난다. 한편에서는 독과점 대기업이 발전하면서도 다른 한편에서는 중소영세기업이 광범위하게 존재하는 이른바 이중구조가 형성된다. 이때 이중구조의 해소라는 경제과제는 근대화정책 등 적응정책을 선택하게 한다. 그러나 광범위한 중소영세기업을 자본축적과 경제개발에 활용하기 위해서는 이들을 상대적으로 보존·보호하는 정책, 곧 육성적 보호정책이 필요하다.

독점자본 단계의 이러한 보호정책 경향은 독과점 대기업을 중심으로 한 산업합리화의 진전, 이들과 관련을 맺는 중소기업에 대한 합리적 요구, 그리고 전근대 부문인 중소기업의 근대화라는 거시적 정책기조 속에서 적응정책으로 전환하지 않을 수 없게 된다. 독점단계가 진전되면 자본축적과 대량생산공업(조립공업)이 발전한다. 우회생산을 확대하여 부분품과 반제품을 공급하는 다수의 중소기업을 발생시키면서 이들에 대한 적응정책이 촉진된다. 바로 '잔존·이용'의 적응정책인 것이다.

3) 현대자본주의 단계의 중소기업 정책

독점자본주의가 성숙한 현대자본주의에서 중소기업 정책을 보면, 보호정책적 기조보다는 적응정책이 전면에 드러난다. 완전고용을 정책기조로 하는 시기에는 노동력 부족이 문제가 되는데, 이런 경제기반 위에서 자원의 효율적 재분배를 위한 중소기업 정책으로 적응정책이 강화되는 것이다. 상대적 과잉인구와 저임금 노동을 기반으로 온존하던 중소기업의 존립기반이 상실되었기 때문에, 저임금의 우회적·간접적 이용을 추구하던 보호정책 대신 노동력 부족 상황에 대처하기 위한 적응정책이 부각된다.

저임금 노동력의 이용이 한계에 이르면서 오히려 열악한 중소기업을 정리·도태시킴으로써 그것의 임금노동자화(노동력 유동화)를 시도하고 동시에 경쟁력 있는 중소기업의 신설을 유도하는 것이다. 생산성이 낮고 대기업과 합리적 분업관계를 맺지 못하는 중소기업을 배제하면서 경제적 합리성과 효율성이 높은 중소기업을 육성하는 것이 정책의 주된 경향으로 떠오른다. 경쟁력 있는 중소기업을 신설·육성하면서 그렇지 못한 중소기업을 도태·구축하고 이들을 임금노동자화하는 중소기업 근대화정책이 적응정책으로 전개된다. 이것은 자원의 효율적 이용과 최적 배분이라는 시각을 반영한 것이기도 하다.

완전고용뿐만 아니라 높은 기술 수준의 근대화와 합리화를 강제하며 현저한 기업집중을 촉진한 독일에서 생존 능력이 없는 중소기업에 특권을 주지 않은 일은 적응정책 강화의 한 사례라고 하겠다. 독일은 채산성이 없는 한계기업에 법적 보호와 존재의 보증을 거부하고 확대되는 경제력 집중화 경향 속에서 중소기업의 경쟁력을 배양하는 중소기업 정책을 강구했다.

독일에서는 전통적 수공업에 대한 정책 과제도 경제적 약자를 인위적으로 유지하는 것이 아니었다. 사회적 시장경제 질서에 적응하도록 하는 적절한 정책수단은 성장 능력 있는 중소기업으로 이들을 발전시키는 것이라고 보았다. 즉, 보호정책을 거부하고 적응정책을 택했다. 여기서는 자조가 국가의 원조에 우선

했고, 국가는 자조를 위한 원조Hilfe zum Selbshilfe를 적응정책의 기조로 삼았다.

오늘날 적응정책의 성격을 반영하는 근대화정책은 중소기업의 정책에서 강화되고 있다. 그런데 근대화의 내용은 전근대성을 탈피하고 초기 독점자본주의를 넘어 현대적 수준에 이르는 것을 말한다. 자원의 최적배분이라는 점에서 경제적 합리성의 추구와 중소기업의 임금노동화가 의식적으로 시도된 것도 그러한 내용의 일부였다. 이를 넘어 현대자본주의에서 적응정책은 중소기업의 적극적 역할을 높이는 수준에 이르고 있다.

완전고용의 추구와 자본축적의 진전으로 일어난 노동력 부족은 전통적 중소기업의 존립기반을 크게 변화시켰으며, 중소기업 정책은 자원 재분배 또는 최적 배분이라는 관점의 적응정책 경향을 강화했다. 현대자본주의는 노동력 부족의 기초 위에서 자본축적과 자원의 재배분을 실현시켜야 하는데, 거기에 중소기업의 능동적 역할을 요구하고 있다. 따라서 중소기업 정책과 일반 경제정책의 관련성을 더욱 깊어지게 되었고, 이 둘 사이에는 독립적·고립적이 아닌 유기적 관련성이 강조되고 있다.12)

2. 경제 발전과 중소기업 정책 유형의 전환

자본주의 전개 과정에서 중소기업 정책의 고전적 유형, 즉 보호정책과 적응정책이 서로 대항관계를 이루며 상호 관련 아래 전개된 것은 중소기업 정책 인식의 대상인 중소기업 문제의 변화에 따른 것이었다. 산업자본주의 단계에서 중소기업의 '구축·도태'라는 문제가 독점자본주의 단계에서는 '도태·구축과 잔존·이용'의 문제로 바뀌었다. 현대자본주의에서는 노동력 부족 및 자원의 최적 배분이라는 과제와 함께 중소기업의 새로운 존립 영역이 확대되고 그 역할이 적극화하면서, 그에 걸맞는 중소기업 문제와 정책이 요구되고 있다.

---

12) 淸成忠男, 《日本中小企業の構造變動》, 新評論, 1972, 第三章 참조.

중소기업 정책의 대상인 중소기업 문제의 변화는 정책 인식의 전환을 가져오고, 그 결과 정책 유형 사이의 대항 관계와 정책 유형의 전환을 불가피하게 만든다. 후진자본주의의 경제개발을 추진하는 과정에서 중소기업 정책 유형의 전환이 이루어지는 것도 마찬가지 이유에서이다. 경제개발 과정에서 중소기업 정책은 ① 보호정책(후진경제)의 성격으로부터 ② 적응정책 또는 구조정책(개발도상경제)의 성격으로, ③ 나아가 산업조직 정책 중소기업 정책(선진경제)으로 전환되는 것으로 보고 있다.

첫째, 중소영세기업의 비중이 높고 그 역할이 절대적인 개발 초기의 후진경제에서 중소기업 정책은 전체적으로 보호정책 기조를 유지하며, 그들 가운데 경쟁력 강화의 대상이 될 수 있는 중소기업에 대하여 육성적 보호정책을 강구한다.

둘째, 경제개발이 본격화하고 산업구조의 고도화를 추구하는 개발도상경제의 단계에 이르면 중소기업 정책은 중소기업의 근대화(구조 고도화와 구조 개선) 정책을 강력히 시행하고, 따라서 구조정책 또는 적응정책이 그 기조를 이룬다.

셋째, 산업구조 고도화로 중화학공업이 발전하고 그것이 성숙하는 단계에 이르면 독과점 구조가 정착하여 그에 따른 문제점이 발생한다. 곧, 산업조직론적 정책 인식이 제기되기에 이르는 것이다. 이 단계에서 중소기업 정책의 주된 흐름은 산업조직론적 성격을 지니게 된다. 중소기업 정책은 독과점 구조의 경직성을 완화하고 산업조직을 활성화하는 중소기업의 역할을 중요한 정책 인식의 대상으로 한다.

이 단계에서 중소기업 문제는 도태·구축과 잔존·이용의 근대화를 넘어선다. 중소기업 존립 영역의 광범위한 확대와 중소기업의 새로운 역할을 포괄하는 중소기업 문제의식이 형성되면서 그에 맞는 중소기업 정책 인식과 정책 유형이 전개된다.

지식·정보집약화 산업사회에 대한 혁신의 기수로서 ① 활력 있는 다수 ② 쇄신기능과 묘상기능苗床機能 ③ 창조와 활력의 모체 ④ 경쟁적 시장구조의 적극적 담당자로서 소임을 맡는 중소기업에 대한 정책이 형성·전개된다. 이를 포괄적으로 산업조직론적 중소기업 정책이라고 규정할 수 있다. 이것은 전통적 유형의 산업조직정책이었던 불리시정정책의 소극적 수준과는 다른 차원의 성격이다. 이는 산업조직의 개선과 활성화에 중소기업의 역할과 기여가 강조되는 적극적인 성격의 산업조직론적 중소기업 정책이다.

경제 발전 과정에서 이러한 정책유형의 전환은 일본경제의 사례에서 찾아볼 수 있으며, 한국경제의 경우도 비슷하다. 일본의 경우는 1950년대 후반에서 1960년대에 이르는 구조정책으로부터 1970년대 지식집약화를 거쳐 1980년대에는 활력 있는 중소기업론에 이르고 있다. 1990년대에는 창조의 모체와 시장경제의 적극적 담당자로서 중소기업을 규정, 이를 뒷받침하는 중소기업 정책을 전개했다.

3. 중소기업 문제의 변화와 정책 인식의 전환

자본주의 전개 과정 또는 경제개발 과정에서 중소기업 정책 인식과 정책 유형은 정책 인식의 대상인 중소기업 문제의 변화에 따라 전개되었다. 이는 정책 인식과 정책 유형 및 그 체계의 이해를 위해서는 중소기업 문제의 분석과 이해가 전제되어야 함을 의미한다. 이러한 중소기업 문제의 성격을 포괄적으로 규정하면 다음과 같다.

첫째, 중소기업 문제의 '문제'는 다름아닌 '모순'인데, 이때 모순은 자본주의 발전 과정에서 일어나는 산업구조상의 모순이며, 자본의 운동법칙이 가져오는 모순이다. 자본주의 발전과, 이에 따른 산업구조의 '고도화'와, 그 과정에서 생기는 모순의 하나가 중소기업 문제인 것이다. 따라서 중소기업 문제는 '역사적' 성격을 지닌다.

이렇게 볼 때 중소기업 문제의 규정에서는 먼저 그 역사적 전개 과정, 즉 ①

자본의 본원적 축적 단계 ② 산업자본 확립기와 그 다음 자유경쟁적 산업자본주의 단계 ③ 독점자본주의 단계 ④ 현재의 국가독점자본주의 단계 등에서 모순의 발전 과정을 파악할 필요가 있다.

둘째, 중소기업 문제를 국민경제의 특수성, 즉 자본주의 발전의 횡적 시각에서 유형화하여 인식하는 것이 필요하다. 일반경제법칙은 서로 다른 조건에서 서로 다른 현상으로 구체화하며, 같은 경제적 개체라도 서로 다른 역사적 조건과 상이한 발전단계에 따라서 각자 역할과 위치가 다르기 때문이다. 그 결과 중소기업 문제는 후진자본주의 특성을 반영하는 모순현상으로도 규명될 필요성이 생긴다. 여기에 식민지 지배를 경험한 자본국의 중소기업 문제에 대한 특성을 고찰할 필요가 있다. 결국 중소기업 문제는 ① 영국과 미국 등 고전적·혁명적 길로 자본주의가 전개된 경제의 중소기업 문제, ② 독일과 일본 등 개량적 길로 자본주의가 전개된 경제의 중소기업 문제, ③ 개발도상국 등 빈곤과 실업이 심각한 나라의 중소기업 문제, 더욱이 식민지 지배를 받은 경제의 중소기업 문제 등으로 유형화 할 수 있다.

셋째, 중소기업 문제는 산업구조상의 모순으로 규정되기 때문에 산업구조의 변화에 따라 그 성격이 달라질 수 있다. 산업구조의 고도화는 자본의 유기적 구성의 고도화를 의미하기 때문에, 그에 따라 '자본의 역할'이 강화되고 그 모순현상인 중소기업 문제가 심화된다. 그러나 산업구조가 경공업 중심에서 중화학공업 중심으로 고도화하는 과정에서 나타나는 이러한 현상은, 산업구조가 지식정보집약적으로 변화하여 '지식·정보의 역할'이 크게 작용함에 따라 현대자본주의에서는 새로운 특성을 보이게 된다.

이와 같은 체계에 따라 중소기업 문제를 분석·고찰하는 것은 중소기업 정책을 깊이 있게 인식하고 정책 체계를 올바로 이해하는 데 전제가 된다.

제5절 한국 중소기업 관계 주요 법령 및 정책기구

1. 헌법의 중소기업 육성 규정

우리나라 헌법에 중소기업에 관한 규정의 연혁은 다음과 같다.

(1) 제5차개정헌법(1962. 12. 26)은 "국가는 농어민과 중소기업의 자조를 기반으로 하는 협동조합을 육성하고 그 정치적 중립성을 보장한다"고 했다.(제115호)

(2) 유신헌법(1972. 12. 27)도 "농민 어민과 중소기업자의 자조조직을 육성한다."고 규정했다.(제120조 2항)

곧, 헌법은 협동화와 조직화에 관한 사항만 독립적으로 규정하고 기타 중소기업시책 일반은 개별적인 관계법과 시행령에서 정하게 했다. 그러나 제5공화국헌법(1980. 10)은 이러한 소극적인 차원을 넘어서 다음과 같이 국가의 중소기업 보호육성에 관한 의무를 적극적으로 표명했다.(제124조) 곧,

(1) 국가는 중소기업의 사업활동을 보호육성해야 한다.(제124조 2항)

(2) 국가는 중소기업의 자조조직을 육성해야 하며 그 정치적 중립성을 보장한다(제3항)는 것이다.

이는 이전의 자조조직 육성 조항 외에 중소기업의 보호육성 의지를 강력하게 표명한 것이다.

이와 같은 내용은 그 뒤 헌법에 계속해서 반영되었다. 그래서 현행 헌법(1987. 10)은 제127조에서

(1) 국가는 중소기업을 보호육성해야 한다.(제3항)

(2) 국가는 농어민과 중소기업의 자조조직을 육성해야 하며 그 자율적인 활
동과 발전을 보장한다(제5항)고 규정했다.

곧, 헌법은 적극적인 중소기업 보호육성 의지를 표명하면서 자조조직의 육성
에 대해서도 규정해 능동적 시책수립을 촉구하고 있는 것이다.

2. 주요 중소기업 관계법의 개편 · 제정과 그 체계

1) 2000년대 초까지의 관계법 체계

1966년에 중소기업기본법이 제정된 이후 중소기업 정책 전개와 병행하여 다
양하고 적극적으로 제정되었던 중소기업 관련법은 1990년대에 와서 〈신경제 5
개년 계획〉(1993~1997)이 중소기업의 경쟁력을 강화하기 위한 방안으로 지원체
제의 개편이 필요함을 지적하면서 8개의 중소기업 관련법을 통합 정비하고 지원
기관들의 기능을 전문화할 수 있도록 개편하는 방향을 제시한 바 있다.

종전 중소기업 관계법의 대부분이 제·개정된 이후 오랜 시간이 지났고, 급속
하게 변하고 있는 대내외의 경제 여건에 대처하는 데 미흡하였다. 이에 따라 국
제화와 개방화 시대에 부응할 수 있도록 '보호와 지원' 위주에서 '자율과 경쟁'을
바탕으로 국제경쟁력을 강화할 수 있는 체제로 전환하고자 중소기업 관련 8개법
의 제·개정안을 1994년 정기국회 의결을 거쳐 1994년 12월 22일 및 1995년 1월
5일에 각각 공포했다.

법령의 개편 내용(표-1)을 보면 이전의 8개법을 5개법으로 통폐합했는데, 그
체제는 ① 중소기업시책의 기본 방향을 제시하는 〈중소기업기본법〉을 정점으로
하여 ② 중소기업의 창업에 관한 〈중소기업창업지원법〉 ③ 창업한 중소기업의
육성과 구조조정을 지원하는 〈중소기업진흥 및 제품구매촉진에 관한 법률〉 ④
육성된 중소기업의 사업영역을 보호하며 대기업과 협력을 유도하는 〈중소기업

의 사업영역 보호 및 기업 간 협력증진에 관한 법률〉⑤ 중소기업의 조직을 육성하는 〈중소기업 협동조합법〉으로 구성되었다.

[표-1] 주요 법령의 통폐합

	개편 이전	개편 이후	비고
	중소기업기본법(1966년 제정)	중소기업기본법	전문 개정
구조 조정 시책	중소기업 창업지원법(1986년 제정)	중소기업 창업지원법	부분 개정
	중소기업 진흥법(1978년 제정) 중소기업 경영안정 및 구조조정 촉진에 관한 특별조치법(1989년 제정) 중소기업 제품 구매 촉진법(1981년 제정)	중소기업 진흥 및 제품 구매 촉진에 관한 법률	제정 (통폐합)
산업 조직 시책	중소기업 사업 조정법(1961년 제정) 중소기업 계열화 촉진법(1975년 제정)	중소기업의 사업 영역 보호 및 기업 간 협력증진에 관한 법률	제정 (통폐합)
	중소기업 협동조합법(1961년 제정)	중소기업 협동조합법	1993년 개정
	8개법	5개법	

자료: 《중소기업에 관한 연차보고서》, 1995, p.194

　내용 면에서는 우선 1966년에 제정된 〈중소기업기본법〉이 전문 개정되었다. 이전의 제35조의 법체계가 전문 제21조로 축소 개정되는 가운데 광범위하게 제시되었던 주요 시책 내용이 하위법에 위양되고, 창업과 국제화 등의 내용이 적극적으로 규정되었으며, 중소기업 범위도 시행령에서 구체적으로 규정하도록 했다.

　동시에 각 법률에 중복 규정되어 있거나 실효성이 없는 조항, 기업규제적이고 국제 규범에 맞지 않는 조항 등은 정비했다 그리고 중소기업의 경쟁력을 강화하는 기능을 중점 보강하면서 중소기업 관계법을 기능별로 체계적으로 재정립하고 그 내용도 단순 명료하게 하여 효율적인 시책 추진에 도움이 되게 하는 것이 법체계 개편의 취지였다.

그 뒤 지역 진흥에 대한 관심이 높아지면서 〈지역균형개발 및 지방중소기업
육성에 관한 법률〉이 제정되었고(1994. 1. 7) 소기업 육성을 위하여 〈소기업지원
을 위한 특별조치법〉이 제정되었다.(1997. 4. 10) 이 법은 뒤에 소상공인 지원의
필요성에 따라 〈소기업 및 소상공인 지원을 위한 특별조치법〉(2000)으로 통합되
었으며 여성기업 지원을 위하여 〈여성기업지원에 관한 법률〉도 제정되었다. 기
타 〈벤처기업육성에 관한 특별조치법〉(1997) 등 여러 관련법이 제정되었다. 그
결과 중소기업 관련법은 헌법 제127조 제3항 및 제5항을 정점으로 하여 〈중소기
업기본법〉등 일반법과 기타 특별법으로 그 체계가 구성되었는데 이들 법률과
주요 내용은 표-2와 같다.

[표-2] 주요 기업 관련법체계 및 주요 내용(1)

구분	법률명	주요 내용
기본 방향	·중소기업기본법(1966)	·중소기업 정책 방향, 중소기업자의 범위 등
창업 및 벤처지원	·중소기업 창업지원법(1986) ·벤처기업 육성에 관한 특별조치법(1997)	·중소기업 창업의 촉진, 창업 절차 및 지원 등 ·벤처기업 육성 기반 구축, 입지·인력 공급 등의 원활화
조직화 지원	·중소기업 협동조합법(1961)	·중소기업의 협동을 위한 조직화 등
경영안정 및 구조개선 지원	·중소기업의 구조개선 및 경영안정 지원을 위한 특별조치법(1995)	·구조개선 지원, 중소기업 긴급 경영안정 지원 등
	·중소기업 사업영역 보호 및 기업 간 협력증진에 관한 법률(1995)	·중소기업의 고유업종 지정, 대기업과의 협력
	·중소기업 진흥 및 제품구매촉진에 관한 법률(1994)	·중소기업의 구조 고도화 및 경영안정 지원, 중소기업의 판매 촉진
	·신용보증기금법(1974) ·기술신용보증기금법(1986)	·중소기업의 신용보증으로 금융지원 활성화
	·중소기업 기술혁신 촉진법(2001) ·중소기업 인력지원 촉진법(2003)	·중소기업의 기술혁신 촉진 ·인력수급 및 인력구조 고도화

	·재래시장을 위한 특별법(2004)	·재래시장의 현대화 촉진으로 중소유통업 근대화
지방중소기업 지원	·지역균형개발 및 지방중소기업에 관한 법률(1994) ·지역신용보증재단법(2000)	·지방 중소기업의 육성 지원 ·소기업, 소상공인에 대한 신용보증지원
사회정책지원	·소기업 및 소상공인 지원을 위한 특별조치법(2000) ·여성기업지원에 관한 법률(1999)	·소기업 및 소상공인 대한 특례, 경영애로지원, 어음보험 등 ·여성기업의 활동 촉진, 창업지원 등

자료: 중소기업특별위원회·중소기업청, 《2000년도 중소기업에 관한 연차보고서》등, pp.66~67.

2) 2000년대 중반 이후 관계법 체계

2000년대 중반 이후에 중소기업 관계법의 체계는 다시 개편·확충되었다. 1990년대 중반에 통합·제정되었던 일부 관계법 가운데 한시법限時法의 시한이 만료되고(예컨대 〈중소기업의 구조개선 및 경영안정지원을 위한 특별조치법〉), 또 그동안 꾸준히 논란이 되어 오던 중소기업 고유업종제도가 2006년에 폐지되면서 경영안정 및 구조개선지원 관계법의 개편을 피할 수 없게 되었다.

거기에 창조경제 실현을 위한 중소기업 분야에서 법적 뒷받침, 상생협력(동반성장) 개념의 도입, 중소기업의 지속적 성장을 지원하는 중견기업 성장촉진과 경쟁력 강화 등 새로운 정책이 시행되었다. 이들 정책을 수행하려는 관계법의 제정이 이루어지면서 중소기업 관계법 체계는 개편되었는데 그 내용이 표-3에 집약되어 있다.

[표-3] 중소기업 관련 법체계 및 주요내용(2)

구분	법률명	주요 내용
기본 방향	·중소기업기본법	·중소기업 정책방향, 중소기업자의 범위
창업 및 벤처지원	·중소기업 창업지원법(1986) ·1인 창조기업 육성에 관한	·중소기업의 창업촉진 지원 ·창의성 있는 1인 창조기업 설립촉진

	법률(2011) ·벤처기업 육성에 관한 특별조치법(1997)	·벤처기업 육성기반 구축
조직화지원	·중소기업협동조합법(1961)	·중소기업의 협동을 위한 조직화 등
경영안정 및 구조개선 지원	·중소기업 사업전환 촉진에 관한 특별법(2006) ·대·중소기업 상생협력 촉진에 관한 법률(2006) ·중소기업 진흥에 관한 법률(2007) ·중소기업 구매촉진 및 판로지원에 관한 법률(2009) ·중소기업 기술혁신 촉진법(2001) ·중소기업 인력지원 촉진법(2003)	·중소기업의 사업전환 촉진, 경쟁력 강화 ·대·중소기업간 상생협력 공고화 ·경쟁력 및 경영기반 강화 ·중소기업 제품 구매촉진·판로지원 ·중소기업의 기술혁신 촉진 ·인력수급 및 인력구조 고도화
중소기업 금융지원	·신용보증기금법(1974) ·기술신용보증기금법(1988) ·지역신용보증재단법(2000)	·중소기업의 신용보증으로 금융지원 원활화 ·신기술사업에 대한 자금공급 원활화 ·지역 소상공인에 대한 신용보증지원
중소유통산 업 발전	·유통산업발전법(2003) ·전통시장 및 상점가 육성을 위한 특별법(2006)	·유통산업 발전·상거래 질서 건전화 ·전통시장 및 상점가의 시설 및 경영현대화
지방중소기 업 지원	·지역균형개발 및 지방중소기업 육성에 관한 법률(1994) ·지역특화 발전특구에 대한 규제 특례법(2005)	·지방의 발전잠재력 개발, 지역개발 균형화 ·지역의 특화발전, 지역경제 활성화
사회정책적 지원	·소기업 및 소상공인 지원을 위한 특별조치법(2000) ·여성기업지원에 관한 법률(1999) ·장애인기업활동촉진법(2005)	·소기업 및 소상공인에 대한 특례, 어음보험 등 ·여성기업의 활동, 창업지원 ·장애인의 창업과 기업활동 촉진
중소기업의 성장지원	·중견기업성장촉진및경쟁력강화에관 한특별법(2004)	·중견기업의 성장촉진, 경쟁력 강화

자료: 중소기업청

3. 정책지원체제의 확장 · 정비

1966년에 중소기업기본법이 제정·공포된 이후 1967년에는 중소기업 정책업무의 능률적 처리와 중소기업 육성을 더 적극적으로 지원하고자 중소기업 행정기구의 확대·강화 방안이 강력히 추진되었다. 1968년에는 중소기업국의 설치를 내용으로 하는 정부조직법 중 개정법률안이 국회에 제출되어 1968년 7월 4일에 통과되었다. 같은 해 7월 24일 대통령 제3514호 상공부 직제가 개정·공포됨으로써 8월 1일자로 중소기업국이 발족했다.(그림-1 참조)

1960년 7월에 과도정부 아래에서 상공부 안에 중소기업행정을 전담하는 기구로 중소기업과가 신설된 이후 8년 만의 기구 강화이다.

[그림-1] 중소기업 행정지원체계

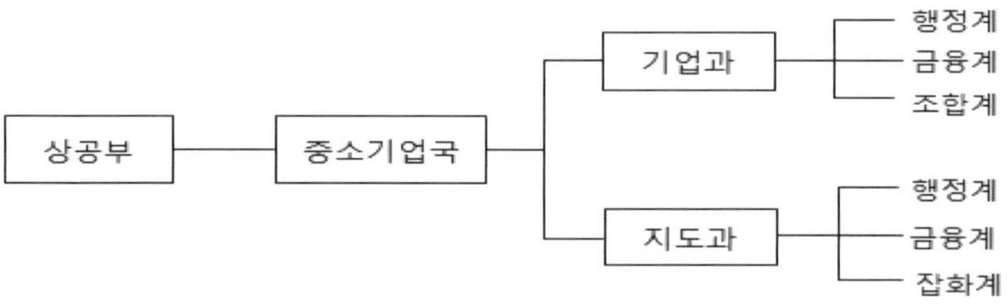

자료: 상공부, 《중소기업에 관한 연차보고서》, 1968, p.146.

그 이후 1990년대 중반에 이르기까지 중소기업 행정기구는 그 체계를 유지했다. 그 뒤 1996년 2월 12일 중소기업에 대한 실질적인 지원을 강화하고 중소기업 정책을 체계적으로 추진하고자 통상산업부 산하에 중소기업청을 신설함으로써 중소기업 지원행정체계의 전기를 마련했다(그림-2).

외국의 예를 보면 미국의 경우 1953년에 중소기업청(Small Business Administration, SBA)을 설치하고 지방에 10개의 지청Regional Office과 66개의 지방사무소District Office를 설치·운영하고 있다. 일본의 경우에도 1948년에 통상산업성 산하에 중소기업청을 설치했고 지방조직으로는 통상산업성의 외국으로 8개의 지방 통상산업국을 설치하여 중소기업 지원시책을 추진하였다.

[그림-2] 한국 중소기업청 기구(2014.12)

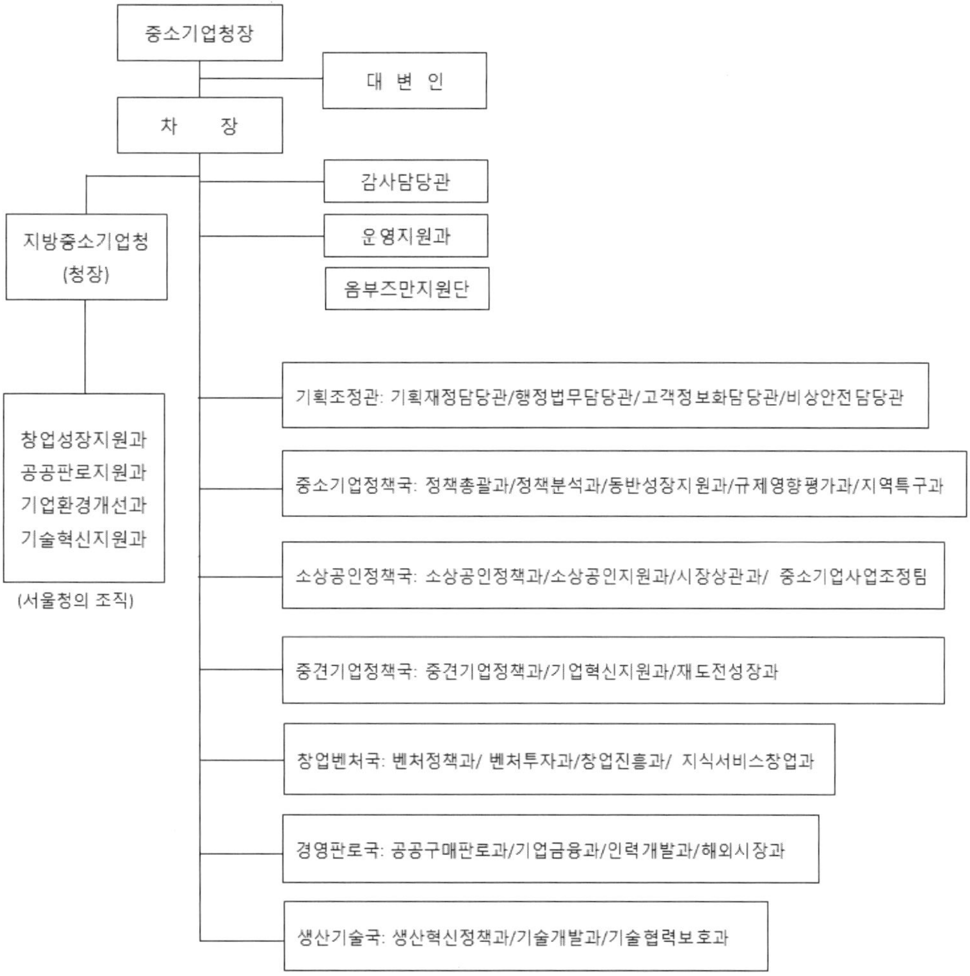

중소기업청장 — 대변인

차 장

지방중소기업청 (청장)

감사담당관
운영지원과
옴부즈만지원단

창업성장지원과
공공판로지원과
기업환경개선과
기술혁신지원과

(서울청의 조직)

기획조정관: 기획재정담당관/행정법무담당관/고객정보화담당관/비상안전담당관

중소기업정책국: 정책총괄과/정책분석과/동반성장지원과/규제영향평가과/지역특구과

소상공인정책국: 소상공인정책과/소상공인지원과/시장상관과/ 중소기업사업조정팀

중견기업정책국: 중견기업정책과/기업혁신지원과/재도전성장과

창업벤처국: 벤처정책과/ 벤처투자과/창업진흥과/ 지식서비스창업과

경영판로국: 공공구매판로과/기업금융과/인력개발과/해외시장과

생산기술국: 생산혁신정책과/기술개발과/기술협력보호과

주: 지방청의 조직은 지방청별로 차이가 있음.

우리나라의 중소기업에 대한 지원 행정은 산업통상자원부와 중소기업청, 중소기업진흥공단으로 이어지는 체계 속에서 행해지게 되었다. 중소기업청은 중소기업 정책의 방향을 제시하고 새로운 정책 수립 및 그 시행 기능을 수행한다. 소속 기관인 지방중소기업청과 중소기업진흥공단은 자금, 판로, 인력, 기술, 창업 및 벤처기업 지원 등 중소기업 지원 업무를 현장에서 지원한다. 그리고 소상공인지원센터는 소상공인의 창업 및 경영 개선을 지원하는 업무를 담당하였다.13)

---

13) 1998년 정부조직 개편에서는 중소기업특별위원회가 대통령 직속 기관으로 설치되어 범汎부처에 관련되어 있는 중소기업시책의 협의·조정을 도모하기도 했다.

종장
중소기업의 새로운 인식

1. 지속되는 '구조정책의 대상'으로서 중소기업

'보호와 육성'을 기본으로 했던 1980년대까지의 중소기업 정책은 1990년대에 와서 '자율과 경쟁'의 원리를 바탕으로 전환되었다. 여기서 더 나아가 2000년대 중소기업 정책은 '경쟁과 혁신' 그리고 '활력과 창조'의 주체로서 중소기업의 역할을 높이는 것이 그 과제로 제시되었다.

1960년대 이후 1990년대까지 40년에 걸친 경제개발 과정에서 중소기업 정책은 중소기업의 양적 확대와 질적 고도화에 크게 이바지했다. 그러나 중소기업의 구조 변동 과정에서 특히, 1980년대 이후 대기업과 중소기업 사이의 부가가치 생산성과 임금 격차가 오히려 확대되고 있는 부정적 측면을 보이고 있다. 그동안의 중소기업 정책의 전개로 양적으로는 소영세기업이 늘어나 그 지위가 상승했고 창업의 활성화로 산업조직에 활력을 증가시켰다. 이와 달리 질적으로는 기업 규모의 격차가 해소되지 않은 채 여전히 구조적 문제를 남겨 두고 있다.

소영세기업의 양적인 증가로 그 지위의 상대적 증가는 혁신형 중소기업의 창출이라는 새로운 측면을 보였지만, 저임금 노동에 의존하는 전근대적 중소기업의 존속으로 말미암아 이중구조적 측면이 심화되는 구조적 문제도 동시에 진전시킨 것으로 볼 수 있다. 이러한 구조적 문제는 2000년대 중소기업 정책이 해결해야 할 과제로 남아 있다.

경영합리화·자동화·정보화·기술개발·지식집약화 등의 정책 과제가 지속적으로 제기되는 이유도 여기에 있다.

2. 개방화 · 세계화 시대에 '국민경제의 기반'으로서 중소기업

국민경제가 개방화·세계화하면서 중소기업은 국제적으로 다양한 경제적 관계를 맺게 된다. 상품을 수출하고 해외투자를 하며 기술 도입을 하는 국가 간 경제협력 및 기술협력을 시행한다. 즉 개방화·세계화가 진전되는 가운데 중소기업은 상품 및 자본뿐만 아니라 기술정보 등 다양한 면에서 해외와 교류를 진행하고 개방적 경제제도의 확립에 중요한 역할을 한다. 이런 가운데 중소기업은 개방화·세계화의 흐름에 대응하여 구조전환을 진행해야 하고, 국제적으로 평가받을 만한 기술력과 경영력을 갖추고 국민경제의 기반이 되어야 한다.

개방화·세계화가 진행될수록 국민경제는 대내적인 생산력 기반을 확충해야 한다. 대외적 개방과 세계화는 대내적으로 견고한 생산력 기반을 전제로 하여 성공적으로 진행할 수 있기 때문이다. 이때 중소기업은 대내적 생산력 기반으로서 몫을 해야 한다.

대내적 생산력 기반의 확충은 무엇보다도 국민경제의 균형 있는 성장과 대기업과 중소기업 사이의 분업체제 심화로 이루어질 수 있다. 공정한 거래를 바탕으로 하는 하청·계열제도의 진전은 기업 간 분업체계의 발전, 나아가 가공형 산업구조를 개선하고 산업제도의 효율성을 높이는 길이기도 하다. 또한 부분품의 해외 의존도를 낮추어 무역수지 적자 요인을 완화시키고 산업 간·기업 간 유기적 관련도를 높여서 균형 있는 경제구조를 형성하여 경제 자립의 기틀을 굳힌다.

이를 위해서는 중소기업의 기술력을 높이고 경쟁력을 배양하여 효율적인 경제단위로 발전하는 것이 요구된다.

3. '경쟁의 뿌리 · 시장적 경쟁의 담당자'로서 중소기업

세계무역기구가 출범함으로써 국경 없는 무한경쟁 시대에 돌입했다. 전세계적 규모의 완전경쟁과 새로운 세계경제질서에 대응하기 위해서는 중소기업은 경쟁력을 확보하여 '경제의 기반'이면서 동시에 '경쟁의 뿌리'가 되어야 한다. 무한경쟁 시대에 경쟁의 바탕이면서 주체가 되어야 한다는 것이다.

또한 산업조직의 측면에서 보면 산업구조 고도화는 필연적으로 대기업체제와 독과점적 시장구조를 전개하면서 경쟁배제적, 경쟁 제한적 경향을 심화시켜 경제사회를 경직화한다. 독점의 폐해를 시정하고 경제를 건전하게 발전시키려면 자유경쟁적 특성의 중소기업의 역할이 중요시되어야 한다. '시장적 경쟁의 담당자'로서 중소기업의 역할을 높여야 시장이 활성화된다.

경쟁을 촉진하는 담당자인 중소기업은 시장과 산업조직을 활성화하는 기능을 하고 이를 통하여 자원의 효율적 배분에 이바지한다. 곧, 중소기업은 경쟁의 뿌리 또는 시장적 경쟁의 담당자로서 경제를 발전시키고 효율성을 높이는 역할을 한다.

4. 지식정보화 시대에 '혁신의 주체'로서 중소기업

지식·기술·정보의 창출과 활용이 산업 발전의 중심적 역할을 하는 지식정보화 시대에는 상대적으로 기동성과 유연성의 장점을 지닌 중소기업의 역할이 증대될 것으로 전망된다. 동시에 창의성과 전문성을 보유한 중소·벤처기업의 성장 잠재력이 확충되고 새로운 틈새시장과 세계시장에 대한 접근 기회도 확대될 것이다.

지식정보화 시대와 글로벌 경쟁의 시대에 중소기업은 기술혁신의 주체로서 등장할 것이다. 기술경쟁이 가속화하면서 기술·지식집약형 중소기업은 기술개발과 고용 창출을 주도하면서 네트워크화 및 지식집약화를 선도하고 전자상거래 등 정보화의 첨병 구실을 하여 새로운 지식·정보집약적 산업구조로 전환하는 데 주체적·선도적 기능을 할 것이다.

5. '활력 있는 다수'로서 중소기업

중소기업은 다양한 존재 양식을 갖는다. 세계적인 일류의 기술을 보유한 기업에서부터 하청관계의 기업, 생업적 영세기업 등 경영 기반이 다른 다양한 중소기업이 존재한다. 이러한 다양한 중소기업의 대다수는 '활력 있는 다수'로서 인력·자금력·기술력이 불충분한 가운데서도 경영 환경의 변화에 대응하면서 끈질기게 존속하고 계층으로서 중소기업은 상향·성장·확대된다.

이러한 다수의 중소기업의 적응 노력이 쌓이면서 경제의 적응력, 높은 시장성과의 기초가 이루어진다. 또한 다수 중소기업은 시대의 흐름에 따라 선진적 수준에 이르는 중소기업으로 탄생하며, 이러한 도전으로 경제사회는 진보와 활력을 갖게 된다.

① 높은 도산율과 신설률 속에서 신구기업이 교체되는 사회적 대류현상이 진행되고 새로운 기업이 진입한다.

② 시장적 경쟁의 담당자가 되어 시장구조의 경직성을 개선하고 시장 기능을 활성화하면서 지배적 대기업에 자극을 주고, 도전하는 가운데 경제의 노화 현상을 막고 활력을 증진시킨다.

③ 지식·정보집약적인 혁신형 중소기업은 기술개발과 혁신의 주체로서 새로운 요소를 산업사회에 투입하면서 새로운 에너지를 공급한다.

④ 중소기업은 새로운 산업과 성장하는 기업 및 대기업의 양성 기반이 되는 등 '활력 있는 다수'로서 경제사회를 쇄신하는 기능regenerative function을 한다.

6. 가치 창조의 원천: '창조의 모체'로서 중소기업

지식혁명이 본격화하고 과학과 기술의 결합으로 기술혁신이 빠른 속도로 진행되면서 지식과 기술이 경쟁력 강화와 가치 창출의 핵심으로 자리 잡는다. 유형의 경영자원 못지않게 무형의 경영자원이 중요시되면서 창의력과 기술력을 갖춘 중소·벤처기업이 지식정보화 시대의 핵심 주체가 된다.

새로운 기술을 기업화하고 새로운 마케팅기법과 경영 형태를 전개하는 혁신형 중소기업은 산업구조가 지식·정보집약적으로 전환되면서 나타나기 시작했다. 지적 활동의 집약도가 높은 지식집약형 산업구조에서 연구개발, 디자인, 전문적 판단, 각종 매니지먼트 외에 고도의 경험 지식의 뒷받침을 받은 인간의 지적 능력을 행사하는 중소기업은 지식정보화 시대에 창조의 모체가 된다.

새로운 가치를 창출하는 창조성을 중요시하는 시대에는, 창조의 주체이자 활력을 주도하는 중소기업이 활동하는 환경을 정비하고, 그 모체로서 다수의 중소기업이 유효한 경쟁의 담당자로 발전할 수 있도록 하는 과제가 제기된다.

지식집약·연구개발형 중소기업은 다음과 같은 기능을 통해 창조의 모체가 된다.

① 기술 진보와 혁신을 양성하는 기능

② 기업가적 재능과 경영 능력 등 인적 능력을 배양하는 기능

③ 새로운 산업과 혁신형 중소기업의 담당자인 기업가와 경영자를 양성하는 기능

④ 새로운 산업과 대기업의 양성 기반이 되는 기능

⑤ 창조성과 왕성한 활력을 배양하여 산업구조를 변형시키고 경제사회를 진보·발전시키는 원천이며 기반이 되는 기능(묘상기능, seedbed function)

7. '자율과 자유의 원천'으로서 중소기업

미국의 〈중소기업법Small Business Act〉은 중소기업의 범위를 규정하면서 ① 독립하여 소유·경영되며 ② 그 영업 분야에서 지배적이 아닐 것이라는 질적 기준을 제시하고 있다. 이것은 자유경쟁 기업제도와 중산층의 소멸 방지를 위한 문제의식으로 중소기업 문제가 제기되었던 것을 이어받은 것이었다. 과도한 경제력 집중이 가져오는 폐해가 지적되었고, 자유경쟁 기업제도가 경제의 발전을 가져오는 바람직한 제도임을 확인하는 가운데 이를 유지하기 위해서 중소기업을 보호·육성해야 한다는 중소기업 정책 인식이 형성되었다.

이러한 경제적 측면에서 중소기업 문제 인식은 정치적 민주주의 발전에도 연결되었다. 1942년 경제개발위원회The Committee for Economic Development는 중소기업을 미국 생활의 기초가 되는 자유의 표시이고 경제적 민주주의의 기초로서 이것이 없으면 정치적 민주주의도 있을 수 없다고 지적했다.

이어서 1953년의 〈중소기업법〉은 미국에서 민간기업 경제체제의 본질은 자유경쟁에 있다고 했고, 완전한 자유경쟁으로서만 자유시장 기업 참가의 자유 그리고 개인의 창의 및 독자적 판단의 표현과 기회가 보장된다고 했다. 그리고 1973년에 간행된 《활력 있는 다수The Vital Majority》의 서문에서 중소기업은 미국의 국가적 신념national creed인 기회와 자유의 자랑스러운 상징이다. 그것은 모든 미국인이 스스로의 방법과 판단으로 어느 것이나 얻을 수 있는 기회를 나타내는 것이다. 그리고 그로 말미암아 중소기업은 좋은 아이디어와 발상best ideas and inventions을 공급했고, 이것은 산업과 과학의 성장을 가속화시켰다고 지적했다.

이처럼 자율과 자유의 원천인 중소기업은 ① 안정성과 만족 ② 기회의 자유 보장 ③ 아이디어와 발상의 원천 ④ 국민의 생계 기반 ⑤ 미국 활력의 근원으로까지 보고 있다.

8. '지역 진흥 · 산업저변 확충 · 고용창출의 기반'으로서 중소기업

첫째, 1995년 6월 지방자치제가 본격화된 이후 지방 중소기업 육성과 지역 진흥에 대한 관심이 높아지고 있다. 중앙집권적 경제성장은 전국을 일원적·획일적으로 보는 정책을 추구했고 기업 성장 정책과 국민경제의 총량적 규모에 몰두하여 지역 경제와의 관계를 소홀히 하는 경향을 가졌다. 그 결과 과밀과 과소 현상을 고정화시켜 지역적 불균형의 문제가 제기되었고 도시문제의 해소와 지역 간 격차 해소가 중소기업 정책의 과제로 제시되었다.

지역에서 중소기업은 주민의 생활공간이며 일상생활에 필요한 재화와 서비스를 가장 가까이서 공급한다. 더욱이 지역적으로 광범위하게 전개되어 있는 소영세기업은 지역 주민의 생업적 기반이며 여기에 종사하는 사람들에게는 생계를 의지하는 생활의 장이다. 따라서 지방 중소기업은 기업발전을 지향하는 집단과 생활의 장인 생업적 소영세기업으로 나누어 대응하는 정책이 필요하다.

둘째, 소상공인을 포함한 소영세기업은 경제의 모세혈관으로 산업의 저변을 형성하고 있다. 소영세기업의 진흥은 경제를 활성화하고 쇄신하는 기능을 한다. 또한 중산층과 서민층의 생활 안정 문제 등 사회문제도 소영세기업의 새로운 고용 창출 기능으로 해소될 수 있다는 점은 미국의 1970년대 경험이 말해주고 있다. 곧 제조업 분야의 자동화, 정보화 등으로 발생한 대량 실업을 서비스업과 소영세기업 부문의 고용 기회 창출로 흡수하여 지속적인 경제성장과 사회 안정을 유지한 것이다.

소상공인은 주로 가게, 음식점, 세탁소 등 소매업과 서비스업을 영위하는 소영세 규모 사업자로서 이들의 건전한 발전은 경제의 저변을 확충하고 고용 기회 창출, 나아가 중산층과 서민층의 생활 안정의 기초가 된다. 이러한 역할 외에 산업구조가 지식집약화하면서 소영세기업은 새로운 정책 인식의 대상이 된다. 지식집약형 혁신기업인 벤처기업의 창업과 운영이 대부분 소영세기업의 형태로 전개되기 때문이다.

셋째, 여성기업의 역할을 높이는 과제이다. 산업구조가 세분화·다극화하고 지식정보사회가 진전되면서 여성의 경제활동 참여가 확대되고 있다. 경제 발전이 고도

성장기에서 성숙기에 진입하면서 여성의 경제활동 참여가 불가피해진다. 남성 위주의 인력 공급은 인력 수요에 제대로 대응하지 못하고 이에 여성 인력 진출은 노동시장의 안정에도 이바지하게 된다. 이러한 흐름을 반영하여 미국에서는 소수민족 우대정책과 같은 흐름에서 여성기업정책이 시행되고 있으며, APEC과 OECD 등 국제기구에서도 여성 경제인 활성화 시책을 강구하는 것이 국제사회의 흐름이다.

이처럼 지방 중소기업, 소영세기업, 그리고 여성기업에 대한 적극적 시책은 중소기업 내부에 취약한 부문에 대한 지원의 강화라는 점에서도 의미가 크다.

중소기업 정책은 자본주의 발전 과정에서 형성된 구조적 모순이며 산업구조 상의 모순인 중소기업 문제를 완화·해소하고 중소기업의 역할을 높이는 것을 목적으로 한다. 구조직 모순의 실체는 산업자본수의 단계에서는 '경쟁·도태'였으나 자본주의가 독립자본 단계에 진입하면서 '잔존·이용'과 함께 중소기업의 '역할을 적극적으로 높이는 것'이 중소기업 정책 과제가 되었다.

산업구조가 중화학공업 중심에서 탈공업사회로 진입하면서 지식집약형 산업 구조가 전개된다. 이에 맞추어 중소기업 부문에서는 지식집약형 혁신형 중소기업 형태인 벤처기업이 성장한다. 이때 지식집약형 중소기업은 지식집약화를 지향하는 새로운 산업사회를 선도하는 역할을 하게 된다.

'경쟁과 혁신', 그리고 '활력과 창조'의 주체가 되는 중소기업은 새로운 산업 사회의 전개에 적극적이고 선도적인 역할을 하게 된다. 2000년대 중소기업 정책의 과제는 중소기업의 이러한 적극적 역할을 더욱 높여 주는 것이다.

정책의 유형 면에서 보면 부분적으로 구조정책적 중소기업 정책의 과제가 지속되겠지만 전반적으로는 산업조직 정책적 중소기업 정책으로 중심이 이동할 것으로 보인다. 소극적으로 중소기업의 시장적 불리를 시정하는 산업조직 정책을 넘어서 산업조직의 쇄신과 활성화를 지향하는 적극적인 역할 제고의 산업조직 정책으로 전환될 것으로 전망된다.

중소기업 문제의 완화·해소와 그 역할을 높이는 것을 목적으로 하는 중소기업 정책의 지향점이 전자에서 후자로 그 중심이 옮겨 간다는 의미이다.

참 고 문 헌

Ⅰ. 단행본·기타

高炳佑 譯,《産業構造論−企業의 最適規模策定方法》, 진명문화사, 1958.

기은경제연구소,《주요국의 중소기업 관련 통계》, 2004.9.

金秀行 譯,《資本論Ⅰ》(下), 비봉출판사, 1989.

金在勳 옮김,《독점자본주의론》, 사계절, 1984.

김진수 옮김,《러시아에 있어서 자본주의의 발전Ⅱ》, 도서출판 태백, 1988.

대한민국 정부,《국민과 함께 내일을 연다》, DJnomics, 한가람출판사, 1998.

朴慶植 著,《日本帝國主義의 朝鮮支配》, 청아, 1986.

朴東燮,《中小企業論》, 博英社, 1972.

박세일 역,《제국주의−자본주의 발전의 최고단계》, 과학과 사상, 1988.

朴玄埰 著,《民族經濟論》, 한길사, 1978.

邊衡尹 著,《韓國經濟의 診斷과 反省》, 지식산업사, 1980.

사계절편집부 편,《韓國近代經濟史研究》-李朝末期에서 解放까지, 사계절, 1983.

상공부·중소기업은행·중소기업협동조합중앙회,《中小企業實態調査報告》.

상공부·한국산업은행,《광업및제조업사업체조사종합보고서》, 1958, 1960.

安秉直 譯, 中村哲 著, 《世界資本主義와 移行의 理論－東아시아를 中心으로》, 비봉출판
　　사, 1991.

安秉直 譯, 中村哲 編, 《근대조선공업화의 연구》, 일조각, 1993.

여강출판사(영인), 《朝鮮經濟統計要覽》, 1986.

吳斗煥 編著, 《工業化의 諸類型》(Ⅱ), 경문사, 1996.

오미일 지음, 《한국근대자본가연구》, 한울, 2002.

尹暢皓, 李圭億 共著, 《産業組織論》(第2全訂版), 法文社, 1992.

李大根·鄭雲暎 編, 《韓國資本主義論》, 까치, 1984.

林陽澤 著, 《經濟學原論》, 博英社, 1991.

전석담·최윤규 외 지음, 《조선근대사회경제사》, 19세기 말～일제통치 말기의 조선사회
　　경제사, 이성과 현실, 1989.

전석담·최윤규 저, 《19세기 후반기～일제통치 말기의 조선사회경제사》, 조선노동당출판
　　사, 1959.

全哲煥 著, 《經濟學原論》, 지식산업사, 1993.

趙觀行 著, 《現代中小企業論》(全訂版), 에코노미아, 1987.

趙璣濬 著, 《韓國企業家史》, 博英社, 1973.

＿＿＿＿, 《韓國資本主義成立史論》, 고려대출판부, 1973.

조선금융조합연합회, 《기업정비에 관한 자료》, 1944.

朝鮮銀行 調査部, 《朝鮮經濟年報》, 1948.

＿＿＿＿, 《經濟年鑑》, 1949.

＿＿＿＿, 《朝鮮經濟統計要覽》, 1949.

朝鮮總督府, 《朝鮮總督府施政年報》, 1918－1920년 판.

중소기업은행, 《中小企業出死亡實態調査報告》, 1968.

중소기업은행 조사부, 《주요업종의 하청실태》, 1970.

＿＿＿＿, 《企業規模移動調査》, 1972.

＿＿＿＿, 《中小企業創業實態調査》, 1985.

최윤규 지음, 《근현대조선경제사》, 갈무지, 1988.

424

한국은행, 《기업경영분석》, 1962.

한길사, 《1950年代의 認識》, 1980.

_____, 《한국사》13, 식민지시기의 사회경제-, 1994.

한상진 저, 《중민이론의 탐색》, 문학과지성사, 1991.

加藤誠一 編, 《中小企業問題入門》, 有斐閣, 1976.

嘉治元郎·村上泰亮 編, 《現代経済学の展開》, 勁草書房, 1971.

京城府, 《家内工業ニ關スル調査》, 1937.

京城商業會議所, 《家庭工業調査》, 1937.

國民金融公庫 調査部, 《日本の小零細企業》, 東洋經濟新報社, 1966.

國民金融工庫總合研究所, 《都市型新規開業實態調査》, 1970.

南亮進 著, 《日本經濟の轉換點》, 創文社, 1970.

內藤英憲·池田光男 著, 《現代の中小企業》, 中小企業リサーチセンタ, 1994.

大川一司·ヘンリ·ロソヅスキ(H.Rosovsky), 《日本の経済成長—20世紀における趨勢加
    速》, 東洋経済新報社, 1963.

大塚久雄 著, 《大塚久雄著作集》, 第四巻, 資本主義社會の形成, 岩波書店, 1969.

_____, 《後進資本主義の展開過程》, アジア経済研究所, 1973.

都留重人 監譯, 石川通達·鈴木哲太郎·宮崎勇 譯, 《新しい産業國家》(第2版), 河出書房新
    社, 1972.

藤田敬三·伊東垈吉 編, 《中小工業の本質》, 有斐閣, 1960.

藤田敬三·竹內正己 編, 《中小企業論》(第4版), 有斐閣, 1999.

鈴木武雄 著, 《朝鮮の經濟》, 日本評論社, 1942.

瀧澤菊太郎 著, 《高度成長と企業成長》, 東洋經濟新報社, 1973.

末岡俊二 著, 《中小企業の理論的分析》, 文眞堂, 1974.

末松玄六 著, 《獨立企業論》, タイヤモンド社, 1966.

米田清貴·加藤誠一 譯, 《小企業と大企業-企業規模の經濟的 諸問題》, 巖松堂, 1969.

北原勇 著, 《獨占資本主義の理論》(第5版), 有斐閣, 1980.

北澤新次郎·末岡後二 著,《獨占と中小工業の理論》, 同文書院, 1971.

山中篤太郎 著,《中小企業の本質と展開》, 有斐閣, 1958.

_____,《經濟成長と中小企業》, 春秋社, 1963.

上林貞治郎 編,《中小零細企業論》, 森山書店, 1977.

上田宗次郎 著,《現代資本主義と中小企業經營》, 新評論, 1974.

小島淸 著,《日本貿易と經濟發展》, 國之書房, 1960.

篠原三代平 著,《産業構造論》, 筑摩書房, 1970.

_____,《日本經濟の成長と循環》, 創文社, 1966.

巽信晴·佐藤芳雄 編,《新中小企業論を学ぶ》(新版), 有斐閣, 2000.

市川弘勝 編著,《現代日本の中小企業》, 新評論, 1969.

安部一城, 山本英太郎, 小林好廣 譯,《寡占と技術進步》(增訂版), 東洋經濟新報社, 1971.

外山廣司 譯,《中核企業−經濟發展の新しい主體》, タイヤモンド社, 1969.

越後和典 編,《規模の経済性》, 新評論, 1969.

_____,《産業組織論》, 有斐閣, 1973.

伊東光晴 執筆 編集,《日本資本主義分析の再檢討》, 廣文社, 1966.

日本經濟企劃廳,《昭和 32年度 經濟白書—速わきた擴大とその反省》, 至誠堂, 1957.

日本研究社,《New English Japanese Dictionary》, 第五版, 1980.

日本中小企業廳 編,《70年代の中小企業像》(中小企業政策審議會意見具申の內容と解說),
　　通商産業調査會, 1972.

_____,《中小企業の再發見》, 通商産業調査會, 1980.

_____,《90年代の中小企業ビジョン−創造の母體として中小企業》, 通商産業調査會,
　　1990.

自由國民社,《現代用語の基本知識》, 1994年版.

楫西光速·岩尾裕純·小林義雄·伊東垈吉 編,《講座 中小企業2》(獨占資本と中小企業), 有
　　斐閣, 1968.

朝鮮工業協會,《鮮內工業の現狀と工業組合實施の要否》, 1933.

佐藤芳雄 著,《低成長期における外注·下請管理.》, 中央經濟社, 1980.

中村秀一郎 著,《日本の中小企業問題》, 合同出版社, 1961.

_____,《中堅企業論》, 東洋經濟新報社, 1968.

_____,《新中堅企業論》, 東洋經濟新報社, 1990.

中村秀一郎·壹岐晃才 著,《倒産の經濟學》, 日本經濟新聞社, 1963.

中村秀一郎 著·淸成忠南·太田一郎 編,《中小企業の知識集約化戰略》(大企業に勝つ第三
    の經營ビジョン), 日本經營出版會, 1973.

中村精 著, 《中小企業と大企業》(日本の産業發展と準垂直的統合), 東洋經濟新報社,
    1983.

中村哲·堀和生·安秉直·金泳鎬 編,《朝鮮近代の歷史像》, 日本評論社, 1988.

池田勝彦 著,《産業構造論》, 中央經濟社, 1973.

川口弘·篠原三代平·長洲一二·宮沢健一·伊東光晴,《日本經濟の基礎構造》, 春秋社, 1969.

靑山秀夫 譯,《獨占的 競爭の理論》(價値論の新しい方向), 至誠堂, 1966.

淸成忠南 著,《現代日本の小零細企業》(發展と倒産のメカニスム), 文雅堂銀行研究社,
    1967.

_____,《日本中小企業の構造變動》, 新評論, 1972.

_____,《現代中小企業の新展開》, 日本經濟新聞社, 1972.

_____,《ベンチア·キアピダル》, 新時代社, 1972.

_____,《知識集約産業》(省資源時代の企業經營), 日本經濟新聞社, 1974.

淸成忠南 著·田中利見·港徹雄,《中小企業論》, 有斐閣, 1998.

淸成忠南 著·中村秀一郎·平尾光司,《新版ベンチアービジネス》, 日本經濟新聞社, 1973.

黑松嚴 譯,《産業の規模と能率》, 有斐閣, 1969.

Averitt, Robert T., *The Dual Economy, The Dynamics of American Industry Structure*, New
    York, Norton & Co., 1968.

Bain J., *Industrial Organization*, John Wiley & Sons, 1967.

Beachham A., *Economics of Industrial Organization*, London, 1948.

Bolton, J. E., *Small Firms*, Her Majesty's Office, 1972.

Boulding, K. E., *Principles of Economic Policy*, Prentice—Hall, 1958.

Bücher K., *Die Entstehung der Volkswirtschaft*, Tübingen, 1893.

Bücher K., *Industrial Evolution*, Trans. by Morley & Wicket, Henry Holt, 1901.

E. H. Chamberlin, *The Theory of Monopolistic Competition, A Reorientation of the Theory of Value*, Harvard Univ. Press, 1933.

Dobb M., *Studies in the Development of Capitalism*, Routledge & Kegan Paul, 1st ed., 1946, 2nd ed. 1963.

Florence P. S., *The Logic of British and American Industry*, London, 1953.

Ford D., *Economics of Modern Industry, Introduction for Business Studies*, London, 1930.

Galbraith J. K., *The New Industrial State*, Boston: Houghton, Miffin, 1967.

Haney, I. H., *Business Organization and Combination*, New York, 1913.

Hobson, J. A., *The Evolution of Modern Capitalism*, A Study of Machine Production, London, 1894.

Hobson, J. A., *Imperialism*, A. Study, 1902.

Hobson, J. A., *The Industrial System*, An Inquiry Into Earned and Unearned Income, London, Longsman, Green & Co, 1909, New and Revised ed. 1910, Rep. of Economic Classics, New York, Augustus M. Kelly, 1969.

Hoffman, W. G., *Studien und Typen der Industrialisierung, Ein Beitrag zur quantitativen Analyse historischer Wirtschaftsprozesse*, 1931.

Hoffman, W. G., *The Growth of Industrial Economies*, trans. from German by W. O. Henderson and W. H. Chaloner, 1958.

Hollander E. D. and Others, *The Future of Small Business*, New York, Fredrick A. Prager, 1967.

Kaplan, A. D. H., *Small Business: Its Place and Problems*, Committee for Economic Development, McGraw—Hill, New York, 1948.

Kindleberger, E. P.& Herrick, *Economic Development*, 3rd ed., McGraw—Hill, 1977.

Knoop D., *American Business Enterprise, A Study in Industrial Organization*, Manchester,

1907.

Lenin, V. I., *Imperialism, The Highest Stage of Capitalism*, 1917.

Lenin, V. I., *The Development of Capitalism in Russia*, The Institute of Marxism—Leninism of the c. c. c. s. p. c. u., 1899.

Levitt, T., *Marketing Mode*, 1969.

Machlup, E., *The Production and Distribution of Knowledge in the United States*, Princeton Univ. Press, 1962.

Marshall, A., *Principles of Economics*, Macmillian & Co, 1st ed. 1890, 8th ed. 1920, Rep. 1959.

Marshall, A., *Industry and Trade*, Macmillan, 1919(1st ed.), 1923(4th ed.).

Marx, K., Das Kapital, 1867. *Capital, A Critique of Political Economy, The Process of Capitalist Production*, trans. from the third edition by Samuel Moore and Edward Aveling, ed., by F. Engels, New York, International Publishers, 1967, 8th ed. 1977.

Meier, G. M., *Leading Issues in Economic Development*, Oxford Univ. Press, 1976(3rd ed.).

Phillips, J. D., *Little Business in the American Economy*, 1958.

Pigou, A. C., *Memorials, Alfred Marshall*, London, Macmillan, 1925.

Robinson, E. A. G., *The Structure of Competitive Industry*, London, James Nisbet, 1931, Rep. 1964.

Robinson, J., *The Economics of Imperfect Competition*, Macmillan, 1st ed. 1933, 2nd ed. 1969.

Schumpeter, J., *Business Cycle*, 1939.

Schumpeter, J., *Capitalism, Socialism and Democracy*, London, Unwin, 1943, 13th ed., 1974.

Smith, A., *The Theory of Moral Sentiments*, 1759, ed., by P.D. Rapall & A.L. Macfie, Clarendon Press, 1979.

Smith, A., *A Inquiry into the Nature and Causes of the Wealth of Nations*, 1776, ed., by Edwin Cannon, New York, the Modern Library, 1965.

Staley, E. and R. Morse, *Modern Small Industry for Developing Countries*, New York,

McGraw-Hill, 1965.

Steindl, J., *Small and Big Business-Problems of the Size of Firms*, Oxford, Basil Blackwell, 1947.

Sweezy, P., *The Theory of Capitalist Development*, Principles of Marxian Political Economy, New York, Monthly Review Press, 1950.

Sylos-Labini, P., *Oligopoly and Technical Progress*, Cambridge, Massachusetts, Havard Univ. Press, 1962.

Temporary National Economic Committee, *Monograph* 13.

U. S. Small Business Administration, *The Vital Majority*, ed., by Deane Carson, 1973.

Wernet, W., *Handwerks und Industrie-geschichte*, Stuttgart, 1963.

Ⅱ. 논문·기타

김낙년, 〈식민지 조선의 공업화〉, 《한국사》13, 식민지시기의 사회경제-1, 한길사, 1994.

김대환, 〈1950년대 한국경제의 연구〉, 《1950年代의 認識》, 한길사, 1980.

金仁鎬, 〈일제 초기 조선공업의 '과도기 자본주의'적 특징(1910-1919)-조선인 개인 공업과 공장공업의 자본구성 변동을 중심으로〉, 《한국근현대사연구》10집, 한국근현대사연구회, 1999.

朴玄埰, 〈中小企業問題의 認識〉, 《創作과 批評》, 창작과 비평사, 1976 여름.

邊衡尹, 〈韓國經濟의 診斷과 反省─自主的 近代化의 방향과 한국경제〉, 《新東亞》, 1971년 11월호.

윤진호, 〈도시비공식부문〉, 李大根·鄭雲暎 編, 《韓國資本主義論》, 까치, 1984.

이홍락, 〈식민지의 사회구조〉, 《한국사》14, 식민지시기의 사회경제-2, 한길사, 1994.

張矢遠, 〈식민지반봉건사회론〉, 李大根·鄭雲暎 編, 《韓國資本主義論》, 까치, 1984.

全遇容, 〈1930년대〈朝鮮工業化〉와 中小企業〉, 《韓國史論》23, 1989.

정태헌, 〈한국의 식민지적 근대화 모순과 그 실체〉, 역사문제연구소 편, 《한국의〈근대〉

430

와〈근대성〉비판》, 역사비평사, 2004.

朝鮮銀行 調查部,〈南朝鮮道別經濟動向調査〉,《朝鮮經濟年報》, 1948.

朱益鐘,〈日帝下 平壤의 메리야스工業에 관한 硏究〉, 서울대 경제학 박사학위 논문,
1994.

許粹烈,〈日帝下 韓國에 있어서 植民地的 工業의 性格에 관한 一硏究〉, 서울대 경제학
박사학위 논문, 1983.

許粹烈,〈식민지적 공업화의 특징〉, 吳斗煥 編著,《工業化의 諸類型》(Ⅱ), 경문사, 1996.

許粹烈,〈식민지 경제구조의 변화와 민족자본의 동향〉,《한국사》14,

식민지시기의 사회경제-2, 한길사, 1994.

橋谷弘,〈1930-40年代 朝鮮社會의 性格을めぐて〉,《朝鮮史硏究會論文集》27號, 龍溪書
舍, 1990.

堀和生,〈朝鮮人民族資本-植民地期 京城工業의 分析〉, 中村哲·堀和生·安秉直·金泳鎬
編,《朝鮮近代의 歷史像》, 日本評論社, 1988.

堀和生,〈1930年代 社會的 分業의 再編成一京畿道 京城府의 分析을 통하여-〉, 安秉直·
中村哲 共編著,《近代朝鮮工業化의 硏究》, 一潮閣, 1993.

權寧旭,〈舊植民地經濟研究ノート, 日本帝國主義下의 朝鮮을 中心으로して〉,《歷史學研究》
310號.

北原勇,〈資本의 集積·集中과 分裂·分散一中小企業論序說〉,《三田學會雜誌》, 1957年, 7月
號.

藤井寬,〈倒産問題〉, 市川弘勝 編著,《現代日本의 中小企業》, 新評論, 1969.

瀧澤菊太郎,〈中小企業問題의 國際的歷史的分析〉, 山中篤太郎,《經濟成長과 中小企業》,
春秋社, 1963.

梶村秀樹,〈民族資本과 隷屬資本〉, 梶村秀樹 外著,《韓國近代經濟史研究》-李朝末期에서
解放까지, 사계절, 1983.

山中篤太郎,〈中小企業本質論의 展開〉, 藤田敬三·伊東垈吉 編,《中小工業의 本質》, 有斐
閣, 1960.

小林英夫, 〈1930年代 朝鮮工業化政策の展開過程〉, 《朝鮮史研究會論文集》3號, 1967.

新納豊, 〈植民地下の民族經濟をめくて－直接耕作農民を中心に〉, 朝鮮史研究會, 《朝鮮史研究會論文集》20, 1983.

安場保吉, 〈二重構造〉, 嘉治元郎·村上泰亮 編, 《現代經濟学の展開》, 勁草書房, 1971.

越後和典, 〈規模の經濟性について〉, 越後和典 編, 《規模の經濟性》, 新評論, 1969.

伊東垈吉, 〈中小企業問題の本質〉, 藤田敬三·伊東垈吉 編, 《中小工業の本質》, 中小企業叢書Ⅰ, 有斐閣, 1960, p.29.

長洲一二, 〈二重構造分析の方法論〉, 伊東光晴 執筆 編集, 《日本資本主義分析の再檢討》, 廣文社, 1966.

佐藤芳雄, 〈下請·系列化〉, 加藤誠一 編, 《中小企業問題入門》, 有斐閣, 1976.

中村秀一郎, 〈獨占資本主義の構造と中小企業問題〉, 楫西光速·岩尾裕純·小林義雄·伊東垈吉 編, 《講座 中小企業2》(獨占資本と中小企業), 有斐閣, 1968.

淸成忠南, 〈ベンチアービジネス論〉, 越俊和典 編, 《産業組織論》, 有斐閣, 1973.

Baran, P. A., "On the Political Economy of Backwardness", *Selected Articles in Economic Development*, SNU, 1965.

Bowley, A. L., "The Survival of Small Business", *Economica*, No.2, 1942.

Crum, W. L., "Earning Power with Respect to the Size of Corporation", *Harvard Business Review*, Vol. ⅩⅦ. No. 1, Autumn, 1939.

Fei, J. C. H. and G. Ranis, "Innovation, Capital Accumulation and Economic Development", *American Economic Review*, Vol. LⅢ. Jun, 1963.

Healey, D. H., "Development Policy: New Thinking about an Interpretation", *Journal of Economic Literature*, Sep, 1972.

Higgins, C. B., "The Dualistic Theory of Underdeveloped Areas", *Economic Development and Cultural Change*, Vol.Ⅳ. Jan, 1956.

Jorgenson, D. W., "Surplus Agricultural Labor and Development of a Dual Economy", *Oxford Economic Papers*(New Series), Vol.61, Jan, 1961.

Lewis, W. A., "Economic Development with Unlimited Supply of Labor", *The Manchester School*, May, 1954.

Lydall, H. F., "The Impact of the Credit Squeeze on Small and Medium–sized Manufacturing Firms", *The Economic Journal*, Sep. 1957.

Marshall, A., "Mechanical and Biological Analogies in Economics", 1898, ed. by A. C. Pigou, *Memorials Alfred Marshall*, London, Macmillan, 1925.

Meier, G. M., "Conditions of Export–led Development", *Leading Issues in Economic Development*, Oxford Univ. Press, 1976(3rd ed.).

Myint, H., "Dualism and the Internal Integration of the Underdeveloped Economies", *Economic Theory and the Underdeveloped Countries*, Oxford Univ. Press, 1971.

Robinson, E. A. G., "The Problem of Management and the Size of Firms", *The Economic Journal*, Vol. XLIV, June, 1934.

Samuelson, P. A., "The Monopolistic Competition Revolution", *Monopolistic Competition Theory, Studies in Impact, Essay in Honor of Edward H. Chamberlin*, ed. by R. E. Kuenne, John Wiley & Sons, 1967.

Sraffa, P., "The Law of Returns under Competitive Conditions", *The Economic Journal*, Vol. XXXVI, Dec. 1926.

Osvaldo Sunkel, "Transnational Capitalism and National Disintegration in Latin America", *Social and Economic Studies*, Special No. Vol. 22, March 1973.

찾 아 보 기

434

438

444

448

450

452

454